大跨度公路桥梁风-车-桥系统耦合振动分析理论及应用

朱 金 吴梦雪 熊籽跞 ◎ 著

西南交通大学出版社
·成都·

图书在版编目（CIP）数据

大跨度公路桥梁风—车—桥系统耦合振动分析理论及应用 / 朱金，吴梦雪，熊籽跞著. -- 成都：西南交通大学出版社，2024. 12. -- ISBN 978-7-5774-0271-0

Ⅰ. U448.14

中国国家版本馆 CIP 数据核字第 2024B15T67 号

Da Kuadu Gonglu Qiaoliang Feng-Che-Qiao Xitong Ouhe Zhendong Fenxi Lilun ji Yingyong
大跨度公路桥梁风-车-桥系统耦合振动分析理论及应用
朱　金　吴梦雪　熊籽跞　著

策划编辑	秦　薇　韩洪黎
责任编辑	韩洪黎
责任校对	左凌涛
封面设计	墨创文化
出版发行	西南交通大学出版社 （四川省成都市金牛区二环路北一段 111 号 西南交通大学创新大厦 21 楼）
营销部电话	028-87600564　028-87600533
邮政编码	610031
网　　址	https://www.xnjdcbs.com
印　　刷	成都蜀通印务有限责任公司
成品尺寸	185 mm × 260 mm
印　　张	19.75
字　　数	469 千
版　　次	2024 年 12 月第 1 版
印　　次	2024 年 12 月第 1 次
书　　号	ISBN 978-7-5774-0271-0
定　　价	95.00 元

图书如有印装质量问题　本社负责退换
版权所有　盗版必究　举报电话：028-87600562

前言

近年来，随着中国社会经济的不断发展和综合国力的增强，中国桥梁建设取得了举世瞩目的成就，目前已建成的大跨度桥梁就超过百余座。随着中国交通强国战略、海洋强国战略、"一带一路"倡议、西部大开发战略以及川藏铁路建设的全面实施，在建或即将修建的桥梁不仅在跨度和高度方面不断突破（结构更为轻柔、动力敏感性加剧），也逐渐向环境更为恶劣的西部山区、北方高寒地区和东南沿海等地区延伸。作为大跨度桥梁全寿命周期内最主要的动力荷载，风和车辆荷载是影响桥梁服役安全以及桥上行车安全最主要的因素。因此，风-车-桥系统耦合振动问题已成为大跨度桥梁动力设计的控制性因素之一，是桥梁结构动力学的重要研究领域。随着公路交通量的不断增长和高速铁路列车速度的不断提升，风-车-桥系统间的动力和气动干扰也将进一步加剧。针对风-车-桥系统耦合动力学开展深入的研究，对于保障大跨度桥梁安全运营和桥上行车安全具有重要的研究意义和工程价值。

基于上述原因，作者团队近10年来，以风-车-桥系统耦合动力学研究为主线，重点围绕多动力作用下风-车-桥系统的气动/动力特性、多动力作用下大跨度桥梁结构的腐蚀疲劳性能、多动力作用下大跨度桥梁桥上行车安全性与舒适性等三个方面开展了持续且系统的研究。本书对作者团队在风-车-桥系统耦合动力学领域相关研究内容进行了总结，旨在抛砖引玉。

本书的绪论为风-车-桥耦合振动问题与分析方法概论。除了绪论以外，本书共 13 章，分为 3 篇，按照多动力作用下风-车-桥系统的气动/动力特性研究（第 1 篇）、多动力作用下大跨度桥梁结构的腐蚀疲劳性能研究（第 2 篇）、多动力作用下大跨度桥梁桥上行车安全性与舒适性研究（第 3 篇）的顺序编排，力求突出风-车-桥耦合系统的相互作用机理和分析方法，从而有助于抓住风-车-桥耦合振动分析中的关键与本质。

绪论主要介绍了风-车-桥耦合动力学的背景，回顾了风-车-桥耦合动力学领域相关研究的主要进展，明确了本书的主要研究内容及其意义。第 1 章主要介绍了采用元胞自动机理论建立的随机车流模型，该模型能够为桥梁分析提供适应性更好、更准确、更真实的车流。第 2 章基于谱解法对路面粗糙度、随机风场、随机波浪场和随机地震动等荷载激励进行数值模拟，为多动力作用下风-车-桥耦合系统的分析提供激励源。第 3 章论述了第 1 章提出的车流模型在风-车-桥耦合系统分析中的优势，探讨了不同密度车流作用时车辆惯性力对风-车-桥系统的影响。第 4 章探究了地震和风联合作用下的桥梁和车辆的动力响应变化规律，分析了地震动的行波效应和空间变异性对地震-风-车-桥耦合振动的影响规律。第 5 章研究了在役深水大跨度桥梁及其桥上行驶车辆在运营荷载和地震作用下（地震-风-浪-车-桥系统）的动力响应，并分析了不同因素对行驶车辆安全性的影响。第 6 章在第 5 章的基础上，进一步对比分析了冲刷效应对地震-风-浪-车-桥系统的影响规律。第 7 章采用 CFD 数值模拟方法，对汽车、列车在公铁平层两用桥上交会过程中的气动干扰机理进行了深入的研究。第 1~7 章有机联系、彼此支撑，形成了多动力作用下风-车-桥系统的气动/动力特性分析方法与理论框架，为本书的第 1 篇内容。第 8 章提出了基于实测数据的沿海大跨斜拉桥拉索在随机车流、风和波浪荷载共同作用下疲劳寿命的预测框架。第 9 章建立了一种用于疲劳车辆荷载反复作用下正交异性钢桥面板疲劳损伤诊断和预测的动态贝叶斯方法。第 10 章基于电化学腐蚀原理、S-N 曲线和断裂力学理论，建立了钢结构焊缝腐蚀疲劳三阶段模型，开展了两类不确定性下（偶然和认知）耐候钢桥典型焊缝腐蚀疲劳可靠度的预测研究。第 8~10

章形成了多动力作用下大跨度桥梁结构的腐蚀疲劳性能分析方法，为本书的第 2 篇内容。第 11 章在第 7 章研究的基础上，开展了交会气动干扰作用、风速和风向对汽车、列车运行安全性影响的研究。第 12 章基于风-车-桥耦合动力学理论和 ISO 2631 标准，建立了大跨度悬索桥涡振条件下驾驶员全身振动分析框架，提出了基于小轿车驾驶员晕动症指标的大跨度悬索桥涡振限值。第 13 章提出了综合考虑人员舒适性、结构受力和行车线形的大跨度公路悬索桥涡振限值标准体系，并将其应用于一座实际桥梁工程。第 11～13 章形成了多动力作用下大跨度桥梁桥上行车安全性与舒适性分析方法，为本书的第 3 篇内容。

本书的创新点主要包含以下三个方面：在多动力作用下风-车-桥系统的气动/动力特性的研究方面，建立了融合微观交通流的风-车-桥系统耦合振动精细化数值模拟方法、揭示了多动力作用下风-车-桥系统复杂的气动和动力相互作用机理；在多动力作用下大跨度桥梁结构的腐蚀疲劳性能研究方面，建立了大跨度桥梁钢桥面板构件层次和系统层次的疲劳损伤诊断和预测方法，揭示了偶然和认知两类不确定性对滨海重载耐候钢桥腐蚀疲劳可靠度的影响规律，发展了考虑桥址区真实荷载作用的大跨度桥梁缆索体系疲劳可靠度研究方法；在多动力作用下大跨度桥梁桥上行车安全性与舒适性研究方面，提出了强风作用下桥上车辆行车安全防风措施，建立了强风下公铁平层桥面行车安全可靠度快速评估方法，建立了大跨度悬索桥涡振条件下行车舒适性评价方法，提出了综合考虑人员舒适性、结构受力和行车线形的大跨度悬索桥涡振控制指标体系。

本书的成果是作者团队集体劳动和智慧的结晶，全书由朱金、吴梦雪和熊籽跞总结形成，马龙威、李涵、陈远文、程伟、徐艳鑫等参与了部分书稿编辑与整理工作。在开展这些研究过程中，作者团队非常有幸获得了国家自然科学基金项目（51708470、51908472、52278532）、中国博士后科学基金项目（2019TQ0271、2019M663554）、四川省自然科学基金项目（2020YJ0080、24NSFSC0153）等多项纵向课题和来自企业界多项横向课题的资助。这些资助不仅使作者团队有了开展研究的经费，更是一次次鼓励作者团队不断在风-车-桥系统耦合动力学领域深耕细作，竭力不负信任与支持。在漫漫求学与工作过程中，除了得到导师李永乐教授（博士后阶段）、张伟副教授（博士研究生阶段）和郑凯锋教授（硕士研究生阶段）的悉心指导与关爱外，我也非常幸运地得到了向活跃教授、张明金教授、衡俊霖副研究员、晋智斌教授、汪斌副教授、韩万水教授、李岩教授、牛华伟教授、余传锦副教授、朱思宇副教授、陈宁副教授、韩冰博士、王亚伟博士、雷鸣博士、秦竟熙博士以及作者求学和工作期间相识相知的诸多好友的鼎力支持与帮助。而本书的出版，亦离不开李涵、赵杰、钱逸哲、蒋尚君、鲁胜龙、张廷鹏、陈远文、沈芊蒙、马龙威、徐艳鑫、程伟等硕士或博士研究生的辛苦付出。本书出版过程中，更是得到了西南交通大学出版社的大力支持，其字斟句酌，以善此书。

由于作者学识有限，书中不当之处在所难免，敬请读者批评指正。

朱 金

2024 年 5 月

目录

绪　论　风-车-桥耦合振动问题与分析方法概论 ········· 001

  0.1　引　言 ········· 001
  0.2　国内外研究回顾 ········· 002
  0.3　本书的主要内容与联系 ········· 021
  0.4　本章参考文献 ········· 022

第1章　改进元胞自动机随机车流模型的提出与验证 ········· 037

  1.1　引　言 ········· 037
  1.2　元胞自动机随机车流模型基本理论 ········· 037
  1.3　传统元胞自动机随机车流模型 ········· 040
  1.4　改进元胞自动机桥梁随机车流模型 ········· 045
  1.5　传统与改进元胞自动机车流密度-流量关系对比 ········· 051
  1.6　本章小结 ········· 053
  1.7　本章参考文献 ········· 053

第2章　随机荷载的数值模拟 ········· 055

  2.1　引　言 ········· 055
  2.2　路面粗糙度 ········· 055
  2.3　随机风场 ········· 056
  2.4　随机波浪场 ········· 059
  2.5　随机地震动 ········· 060
  2.6　数值算例 ········· 062
  2.7　本章小结 ········· 069
  2.8　本章参考文献 ········· 070

第3章　风与车流联合作用下车-桥耦合振动特性 ······ 072

- 3.1　引　言 ······ 072
- 3.2　改进元胞自动机车流作用下桥梁静力响应分析 ······ 073
- 3.3　风-车流-桥耦合系统分析框架 ······ 086
- 3.4　改进元胞自动机车流在风-车流-桥分析中的优势 ······ 094
- 3.5　风-车流-桥耦合系统的合理分析时长 ······ 096
- 3.6　车辆惯性力对风-车流-桥耦合系统的影响研究 ······ 098
- 3.7　本章小结 ······ 104
- 3.8　本章参考文献 ······ 106

第4章　地震与风联合作用下车-桥耦合振动特性 ······ 109

- 4.1　引　言 ······ 109
- 4.2　工程概况 ······ 109
- 4.3　路面粗糙度、风和地震的模拟 ······ 110
- 4.4　地震-风-车-桥耦合振动方程 ······ 113
- 4.5　数值算例 ······ 114
- 4.6　本章小结 ······ 121
- 4.7　本章参考文献 ······ 122

第5章　地震、风和波浪联合作用下车-桥耦合振动特性 ······ 123

- 5.1　引　言 ······ 123
- 5.2　工程概况及荷载设置 ······ 123
- 5.3　地震-风-浪-车-桥系统振动方程 ······ 124
- 5.4　运营车辆、风和波浪荷载作用下桥梁的动力响应 ······ 126
- 5.5　地震与运营车辆、风和波浪荷载作用下桥梁的动力响应 ······ 127
- 5.6　桥梁响应的统计分析 ······ 129
- 5.7　运营荷载和地震作用下车辆的动力响应 ······ 131
- 5.8　车辆安全性分析 ······ 131
- 5.9　本章小结 ······ 134
- 5.10　本章参考文献 ······ 135

第6章　基础冲刷、地震、风和波浪联合作用下车-桥耦合振动特性 ··· 136

- 6.1　引言 ······ 136
- 6.2　工程概况及冲刷模拟 ······ 136
- 6.3　冲刷深度对桥梁自振特性的影响 ······ 142
- 6.4　冲刷效应对车-桥动力响应的影响 ······ 144

6.5 冲刷深度车-桥系统动力行为的影响 ··· 147
6.6 本章小结 ··· 149
6.7 本章参考文献 ··· 150

第7章 基于CFD模拟的汽车、列车交会气动干扰机理分析 ·········· 151

7.1 引　言 ··· 151
7.2 CFD数值模拟 ··· 151
7.3 CFD计算结果分析 ··· 159
7.4 本章小结 ··· 174
7.5 本章参考文献 ··· 175

第8章 风、浪和车流作用下沿海大跨度斜拉桥拉索疲劳寿命预测研究 ··· 177

8.1 引　言 ··· 177
8.2 随机荷载模拟 ··· 177
8.3 风-浪-车-桥耦合系统 ··· 183
8.4 斜拉索疲劳可靠度分析模型 ··· 183
8.5 工程实例 ··· 185
8.6 本章小结 ··· 189
8.7 本章参考文献 ··· 190

第9章 基于动态贝叶斯网络的正交异性钢桥面板疲劳损伤评估 ······· 191

9.1 引　言 ··· 191
9.2 DBN的诊断和预测 ··· 193
9.3 DBN在正交异性钢桥面板裂纹扩展上的应用 ···························· 197
9.4 高斯过程回归 ··· 201
9.5 数值示例 ··· 203
9.6 本章小结 ··· 209
9.7 本章参考文献 ··· 209

第10章 强环境腐蚀作用下钢桥面典型焊缝疲劳劣化特征研究 ········ 212

10.1 引　言 ··· 212
10.2 腐蚀疲劳三阶段模型 ·· 212
10.3 概率腐蚀疲劳相关模型 ·· 220
10.4 基于概率腐蚀疲劳模型的可靠度分析 ···································· 227
10.5 本章小结 ·· 230
10.6 本章参考文献 ·· 231

第 11 章 风-汽车-列车-桥梁系统高效数值算法及行车安全研究 ········ 235

- 11.1 引言 ·········· 235
- 11.2 SMTS 算法原理 ·········· 235
- 11.3 SMTS 算法求解流程 ·········· 237
- 11.4 数值算例 ·········· 240
- 11.5 计算精度与求解效率 ·········· 246
- 11.6 汽车、列车运行评价指标 ·········· 253
- 11.7 WRVTB 系统动力响应及行车安全分析 ·········· 254
- 11.8 本章小结 ·········· 262
- 11.9 本章参考文献 ·········· 263

第 12 章 大跨度公路悬索桥涡振条件下驾驶员全身振动研究 ·········· 266

- 12.1 引言 ·········· 266
- 12.2 驾驶员全身振动分析框架 ·········· 267
- 12.3 人体全身振动评价方法 ·········· 270
- 12.4 实例分析 ·········· 274
- 12.5 本章小结 ·········· 285
- 12.6 本章参考文献 ·········· 286

第 13 章 大跨度公路悬索桥涡振控制指标体系及限值标准 ·········· 289

- 13.1 引言 ·········· 289
- 13.2 工程背景 ·········· 290
- 13.3 基于人员舒适性的涡振控制指标及限值 ·········· 291
- 13.4 基于结构受力的涡振控制指标及限值 ·········· 295
- 13.5 基于行车线形的涡振控制指标及限值 ·········· 298
- 13.6 本章小结 ·········· 303
- 13.7 本章参考文献 ·········· 303

绪 论　风-车-桥耦合振动问题与分析方法概论

0.1 引　言

经济全球化和区域一体化的快速发展离不开发达的交通网络，通过缩短不同区域之间的时空距离可以降低区域间的交流成本，加快区域间的交流合作。因此，世界上许多国家都对高速铁路和跨海通道等大型交通基础设施的建设存在巨大的需求。近年来，随着中国社会经济的不断发展和综合国力的增强，中国桥梁建设取得了举世瞩目的成就，目前已建成的大跨度桥梁就超过百余座。随着中国交通强国战略、海洋强国战略、"一带一路"倡议、西部大开发战略以及川藏铁路建设的全面实施，在建或即将修建的桥梁不仅在跨度和高度方面不断突破（结构更为轻柔、动力敏感性加剧），也逐渐向环境更为恶劣的西部山区、北方高寒地区和东南沿海等地区延伸。桥梁工程作为大型交通基础设施的重要节点，由于其对社会经济的影响巨大，一直受到社会的广泛关注。随着大跨度桥梁不断向艰险山区和海洋延伸，这些工程正面临日益多样化的地理环境、显著差异的气候条件等各种复杂运营环境所带来的严峻挑战。在车流、风、浪、冲刷、地震等多动力荷载的作用下，风-车-桥系统动力学问题日益突出[1-5]。随着公路交通量的不断增长和高速铁路列车速度的不断提升，风-车-桥系统间的气动干扰也将进一步加剧。

研究表明，在使用寿命期间，多动力荷载对桥梁的长期持续作用可能导致桥梁结构的损坏或者桥上行驶车辆的安全性和舒适性问题[6-10]，给人民的生命财产安全和国民经济构成了重大威胁。如图 0-1 所示，在 1989 年旧金山大地震中，旧金山海湾大桥在地震作用下引起落梁，造成结构损坏。1995 年 5 月 25 日，广州海印斜拉桥的一根钢索因锈蚀严重而突然断裂，从高空坠落到桥面上，致使附近交通一度受阻。2008 年 6 月 10 日，行驶在加拿大尚普兰大桥上的货车被大风掀翻，严重威胁到了车辆和驾驶人员的安全性。2010 年 8 月 19 日，洪水的持续冲刷使宝成铁路线上的石亭江大桥被冲毁，导致列车车厢掉入江中。2018 年的印度尼西亚地震海啸中，帕卢市标志性跨海大桥被摧毁，坍塌成数段。2020 年 5 月 5 日，广东虎门大桥因维修摆放隔离带而改变了主梁的截面特性，使结构在特定的风场下发生了涡激振动，引起了民众恐慌，管理部门及时采取了交通管制，拆除隔离带并进行了测试和观察，直至 5 月 15 日才恢复正常交通。因此，针对风-车-桥系统耦合动力学开展深入的研究，对于保障大跨度桥梁安全运营和桥上行车安全具有重要的研究意义和工程价值。

(a) 美国旧金山海湾大桥在地震中落梁 　　(b) 中国广州海印斜拉桥因钢索锈蚀发生断裂

(c) 加拿大尚普兰大桥上货车侧翻 　　(d) 中国四川石亭江大桥被洪水冲垮

(e) 印尼地震海啸中摧毁的标志性跨海大桥 　　(f) 中国广东虎门大桥发生涡振

图 0-1　自然灾害下大跨度桥梁损坏事故与桥上行车安全问题

0.2　国内外研究回顾

0.2.1　公路桥梁随机车流研究

0.2.1.1　基于非元胞自动机的随机车流模拟研究

有关公路桥梁随机车流的研究实际上起源于部分国家学者对公路桥梁疲劳荷载谱的

研究。早在1978年，英国便成功制定适用于钢桥疲劳设计的车辆荷载谱和相应的标准疲劳车[11]。随后，日本、美国等其他国家也结合本国国情，开展了相应的公路桥梁疲劳荷载谱研究[12,13]。1990年，Sieniawska和Śniady[14]通过假定实际车流由不同类型的标准车构成，并将不同类型的标准车用单个或多个随机运动的集中力来表示，求得了桥梁结构响应的概率密度函数，以此对公路桥梁在车流荷载下的使用寿命进行了有效评估。Vrouwenvelder和Waarts[15]于1993年考虑了实际情况中车流的稀疏和密集运行状态，针对桥上不同时间段的车流运行情况采用了不同的车流模拟方式，并结合实测获得的车辆轴重和轴距统计数据，计算了桥梁在不同时间段的结构响应，为联系道路交通实际情况开展桥梁结构安全评估的研究奠定了基础。1997年，Crespo-Minguillón和Casas[16]根据实测车流数据生成了与实测完全相同的虚拟车辆，然后模拟了车辆在桥上的运行情况，以此建立了适用于桥梁安全评估的车流荷载模型。

我国对公路桥梁随机车流的研究起步相对较晚。1997年，童乐为等[17]首先开展了城市桥梁车辆荷载谱研究，通过对公路桥梁上的车流进行实测调查，按车型、车重、轴距等指标对车辆进行了统计分类，以此建立了公路桥梁车辆荷载谱。李杨海等[18]通过长期研究发现，一般运行状态和密集运行状态车流中的车辆车距分别服从滤过泊松和滤过威布尔分布，而车辆车重服从截口对数正态分布。梅刚等[19]指出桥梁承受的车辆荷载不仅随机性强，而且还会随着汽车工业的发展而变化，因而使用了滤过复合泊松更新过程模型描述公路桥梁车辆荷载。王春生等[20,21]基于上海外白渡桥的实测车流数据统计分析了车流中车辆的车型、车重及轴距，并通过蒙特卡洛法生成了随机车流用以评估外白渡桥的疲劳寿命。王达[22]研究了公路桥梁随机车流的基本统计方法及其相关参数的统计分析流程，编制了随机车流模拟软件，并提出了公路桥梁车流量实时组合预测法。高文博[23]研究了高速公路随机车流各关键参数的随机分布特点，建立了基于实测数据的滤过复合更新过程随机车流模拟程序，并提出了桥梁剩余服役期内车辆荷载的评估方法。

0.2.1.2 基于元胞自动机的随机车流模拟研究

元胞自动机（Cellular Automaton，CA）是时间、空间、状态都离散的一种网格动力系统。每个元胞存在有限个状态，根据预先制定的规则，元胞状态的变化与时间、空间存在着相互作用和因果关系。通过制定单个元胞在局部的状态改变规则，CA可以通过复杂系统的微观运行机制模拟复杂系统的演变现象，由此启发了研究人员使用CA来模拟分析道路交通问题。

Wolfram[24]于1983年提出的184模型是CA运用于交通工程领域的奠基之作。184模型是一维CA模型，能反映出车流中车辆自由运动和局部阻塞之间的相变，很好地模拟出了交通系统的离散性。但由于184模型中的车辆运行行为均是确定性的，通过184模型不能反映真实道路交通中的一些复杂现象。1992年，Nagel和Schreckenberg[25]在184模型的基础上首次引入了随机慢化规则，建立了著名的N-S模型。N-S模型通过引入随机慢化规则成功地体现了真实道路交通中的随机性，对于推动CA在交通工程领域的应用起到了极为重要的作用，随后美国和德国的很多交通规划项目都采用了 N-S 模型[26]。在 N-S 模型提出后，不断有学者在此基础上通过改进其规则发展建立了若干适用于不同情况的公路交通模拟模型。随着改进的 N-S 模型的不断发展，也开始有学者将其用于公路随机车流荷载的模拟。

2008 年，陈向东等[27]意识到可以通过 N-S 模型中元胞的状态演变模拟车流中车辆速度与间距的变化，由此通过对 N-S 模型进行一定改进模拟了随机车流，并将荷载赋予车辆后评价了某盾构隧道在车流作用下的动力响应。Chen 和 Wu[28]于 2010 年首次使用 CA 车流模型模拟了公路桥梁随机车流，建立了风-车流-桥耦合系统，并进一步研究了大跨度桥梁在车流作用下的动力响应；随后，Chen 和 Wu[29]构建了"引道-桥梁-引道"系统，通过 CA 车流模型研究了大跨度桥梁承受的车流静荷载总量，并讨论了车速、车流量、车型比例等参数对车流静荷载总量的影响。陆晓俊等[30]基于实测数据和 CA 车流模型编制了具有断面发车特性的随机车流模拟程序，并结合路面粗糙度进一步生成了随机车流荷载。杨飞[31]在 Chen 和 Wu 的研究基础上，结合 WIM 数据分析了某斜拉桥在不同密度车流作用下的车辆荷载特征，并与相关规范中的车辆荷载设计值进行了比较。韩万水等[32]将 CA 车流模型引入风-车-桥耦合系统研究中，构建了基于微观车流模拟的风-车流-桥耦合系统分析框架，并对比分析了桥梁在宏观车流和微观车流作用下的响应。张曦霖[33]通过细化元胞长度和使用多个元胞描述车轴位置，结合实测数据模拟了开放边界条件下的随机车流荷载，并对比了模拟荷载与规范荷载作用下某简支梁桥和某斜拉桥的响应。肖强[34]建立了基于三车道 CA 车流模型的大跨度桥梁高仿真随机车流模拟系统，在此基础上分析了某斜拉桥在车流作用下的静动力响应，并对比了规范荷载作用下和不同密度车流作用下斜拉桥的响应。阮欣等[35]建立了多元胞模型模拟桥梁随机车流荷载，并利用实测数据对多元胞模型的模拟结果进行了校核。殷新锋等[36]使用了考虑"跟车效应"的 CA 车流模型模拟随机车流，并以某斜拉桥、某悬索桥为背景开展了风-车流-桥耦合系统动力分析。此外，Zhou 和 Chen[37]基于 CA 车流模型研究了某斜拉桥在随机车流作用下的动力响应，以此说明了 AASHTO LRFD 规范[13]中的车辆荷载 HL-93 不能很好适用于大跨度桥梁设计。

目前，基于 CA 的随机车流模拟研究刚刚兴起。现有研究已经表明使用 CA 车流模型能够获得更接近实际交通状况的随机车流，从而能够更加准确地评估桥梁在真实车流作用下的静动力响应[32, 33, 35, 36, 38-40]。但现阶段用于公路桥梁随机车流荷载模拟的 CA 车流模型在模拟精度上还存在一定的不足，主要表现在以下三方面：第一，由于 CA 车流模型中的所有车辆均通过一个长为 7.5 m 的元胞表示，不同车型之间的车长差异很难得到体现，这将进一步影响车辆位置在桥梁上的准确描述和车辆荷载加载的精度；第二，因为通过 CA 模拟车流时车辆速度与元胞长度直接相关（即车辆每时间步前进的距离为元胞长度的整数倍），而 CA 车流模型中的元胞长度为 7.5 m，所以 CA 车流模型中的车辆速度通常仅有 0 m/s、7.5 m/s、15 m/s、22.5 m/s、30 m/s、37.5 m/s 可供选择，这将导致车辆速度取值不够丰富，并存在不真实的突变；第三，由于 CA 车流模型中的车辆速度和位置均在瞬时更新，车辆的速度-时间关系是离散且不够真实的，但在研究桥梁车流荷载时常需要连续的车辆速度-时间关系建立合理的车辆位置-时间关系，以实现任意精度的准确加载，并且离散的车辆速度-时间关系也会导致求解车辆动力响应不准确。因此，未来有必要建立更适用于桥梁工程领域研究的新型 CA 车流模型。

0.2.2 大跨度桥梁在单一荷载作用下的研究

0.2.2.1 大跨度桥梁在地震作用下的研究

由于地震作用的突发性和破坏性，桥梁抗震一直是桥梁结构安全的研究重点。大跨度桥梁作为重要的交通枢纽，需要能承受住地震作用，且在震后能继续保持正常使用。大跨度桥梁不同支撑点处的地震动不一致，可能会引起桥梁结构较大的动力响应，使得大跨度桥梁的抗震分析具有较大的挑战性。

对于大跨度桥梁，需要考虑桥梁不同支撑点处输入地震动的空间变异性。地震动的空间变异性主要有 3 个：地震波到达不同支撑点处的时间不同（行波效应）；地震波在传播过程中产生复杂的反射和散射（相干效应）；不同支撑点处地基土特性不同（局部场地效应）。从 20 世纪 80 年代开始，很多学者对地震动空间的变异性展开了研究。1982 年，O'Rourke 等[41]提出了一种可以考虑地震波传播方向的方法。他们的研究结果非常令人鼓舞，对 1971 年旧金山大地震计算的地震波横波传播的时间和当时利用地震记录仪记录的地面运动相一致。然而，与目前使用的数字化数据相比，当时所提出的方法是基于一组较差的地震动记录。因为在 20 世纪 80 年代使用的地震仪主要是用于测量地面运动的震级，而不是地震波的传播。在 1980 年，美国加州大学伯克利分校与地球科学研究所合作，启动了 SMART-1 台阵项目。台阵一共有 37 个台站，且围绕一个中心台站呈辐射状布置。自项目启动以来，该项目已探测了约 60 次不同震级、震源深度和震中距的地震，收集到的数据有助于研究人员建立地震波横波传播模型和研究地震波的空间相关性。其中，基于台阵测得的地震波数据，Loh 和 Yeh[42]提出了一种地震横波的传播模型，该模型考虑了有限剪切横波引起的地震波的相位滞后。研究表明，对于特定频率的地震波，地震波的空间变异性主要由地震波的相位滞后控制，即地震波的行波效应。同时，Harichandran 和 Vanmarcke[43]研究了不同频率的地震波以相同的速度传播的情况。研究中发现，地震波的相干性与传播方向无关，一般地震波的相干性随着传播距离或频率的增加而衰减，且在垂直方向上随距离衰减的速率要比水平方向上的衰减速率要快。

基于建立的地震动空间变异性模型，许多学者已研究了地震空间变异性对桥梁结构的影响。研究显示，地震空间变异性对桥梁结构响应的影响与桥梁的长度、刚度和塔-梁刚度比等因素有关，特别是对于刚度较大和跨度较大的大跨度桥梁的影响更加显著[42]。Simon 等[44]研究了仅考虑行波效应的多点激励对桥梁的冲击影响。结果表明，与均匀激励情况相比，考虑行波效应下的主桥和引桥的碰撞次数较少，而碰撞部位的撞击力较大。同时，考虑行波效应下的引桥动力响应的变化比主桥的动力响应变化要大。

多点激励下大跨度桥梁结构的动力响应计算方法主要有多点反应谱分析法，随机振动法和时程分析法。反应谱法是一种简单实用的抗震分析方法，在许多国家的抗震规范中被采用。基于随机振动理论，Der Kiureghian 和 Neuenhofer[45]发展了一种考虑地震空间变异性的多自由度多点支撑结构抗震分析的多点反应谱分析方法，该方法准确地考虑了不同支撑位置处地面运动的相关性和结构振型之间的相关性。Der Kiureghian[46]将多点反应谱方法应用于大跨或多跨桥梁结构的地震反应分析中，并分析了行波效应和场地效应对结构地震响应的影响。研究显示，对于刚度较大的中小跨径桥梁，场地效应对结构地震响应的影响更为显著；而对于柔度较大的大跨度桥梁，行波效应对结构的动力响应更为显著。基于小波变换的方法，全伟和李宏男[47]依据实际的地震动时程来拟合多维地震动的反应谱，并把多点反应谱方法应用到大跨斜拉桥的抗震分析中，研究发现不同支撑点处地震动的相干性可能会增大桥梁结构的地震响应。多点反应谱法虽然应用简便，可以给出结构的最大响应，但没有反映出地震动的持时效应，且不能考虑非线性因素。

基于地震动的统计特性，随机振动法可以求解出具有概率分布特征的动力响应。1953年，随着Housner[48]将地震动描述为随机过程，随机振动理论便逐渐被应用到工程抗震领域中。基于随机振动法，Lee 和 Penzien[25]从时域和频域求解了管线结构在多点激励下的地震响应，该方法考虑了结构模态振型的相关性和多点激励的相关性。但传统的随机振动方法的计算复杂且求解效率较低，并没有广泛应用到工程实践中。林家浩和张亚辉[49]提出的虚拟激励法可以高效精确地求解大跨度结构的多点激励问题。基于虚拟激励法，张亚辉和林家浩[50]分别计算了一致激励作用、考虑行波效应作用和考虑不同支撑点处地震动相干效应作用下青马大桥的随机动力响应。计算结果表明，考虑行波效应的地震作用对大跨度结构的动力响应影响较大，有时计算结果可能相差一倍多。赵灿晖和周志祥[51]将适用于求解一维随机激励动力问题的虚拟激励法推广到了求解多维随机激励的动力问题，并采用虚拟激励法对一座大跨度钢管混凝土拱桥在多维非一致激励作用下的地震动力响应进行了求解。通过与传统随机振动方法的计算结果进行对比，验证了提出的多维虚拟激励法的正确性。

时程分析法是通过直接求解结构的运动方程来得到结构的动力响应。通过对结构施加已有的或人工生成的地震动时程，在每一时间步求解运动方程，得到结构的动力响应时程，可以考虑非线性因素。但时程分析法的计算结果是对于特定地震动的反应，且计算耗时较大。对于大跨度桥梁结构，往往要求进行时程分析来计算结构的动力响应。利用有限元软件 ANSYS，史小伟等[52]对某大跨刚构桥进行了时程反应分析，探究了地震动空间变异性对结构动力响应的影响。研究显示，与结构在一致激励作用下的计算结果相比，考虑地震动的空间变异性可能使结构的动力响应增大或减小，这与结构的位置和特性等因素相关。Soyluk 和 Sicacik[53]利用时程分析法分析了地震动空间变异性对大跨斜拉桥动力响应的影响，并发现场地效应对大跨结构动力响应的影响大于地震动行波效应和相干效应对大跨结构动力响应的影响。基于时程分析法，Tian 和 Lou[54]探究了行波效应对一座大跨漂浮体系的双塔斜拉桥梁地震响应的影响，结果显示行波效应对结构的动力响应影响较大，可能使结构的动力响应增大或减小。同时，当只考虑纵向地震激励时，可以忽略边墩到主塔的行波时间而只考虑两个主塔的行波时间。

0.2.2.2 大跨度桥梁在风荷载作用下的研究

自塔科马海峡大桥风毁以来，大跨度桥梁的抗风问题便成为一个研究的热点领域。桥梁结构与风的相互作用十分复杂，会受到桥梁动力特性和风速流场的影响。作用在桥梁上的风力会引起桥梁结构的振动，同时结构的振动又会影响风速的流场。

在桥梁气动特性的理论分析上，建立桥面板的气动力模型是一项具有挑战性的工作，传统上采用半解析模型或简化数学模型来实现。利用准稳态和线性非定常假设，解析势流理论[55]最早用来研究飞机机翼的气动力模型。后来，基于准稳态[56]和线性非定常[57,58]假设的半解析模型来研究桥梁的气动力系数，这些气动力系数可以描述桥梁与风的相互作用。目前，还没有可行的解析方法可以用来计算这些气动力系数，这些气动力系数主要是通过数值计算或者风洞试验获得。准稳态假设是指桥面板在时变攻角下的气动特性与等效恒定攻角下的气动特性相同，线性非定常假设是指时变攻角下的桥面气动力特性与考虑小振幅攻角演变的特性相同，其中线性和叠加原理适用[55]。桥面板在大振幅攻角下的气动力特性将变为非线性[59]，并且对于单频输入的气动力包含高阶谐波[60]。近年来，一些半解析模型被提出来解释气动力的非线性行为[61,62]，但它们都不能完全描述力的非线性非定常行为，包括局部非定常、旋涡脱落和惯性质量效应。

风洞试验可以比较真实地模拟风场环境，是研究桥梁气动特性的主要试验手段。1991年，明石海峡大桥建设时进行了比例为 1:100 的缩尺风洞试验[63]，验证了主梁断面的抗风稳定性。利用风洞试验，Diana 等[64]对一座海湾大桥在 3 个不同施工阶段和成桥阶段的 4 个气动弹性模型（比例为 1:220）的气动弹性响应进行了比较，分析了不同施工阶段的结构特性和不同的空气动力对桥梁稳定性和抖振响应的影响。后来，Diana 等[65]通过风洞试验研究了多箱梁主梁的非线性气动特性，对节段模型进行风洞试验并引入高频非定常力的数学模型，提出了一种改进的频带叠加方法。通过对节段模型进行风洞试验，郑史雄等[66]研究了某斜拉桥π型断面主梁的颤振性能，研究显示主梁的振动幅度会随着风的攻角的变化而改变，当风的攻角为负时π型断面主梁更容易发生颤振。

CFD（计算流体动力学）模型作为半解析模型和实验模型的一种替代方法，近年来在风-桥相互作用的数值模拟中得到了广泛关注。由于角冲量和能量守恒以及不显著的数值耗散，二维离散涡方法在桥梁动力学中得到了广泛应用，这种数值方法不仅计算成本非常低，而且计算结果与风洞试验结果吻合良好[67]。Larsen[68]在 1997 年讨论了离散涡方法在实际桥梁截面气动弹性分析中的应用，并将数值模拟结果与风洞试验结果进行了比较，结果吻合良好。但对于工程中的高雷诺数对象，该方法主要局限在二维性且缺乏湍流模型。近年来，在大跨度桥梁抗风设计领域中，一些学者对三维 CFD 模型进行了研究。Bai 等[69]基于分块迭代耦合方法，提出了一种改进的 CFD 网格控制方法，这种算法可以很容易地扩展到三维模拟。通过对两种箱型断面主梁进行二维和三维 CFD 计算并与风洞试验结果进行比较，发现三维 CFD 模拟可以更加准确地计算出结构的气动力系数，说明了考虑三维 CFD 模型的必要性。针对某斜拉桥的三维抖振问题，Kim 和 Yhim[70]开发了一个计算流体-结构相互作用的 CFD 程序来求解斜拉桥的三维抖振问题。他们采用伽辽金最小二乘法和任意拉格朗日-欧拉法的有限元方法进行流固耦合计算,并将三维 CFD 分析结果与常规频域抖振分析结果进行了比较,所得的结果与常规分析的结果基本一致。Xu 等[71]提出了一种三自由度耦合强迫振动的数值模拟方法,基于该方法可以同时计算出桥面的 18 个气动导数。同时,通过提出的数值方法对一个薄板截面的气动导数进行识别并与理论解进行对照,验证了数值模型的准确性。三自由度耦合数值方法与单自由度方法的精度水平几乎相同,并节省了约 2/3 的计算时间。基于 CFD 数值计算方法,李永乐等[72]研究了分离式主梁颤振稳定性和静风稳定性,并对主梁的气动措施进行了优化,分析了开槽宽度、腹板倾角、分流板、水平稳定板和竖向稳定板等因素对主梁颤振稳定性和静风稳定性的影响。张伟峰等[73]通过 CFD 数值模拟,研究了桥梁矩形断面和平板断面的气动导纳函数在不同类型风场下的差别。分析结果表明,流线型的平板断面在不同类型风场下的气动导纳函数变化不大,对风场类型不敏感;矩形钝体断面的气动导纳函数在不同类型的风场下差别很大,对风场类型非常敏感。

0.2.2.3 大跨度桥梁在波浪作用下的研究

跨江或跨海桥梁所处的环境水深浪大,可能会受到巨大的波浪作用,从而导致结构的破坏或倒塌。研究发现一些极端天气下的波浪作用(如海啸和风暴潮)是导致桥梁结构破坏的主要原因[74]。在 2005 年的"卡特里娜"台风期间,墨西哥海湾区有超过 44 座桥梁因受到剧烈的波浪作用而发生损坏[75]。在 1969 年的台风"卡米尔"和 2004 年的台风"伊万"期间,佛罗里达州的艾斯康比亚湾也因剧烈的波浪作用而发生了类似的桥梁损坏[74]。桥面板距离水面较近的桥梁可能由于波浪引起的主梁损坏或基础过量冲刷而发生破坏,许多学者已经对这类问题展开了数值和试验研究[76, 77]。最新的研究表明,剧烈的波浪作用可能对海洋环境中的桥塔的动力行为产生显著的影响[78, 79]。

大型群桩基础或沉箱基础通常用来作为跨江或跨海桥梁的深水基础。群桩中的单桩一般属于小尺度结构,可以采用 Morison 公式来计算[80]。Morison 公式是半经验半理论公式,由与波浪速度相关的拖曳力分量和与波浪加速度相关的惯性力构成。拖曳力分量和惯性力分量在 Morison 公式中通过波浪动力系数来体现,波浪力系数是通过对单桩进行大量的波浪试验来确定。但对于群桩波浪力的计算需要将单桩计算的波浪力乘以一个群桩系数考虑群桩效应[81]。群桩系数通常通过试验得出,许多学者发现群桩系数与 KC(Keulegan-Carpenter)数有关,KC 数可以用来描述流场中结构受到的拖曳力与惯性力之间的相对关系。最近,Bonakdar 等[81]通过实验数据,提出了与 KC 数和桩间距相关的群桩系数的计算公式来预测不同桩型的群桩系数,这些预测公式与之前已有的试验结果吻合良好。

对于沉箱或承台等大型结构物,结构自身对波浪场的影响较大,需要考虑波浪的绕射效应。随着计算机技术的发展,数值波浪水槽试验已被广泛用来研究波浪和结构物之间的相互作用。Wang 和 Wu[82]采用数值方法分析了不同波高下群桩基础与波浪间的非线性作用。通过数值水槽分析了群桩与非线性波浪的相互作用,模拟过程中对自由曲面采用了网格重分技术和网格平滑技术，改善了网格的划分质量并在时域内消除了网格的不稳定性。计算结果表明波浪的频率和爬高会受到水槽宽度的影响，水槽宽度对模型试验的结果有显著的放大作用。利用数值波浪试验，刘浪[83]计算得到了大尺度桥墩的波浪力，并对 Morison 方程的系数进行了修正，提出了针对大尺度圆形和方形桥墩的修正 Morison 方程。同时，计算分析了水深对桥墩自振特性的影响，结果表明基础的自振频率会随着水深的不断提高而降低，且基础的振动响应随着水深的不断提高而降低。

近年来，许多学者对波浪作用下桥塔的动力行为进行了数值或试验研究[78,79]。Liu 等[84]研究了波浪作用下东海大桥群桩基础的群桩效应，并对 4 种类型的斜桩基础进行了系统的分析。基于边界元方法和有限元方法，Chen 等[85]在时域内对一座桥塔进行了风浪作用下的动力分析，结果表明风作用和波浪作用对桥塔的动力响应均有显著影响。在该模型中，桩基础受到的波浪作用采用势流理论和 Morrison 方程来进行计算。随后，Guo 等[78]利用风洞和波浪水槽对单独桥塔模型在风浪耦合作用下的动力行为展开了试验研究。在试验过程中，当平均风速较低且波浪周期接近结构的自振频率时，可以观察到风浪的耦合效应，且风浪耦合效应对结构的振动响应有抑制作用。当波浪的周期距离结构自振周期较大时，没有观察到明显的风浪耦合效应。Wei 等[79]也展开了类似的试验研究，分析研究了波浪流作用下钻石型塔架和大型圆形沉箱基础组成的独立桥塔的动力响应。试验过程中未观察到明显的波浪流耦合效应，波浪流引起的基底剪切力近似等于波浪和海流分别引起的基底剪切力之和。

0.2.2.4　大跨度桥梁在冲刷作用下的研究

对于跨江和跨海桥梁，基础冲刷的影响不容忽视，基础冲刷是造成跨江和跨海桥梁结构破坏的重要原因之一。1989 年—2000 年，美国统计的 503 座损毁桥梁中，53%的桥梁毁坏是由基础冲刷引起的[86]。类似地，哥伦比亚在 1986 年—2001 年间有 35%的桥梁毁坏与基础冲刷有关[87]。对于美国基础冲刷损坏的桥梁结构，每年用于修复的费用就高达 5000 万美元[88]。同样地，易仁彦等[89]对 2000 年—2014 年间国内桥梁的坍塌事故原因进行了分析，发现运营阶段坍塌的桥梁有超过 30%与基础冲刷有关。

桥梁冲刷是水流对河床或海床的侵蚀作用引起的自然现象，主要包括自然演变冲刷、一般冲刷和局部冲刷[90]。自然演变冲刷是指在不考虑桥梁存在的情况下，由于河床的沉积和退化而在河道中自然发生的冲刷。一般冲刷是指由于所建桥梁使过水断面收缩引起水流加速而产生的冲刷。局部冲刷是指水流流经桥墩或桥台等结构物时流场发生改变而引起的冲刷。许多学者研究了冲刷过程并评估了基础周围的最大冲刷深度，研究显示基础冲刷与基础的几何形状、水流特性和基础材料等很多因素有关[91]。

现在已经有许多学者采用计算公式来计算桥梁基础的冲刷深度。基于平衡冲刷的计算，Melville 和 Sutherland[92]通过试验数据绘制包络曲线来预测桥墩的局部冲刷深度。通过水的流速和深度、泥沙的尺寸和级配以及桥墩的尺寸和形状等参数，可以估算出圆形桥墩可能产生的最大冲刷深度。依据该方法，对于清水冲刷条件、水流深度较浅和泥沙粒径相对较粗的情况，可以通过乘以折减系数来估算局部冲刷深度。Lee 等[93]将逆向传播神经网络模型应用于桥墩周围冲刷深度的预测，并利用试验数据对模型进行了验证。逆向传播神经网络模型考虑了水流深度、水流速度、粒径大小和粒径分布等参数的影响。将美国 13 个州的现场测量数据用于训练，并比较逆向传播神经网络模型的预测结果和 5 种已有模型的预测结果，发现逆向传播神经网络模型对局部冲刷深度有较好的预测能力。Kothyari 等[94]考虑到主涡是引起基础冲刷的主要因素，开发了一个考虑主涡因素的计算桥墩基础冲刷深度随时间变化的程序，并通过试验研究了圆形桥墩周围分层、均匀和不均匀河床受到清水流冲刷作用的问题，试验结果表明基础的不均匀性和分层对冲刷深度的变化有显著影响。Chang 等[95]对均匀和非均匀泥沙中的桥墩进行了清水冲刷试验，研究了柱基周围河床表层的泥沙粒径的变化情况，依据泥沙粒径的中值和标准差得到了估算泥沙厚度的回归公式。同时，根据冲刷速率试验的数据，建立了一个非均匀砂在恒定流条件下冲刷深度的演变模型。但是，目前已有的这些计算公式都是在特定试验条件下得出的，当试验条件发生改变时适用性较差，具有一定的局限性。

基础冲刷会使地基土对桥梁基础的侧向约束降低[96]，从而影响桥梁结构的动力性能。商宇等[96]研究了基础冲刷对桩基动力性能的影响，研究发现基础冲刷使得桩基的自由长度增加，从而减小了桩基的刚度，增加了桩基的自振周期。基于结构的动力特性，熊文等[97]研究了基础冲刷对结构刚度的影响，并提出了一种基础冲刷的识别参数。通过施加瞬时激励的动力模型试验，王玉等[98]研究了简支梁桥振动特性随冲刷深度的变化规律。Hughes 等[99]研究了冲刷效应对桥梁墩台屈曲性能的影响，研究结果显示基础冲刷可能会使结构的屈曲性能降低。通过识别基础冲刷带来的桥梁结构自振频率的变化，Chen 等[100]对一座大跨斜拉桥的冲刷深度进行了评估。采用模态分析、屈曲分析和推覆分析，Klinga 和 Alipour[101]研究了冲刷效应对结构动力特性的影响，研究发现基础冲刷会使得结构的自振频率增加，且冲刷后结构的安全性会降低。以不同特性的地基土为对象，Bao 等[102]通过冲刷实验和数值计算分析了冲刷效应对桥墩固有频率的影响。基础冲刷会导致下部结构的承载力大大降低[103]，使得桥梁结构在不同荷载组合作用下的动力响应加剧，从而威胁到桥梁和桥上行驶车辆的安全性，因此研究基础冲刷对桥梁结构性能的影响具有重要意义。

0.2.2.5 大跨度桥梁在车辆作用下的研究

在桥梁的运营过程中，每天会有大量的车辆通过桥梁，随着桥梁的跨度不断增大与车辆的速度和载重不断提高，车-桥系统的耦合振动问题日益突出。路面粗糙度和车辆自激振动会使桥梁受到车辆的冲击动力作用，反过来桥梁的振动也会影响车辆的振动，这样车辆和桥梁就形成了复杂的耦合动力系统。车-桥系统的耦合振动研究对于分析桥梁的动力响应与车辆的舒适性和耐久性具有重要意义。

桥梁在车辆作用下的动力研究很早就受到了学者们的关注。1905 年，Krylowt 和 Timoshenko[104]推导了梁桥在移动常量力作用下的振动方程并获得了解析解。

绪　论　风-车-桥耦合振动问题与分析方法概论

Timosennko[105]在1911年又求解了梁桥在移动周期作用力的振动问题。20世纪40年代，李国豪[106]先后研究了悬索桥和拱桥在列车作用下的振动问题。但这些车桥振动理论忽略了车辆的质量并将车辆简化为等效荷载力，没有把车辆和桥梁当作一个相互作用的耦合振动系统来研究。

自20世纪70年代以来，计算机技术的快速发展促进了基于有限元理论的数值计算方法和更加真实具有多自由度的空间模型的应用，复杂的车-桥耦合振动问题可以通过有限元理论得到很好的解决。近年来，一些多轴车辆和车-桥有限元模型不断被提出。Lin和Trethewey[107]把车辆模拟为弹簧-质量-阻尼系统，并提出了梁在车辆系统任意运动下的有限元公式。Huang和Wang[108]研究了考虑路面粗糙度时，七自由度非线性车辆模型对斜拉桥的动力冲击作用。Wang等[109]研究了多辆车辆通过粗糙桥面时，桥梁动力响应的变化规律，其中车辆被模拟为十一自由度的非线性车辆模型。Huang等[110]将卡车模拟为十一自由度非线性车辆模型，并提出了一种薄壁曲线箱梁桥在车辆荷载作用下的动力响应计算方法。Hu和Han[111]提出了一种双轴九自由度的非线性车辆动力学模型，该模型考虑了车体的俯仰和侧倾以及四个车轮在加速或制动过程中的运动。Pesterev等[112]发展了一种确定局部路面不平顺对多自由度车辆动力系统影响的技术。Yin等[113]建立了一种考虑调谐质量阻尼器的车-桥耦合振动系统，并研究了调谐质量阻尼器对车桥振动的抑振效果。

在国内，陈上有等[114]建立了简支梁在车辆变速过桥时的运动方程，研究了桥梁在车辆匀变速过桥时的动力响应。研究发现，桥梁结构的动力响应与桥梁的跨度以及车辆的加速度和车辆上桥的初速度等因素相关。随着桥梁跨度的增大，车辆对跨中的动力响应的影响也越大，但桥梁结构跨中的动力响应不随车辆的加速度和车辆上桥的初速度的变化而单调变化。方志等[115]建立了考虑桥面粗糙度的车-桥耦合振动系统，并分析了路面粗糙度、车辆加速度等参数对车-桥动力系统响应的影响。分析结果显示，路面粗糙度会影响桥梁结构的动力响应以及车辆行驶的舒适性，车辆加速度会影响车桥间的相互作用力。刘焕举等[116]基于编制的可视化车-桥耦合分析软件，通过对比一座刚架拱桥加固前后在随机车流作用下的动力响应，分析了桥梁的加固效果。结果表明，桥梁结构的刚度在加固后得到明显提高而结构的自重有所增加，整体使得桥梁结构的振动降低，但桥上行驶车辆的振动响应的变化不明显。韩万水等[117]利用弹簧-质量-阻尼系统模拟了9种特重车型，研究了桥梁在随机特重车流作用下的动力响应和动力放大系数，研究显示特重车流作用下的动力放大系数会随着车重的增大而变小，但随着路面粗糙度的增大而变大，特重车直接作用位置处的动力放大系数比远离车辆位置处的动力放大系数小。

虽然针对大跨度桥梁结构在单一荷载作用下的研究已有很多，但对于所处环境恶劣且复杂的大跨度桥梁，如何评估大跨度桥梁在多荷载耦合作用下的动力性能仍然具有很大的挑战性。在传统的研究工作中，通常通过叠加单个荷载下的动力响应来评估桥梁在多荷载作用下的动力响应。但是叠加法是一种近似的求解方法，没有考虑多个荷载之间的耦合效应，可能导致对结构性能的高估或者低估。本书将建立可以综合考虑大跨度桥梁结构在多动力荷载作用下的耦合振动分析系统，可为复杂环境下大跨度桥梁的动力性能评估提供参考依据。

0.2.3 大跨度桥梁在多种荷载作用下的研究

在役跨江或跨海大桥每天不仅通过众多车辆，而且承受着很大的风浪荷载，同时面临着冲刷和腐蚀等环境作用的侵蚀。由于这些大跨度桥梁具有基础尺寸大、超长柔性主跨、低阻尼和低刚度等特点，导致桥梁结构对运营阶段的荷载非常敏感。在桥梁的生命周期内，运营荷载对桥梁的持续作用可能导致结构的功能性和耐久性问题，如结构损坏以及车辆驾驶的安全性和舒适性降低等问题。由于桥址所处的环境非常恶劣，除了运营荷载的影响，这些大跨度桥梁在生命周期内还可能受到极端荷载作用的威胁，如地震、台风和海啸等极端荷载作用。虽然极端荷载作用的发生概率较低，但对于桥梁结构安全性的影响是破坏性的。因此，考虑实际的运营荷载和极端荷载作用的组合，对于评估桥梁结构的动力性能非常重要。

然而，评估桥梁结构在多种荷载同时作用下的动力性能仍是一个非常具有挑战性的课题，因为它涉及桥梁结构与各种动力荷载之间复杂的耦合动力作用。已有的一些研究着重于特定的外部荷载，如地震反应分析、颤振或抖振分析、耦合桥梁-波浪分析和耦合车-桥分析等方法，但这些分析研究没有考虑荷载组合的情况。当桥梁受到多种动力荷载作用时，通常采用叠加单个荷载作用下的动力反应来计算桥梁的动力响应。尽管叠加法为处理结构在多个荷载作用下的动力计算提供了一种思路，但由于这种方法没有考虑结构与多个荷载之间的耦合效应，可能会导致对结构性能的评估不准确。

目前，已有学者对桥梁在多荷载作用下的耦合动力分析进行了研究并取得了丰硕的成果。对于大跨度桥梁，桥梁结构以及桥上行驶车辆的动力响应对风作用比较敏感，风-车-桥耦合动力系统的研究一直受到广泛关注。在公路桥方面，Xu 和 Guo[118]建立了在脉动风作用下车辆-斜拉桥耦合系统的动力分析框架。通过对考虑风荷载和车辆荷载的一座大跨斜拉桥进行数值分析，研究了车辆驶入和驶离桥梁时车-桥系统的动力响应的突变行为，分析表明该模型能有效地预测耦合系统在脉动风作用下的动力响应。基于虚功原理，Cai 和 Chen[4]得到了车-桥耦合系统在强风作用下的运动方程，并建立了一种风-车-桥耦合分析的框架。研究发现，当风速较大时，桥梁振动对车辆响应的影响较大；而当风速较小时，路面粗糙度对车辆响应的影响较大。Camara 等[5]提出了一种风-车-桥耦合系统的分析框架，该框架将路面粗糙度模拟为可以考虑桥梁接缝的三维随机表面，而不是传统的一维路面轮廓。基于提出的分析框架对一座大跨钢混叠合箱梁斜拉桥进行动力分析，结果表明路面粗糙度和风荷载显著降低了车辆驾驶的稳定性。基于 OpenGL 技术，韩万水等[119,120]建立了随机车流-风-桥动态可视化模型，并分析了车流密度和风速对桥梁响应的影响。基于可视化的三维随机车流-风-桥动态模型，可以更加直观地展示不同时刻车-桥系统在不同位置的动力响应的变化，分析发现车-桥系统的动力响应会随着风速和车流密度的增加而不断增大。在铁路桥方面，Li 等[121]建立了一种列车-风-桥耦合动力分析数值模型，与公路车-桥模型类似，将列车模拟为质量块、弹簧和阻尼装置的组合。以一座三塔铁路斜拉桥为例，研究了列车-风-桥耦合系统的动力响应，分析发现风荷载对车-桥系统的耦合振动有显著的影响。张楠和夏禾[122]将列车模拟为多刚体结构，建立了列车-风-桥耦合动力系统，分析了风速和列车车速对列车过桥安全性的影响。以一座大跨钢桁拱桥为例，研究发现车-桥系统的动力响应会随着风速和列车行驶速度的增大而不断增大，同时计算得到了不同风速下列车过桥的行驶车速的限值。肖军和李小珍[123]通过更新桥梁不同位置处的气动力系数，建立了一种可以考虑不同时刻列车对桥梁气动特性影响的列车-风-桥耦合动力系统。将列车位置对桥梁的气动力系数的影响范围分为无影响区、过渡区和覆盖区3个区域，实现了桥梁-列车气动力的动态耦合。

对于跨江或跨海大桥，所处环境不仅风大而且浪高，波浪作用对桥梁结构的影响不容忽视。近年来，已有学者对风-浪-车-桥耦合动力系统展开了研究。Zhu 等[9]建立了一种风-浪联合作用下公路车-桥耦合振动的数值仿真系统，并分析了风浪作用对车-桥耦合系统动力响应的影响，研究显示波浪作用对桥梁结构的横向振动影响较大，而桥梁结构的竖向振动主要是由车辆和风的作用引起的。李永乐等[124]针对铁路桥梁建立了一种风-浪-列车-桥梁模型，并计算分析了车速、风速和波浪波高对车-桥系统耦合振动的影响，计算结果表明在风浪的联合作用下波浪作用成为控制车-桥系统振动的主要因素。在风-浪-车-桥模型的基础上，刘高等[125]和房忱等[126]又考虑了波流作用的影响并建立了风-浪-流-车-桥耦合振动模型。

对于波浪荷载较大的深水桥梁，地震和波浪联合作用下的桥梁动力问题将会变得非常复杂。采用辐射波浪理论和绕射波浪理论，李忠献和黄信[127]分别考虑地震动水压力和波浪作用，研究了深水桥梁在地震和波浪联合作用下的动力响应。结果显示，桥梁结构在地震和波浪联合作用下的动力响应并不等于地震和波浪单独作用下桥梁结构动力响应的叠加，这是地震、波浪和桥梁结构相互耦合作用的结果。基于辐射波浪理论和 Morison 方程，冼巧玲等[128]利用有限元方法研究了隔震桥梁在波浪和地震作用下的动力特性，研究表明波浪作用对于隔震桥梁结构在地震作用下动力响应的影响很小可以忽略不计，而对于非隔震桥梁结构在地震作用下动力响应的影响较大，可以看出隔震桥梁的减震效果比较明显。林曾等[129]基于非线性 Morison 方程，研究了地震-波浪-桥梁耦合系统的振动响应，研究结果同样表明地震和波浪联合作用下桥梁结构的动力响应并不简单等于地震和波浪单独作用下桥梁结构动力响应的叠加，需要考虑地震、波浪和桥梁结构的相互耦合作用。

对于跨江和跨海的桥梁，在运营阶段受到基础冲刷的同时还会承受车辆、风和波浪等运营荷载的作用，也面临着地震、爆炸或船撞等极端荷载作用的威胁。基础冲刷会改变桥梁结构的自振特性，从而影响桥梁在不同荷载作用下的动力性能。Prendergast 等[130]建立了一种地基土-桥梁-车辆耦合振动模型，并通过测量车辆作用下桥梁结构频率的变化来识别基础冲刷的深度。该模型可以通过分析输出的动态信号来确定结构的模态参数，并可以检测出这些参数随基础冲刷的变化情况。李克冰等[131]利用有限元方法研究了冲刷效应对车-桥耦合系统动力响应的影响，并对比了冲刷前后列车运行的平稳性和安全性。通过对比发现基础冲刷使得桥梁主梁跨中的振动响应明显增大，同时桥上行驶车辆的动力响应也普遍增大，降低了桥梁结构和桥上行驶车辆的安全性。Kong 等[132]建立了一种考虑冲刷效应的车-桥-波浪耦合振动模型，并分析了不同的冲刷深度对车辆和桥梁动力响应的影响。计算分析发现基础冲刷会降低桥梁结构的自振频率，同时会改变桥梁结构和桥上行驶车辆的动力响应，通过结构自振频率以及车-桥系统动力响应的变化可以识别出桥梁基础的冲刷程度。针对多跨简支、多跨连续和连续刚构3种类型的钢筋混凝土箱梁桥，Wang等[133]研究了冲刷效应对桥梁动力特性和抗震性能的影响。结果表明，不同类型的桥梁结构对基础冲刷的敏感性不同，多跨简支钢筋混凝土箱梁桥对基础冲刷最为敏感。在地震活跃区和洪水频发区，研究发现通过增加基础的刚度可以有效地降低基础冲刷引起的桥梁损坏。

对于大跨度桥梁，地震发生时车辆行驶在桥上的概率很大，地震-车-桥耦合振动系统的研究也越来越受到关注。基于有限元方法，Du等[134]提出了一种非一致地震动作用下桥梁-列车耦合动力分析模型并考虑了轮轨分离的情况。以地震作用下8列高速列车通过一座多跨钢桁架拱桥为例进行研究，分析结果表明，地震动的空间变异性对桥梁-列车系统的动力响应有一定的影响，且随着列车速度的增加，轮轨分离的可能性也会增大。韩艳等[135]基于列车-桥梁耦合系统的地震反应分析模型，研究了地震行波效应和列车速度对车-桥系统动力响应的影响。分析结果显示，考虑地震的行波效应可能会增大车-桥耦合系统的动力响应，且随着列车运行速度的提高列车的行驶安全性会降低。Zeng等[136]研究了地震作用对车-桥系统的影响，并分析了车辆阻尼系统对车辆和桥梁动力响应的影响。分析结果显示，行驶的车辆对桥梁主梁的振动有很好的阻尼作用，减小了桥梁结构的振动响应。然而，与地面上行驶的车辆相比，在相同的地震激励下车-桥耦合系统的动力响应降低了行驶车辆的安全性。乔宏等[137]基于黏弹性边界理论和有限元方法，研究了场地局部地形条件对车-桥系统振动响应的影响。研究表明，在考虑桥梁局部地形条件后，桥梁结构和车辆的动力响应均发生了较大的变化。在地震纵波作用下，山峰地形使得桥梁结构的动力响应变小、车辆的动力响应变大，河谷地形使得桥梁结构和车辆的动力响应均变大；在地震横波作用下，无论是山峰地形还是河谷地形，桥梁结构和车辆的动力响应均变小。

虽然上述已有研究对大跨度桥梁在某些荷载作用下的动力性能进行了研究，但针对所处环境恶劣且复杂的大跨度桥梁，关于综合评估在役大跨度桥梁在日常运营荷载和极端荷载作用下动力性能的研究还非常有限，有待进一步研究和完善。一般情况下，极端荷载虽然具有不同的特征，但大部分可以模拟为随时间变化的荷载激励时程。

0.2.4 大跨度钢桥腐蚀疲劳研究

0.2.4.1 腐蚀评估

钢桥暴露在自然环境中，受到大气、土壤、海水等腐蚀作用，其中大气腐蚀对钢桥的影响最为显著。钢材表面接触空气中的氧气、水和盐从而发生锈蚀，大气腐蚀导致构件的截面削弱，使构件的承载能力、稳定性等大幅下降，甚至出现开裂和断裂。大量报道表明[138]，大气腐蚀导致钢桥坍塌，从结果来看，仅个别构件腐蚀严重，大部分构件腐蚀程度较轻。Krivy 等人[139]对捷克共和国的耐候钢桥进行了大气腐蚀研究，结果表明结构构件上的腐蚀损失明显受结构内暴露表面位置和方位的影响。因此，对于典型焊缝腐蚀疲劳的研究极为重要。相关研究表明[140]，影响腐蚀的环境因素主要包括湿度、温度、腐蚀性物质和光照条件。其中，湿度通过电化学作用对钢材进行腐蚀，导致钢材表面破坏，当湿度增大时，钢材表面的腐蚀速率急剧增加，是影响腐蚀的最主要因素[141, 142]。这是由于当湿度达到一定值时，大气中的二氧化碳、二氧化硫溶于水膜增加酸性，导致钢材发生严重的腐蚀现象。Guo 等人[143]的研究表明，湿度的波动会影响钢材在自然暴露条件下的大气腐蚀，与持续暴露在恒定湿度下相比，湿度波动条件会导致许多蚀坑形成。随着温度的升高，溶氧在薄膜中的溶解度会升高，有利于溶氧的快速扩散，从而传输到钢材表面，导致腐蚀速率加快[138, 140]。同时，温度也会影响二氧化碳、二氧化硫等气体的溶解度，进而影响腐蚀进程。另外，在干燥环境中，温度也会影响耐候钢的腐蚀速率[144]。

污染物是影响钢材腐蚀速率的一个重要因素，主要包括工业和生活燃料燃烧产生的二氧化硫，以及来源于海洋和道路融雪盐产生的氯离子。二氧化硫溶于金属表面后会形成强腐蚀性电解质溶液，从而导致金属腐蚀。研究表明[145]，二氧化硫主要在腐蚀初期影响腐蚀行为，加速锈蚀晶体生长，随着暴露时间增加，二氧化硫对锈层的影响逐渐减弱。Marco 等人[144]的研究表明，钢材在二氧化硫环境中的腐蚀受多种因素影响。氯离子溶于水后增加了水的导电性，同时还增强了钢材表面的吸湿性，从而加速了腐蚀过程。Křivý 等人[146]研究了耐候钢桥表面腐蚀物的特性，发现大气中的氯离子尤其是冬季道路维护中使用的融雪盐氯化物是影响腐蚀的主要因素。氯离子浓度是影响后期腐蚀的主要因素，在高氯离子浓度环境中，均匀腐蚀速率不仅快，而且还会发生严重坑蚀[145, 146]。在腐蚀性大气环境中，钢材表面材料被均匀、整体地腐蚀的现象称为均匀腐蚀。均匀腐蚀造成钢材整体厚度减少，从而影响桥梁结构的完整性和安全性[147]。普通钢结构的均匀腐蚀过程可以采用线性模型描述，因为锈层脱落后会导致腐蚀率增加。然而耐候钢在发生腐蚀时，会形成致密层，从而阻止进一步发生腐蚀。ISO 9224[148]采用指数模型描述均匀腐蚀，并根据大气环境数据和材料特性来计算首年腐蚀速率和腐蚀指数。孙辉等人[149]收集了沿海环境数据，并将其按 ISO 9224[148]的标准进行分类。

坑蚀是一种局部腐蚀，它会导致钢材表面形成小的坑洞和腐蚀斑点。与均匀腐蚀不同，坑蚀集中于金属表面的微小区域，导致材料在局部区域内迅速破坏。坑蚀造成的深层局部损伤可以严重削弱金属结构的强度和承载能力，尤其是在承受重要荷载的关键部位。坑蚀区域成为应力集中的源头，增加了疲劳裂纹的产生和扩展的可能性。金属表面自然形成的氧化层极大降低了腐蚀速率，然而，这种钝化膜很容易被局部击穿，从而导致金属加速溶解[150]。化学环境对蚀坑的形成和扩展有着很大的影响，氯化物、溴化物等阴离子产生稳定的侵蚀性蚀坑，最常见的氯离子与阳离子结合，增强其在水中的溶解度，造成钝化层被破坏[151]。Bhandari 等人[152]研究了坑蚀的模型，结果表明坑蚀分为 4 个阶段：锈蚀层形成、锈蚀层破裂、蚀坑萌生和蚀坑发展，物理因素、化学因素、生物因素和冶金因素等都会影响蚀坑生长，并且可以描述坑蚀速率。Huang 等人[153]提出一种双变量半椭圆模型来描述蚀坑的生长，同时考虑了材料本身特性和腐蚀环境的影响，能对坑蚀过程进行全面地评估。

0.2.4.2 疲劳评估

目前进行钢桥疲劳评估时主要有 3 种方法：基于传统的 S-N 曲线评估方法、连续损伤力学方法和断裂力学方法[154]。当前多采用名义应力法和热点应力法计算结构的疲劳寿命，如我国的桥梁规范[155]以及欧美的规范[13, 156, 157]。S-N 曲线需要通过大量的疲劳试验来确定疲劳寿命和恒幅应力的关系，Miner 线性准则[158]将这种方法扩展到变幅加载。Yan 等人[159]将多尺度有限元模型与 Miner 线性准则相结合，并基于实测交通数据，对某 OSD 桥梁关键焊接接头的疲劳寿命进行预测，结果表明所提方法的预测精度较传统方法有所提升。桥梁疲劳具有显著的复杂性和不确定性，且疲劳寿命试验数据具有很大的分散性，同时结构疲劳试验花费巨大，不能大规模进行。即需要对疲劳寿命的分散性进行可靠性分析，以不同生存概率的 S-N 曲线簇得到 PSN 曲线。Pipinato 等人[160]对钢桥铆接接头进行疲劳试验，研究其疲劳开裂模式和 PSN 类别，从而估算接头的剩余疲劳寿命。然而，通过疲劳试验构建 PSN 曲线也是一项巨大的工作，需要涵盖足够多的节点样本。为此，Heng 等人[161]将疲劳试验与数值预测相结合，推导了正交异性钢桥面顶板-纵肋焊接接头的 PSN 曲线，结果表明可以使用较少的疲劳试验样本进行准确预测。S-N 曲线评估方法由于其简便而被广泛用于大型工程，然而却不能探明疲劳裂纹扩展的方式和过程。

连续损伤力学（CDM）可以描述裂纹萌生和扩展过程，该方法通过定义损伤变量来描述缺陷对材料力学行为的影响，多采用 ABAQUS 的 UMAT 子程序进行模拟。Van 等人[162]采用 CDM 方法研究对接焊缝残余应力对其疲劳寿命的影响，在高周疲劳状态下，疲劳裂纹萌生占总疲劳寿命的大部分。Zhang 等人[163]提出一种基于 CDM 的腐蚀疲劳寿命预测模型，该模型考虑了荷载频率、疲劳寿命极限和腐蚀速率的影响，模拟结果表明预测结果与试验趋势保持一致。然而基于 CDM 的疲劳预测方法编程量大且计算复杂，损伤演化中包含较多材料参数，可能不适用于桥梁等大型工程。

断裂力学主要根据裂纹尖端应力场与裂纹扩展关系来进行评估。钢结构在安装和焊接过程中不可避免地存在初始缺陷，断裂力学将其作为初始裂纹，以此描述裂纹扩展。断裂力学具有显著降低试验要求的优点，还可以预测裂纹扩展直至失效，因此被广泛运用。在使用断裂力学方法时，需要进行材料裂纹扩展试验，确定材料的裂纹扩展速率和裂纹扩展门槛值。Su 等人[164]对桥梁耐候钢 Q345qDNH 进行疲劳试验，研究裂纹扩展参数，得到其裂纹扩展速率表达式，对疲劳裂纹扩展进行数值模拟，预测疲劳寿命与试验疲劳寿命的最大差异为 11.3%，表明基于实测参数的数值模拟可以较为准确地预测疲劳寿命。Heng 等人[165]采用试验和数值模拟混合方法，在疲劳试验的基础上，建立预测顶板-纵肋接头疲劳强度的概率评估模型，并考虑了初始缺陷和几何形状的随机性，以及多裂纹融合和扩展，结果表明预测模型和试验数据吻合较好。Liu 等人[166]提出了一种基于 Kitagawa-Takahashi 图计算等效初始缺陷尺寸（EIFS）分布的新方法，该方法不受载荷影响,只受疲劳极限强度和应力强度因子幅门槛值影响,能够较好地模拟金属材料的疲劳寿命。虽然断裂力学能够较好地模拟裂纹扩展,但是裂纹萌生具有非常强的非线性,以至于传统断裂力学不能很好地模拟裂纹萌生。

0.2.4.3 腐蚀疲劳试验和相关模型

腐蚀条件下的疲劳试验被广泛认为是分析耐候钢腐蚀疲劳行为的可靠方法。事实上,由于难以预测腐蚀疲劳耦合作用,有时需要对腐蚀试样进行疲劳试验,而不是同时进行腐蚀和疲劳耦合试验。Albrecht 等人[167]对39根耐候钢梁进行了不同腐蚀时间下的测试,结果表明,随着腐蚀时间的增加,疲劳强度明显降低,同时环境越恶劣,疲劳强度等级降低越明显。Zhang 等人[168]也得到了类似的结果,Q345NH 耐候钢在腐蚀后疲劳强度下降了 22.6%~38.3%。对于普通钢,Cai 等人[169]研究了 Q690qE 高性能桥梁钢在海岸-工业人工腐蚀下的腐蚀疲劳行为。结果表明,腐蚀坑是疲劳裂纹的起始点,腐蚀坑深度是影响疲劳性能的主要因素。郭宏超等人[170]研究了 Q690D 低合金高强度钢材加速腐蚀和高周疲劳试验,结果表明腐蚀作用严重影响了疲劳性能。李言涛等人[171]对海上平台用钢板在空气中、海水中和海水中有阴极保护3种条件下腐蚀疲劳性能进行研究,探讨了钢材在海上平台不同部位、不同保护状况下的腐蚀疲劳寿命。结果表明,焊接接头的海水自由腐蚀疲劳寿命为空气中疲劳寿命的 1/2~1/3。如上所述,大量试验证实了腐蚀疲劳耦合降低了疲劳性能。

确定性模型中参数估计通常是统计建模的重点,然而,电化学和力学耦合机制中涉及的参数众多,腐蚀疲劳机制所涉及的过程的复杂性使得模型建立困难。此外,由于腐蚀疲劳过程取决于材料、载荷和环境,确定性参数建模只适用于特定情况,通用性较低。随着人们对疲劳劣化的不确定性的认识,近年来,研究者们对钢结构桥梁的疲劳可靠度进行了大量研究[172,173]。Guo 等人[174]在数值模型中引入了基于实测的润扬大桥的随机交通模型,从而得到钢桥关键节点的疲劳应力谱,并将应力谱与PSN曲线合并,以预测关键细节的疲劳可靠性,结果表明预测结果与现场检测结果吻合较好。Ni 等人[175]提出了基于参数贝叶斯混合模型的桥梁可靠度评估方法,通过分析青马大桥钢桥面应变测量数据,评估了关键细节的可靠度演化。Zhang 等人[176]研究了腐蚀疲劳对车辆动力荷载作用下劣化钢桥寿命评估的影响,并考虑了不同材料腐蚀速率、车辆类型、车辆速度及随时间变化的路面条件。综合评估钢桥在腐蚀疲劳下的时变损伤,结果表明中、高腐蚀条件下疲劳寿命降低 70%以上。同样地,Deng 等人[147]研究了不同腐蚀性下钢桥的疲劳性能,与无腐蚀条件下的疲劳寿命相比,沿海地区和农村地区的关键细节部位的疲劳寿命分别下降了 71.6%和 62.6%。

0.2.5 车辆行驶安全性的研究

在强风、地震、冲刷和洪水等因素的作用下,大跨度桥梁上行驶车辆的安全性受到了极大的威胁,桥梁、车辆和不同因素的相互耦合作用使得桥上行驶车辆的安全性分析更加复杂。目前，已有很多学者针对不同动力作用下桥上行驶车辆的安全性问题展开了研究。

当车辆通过桥梁时，强风作用可能会降低行驶车辆的安全性。针对处于风作用下的车-桥系统，Chen 和 Cai[177]提出了一种基于风-车-桥耦合动力系统三维分析的车辆安全事故分析框架。通过给定事故的发生准则，利用分析得到的车辆横向响应、横摆响应和各个车轮的反作用力来评估行驶车辆的安全性。基于风-车-桥耦合振动模型，Guo 和 Xu[178]研究了车辆交会或路过桥塔时阵风对高边车辆的行驶安全性的影响，其中定义并分析了车辆的倾覆、侧滑和过度旋转事故。通过进行大量计算，得到了一系列事故车速对应的侧风风速阈值，为大桥处于临界风速以上时的交通关闭提供了参考依据。韩万水等[179]基于风向风速的联合概率分布，得到了跨海大桥上车辆事故的临界风速，并分析了增设风障对行车安全性的影响，研究显示增设风障可以有效提高桥上行驶车辆的安全性。陈宁等[180]利用自主开发的风-车-桥耦合振动程序，研究了风屏障对桥上行驶车辆安全性的影响。研究表明，当风速较大时风屏障可以显著提高行驶车辆的安全性，改善效果主要与风屏障的高度和透风率有关。利用车辆和桥梁的气动特性以及桥址处的长期风速数据，Kim 等[181]基于概率方法开发了一种程序来评估侧风作用下车辆的安全性，其中车辆安全评估主要包括侧滑和倾覆事故类型。通过对一座跨海大桥研究表明，车辆类型、载重、车辆的行驶位置、风向和车速等因素会影响到侧风作用下行驶车辆的安全性。

由于地震作用的突发性和破坏性，地震发生时可能对在桥梁上行驶车辆的安全性构成威胁。针对地震作用下的车-桥耦合振动，Yang 和 Wu[182]建立了地震-列车-轨道-桥梁耦合振动模型，研究了地震发生时桥上运行列车的稳定性，研究发现列车的竖向阻尼系统可以减少竖向地震作用下的振动，有利于列车安全运行。Matsumoto 等[183]利用自主编制的计算仿真程序研究了地震作用下列车在桥梁上的行驶安全性，考虑了车辆系统的非线性对车-桥相互作用影响，结果发现在激励频率高于列车的横向固有频率时，车辆系统的非线性对车辆的行驶安全性影响较为显著。林玉森[184]基于列车-桥模型研究了地震作用下桥上列车行驶的安全性，分析了列车速度、地震动加速度峰值、桥梁附加质量和阻尼等因素对行车安全性的影响。杜宪亭和夏禾[185]建立了考虑空间变异性的地震动作用下的车-桥耦合振动模型并考虑了车桥分离的情况，研究了地震动空间变异性和列车速度对车-桥系统耦合振动的影响，并对列车的运行安全性进行了分析。国巍等[186]研究了横向地震作用下简支梁桥上列车行驶的安全性问题，研究发现车辆行驶的安全性指标受地震强度和列车运行速度的影响较为明显。针对一座大跨悬索桥，雷虎军等[187]基于自主开发的地震-桥梁-轨道-列车耦合分析程序，研究了行波激励和一致激励地震动作用下车辆的安全性问题。以列车轮对横向力、轮重减载率和脱轨系数为指标，计算得到了设计地震动作用下列车安全通过桥梁的安全车速阈值。

除了强风和地震作用会对桥上车辆的行驶安全性产生影响以外，基础冲刷、波浪作用和温度作用等自然环境作用也会影响到桥上车辆的运行安全性。李克冰等[131]等研究了基础冲刷对列车-桥梁耦合动力系统响应及列车行驶安全性的影响,研究表明冲刷后行驶列车的动力响应明显增大,影响到列车行驶的平稳性和安全性。基于自主开发的桥梁分析软件,房忱等[188]研究了波浪作用对跨海大桥上列车行走安全性的影响。研究显示,当波浪作用较小时,车-桥耦合系统的振动响应受列车运行速度的影响较大;而当波浪作用较大时,车-桥耦合系统的振动响应主要由波浪作用控制。Zhu 等[9]建立了基于风-浪-车-桥耦合振动系统的车辆行驶安全性分析框架,分析了风浪大小、车辆行驶速度、车型和路面粗糙度等因素对车辆行驶安全性的影响。田园等[189]研究了温度效应对高速铁路钢桥上列车运行安全性的影响,研究发现温度作用引起的钢梁变形会增加列车的竖向和横向位移,降低了列车的运行安全性。基于多体动力学分析软件 SIMPACK,勾红叶和杨睿[190]研究了温度作用引起的高速铁路桥钢轨的附加变形对列车运行安全性的影响,研究同样显示温度作用会降低列车的运行安全性指标,影响列车的运行安全。

对于所处环境恶劣复杂的大跨度桥梁,需要更加全面地评估多荷载耦合作用下桥上行驶车辆的安全性。关于多荷载耦合作用下桥上行驶车辆的动力行为的分析还很少见,有待进一步研究。本书将基于建立的耦合振动模型,通过引入车辆安全性评估指标,研究大跨度桥梁-车辆耦合系统和环境激励间的复杂动力耦合效应对桥上行驶车辆安全性的影响。

0.2.6 车辆行驶舒适度研究

0.2.6.1 单车过桥驾乘人员振动舒适度研究

Xu 和 Guo[191]开展了侧风作用下卡车通过斜拉桥时驾乘人员舒适度的研究,分析了车速、风速和路面不平度等级对驾驶员的舒适度的影响规律,并指出侧风和桥梁振动分别控制车辆的侧向和竖向的驾乘人员舒适度。Nguyen 等[192]随后基于风-车-桥耦合振动研究了侧风作用下大跨拱桥桥上行车的驾乘人员舒适度,也同样发现由侧风引起的大跨度桥梁侧向振动可能会引起桥上驾乘人员不舒适感及驾驶疲劳。Yin 等[193]采用 ISO 2631 舒适度评价标准探讨了车辆在高墩多跨连续梁桥上行驶时的驾乘人员舒适度,发现桥梁的侧向振动和纵向振动对驾乘人员舒适度均有重要影响。之后,朱金等[9]采用人体全身振动法研究了某跨海斜拉桥在风浪联合作用下的驾乘人员舒适度。人体全身振动法充分考虑了由坐垫、靠背和脚地板 3 个支撑面传递至驾乘人员的线振动和角振动,同时考虑到了振动频率、振动强度、振动方向和暴露时间对人体感觉的影响,是一个较为全面的人体舒适度评判标准。人体全身振动法理论首先由 Griffin[194]提出,这种评价方法考虑得比较全面,适用的场合也比较广泛。最近,Camara[5]等研究了路面不平度与风荷载联合作用下的驾乘人员舒适度,研究表明路面不平度与风荷载对驾乘人员舒适度均有重要影响。同时,作者还指出由于风和路面不平度均具有随机性,建议在进行驾乘人员舒适度评价时应基于足够多的样本进行概率性评价。

0.2.6.2 车流过桥驾乘人员振动舒适度研究

韩万水等[195]将驾驶员行为引入风-车-桥耦合振动，同时采用总乘坐值法和1/3倍频带法评价了风环境下行驶于大跨度桥梁上的车辆驾驶舒适度，评价结果表明路况越差，车辆的驾驶舒适性越差。但需要指出的是，上述研究中的车流并不随机，而是按照假定的数量匀速通过桥梁。Chen和Wu[196]首先将基于元胞自动机理论建立的微观随机车流模型引入传统的风-车-桥耦合振动研究，实现了风、随机车流、桥耦合振动分析，并指出引入随机车流对于准确分析大跨度桥梁及桥上行驶车辆振动特性的必要性。微观随机车流模型可以重现真实交通场景，比如车辆的变道、超车、加减速等微观行为，因此后续被大量学者采用[197-200]。Liu 等[199]建立了能考虑驾乘人员座位和车辆轮胎非线性行为的三维精细化车辆模型，并将其引入微观随机车流，评估了路面不平度和随机车流对驾乘人员舒适度的影响规律。研究表明车流量越大，路况越差，驾乘人员的舒适度也越差；驾乘人员座位能显著影响驾乘人员感受到的来自车体各个方向的振动，从而影响其舒适度评估结果。Zhou和Chen[201]基于风、随机车流、桥耦合振动分析，采用总乘坐值法评估了侧风作用下随机车流过斜拉桥时的驾乘人员舒适度。研究表明，单车过桥时，车桥耦合效应弱，对驾乘人员舒适度影响可忽略不计；而随机车流过桥时，车桥耦合效应强，能显著降低驾乘人员舒适度水平。此外，无风环境下，驾乘人员受到的竖向振动在驾乘人员舒适度评价中占主导地位；有风环境下，风引起的驾乘人员侧向振动对驾乘人员舒适度也有重要影响。

0.2.6.3 涡振条件下驾乘人员振动舒适度研究

2020年4月26日—5月18日期间，我国湖北武汉鹦鹉洲长江大桥、广东东莞虎门大桥、浙江舟山西堠门大桥3座大跨度桥梁相继发生涡振，引发社会舆论强烈关注。目前，已有一些学者开始关注大跨度桥梁涡振条件下驾乘人员的舒适度问题。Yu 等[202]以主跨329.2 m 的 Deer Isle-Sedgwick 悬索桥实桥发生的涡激振动为工程背景，研究了路面不平度等级、车速、车型、车辆数量等参数对驾驶员舒适度的影响规律。结果表明：与无涡振工况相比，主梁涡振能显著提高车辆的振动响应水平，从而大幅降低驾驶员舒适度水平；车速的提高或者路面劣化均能显著降低驾驶员舒适度水平；桥上车辆数量的增加能提高车-桥系统的质量和阻尼，从而降低车辆的振动响应水平并改善驾驶员舒适度。Dan 等[203]结合理论推导和健康监测数据分析，研究了虎门大桥发生涡振时桥上车流荷载对桥梁自振频率和阻尼比的影响规律，理论分析和实测数据均表明桥上车流荷载能小幅降低桥梁的自振频率，同时显著提高桥梁的阻尼比。考虑到桥梁涡振对于结构的阻尼比非常敏感，阻尼比较小的变化就可能显著改变桥梁的涡振振幅，上述研究表明桥上车流对于涡振具有一定的抑制作用。Cao 等[204]基于西堠门大桥2013年—2017年之间的桥上风速和主梁加速度的实测数据，提出了涡振预警方法，并分析了桥梁涡振对桥上行人和驾乘人员舒适度的影响。朱金等[198, 200]提出了融合桥梁健康数据的大跨度悬索桥涡振条件下随机车流过桥时驾乘人员舒适度概率性评价框架，以鹦鹉洲长江大桥涡振事件为工程背景，采用简谐力模拟桥梁受到的涡激力，深入研究了车流密度、车型比例、车道、路面不平度等级等参数对驾乘人员舒适度的影响规律。研究结果表明，驾乘人员的受振频率是评价驾乘人员舒适度的关键参数；小轿车的行车舒适度随着车流密度和重车比例的增加而降低，而客车、货车和集装箱车等车型对车流密度和重车比例的变化不敏感；此外，对于所有车型，路面等级的恶化会显著降低车内驾乘人员的舒适度。

0.3 本书的主要内容与联系

通过回顾风-车-桥系统耦合动力学研究领域的研究进展，作者梳理了多动力作用下风-车-桥系统的气动/动力特性、多动力作用下大跨度桥梁结构的腐蚀疲劳性能、多动力作用下大跨度桥梁桥上行车安全性与舒适性三个方面面临的挑战。

多动力作用下风-车-桥系统的气动/动力特性：随着大跨度桥梁不断向艰险山区和海洋延伸，这些工程正面临日益多样化的地理环境、显著差异的气候条件等各种复杂运营环境所带来的严峻挑战。在车流、风、浪、冲刷、地震等多动力荷载的作用下，风-车-桥系统的气动和动力学问题日益突出。开展多动力作用下风-车-桥系统的气动/动力特性的研究，可为大跨度桥梁结构性能评估和桥上行车安全评估奠定理论基础。由于桥梁结构与各种动力荷载之间存在复杂的相互作用，评估桥梁结构在多动力作用下的结构性能仍然具有很大的挑战性。对于这样一个跨学科的问题，目前还缺乏解决这一问题的适当方法和框架。

多动力作用下大跨度桥梁结构的腐蚀疲劳性能：桥梁结构的疲劳问题一直是业界共同面临的难题，而随着海洋强国战略、"一带一路"倡议的推进，侵蚀环境对桥梁结构的影响也愈发显著。在侵蚀环境与交变荷载的长期作用下，大跨度桥梁关键钢构件（如钢主梁、主缆、吊索、拉索、系杆等）极易发生腐蚀疲劳破坏。由于腐蚀疲劳具有极大的威胁与广泛性，对桥梁结构的腐蚀疲劳进行系统的研究具有重要的理论意义与工程价值。

多动力作用下大跨度桥梁桥上行车安全性与舒适性：近年来，汽车以及列车在桥梁上的风致事故频发，严重威胁人民的生命及财产安全，强风作用下桥上行车的安全性是困扰桥梁发展的重要问题。除了行车安全以外，人们对人体振动舒适性的需求也日益增加。大跨度悬索桥跨径大、频率低且分布密集、阻尼小，在常遇风速内极易发生高阶模态涡激振动，虽然涡激振动不会引起结构的强度破坏，显著加剧构件疲劳的可能性也很小，但由涡振引起的大幅振动会显著影响桥上驾乘人员的人体振动舒适性。大跨度悬索桥主梁涡振引起的人体振动舒适性问题已成为桥梁工程界迫切需要解决的技术难题与关键科学问题。

对于上述面临的挑战，本书作者以风-车-桥系统耦合动力学研究为主线，重点围绕多动力作用下风-车-桥系统的气动/动力特性、多动力作用下大跨度桥梁结构的腐蚀疲劳性能、多动力作用下大跨度桥梁桥上行车安全性与舒适性等三个方面开展了持续且系统的研究。本书总结了作者在上述三个方面的研究进展。除了绪论以外，全书章节安排及联系如图 0-2 所示。

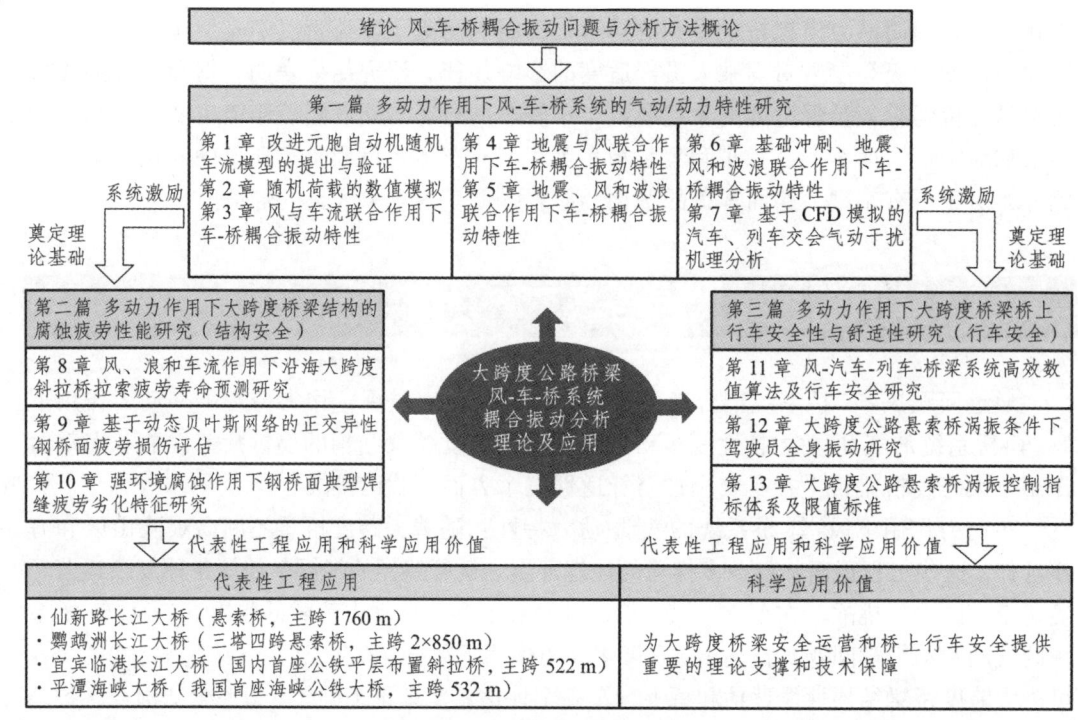

大跨度公路桥梁风-车-桥系统耦合振动分析理论及应用

图 0-2 全书章节安排及联系

0.4 本章参考文献

[1] FANG C, LI Y L, WEI K, et al. Vehicle-bridge coupling dynamic response of sea-crossing railway bridge under correlated wind and wave conditions[J]. Advances in Structural Engineering, 2018, 22: 893-906.

[2] ZHANG M J, YU J S, ZHANG J Y, et al. Study on the wind-field characteristics over a bridge site due to the shielding effects of mountains in a deep gorge via numerical simulation[J]. Advances in Structural Engineering, 2019, 22: 3055-3065.

[3] TI Z, ZHANG M, LI Y, et al. Numerical study on the stochastic response of a long-span sea-crossing bridge subjected to extreme nonlinear wave loads[J]. Engineering Structures, 2019, 196: 109287.

[4] CAI C S, CHEN S R. Framework of vehicle-bridge-wind dynamic analysis[J]. Journal of Wind Engineering and Industrial Aerodynamics, 2004, 92: 579-607.

[5] CAMARA A, KAVRAKOV I, NGUYEN K, et al. Complete framework of wind-vehicle-bridge interaction with random road surfaces[J]. Journal of Sound and Vibration, 2019, 458: 197-217.

[6] OLMOS J M, ASTIZ M A. Non-linear vehicle-bridge-wind interaction model for running safety assessment of high-speed trains over a high-pier viaduct[J]. Journal of Sound and Vibration, 2018, 419: 63-89.

[7] ZHU J, ZHANG W. Numerical simulation of wind and wave fields for coastal slender bridges[J]. Journal of Bridge Engineering, 2017, 22: 04016125.

[8] ZHU J, ZHANG W, WU M X. Coupled dynamic analysis of the vehicle-bridge-wind-wave system[J]. Journal of Bridge Engineering, 2018, 23: 04018054.

[9] ZHU J, ZHANG W, WU M X. Evaluation of ride comfort and driving safety for moving vehicles on slender coastal bridges[J]. Journal of Vibration and Acoustics, 2018, 140: 051012.

[10] ZHU J, ZHANG W, ZHENG K F, et al. Seismic design of a long-span cable-stayed bridge with fluid viscous dampers[J]. Practice Periodical on Structural Design and Construction, 2016, 21: 04015006.

[11] British Standards Institution. Steel, concrete and composite bridges, Part 2: Specification for loads: BS 5400-2[S]. London: British Standards Institution, 1978.

[12] Comité Européen de Normalisation. Eurocode 1: Actions on structures, Part 2: Traffic loads on bridges: EN 1991-2[S]. Brussels: Comité Européen de Normalisation, 2003.

[13] American Association of State Highway and Transportation Officials. AASHTO LRFD Bridge Design Specifications[S]. Washington, DC: American Association of State Highway and Transportation Officials, 2020.

[14] SIENIAWSKA R, ŚNIADY P. Life expectancy of highway bridges due to traffic load[J]. Journal of Sound and Vibration, 1990, 140: 31-38.

[15] VROUWENVELDER A C W M, WAARTS P H. Traffic loads on bridges[J]. Structural Engineering International, 1993, 3: 169-177.

[16] CRESPO-MINGUILLÓN C, CASAS J R. A comprehensive traffic load model for bridge safety checking[J]. Structural Safety, 1997, 19: 339-359.

[17] 童乐为, 沈祖炎, 陈忠延. 城市道路桥梁的疲劳荷载谱[J]. 土木工程学报, 1997, 30: 20-27.

[18] 李扬海, 鲍卫刚, 郭修武. 公路桥梁结构可靠度与概率极限状态设计[M]. 北京: 人民交通出版社, 1997.

[19] 梅刚, 秦权, 林道锦. 公路桥梁车辆荷载的双峰分布概率模型[J]. 清华大学学报（自然科学版）, 2003, 43: 1394-1396.

[20] 王春生, 陈艾荣, 陈惟珍. 基于断裂力学的老龄钢桥剩余寿命与使用安全评估[J]. 中国公路学报, 2006, 19: 42-48.

[21] 王春生, 陈惟珍, 陈艾荣. 既有钢桥工作状态模拟与剩余寿命评估[J]. 长安大学学报（自然科学版）, 2004, 24: 43-47.

[22] 王达. 基于有限元模型修正的大跨度悬索桥随机车流车-桥耦合振动分析[D]. 西安: 长安大学, 2008.

[23] 高文博. 基于实测数据的高速公路随机车流仿真模拟理论及程序开发[D]. 西安: 长安大学, 2010.

[24] WOLFRAM S. Statistical mechanics of cellular automata[J]. Reviews of Modern Physics, 1983, 55: 601-644.

[25] LEE M C, PENZIEN J. Stochastic analysis of structures and piping systems subjected to stationary multiple support excitations[J]. Earthquake Engineering & Structural Dynamics, 1983, 11(1): 91-110.

[26] SCHADSCHNEIDER A. Cellular automata models of highway traffic[J]. Physica A: Statistical Mechanics and its Applications, 2006, 372: 142-150.

[27] 陈向东, 金先龙, 张晓云. 基于元胞自动机的路面车流荷载[J]. 上海交通大学学报, 2008, 42: 89-93.

[28] CHEN S R, WU J. Dynamic performance simulation of long-span bridge under combined loads of stochastic traffic and wind[J]. Journal of Bridge Engineering, 2010, 15: 219-230.

[29] CHEN S R, WU J. Modeling stochastic live load for long-span bridge based on microscopic traffic flow simulation[J]. Computers & Structures, 2011, 89: 813-824.

[30] 陆晓俊, 李雪红, 李枝军. 基于 CA 模型的大跨桥梁车流荷载模拟方法研究[J]. 中外公路, 2013, 33: 89-93.

[31] 杨飞. 基于实测数据与 CA 交通流模型的桥梁汽车荷载研究[D]. 西安: 长安大学, 2014.

[32] 韩万水, 武隽, 马麟. 基于微观交通流模型的风-车-桥系统高真实度模拟[J]. 中国公路学报, 2015, 28: 37-45.

[33] 张曦霖. 新型元胞自动机交通流荷载模型及其应用[D]. 西安: 长安大学, 2015.

[34] 肖强. 基于三车道交通流微观仿真的大跨桥梁汽车荷载响应分析[D]. 西安: 长安大学, 2016.

[35] 阮欣, 金泽人, 周军勇. 基于多元胞模型的桥梁车流合成及荷载模拟[J]. 同济大学学报（自然科学版）, 2017, 45: 941-947.

[36] 殷新锋, 丰锦铭, 杨小旺, 等. 风与车流联合作用下在役桥行车舒适性研究[J]. 湖南大学学报（自然科学版）, 2016, 43: 45-52.

[37] ZHOU Y, CHEN S. Investigation of the live-load effects on long-span bridges under traffic flows[J]. Journal of Bridge Engineering, 2018, 23: 04018021.

[38] YIN X F, LIU Y, DENG L, et al. Impact factors of bridges in service under stochastic traffic flow and road surface progressive deterioration[J]. Advances in Structural Engineering, 2016, 19: 38-52.

[39] 殷新锋, 丰锦铭, 刘扬. 随机车流作用下大跨度悬索桥振动分析[J]. 湖南大学学报（自然科学版）, 2017, 44: 47-53.

[40] 殷新锋, 丰锦铭, 刘扬. 考虑桥面等级退化影响的风-车流-桥梁耦合振动分析[J]. 工程力学, 2016, 33: 87-94.

[41] O'ROURKE M J, BLOOM M C, DOBRY R. Apparent propagation velocity of body waves[J]. Earthquake Engineering & Structural Dynamics, 1982, 10: 283-294.

[42] LOH C H, YEH Y T. Spatial variation and stochastic modelling of seismic differential ground movement[J]. Earthquake Engineering & Structural Dynamics, 1988, 16: 583-596.

[43] HARICHANDRAN R S, VANMARCKE E H. Stochastic variation of earthquake ground motion in space and time[J]. Journal of Engineering Mechanics, 1986, 112: 154-174.

[44] SIMON A, UNNI KARTHA G, MATHAI A. Seismic pounding of bridges due to multi-support excitation with traveling wave[J]. Engineering, 2013, 2: 123-133.

[45] KIUREGHIAN A D, NEUENHOFER A. Response spectrum method for multi-support seismic excitations[J]. Earthquake Engineering & Structural Dynamics, 1992, 21: 713-740.

[46] KIUREGHIAN A D. A coherency model for spatially varying ground motions[J]. Earthquake Engineering & Structural Dynamics, 1996, 25: 99-111.

[47] 全伟, 李宏男. 基于小波变换的拟合规范反应谱多维地震动模拟[J]. 地震工程与工程震动, 2007, 27: 103-108.

[48] HOUSNER G W, MARTEL R R, ALFORD J L. Spectrum analysis of strong-motion earthquakes[J]. Bulletin of the Seismological Society of America, 1953, 43: 97-119.

[49] 林家浩, 张亚辉. 随机振动的虚拟激励法[M]. 北京: 科学出版社, 2004.

[50] 林家浩, 张亚辉. 多点非均匀调制演变随机激励下结构地震响应[J]. 力学学报, 2001, 33: 87-95.

[51] 赵灿辉, 周志祥. 多维非平稳随机地震响应分析的快速算法[J]. 振动与冲击, 2006, 25: 62-65.

[52] 史小伟, 李黎, 杨军, 等. 地震动空间变异性对大跨刚构桥地震反应的影响[J]. 公路交通科技, 2006, 23: 86-90.

[53] SOYLUK K, SICACIK E A. Soil-structure interaction analysis of cable-stayed bridges for spatially varying ground motion components[J]. Soil Dynamics and Earthquake Engineering, 2012, 35: 80-90.

[54] TIAN Z Y, LOU M L. Traveling wave resonance and simplified analysis method for long-span symmetrical cable-stayed bridges under seismic traveling wave excitation[J]. Shock and Vibration, 2014, 2014: 602825.

[55] FUNG Y C. An introduction to the theory of aeroelasticity[M]. New York: Dover Publications, 2017.

[56] KOVACS I, SVENSSON H S, JORDET E. Analytical aerodynamic investigation of cable-stayed Helgeland Bridge[J]. Journal of Structural Engineering, 1992, 118: 147-168.

[57] DAVENPORT A G. The response of slender, line-like structures to a gusty wind[J]. Proceedings of Institutions of Civil Engineering, 1962, 23: 389-408.

[58] SCANLAN R H. The action of flexible bridges under wind, I: Flutter theory[J]. Journal of Sound and Vibration, 1978, 60: 187-199.

[59] ZHANG Z, ZHANG X, YANG Y, et al. Nonlinear aerodynamic and energy input properties of a twin-box girder bridge deck section[J]. Journal of Fluids and Structures, 2017, 74: 413-426.

[60] DIANA G, RESTA F, ROCCHI D. A new numerical approach to reproduce bridge aerodynamic non-linearities in time domain[J]. Journal of Wind Engineering and Industrial Aerodynamics, 2008, 96: 1871-1884.

[61] DIANA G, ROCCHI D, ARGENTINI T, et al. Aerodynamic instability of a bridge deck section model: Linear and nonlinear approach to force modeling[J]. Journal of Wind Engineering and Industrial Aerodynamics, 2010, 98: 363-374.

[62] WU T, KAREEM A. A nonlinear analysis framework for bluff-body aerodynamics: A Volterra representation of the solution of Navier-Stokes equations[J]. Journal of Fluids and Structures, 2015, 54: 479-502.

[63] 马进. 采用大型风洞设施的全桥模型试验概要[J]. 中外公路, 1991, 6: 21-24.

[64] DIANA G, BRUNI S, CIGADA A, et al. Complex aerodynamic admittance function role in buffeting response of a bridge deck[J]. Journal of Wind Engineering and Industrial Aerodynamics, 2002, 90: 2057-2072.

[65] DIANA G, ROCCHI D, ARGENTINI T. An experimental validation of a band superposition model of the aerodynamic forces acting on multi-box deck sections[J]. Journal of Wind Engineering and Industrial Aerodynamics, 2013, 113: 40-58.

[66] 郑史雄, 郭俊峰, 朱进波. π型断面主梁软颤振特性及抑制措施研究[J]. 西南交通大学学报, 2017, 52: 458-465.

[67] LARSEN A, WALTHER J H. Discrete vortex simulation of flow around five generic bridge deck sections[J]. Journal of Wind Engineering and Industrial Aerodynamics, 1998, 77-78: 591-602.

[68] LARSEN A, WALTHER J H. Aeroelastic analysis of bridge girder sections based on discrete vortex simulations[J]. Journal of Wind Engineering and Industrial Aerodynamics, 1997, 67-68: 253-265.

[69] BAI Y, SUN D, LIN J. Three dimensional numerical simulations of long-span bridge aerodynamics, using block-iterative coupling and DES[J]. Computers & Fluids, 2010, 39: 1549-1561.

[70] KIM B C, YHIM S S. Buffeting analysis of a cable-stayed bridge using three-dimensional computational fluid dynamics[J]. Journal of Bridge Engineering, 2014, 19: 04014044.

[71] XU F Y, YING X Y, ZHANG Z. Three-degree-of-freedom coupled numerical technique for extracting 18 aerodynamic derivatives of bridge decks[J]. Journal of Structural Engineering, 2014, 140: 04014085.

[72] 李永乐, 安伟胜, 李翠娟. 基于CFD的分离式三箱主梁气动优化研究[J]. 土木工程学报, 2013, 46: 61-68.

[73] 张伟峰, 张志田, 张显雄. 节段模型气动导纳的数值模拟与试验[J]. 中国公路学报, 2018, 31: 207-216.

[74] HAYATDAVOODI M, CENGIZ ERTEKIN R. Review of wave loads on coastal bridge decks[J]. Applied Mechanics Reviews, 2016, 68: 1-16.

[75] PADGETT J, DESROCHES R, NIELSON B, et al. Bridge damage and repair costs from Hurricane Katrina[J]. Journal of Bridge Engineering, 2008, 13: 6-14.

[76] GUO A, FANG Q, BAI X, et al. Hydrodynamic experiment of the wave force acting on the superstructures of coastal bridges[J]. Journal of Bridge Engineering, 2015, 20: 04015012.

[77] CHEN X B, ZHAN J M, CHEN Q, et al. Numerical modeling of wave forces on movable bridge decks[J]. Journal of Bridge Engineering, 2016, 21: 04016055.

[78] GUO A, LIU J, CHEN W, et al. Experimental study on the dynamic responses of a freestanding bridge tower subjected to coupled actions of wind and wave loads[J]. Journal of Wind Engineering and Industrial Aerodynamics, 2016, 159: 36-47.

[79] WEI C, ZHOU D, OU J. Experimental study of the hydrodynamic responses of a bridge tower to waves and wave currents[J]. Journal of Waterway, Port, Coastal, and Ocean Engineering, 2017, 143: 04017002.

[80] MORISON J R, JOHNSON J W, SCHAAF S A. The force exerted by surface wave on piles[J]. Journal of Petroleum Technology, 1950, 2: 149-154.

[81] BONAKDAR L, OUMERACI H, ETEMAD-SHAHIDI A. Wave load formulae for prediction of wave-induced forces on a slender pile within pile groups[J]. Coastal Engineering, 2015, 102: 49-68.

[82] WANG C Z, WU G X. Interactions between fully nonlinear water waves and cylinder arrays in a wave tank[J]. Ocean Engineering, 2010, 37: 400-417.

[83] 刘浪. 跨海桥梁下部结构波流力计算方法研究[D]. 成都: 西南交通大学, 2017.

[84] LIU S X, LI Y C, LI G W. Wave Current forces on the pile group of base foundation for the East Sea Bridge, China[J]. Journal of Hydrodynamics, 2007, 19: 661-670.

[85] CHEN S, LIU G, WU H, et al. Dynamic analysis of bridge tower under wind and wave action[C]// The Twenty-fifth International Ocean and Polar Engineering Conference. Hawaii: International Society of Offshore and Polar Engineers, 2015, 2: 126-136.

[86] WARDHANA K, HADIPRIONO F C. Analysis of recent bridge failures in the United States[J]. Journal of Performance of Constructed Facilities, 2003, 17: 144-150.

[87] DIAZ M, EDGAR E, MORENO F N, et al. Investigation of common causes of bridge collapse in Colombia[J]. Practice Periodical on Structural Design and Construction, 2009, 14: 194-200.

[88] LAGASSE P F, CLOPPER P E, ZEVENBERGEN L W. NCHRP report 593: countermeasures to protect bridge piers from scour[R]. Washington: Transportation Research Board, 2007.

[89] 易仁彦, 周瑞峰, 黄茜. 近 15 年国内桥梁坍塌事故的原因和风险分析[J]. 交通科技, 2015, 272: 61-64.

[90] GHASEMI M, SOLTANI-GERDEFARAMARZI S. The scour bridge simulation around a cylindrical pier using flow-3d[J]. Journal of Hydrosciences and Environment, 2017, 1: 46-54.

[91] FIOKLOU A, ALIPOUR A. Significance of non-uniform scour on the seismic performance of bridges[J]. Structure and Infrastructure Engineering, 2019, 15: 822-836.

[92] MELVILLE B W, SUTHERLAND A J. Design method for local scour at bridge piers[J]. Journal of Hydraulic Engineering, 1988, 114: 1210-1226.

[93] LEE T L, JENG D S, ZHANG G H, et al. Neural network modeling for estimation of scour depth around bridge piers[J]. Journal of Hydrodynamics(Ser. B), 2007, 19: 378-386.

[94] KOTHYARI U C, GARDE R J, RAJU K G R. Temporal variation of scour around circular bridge piers[J]. Journal of Hydraulic Engineering, 1992, 118: 1091-1106.

[95] CHANG W Y, LAI J S, YEN C L. Evolution of scour depth at circular bridge piers[J]. Journal of Hydraulic Engineering, 2004, 130: 905-913.

[96] 商宇, 叶爱君, 王晓伟. 冲刷条件下的桩基桥梁振动台试验[J]. 中国公路学报, 2017, 30: 280-289.

[97] 熊文, 邹晨, 叶见曙. 基于动力特性识别的桥墩冲刷状态分析[J]. 中国公路学报, 2017, 30: 145-150.

[98] 王玉, 贾承岳, 梁发云, 等. 冲刷深度对简支桥模态参数影响的模型试验[J]. 振动与冲击, 2016, 35: 145-150.

[99] HUGHES D, RAMEY G E, HUGHES M L. Effects of extreme scour and soil subgrade modulus on bridge pile bent buckling[J]. Practice Periodical on Structural Design and Construction, 2007, 12: 96-108.

[100] CHEN C C, WU W H, SHIH F, et al. Scour evaluation for foundation of a cable-stayed bridge based on ambient vibration measurements of superstructure[J]. NDT & E International, 2014, 66: 16-27.

[101] KLINGA J V, ALIPOUR A. Assessment of structural integrity of bridges under extreme scour conditions[J]. Engineering Structures, 2015, 82: 55-71.

[102] BAO T, LIU Z L, BIRD K. Influence of soil characteristics on natural frequency-based bridge scour detection[J]. Journal of Sound and Vibration, 2019, 446: 195-210.

[103] 向琪芪, 李亚东, 魏凯, 等. 桥梁基础冲刷研究综述[J]. 西南交通大学学报, 2019, 54: 21-34.

[104] TIMOSHENKO S P. Forced vibration of prismatic bars[Z]. Russia: Izvestiya Kievskogo Politekhnicheeskogo Institute, 1908.

[105] TIMOSHENKO. 工程中的振动问题[M]. 胡人礼, 译. 北京: 中国铁道出版社, 1978.

[106] 李国豪. 桥梁结构稳定与振动[M]. 北京: 中国铁道出版社, 1996.

[107] LIN Y H, TRETHEWEY M W. Finite element analysis of elastic beams subjected to moving dynamic loads[J]. Journal of Sound and Vibration, 1990, 136: 323-342.

[108] HUANG D, WANG T L. Impact analysis of cable-stayed bridges[J]. Computers & Structures, 1992, 43: 897-908.

[109] WANG T L, HUANG D, SHAHAWY M, et al. Dynamic response of highway girder bridges[J]. Computers & Structures, 1996, 60: 1021-1027.

[110] HUANG D, WANG T L, SHAHAWY M. Vibration of horizontally curved box girder bridges due to vehicles[J]. Computers & Structures, 1998, 68: 513-528.

[111] HU H Y, HAN Q. Three dimensional modeling and dynamic analysis of four-wheel-steering vehicles[J]. Acta Mechanica Sinica, 2003, 19: 79-88.

[112] PESTEREV A V, BERGMAN L A, TAN C A, et al. Assessing tire forces due to roadway unevenness by the pothole dynamic amplification factor method[J]. Journal of Sound and Vibration, 2005, 279: 817-841.

[113] YIN X, LIU Y, SONG G, et al. Suppression of bridge vibration induced by moving vehicles using pounding tuned mass dampers[J]. Journal of Bridge Engineering, 2018, 23: 04018047.

[114] 陈上有, 夏禾, 战家旺. 变速移动荷载作用下简支梁的动力响应分析[J]. 中国铁道科学, 2007, 28: 41-46.

[115] 方志, 殷新锋, 彭献. 非匀速车辆与随机路面桥梁的耦合振动分析[J]. 振动与冲击, 2008, 27: 30-36.

[116] 刘焕举, 韩鹤翔, 黄平明. 基于车-桥耦合振动的桥梁加固效果分析[J]. 深圳大学学报（理工版）, 2018, 35: 55-61.

[117] 韩万水, 闫君媛, 武隽. 基于长期监测的特重车流作用下桥梁动态放大系数研究[J]. 振动工程学报, 2014, 27: 222-232.

[118] XU Y L, GUO W H. Dynamic analysis of coupled road vehicle and cable-stayed bridge systems under turbulent wind[J]. Engineering Structures, 2003, 25: 473-486.

[119] 韩万水, 马麟, 汪炳. 随机车流-桥梁系统耦合振动精细化分析与动态可视化[J]. 中国公路学报, 2013, 26: 78-87.

[120] 韩万水, 刘焕举, 包大海. 大跨钢桁梁悬索桥风-车-桥分析系统建立与可视化实现[J]. 土木工程学报, 2018, 51: 99-108.

[121] LI Y, QIANG S, LIAO H, et al. Dynamics of wind-rail vehicle-bridge systems[J]. Journal of Wind Engineering and Industrial Aerodynamics, 2005, 93: 483-507.

[122] 张楠, 夏禾, 郭薇薇. 京沪高速铁路南京大胜关长江大桥风-车-桥耦合振动分析[J]. 中国铁道科学, 2009, 1:41-48.

[123] 肖军, 李小珍, 刘德军. 高速列车运行对铁路简支箱梁空气动力特性的影响[J]. 铁道建筑, 2015, 11: 1-5.

[124] 李永乐, 房忱, 向活跃. 风-浪联合作用下大跨度桥梁车-桥耦合振动分析[J]. 中国公路学报, 2018, 31: 119-125.

[125] 刘高, 陈上有, 王昆鹏. 跨海公铁两用桥梁车-桥-风浪流耦合振动研究[J]. 土木工程学报, 2019, 52: 72-87.

[126] 房忱, 李永乐, 向活跃. 风、浪、流荷载组合对跨海桥梁动力响应的影响[J]. 西南交通大学学报, 2019, 54: 908-922.

[127] 李忠献, 黄信. 地震和波浪联合作用下深水桥梁的动力响应[J]. 土木工程学报, 2012, 45: 134-140.

[128] 冼巧玲, 冯俊迎, 崔杰. 动水压力与波浪效应对隔震桥梁地震反应的影响分析[J]. 地震工程与工程振动, 2014, 34: 42-50.

[129] 林曾, 袁万城. 考虑波浪作用下的深水桥墩地震响应分析[J]. 土木工程与管理学报, 2015, 32: 37-41.

[130] PRENDERGAST L J, HESTER D, GAVIN K. Determining the presence of scour around bridge foundations using vehicle-induced vibrations[J]. Journal of Bridge Engineering, 2016, 21: 04016065.

[131] 李克冰, 张楠, 方翔宇. 考虑河流冲刷作用的车桥耦合系统动力分析[J]. 振动与冲击, 2014, 33: 40-47.

[132] KONG X, CAI C S. Scour effect on bridge and vehicle responses under bridge-vehicle-wave interaction[J]. Journal of Bridge Engineering, 2016, 21: 04015083.

[133] WANG Z, DUEÑAS-OSORIO L, PADGETT J E. Influence of scour effects on the seismic response of reinforced concrete bridges[J]. Engineering Structures, 2014, 76: 202-214.

[134] DU X T, XU Y L, XIA H. Dynamic interaction of bridge-train system under non-uniform seismic ground motion[J]. Earthquake Engineering & Structural Dynamics, 2012, 41:139-157.

[135] 韩艳, 夏禾, 张楠. 考虑非一致地震输入的车-桥系统动力响应分析[J]. 中国铁道科学, 2006, 27: 46-53.

[136] ZENG Q, DIMITRAKOPOULOS E G. Seismic response analysis of an interacting curved bridge-train system under frequent earthquakes[J]. Earthquake Engineering & Structural Dynamics, 2016, 45: 1129-1148.

[137] 乔宏, 夏禾, 杜宪亭. 地震动斜入射对车桥系统地震响应的影响[J]. 哈尔滨工程大学学报, 2019, 40: 1629-1635.

[138] 刘永健, 陈莎, 王壮. 钢桥大气腐蚀微环境与长寿基因[J]. 建筑科学与工程学报, 2023, 40: 1-19.

[139] KRIVY V, URBAN V, KREISLOVA K. Development and failures of corrosion layers on typical surfaces of weathering steel bridges[J]. Engineering Failure Analysis, 2016, 69: 147-160.

[140] 张宇. 耐候钢和高性能钢的腐蚀疲劳性能研究[D]. 成都: 西南交通大学, 2020.

[141] CAI Y, ZHAO Y, MA X, et al. Influence of environmental factors on atmospheric corrosion in dynamic environment[J]. Corrosion Science, 2018, 137:163-175.

[142] KERAMATINIA M, RAMEZANZADEH B, MAHDAVIAN M. Green production of bioactive components from herbal origins through one-pot oxidation/polymerization reactions and application as a corrosion inhibitor for mild steel in HCl solution[J]. Journal of the Taiwan Institute of Chemical Engineers, 2019, 105: 134-149.

[143] GUO L, STREET S R, MOHAMMED-ALI H B, et al. The effect of relative humidity change on atmospheric pitting corrosion of stainless steel 304L[J]. Corrosion Science, 2019, 150: 110-120.

[144] MARCO J F. On the mechanisms of the corrosion of weathering steel by SO_2 in laboratory studies: influence of the environmental parameters[J]. Hyperfine Interactions, 2017, 238: 51.

[145] WANG Z, LIU J, WU L, et al. Study of the corrosion behavior of weathering steels in atmospheric environments[J]. Corrosion Science, 2013, 67: 1-10.

[146] KŘIVÝ V, KUBZOVÁ M, KONEČNÝ P, et al. Corrosion Processes on Weathering Steel Bridges Influenced by Deposition of De-Icing Salts[J]. Materials, 2019, 12: 1089.

[147] DENG L, YAN W, NIE L. A simple corrosion fatigue design method for bridges considering the coupled corrosion-overloading effect[J]. Engineering Structures, 2019, 178: 309-317.

[148] International Standardization Organization. Corrosion of metals and alloys-corrosion of atmospheres-guiding values for the corrosivity categories: ISO 9224[S]. Geneva: International Standardization Organization, 2012.

[149] 孙辉, 郑凯锋, 张宇. 钢材腐蚀性环境分级研究[J]. 四川建筑, 2021, 41: 218-222, 225.

[150] FRANKEL G S. Pitting Corrosion of Metals: A Review of the Critical Factors[J]. Journal of The Electrochemical Society, 1998, 145: 2186.

[151] EL-SHERIK A M. Trends in oil and gas corrosion research and technologies[M]. London: Woodhead Publishing, 2017.

[152] BHANDARI J, KHAN F, ABBASSI R, et al. Modelling of pitting corrosion in marine and offshore steel structures-A technical review[J]. Journal of Loss Prevention in the Process Industries, 2015, 37: 39-62.

[153] HUANG X G, JINQUAN X. Pit morphology characterization and corrosion fatigue crack nucleation analysis based on energy principle[J]. Fatigue & Fracture of Engineering Materials & Structures, 2012, 35: 606-613.

[154] YE X W, SU Y H, HAN J P. A State-of-the-Art Review on Fatigue Life Assessment of Steel Bridges[J]. Mathematical Problems in Engineering, 2014, 2014: 956473.

[155] 中交公路规划设计院有限公司. 公路钢结构桥梁设计规范: JTG D64—2015[S]. 北京: 人民交通出版社, 2015.

[156] British Standard Institution. Guide on methods for assessing the acceptability of flaws in metallic structures: BS 7910[S]. London: British Standard Institution, 2015.

[157] HOBBACHER A F. Recommendations for fatigue design of welded joints and components[J]. Berlin: Springer, 2016.

[158] MINER M A. Cumulative damage in fatigue[J]. Journal of Applied Mechanics, 1945, 12: A159-A164.

[159] YAN F, CHEN W, LIN Z. Prediction of fatigue life of welded details in cable-stayed orthotropic steel deck bridges[J]. Engineering Structures, 2016, 127: 344-358.

[160] PIPINATO A, PELLEGRINO C, BURSI O S, et al. High-cycle fatigue behavior of riveted connections for railway metal bridges[J]. Journal of Constructional Steel Research, 2009, 65: 2167-2175.

[161] HENG J, ZHENG K, FENG X, et al. Machine Learning-Assisted probabilistic fatigue evaluation of Rib-to-Deck joints in orthotropic steel decks[J]. Engineering Structures, 2022, 265: 114496.

[162] DO V N V, LEE C H, CHANG K H. High cycle fatigue analysis in presence of residual stresses by using a continuum damage mechanics model[J]. International Journal of Fatigue, 2015, 70: 51-62.

[163] ZHANG J, HERTELÉ S, WAELE W D. A non-linear model for corrosion fatigue lifetime based on continuum damage mechanics[J]. MATEC Web of Conferences: EDP Sciences, 2018, 165: 03003.

[164] SU H, WANG J, DU J. Experimental and numerical study of fatigue behavior of bridge weathering steel Q345qDNH[J]. Journal of Constructional Steel Research, 2019, 161: 86-97.

[165] HENG J, ZHENG K, KAEWUNRUEN S, et al. Probabilistic fatigue assessment of rib-to-deck joints using thickened edge U-ribs[J]. Steel and Composite Structures, 2020, 35: 799-813.

[166] LIU Y, MAHADEVAN S. Probabilistic fatigue life prediction using an equivalent initial flaw size distribution[J]. International Journal of Fatigue, 2009, 31: 476-487.

[167] ALBRECHT P, SHABSHAB C. Fatigue strength of weathered rolled beam made of A588 steel[J]. Journal of Materials in Civil Engineering, 1994, 6: 407-428.

[168] ZHANG Y, ZHENG K, ZHU J, et al. Research on corrosion and fatigue performance of weathering steel and High-Performance steel for bridges[J]. Construction and Building Materials, 2021, 289: 123108.

[169] CAI J, SUN L, MA H, et al. Corrosion characteristics of Q690qE high-strength bridge steel in simulated coastal-industrial environment and its influence on mechanical and corrosion fatigue behaviors[J]. Construction and Building Materials, 2022, 341: 127830.

[170] 郭宏超, 魏欢欢, 杨迪雄, 等. 海洋腐蚀环境下 Q690 高强钢材疲劳性能试验研究[J]. 土木工程学报, 2021, 54: 36-45.

[171] 李言涛, 侯保荣, 薛以年. 平台钢焊接接头在海洋中的腐蚀疲劳研究[J]. 海洋科学集刊, 1997, 1: 115-119.

[172] FRANGOPOL D M, KALLEN M J, NOORTWIJK J M. Probabilistic models for life-cycle performance of deteriorating structures: review and future directions[J]. Progress in Structural Engineering and Materials, 2004, 6: 197-212.

[173] ZHU J, ZHANG W, LI X. Fatigue damage assessment of orthotropic steel deck using dynamic Bayesian networks[J]. International Journal of Fatigue, 2019, 118: 44-53.

[174] GUO T, LIU Z, PAN S, et al. Cracking of longitudinal diaphragms in long-span cable-stayed bridges[J]. Journal of Bridge Engineering, 2015, 20: 04015011.

[175] NI Y Q, CHEN R. Strain monitoring based bridge reliability assessment using parametric Bayesian mixture model[J]. Engineering Structures, 2021, 226: 111406.

[176] ZHANG W, YUAN H. Corrosion fatigue effects on life estimation of deteriorated bridges under vehicle impacts[J]. Engineering Structures, 2014, 71: 128-136.

[177] CHEN S R, CAI C S. Accident assessment of vehicles on long-span bridges in windy environments[J]. Journal of Wind Engineering and Industrial Aerodynamics, 2004, 92: 991-1024.

[178] GUO W H, XU Y L. Safety analysis of moving road vehicles on a long bridge under crosswind[J]. Journal of Engineering Mechanics, 2006, 132: 438-446.

[179] 韩万水, 马麟, 院素静. 基于风速风向联合分布的桥面侧风所致车辆事故概率性分析[J]. 中国公路学报, 2010, 23: 43-49.

[180] 陈宁, 赵凯, 李永乐. 风屏障对桥上车辆行驶安全性的影响[J]. 中外公路, 2016, 36: 340-345.

[181] KIM S J, YOO C H, KIM H K. Vulnerability assessment for the hazards of crosswinds when vehicles cross a bridge deck[J]. Journal of Wind Engineering and Industrial Aerodynamics, 2016, 156: 62-71.

[182] YANG Y B, WU Y S. Dynamic stability of trains moving over bridges shaken by earthquakes[J]. Journal of Sound and Vibration, 2002, 258: 65-94.

[183] MATSUMOTO N, SOGABE M, WAKUI H, et al. Running safety analysis of vehicles on structures subjected to earthquake motion[J]. Quarterly Report of RTRI, 2004, 45: 116-122.

[184] 林玉森. 地震作用下高速铁路桥上列车走行性研究[D]. 成都: 西南交通大学, 2007.

[185] 杜宪亭, 夏禾. 地震空间变异性对车桥系统响应的影响分析[J]. 工程力学, 2012, 29: 106-111.

[186] 国巍, 李君龙, 刘汉云. 强地震下高速铁路桥上行车精细化模拟及行车安全性分析[J]. 工程力学, 2018, 35: 259-264.

[187] 雷虎军. 非一致地震激励下列车-轨道-桥梁耦合振动及行车安全性研究[D]. 成都: 西南交通大学, 2014.

[188] 房忱, 李永乐, 向活跃. 波浪作用下跨海大桥列车走行性研究[J]. 西南交通大学学报, 2017, 52: 1068-1074.

[189] 田园, 张楠, 孙奇. 温度效应对铁路钢桥行车性能影响研究[J]. 振动与冲击, 2015, 34: 94-100.

[190] 勾红叶, 杨睿. 温度梯度作用下高速铁路桥上行车安全性研究[J]. 铁道工程学报, 2020, 3: 47-52.

[191] XU Y L, GUO W H. Effects of bridge motion and crosswind on ride comfort of road vehicles[J]. Journal of Wind Engineering and Industrial Aerodynamics, 2004, 92: 641-662.

[192] NGUYEN K, CAMARA A, RIO O, et al. Dynamic effects of turbulent crosswind on the serviceability state of vibrations of a slender arch bridge including wind-vehicle-bridge interaction[J]. Journal of Bridge Engineering, 2017, 22: 06017005.

[193] YIN X, FANG Z, CAI C S. Lateral vibration of high-pier bridges under moving vehicular loads[J]. Journal of Bridge Engineering, 2011, 16: 400-412.

[194] GRIFFIN M J. Handbook of human vibration[Z]. San Diego: Academic Press, 1990.

[195] 韩万水, 马麟, 刘健新. 引入驾驶员行为的风-汽车-桥系统耦合振动研究[J]. 中国公路学报, 2011, 24: 42-49.

[196] CHEN S R, WU J. Modelling stochastic live load for long-span bridge based on microscopic traffic flow simulation[J]. Computers & Structures, 2011, 89: 813-824.

[197] WU J, YANG F, HAN W, et al. Vehicle load effect of long-span bridges: assessment with cellular automaton traffic model[J]. Transportation Research Record, 2015, 2481: 132-139.

[198] XIONG Z, ZHU J, ZHENG K, et al. Framework of wind-traffic-bridge coupled analysis considering realistic traffic behavior and vehicle inertia force[J]. Journal of Wind Engineering and Industrial Aerodynamics, 2020, 205: 104322.

[199] LIU Y, YIN X F, DENG L, et al. Ride comfort of the bridge-traffic-wind coupled system considering bridge surface deterioration[J]. Wind and Structures, 2016, 23: 19-43.

[200] ZHU J, XIONG Z, XIANG H, et al. Ride comfort evaluation of stochastic traffic flow crossing long-span suspension bridge experiencing vortex-induced vibration[J]. Journal of Wind Engineering and Industrial Aerodynamics, 2021, 219: 104794.

[201] ZHOU Y, CHEN S. Vehicle ride comfort analysis with whole-body vibration on long-span bridges subjected to crosswind[J]. Journal of Wind Engineering and Industrial Aerodynamics, 2016, 155: 126-140.

[202] YU H, WANG B, ZHANG G, et al. Ride comfort assessment of road vehicle running on long-span bridge subjected to vortex-induced vibration[J]. Wind and Structures, 2020, 31: 393-402.

[203] DAN D, YU X, HAN F, et al. Research on dynamic behavior and traffic management decision-making of suspension bridge after vortex-induced vibration event[J]. Structural Health Monitoring, 2021, 21: 872-886.

[204] CAO S, ZHANG Y, TIAN H, et al. Drive comfort and safety evaluation for vortex-induced vibration of a suspension bridge based on monitoring data[J]. Journal of Wind Engineering and Industrial Aerodynamics, 2020, 204: 104266.

第1章 改进元胞自动机随机车流模型的提出与验证

1.1 引言

作为公路桥梁承受的重要可变荷载,车辆荷载对桥梁设计、运营、维护都有着极为重要的影响。为准确衡量公路桥梁车辆荷载,各国学者建立了多种模型模拟随机车流并运用于车-桥系统研究中。在以往研究中,通常使用白噪声模型,泊松模型和蒙特卡罗模型模拟随机车流[1-3],但这些模型通常假定车流遵循一定分布模式,不能充分体现车辆在桥梁上运行的变化情况。近年来,随着 Chen 和 Wu[4]首次将交通工程中的 CA 车流模型引入到桥梁工程的研究中,越来越多的学者开始使用这种微观车流模型模拟公路桥梁随机车流,并研究桥梁在基于 CA 车流模型的随机车流荷载作用下的静动力响应[5-11]。

CA 车流模型是一种通过模拟单车运行反映车流整体运行情况的微观车流模型。通过规定单个车辆的加速、减速、随机慢化、换道等行为,CA 可以模拟出较为真实的宏观交通现象和微观车辆运行行为。目前,使用 CA 车流模型衡量公路桥梁车辆荷载的研究刚刚兴起。现有研究表明[5-11]:相比于前述提到的几种常用的随机车流模型,CA 车流模型更能相对真实地反映实际交通运行情况,因而有助于更真实地评估桥梁在随机车流作用下的响应。而合理的桥梁响应评估对于桥梁的设计、运营、维护具有重要的意义。尽管学者们已开始将 CA 车流模型用于桥梁工程领域的研究之中,但由于桥梁工程和交通工程的研究存在着不同的关注点,在现有桥梁工程研究中使用的 CA 车流模型对于桥梁响应评估存在着一定的局限性。

基于此,本章首先介绍 CA 车流模型的基本理论和目前桥梁工程领域研究使用的 CA 车流模型;然后针对 CA 车流模型在桥梁工程领域研究中存在的局限性,将提出 RCA 车流模型,并详细介绍 RCA 车流模型中的车辆运行、换道规则;最后将通过对比 CA 和 RCA 车流模型的模拟结果,评价并验证提出的 RCA 车流模型的适用性。

1.2 元胞自动机随机车流模型基本理论

1.2.1 元胞自动机基本原理

CA 是时间、空间、状态都离散的网格动力系统。每个元胞存在有限个状态,根据预先制定的规则，元胞状态的变化与时间、空间存在着相互作用和因果关系。通过制定单个元胞在局部的状态改变规则，CA 可以通过复杂系统的微观运行机制模拟复杂系统的演变现象。一个合理的 CA 模型通常由以下 4 个元素组成：

（1）元胞

元胞是构成 CA 的基本元素。拟研究的复杂系统会被合理地划分为若干个离散的欧几里得晶格，每一个晶格即为一个元胞。针对不同的研究对象，每个元胞可被设置为相应的有限个状态。复杂系统中的特定现象可以由局部元胞状态的演变生成。

（2）元胞空间

构成复杂系统的多个元胞的集合与合理设置的边界条件共同构成了元胞空间。边界条件决定着边界元胞状态演变的方式，对于复杂系统的合理模拟十分重要。

（3）邻居

在各个时刻，每个元胞的状态演变不仅由其自身的状态决定，还与其相邻元胞的状态有关。通常将每个时刻中与指定元胞状态演变有关的元胞集合定义为邻居。

（4）规则

对于拟研究的复杂系统，规则决定了各个元胞根据其当前时刻的状态和其邻居元胞的状态确定其下一时刻状态的方式，是保证模拟结果真实的关键。

自 CA 诞生以来，由于其灵活的构建方式和优越的模拟效果，已被广泛运用于社会、生物、信息、材料、环境、物理、交通等多个学科的研究中。尽管道路交通网络系统往往由多条道路交错连接构成，同时每条道路中的交通运行情况时刻都在变化，但事实上道路交通是由每一辆运行的车辆组成，而各车辆的运行又与其本身和邻近车辆的状态相关。相比于评估复杂的道路交通网络，评估各车辆之间的关系相对简单。因此，交通工程领域的学者从 20 世纪 90 年代开始便使用 CA，通过合理制定单个车辆的运行规则来较为真实地模拟交通流，现已取得十分丰硕的成果。

1.2.2 元胞自动机交通流模型发展历程

在交通工程领域中，针对城市交通网络和高速公路两种不同的研究对象，建立的 CA 模型存在一定的区别。高速公路的 CA 模型通常是一维的，通过制定单个车道中的车辆运行规则即可真实地反映车流整体的运行情况；城市交通网络的 CA 模型往往是二维的，构建城市交通网络的 CA 模型时，不仅需要关注单个车道中的车辆运行规则，还需要考虑红绿灯现象、道路分叉等因素的影响。本章的研究对象为桥梁上的随机车流，其特点与高速公路交通流相同，均可通过一维 CA 模型模拟。一维 CA 交通流模型假定时间和空间均是离散的，将车道划分为若干个大小相同的元胞。在任一时刻，每个元胞为空或被一辆车占据，车辆在当前时间步移动的元胞数为车辆车速。根据通过合理假设而预先制定的规则，车辆将在每一时间步（本章中均为 1 s）进行速度和位置的更新，宏观的交通现象即可通过微观离散的车辆运行行为模拟得出。以下将简单介绍一维 CA 交通流模型的发展历程。

第 1 章　改进元胞自动机随机车流模型的提出与验证

（1）184 模型

1986 年，Cremer 和 Ludwig[12]首次将 CA 运用到交通工程领域的研究中，以 Wolfram[13]建立的 184 模型为基础构建了道路交通的 CA 模型。如图 1-1 所示，184 模型将道路划分为若干个等长度的格子，每个格子即为一个元胞。在任意时刻，每个元胞为空或被一辆车占据。在每一时间步内，若第 i 辆车前方的元胞为空，则该车将往前行进一格；若第 i 辆车前方的元胞被第 $i+1$ 辆车占据，即使第 $i+1$ 辆车将在本时间步往前离开此元胞，第 i 辆车在本时间步也将保持静止。在 184 模型中，所有车辆的行进方向均相同，模型采用了周期性的边界条件（即车辆从一侧边界驶出后将从另一侧边界驶入）以保证道路中的车辆数目恒定。

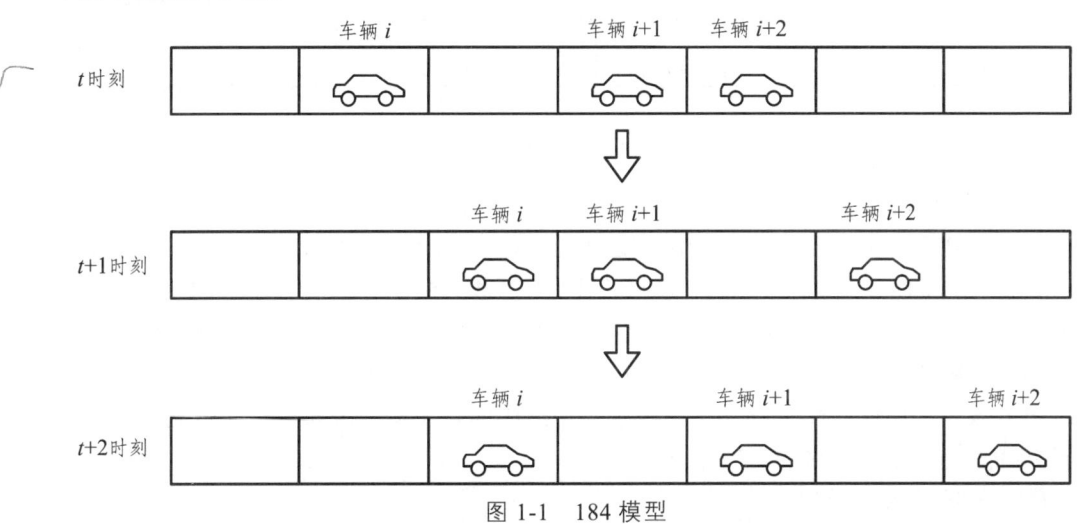

图 1-1　184 模型

从 184 模型的运行规则可知，每个车辆的运行状态仅和前方元胞的状态有关，即下一时刻的车辆运行状态可根据本时刻的车辆分布情况预测，是一种确定性的模型。184 模型虽然简单，但能反映出交通流中车辆自由运动和局部阻塞之间的相变，是使用 CA 研究交通流的起点。

（2）N-S 模型

在 1992 年，Nagel 和 Schreckenberg[14]在 184 模型的基础上首次引入了随机慢化规则，建立了著名的 N-S 模型。参考道路堵塞时各车辆中心的平均距离，道路被划分为若干个如图 1-2 所示的长度为 7.5 m 的元胞，每个元胞可为空或被一辆车占据。N-S 模型同样采用周期性边界条件，车辆在每一时间步将遵循以下规则进行速度和位置更新：

①加速：当车辆 i 的车速（v_i）不超过最大限制速度（v_{max}）且车辆 i 与其前方车辆 $i+1$ 之间的车头间距（d）大于 v_i 时，车辆 i 的车速将变为 v_i+1；

②减速：如果车辆 i 与其前方车辆 $i+1$ 之间的车头间距（d）小于 v_i，车辆 i 的车速（v_i）将减至 d；

③随机慢化：当车辆 i 的车速（v_i）大于 0 时，车辆 i 会以一定的慢化概率 P_s 减速至 v_i-1；

④位置更新：车辆 i 在当前时间步将根据①~③规则确定出的最终车速 v_i 向前行进 v_i 个元胞。

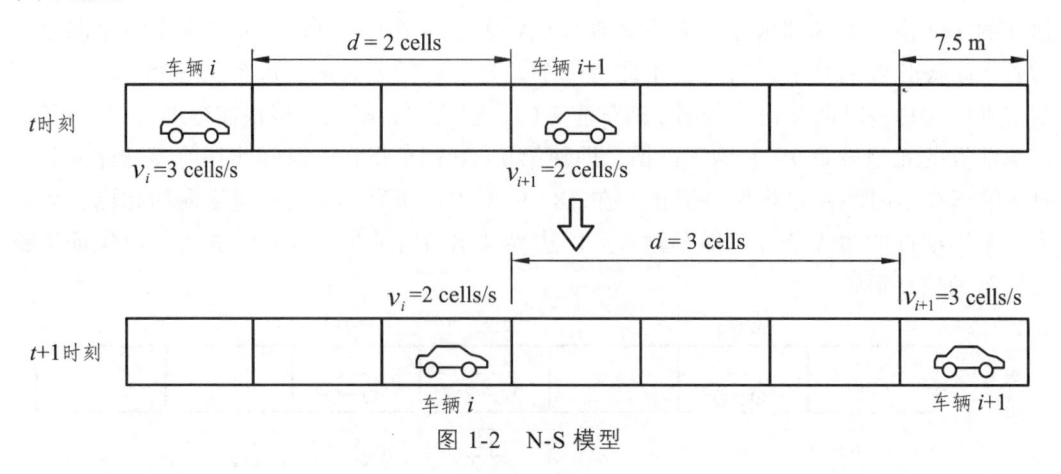

图 1-2 N-S 模型

N-S 模型中的车速单位为元胞/秒（cell/s），共有 0 cell/s、1 cell/s、2 cell/s、3 cell/s、4 cell/s、5 cell/s 六种情况，由于元胞长度为 7.5 m，分别相当于 0 m/s、7.5 m/s、15 m/s、22.5 m/s、30 m/s、37.5 m/s。与 184 模型相比，N-S 模型中的车速有了更多的变化，能更为真实地模拟真实车速的连续变化。同时，N-S 模型中的随机慢化规则能很好地反映真实交通中的随机现象，任意时刻的车辆运行状态不能通过其上一时刻的车辆分布及运行状态准确预测。因此，N-S 模型能反映现实交通中的自发堵塞现象，从而被充分发展和广泛运用于交通工程领域的研究中。

（3）改进的 N-S 模型

由于 N-S 模型的规则相对简单并且能够较为真实地模拟现实交通现象，自其提出至今，一些学者通过改进其规则发展建立了若干适用于不同情况的公路交通模拟模型。针对不同的研究内容，通过引入特定的驾驶员行为规则，改进的 N-S 模型能够更为真实地反映道路畅通时、道路部分阻断时、道路灾害发生后的高速公路交通现象。随着改进的 N-S 模型的不断发展，桥梁工程领域的学者在最近十年内也认识到该模型在反映宏观交通现象和微观车辆运行行为上的优越性，并开始将其运用到公路桥梁随机车流荷载模拟的研究当中。

1.3 传统元胞自动机随机车流模型

1.3.1 传统元胞自动机随机车流模型规则

本章中传统元胞自动机随机车流模型（以下简称 CA 车流模型）指代目前桥梁工程领域研究中广泛使用的双车道 N-S 模型。CA 车流模型由 Chen 和 Wu[4]首次引入桥梁工程领域用以研究风-车流-桥耦合系统，从而相对真实地预测大跨度桥梁在运营期间的动

第 1 章 改进元胞自动机随机车流模型的提出与验证

力响应。最近十年中,陆续有学者开始通过 CA 研究桥梁在随机车流作用下的响应,所使用的模型均源于双车道 N-S 模型。本小节将介绍 CA 车流模型的基本规则。

CA 车流模型在模拟单辆车在双车道道路中运行时,根据实际的交通规则和对车辆行驶行为的合理假设反映了以下 3 种原则:

(1) 最短行车时间原则

在真实交通中,驾驶员通常会为了尽可能缩短行车时间而在当前车道进行加速或换道至另一车道以获得更大的加速空间。

(2) 安全原则

车辆在车道中运行时应与相邻前车和后车保持一定的距离从而避免发生碰撞;同时,车辆在考虑换道时应关注目标车道中车辆的运行情况,必须有足够的空间才可进行换道。

(3) 地方规定原则

不同地区对车道最大限制速度有着不同的规定,并且对车辆换道方式也可能有特殊的要求。以德国为例,车辆必须从左车道进行超车且在超车完成后必须返回右侧车道。我国虽然在原则上同样要求从左侧超车,但在实际情况中车辆同样存在着从右侧超车的现象,在模拟中可以通过设置不同的换道概率加以考虑。

如图 1-3 所示,CA 车流模型模拟了单向双车道中的车辆运行,道路沿纵向被划分为若干个长度为 7.5 m 的元胞,每个元胞可为空或被一辆车占据,车辆的运行通过元胞状态的演变模拟得到。CA 车流模型中单车道内的车辆运行规则与前节 N-S 模型相同;考虑双车道车流中可能存在的车辆换道现象,CA 车流模型在 N-S 模型的基础上增添了换道规则。因此,CA 车流模型中的车辆速度、位置更新将分为以下两步:

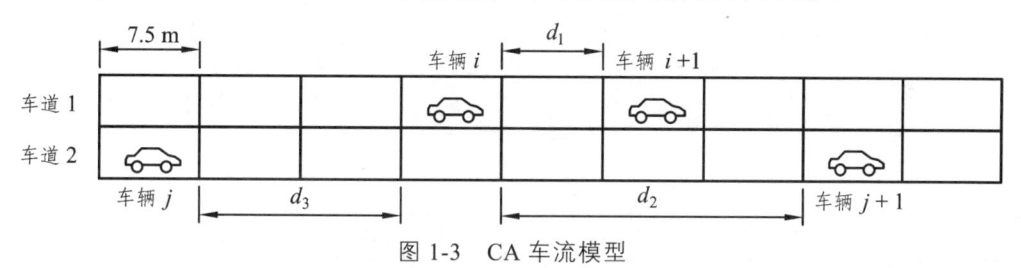

图 1-3 CA 车流模型

(1) 在任意时刻,车辆 i 的换道行为由其车速 v_i 和车道最大限制速度 v_{max}、与本车道邻近前车车辆 $i+1$ 之间的距离 d_1、与目标车道中邻近前车车辆 $j+1$ 之间的距离 d_2、与目标车道中邻近后车车辆 j 之间的距离 d_3 共同决定。当公式 (1-1)~(1-3) 满足时,车辆会以一定的换道概率 P_{ch} 进行换道。

$$d_1 \leq v_i \tag{1-1}$$

$$d_2 > v_i \tag{1-2}$$

$$d_3 > v_{max} \tag{1-3}$$

(2) 在进行车辆换道后,每辆车将根据前节所述 N-S 模型的规则在其所在车道进行速度和位置的更新。

1.3.2 基于传统元胞自动机的随机车流模拟

通过 CA 模拟桥梁随机车流时，通常建立"引道-桥梁-引道"的周期性道路交通模型以反映桥梁交通流量与两侧引道中的交通流量之间的关系。在 CA 车流模型中，车流中的各种车型均由一个元胞表示，针对不同车型可以设置不同的车道最大限制速度 v_{max}、不同的换道概率 P_{ch} 从而体现不同车型之间的差异。本小节将通过 CA 车流模型模拟一长度为 1500 m 的单向双车道"引道-桥梁-引道"交通系统，对道路交通现象进行研究。

参考中国 JTG B01—2014 规范[15]中对公路服务水平的分级，本小节研究了低、中、高 3 种车流密度下的道路交通现象。车流密度 ρ 定义为道路上单车道中平均每延米含有的车辆数目（即 $\rho = N/nL$，其中 N 为道路中的车辆总数，n 为道路的车道数，L 为单车道长度）。本章中低、中、高 3 种车流密度依次为 0.012、0.025、0.04，分别对应服务等级中的二级、四级和六级。本小节在随机车流模拟中考虑了如图 1-4 所示的 5 类车（V1～V5），其中 V1 为轿车，V2 为轻型卡车，V3～V5 为不同型号的重型卡车。各种车型在两个车道中的初始占比如表 1-1 所示，CA 车流模型的关键参数（车辆最大限制速度、车辆换道概率和车辆随机慢化概率等）见表 1-2。

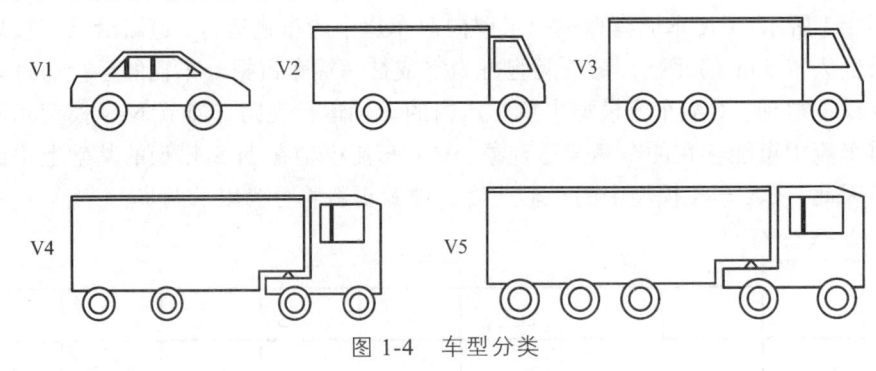

图 1-4 车型分类

表 1-1 随机车流的车型比例

车型		V1	V2	V3	V4	V5
比例/%	快车道	26	8	4	2	4
	慢车道	22	6	6	8	14

表 1-2 CA 车流模型的模拟参数

参数	定义	取值		
		轿车	轻型卡车	重型卡车
v_{max}	最大限制速度	4 cell/s（30 m/s）	4 cell/s（30 m/s）	3 cell/s（22.5 m/s）
P_s	随机慢化概率	0.3	0.3	0.3
$P_{ch,stf}$	换道概率（慢车道至快车道）	0.5	0.5	0.2
$P_{ch,fts}$	换道概率（快车道至慢车道）	0.5	0.5	0.8

第 1 章 改进元胞自动机随机车流模型的提出与验证

通过 CA 对车流进行模拟时,所有车辆将被随机分配至各个元胞中。各车辆的初始速度一般设置为 0,车辆将根据规则在每一时间步进行速度和位置更新;当 CA 运行一定时间后,模拟出的车流才能趋于稳定并反映出真实的交通现象。对于 CA 车流模型而言,达到稳定所需的时间步至少为 10 倍元胞数[14],本章所列出的随机车流模拟结果均为 CA 运行稳定之后的车流运行情况。图 1-5~图 1-7 分别为低、中、高 3 种密度下 CA 车流模型运行稳定后的车流运行时空图。时空图展示了 100 s 内道路中各车辆的空间位置-时间关系,横坐标和纵坐标分别表示道路的纵向位置和时间,图中不同颜色的点代表不同类型的车辆。

如图 1-5 所示,低密度车流时($\rho = 0.012$),道路中各车辆基本能够顺畅地运行,车辆的运行轨迹接近于一条直线(即层流)。在某些时刻,车辆将在道路中的局部位置发生堵塞并形成聚集带,但在低密度情况下,道路堵塞的范围不超过 50 m,堵塞的持续时长不超过 20 s。

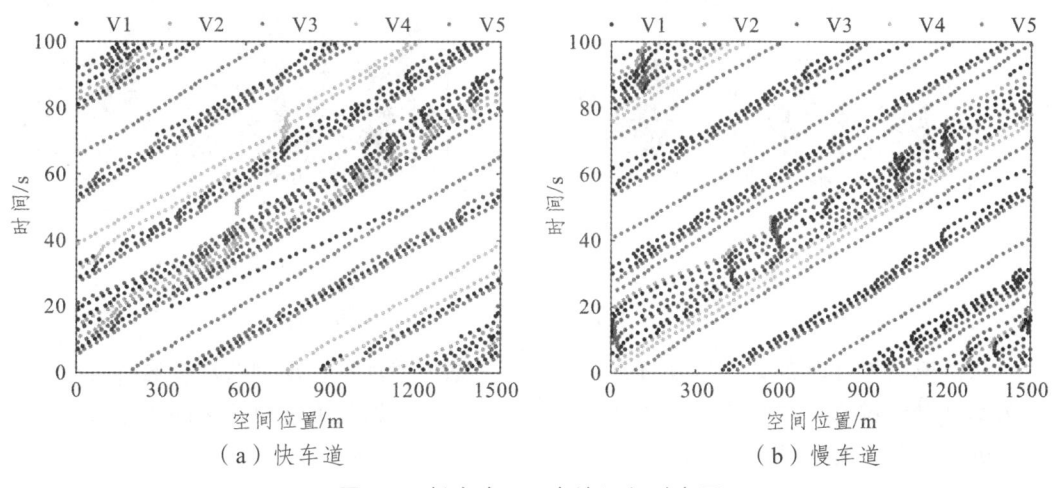

(a)快车道　　　　　　　　　　(b)慢车道

图 1-5　低密度 CA 车流运行时空图

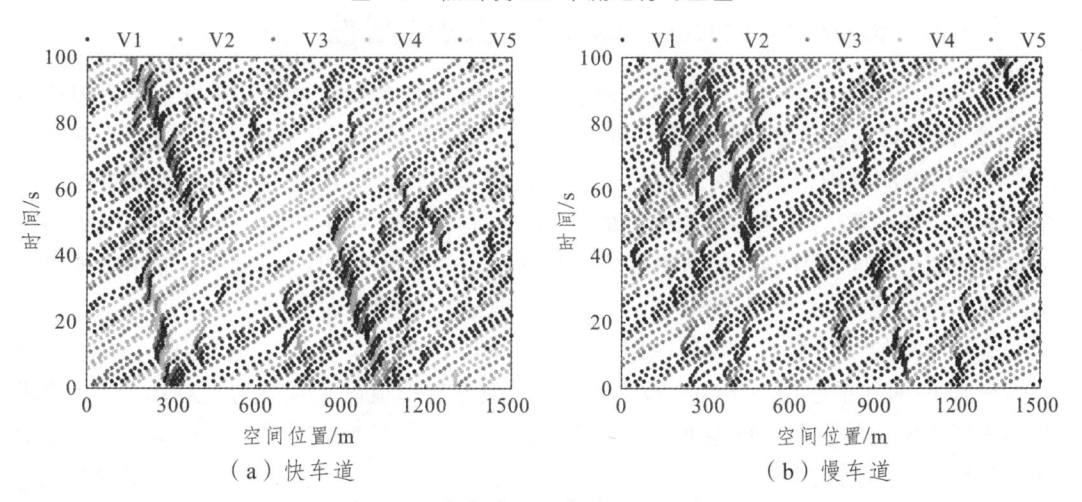

(a)快车道　　　　　　　　　　(b)慢车道

图 1-6　中密度 CA 车流运行时空图

由图 1-6 可知，中密度车流时（$\rho = 0.025$），道路中出现局部堵塞的路段增多，车辆形成了较为密集的局部聚集带；同时，车辆聚集带随时间向道路后方传播，在时空图中形成了典型的"起止波"，这与现实交通中的堵塞传递现象相符[14]。局部堵塞的持续时长明显增加，可超过 50 s；局部阻塞的范围也明显增大，可超过 200 m。可见，当车流密度增加后，车辆间的相互干扰越发明显，车辆运行会受到一定限制。

如图 1-7 所示，高密度车流时（$\rho = 0.04$），道路中的堵塞已极为严重，堵塞范围可超过 400 m 且可持续于整个模拟时段。所以，当道路中的车辆数过多时，车辆运行将由于车辆间的相互干扰过大而受到较大的限制。

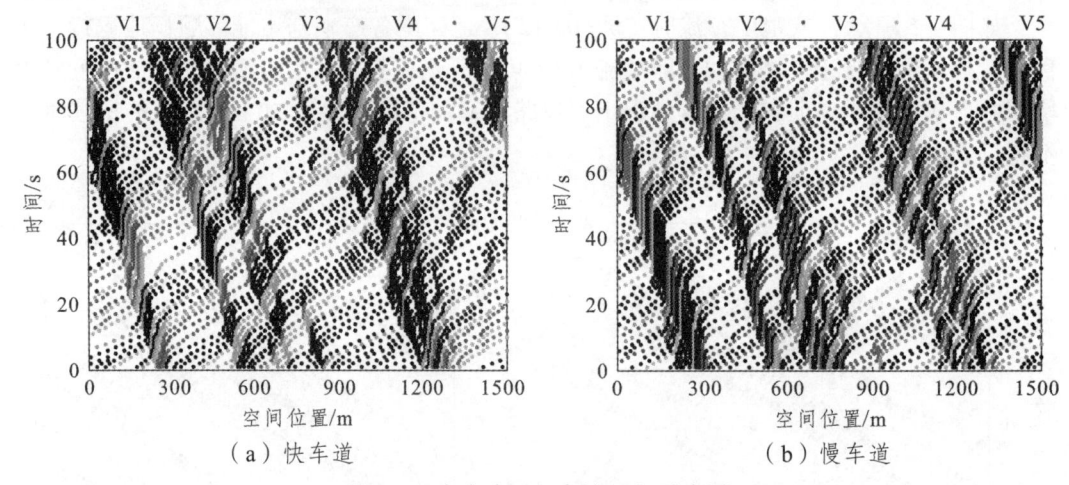

(a) 快车道

(b) 慢车道

图 1-7 高密度 CA 车流运行时空图

从模拟结果可以看出，车流的层流现象和堵塞传递现象，车辆的加减速行为和换道行为都可以通过 CA 车流模型得到很好的体现。因此，通过 CA 对桥上随机车流进行模拟有助于更为真实地研究桥梁在车流作用下的响应。

1.3.3 传统元胞自动机车流模型的局限性

尽管 CA 车流模型能够较为真实地反映宏观交通现象和微观车辆运行行为，但通过 CA 车流模型对特定问题进行研究时可能存在适应性不足的问题。近年来，通过不断改进 CA 车流模型的规则，经过改进后的 CA 车流模型被广泛运用到了交通工程领域的研究中。例如：Hou 等[16]在 CA 车流模型的基础上，通过细化元胞长度使车辆具有了更多可供选择的速度，同时考虑了车辆速度更新时驾驶员的"预测效应"，从而更加精确地描述了微观车辆运行行为，以此评估了灾害情况下高速公路的交通性能。

值得注意的是，交通工程领域的研究更多关注车流的宏观行为（如运行、阻塞和换道等现象）；而在描述桥梁车辆荷载时，我们不仅希望车流的宏观行为相对真实，还要求车辆速度和位置的更新尽可能准确。因此，近年来众多学者通过改进 CA 车流模型来更加准确地描述车辆在桥梁上的运行行为，希望能进一步准确地描述桥梁上的车辆荷载。例如：张曦霖[17]通过细化元胞长度并用多个元胞描述车轴位置，结合实测数据并引入开

第 1 章 改进元胞自动机随机车流模型的提出与验证

放边界模拟了随机车流荷载；Yin 等[9]在 CA 车流模型的基础上考虑了"跟车效应"，更加准确地模拟了车辆速度和位置的更新，以此分析了某斜拉桥、某悬索桥在随机车流作用下的风-车-桥耦合振动；阮欣等[18]建立了桥梁随机车流荷载的多元胞模型，通过多个元胞描述车轴从而准确还原车流量、车头时距、车速、车重等参数。

总体而言，CA 车流模型在应用于桥梁工程领域时，主要存在以下三方面的局限性：首先，由于 CA 车流模型中的所有车辆均通过一个长为 7.5 m 的元胞表示，不同车型之间的车长差异很难得以体现，这将进一步影响车辆位置在桥梁上的准确描述和车辆荷载加载的精度；其次，因为通过 CA 模拟车流时车辆速度与元胞长度直接相关（即车辆每时间步前进的距离为元胞长度的整数倍），而 CA 车流模型中的元胞长度为 7.5 m，所以 CA 车流模型中的车辆速度通常仅有 0 m/s、7.5 m/s、15 m/s、22.5 m/s、30 m/s、37.5 m/s 可供选择，这将导致车辆速度取值不够丰富且会不真实地突变；最后，由于 CA 车流模型中的车辆速度均在瞬时更新，车辆速度-时间关系是离散且不够真实的，但在研究桥梁车流荷载时常需要连续的车辆速度-时间关系建立合理的车辆位置-时间关系，以实现任意精度的加载，并且离散的车辆速度-时间关系也会导致求解车辆动力响应不准确。本章将针对以上局限性建立更适用于桥梁工程研究的改进元胞自动机车流模型。

1.4 改进元胞自动机桥梁随机车流模型

1.4.1 改进元胞自动机车流模型规则

本小节将详细介绍本章提出的改进元胞自动机车流模型（以下简称 RCA 车流模型）的规则。如图 1-8 所示，RCA 车流模型将车道划分为若干个长为 0.5 m 的元胞。将元胞长度精细化后，RCA 车流模型中的车辆将根据车辆真实长度由多个被占据的元胞表示。例如：4 m 长的轿车可用 8 个元胞表示，8 m 长的轻型卡车可由 16 个元胞表示，16 m 长的重型卡车可由 32 个元胞表示。因此，各种车辆车长的差异性可以在 RCA 车流模型中得到很好的体现，有利于准确描述车辆的位置。精细化的元胞还有利于 RCA 车流模型中车辆速度的真实模拟。因为车辆速度取值变为 0.5 m/s 的整数倍，RCA 车流模型中的车辆速度取值变得更为丰富且更为连续，车辆的运行也越发平稳；同时，车辆的加速度也可以考虑不同车型的性能进行区别化设置。

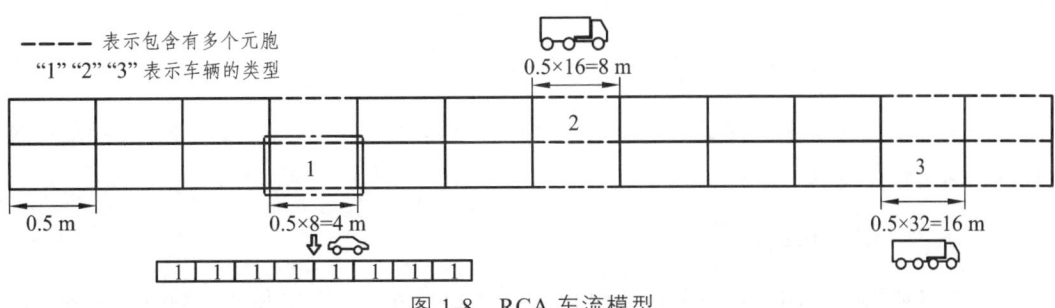

图 1-8 RCA 车流模型

在 CA 车流模型中，由于车辆速度和位置均在瞬时完成更新，车辆的速度-时间关系是离散的，车辆在每一速度改变的时间步都会发生如图 1-9 所示的速度突变。这种离散的速度-时间关系对交通工程领域的研究并无影响，但对桥梁工程领域的研究而言，离散的速度-时间关系并不理想，可能会显著影响车辆和桥梁结构的动力响应。在通过 CA 模拟车流时，考虑到计算代价和驾驶员的最短反应时间，时间步长通常设置为 1 s。当车辆速度较大时，车辆在 1 s 内可能驶出较远距离，而在研究桥梁上的车辆荷载时又往往希望每一时间步内车辆行驶的距离相对较小以保证较好的加载精度，这时通常需要利用车辆的速度-时间关系建立连续的车辆位置-时间关系以实现任意精度的加载。尽管通过 CA 车流模型中车辆离散的速度-时间关系同样能够建立连续的车辆位置-时间关系，但离散的车辆速度-时间关系并不真实合理，因此在 RCA 车流模型中通过制定合理的规则建立了如图 1-9 所示连续的车辆速度-时间关系。

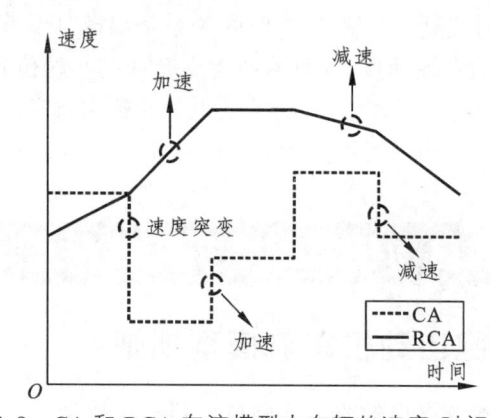

图 1-9 CA 和 RCA 车流模型中车辆的速度-时间关系

与 CA 车流模型不同，RCA 车流模型中车辆由多个元胞表示，本章中通过代表车辆车尾的最后一个元胞来表示 RCA 车流模型中车辆在车道中的位置。另外，将模拟时元胞空间内的车辆位置-时间关系依照元胞长度转换为现实车道空间内可通过坐标轴表示的车辆位置-时间关系，以便 RCA 车流模型规则的公式表达和理解。如图 1-10 所示，车辆 i 在 t 时刻的位置和速度分别由 X_i^t 和 v_i^t 表示，车辆 i 在 $t+1$ 时刻的位置和速度将根据以下单车道 RCA 车流模型规则确定：

（1）加速：车辆 i 在每一时间步内将以与其车型对应的常规加速度 acc_i^{type} 进行加速，但不能超过该车型的最大限制速度 v_i^{max}。

$$v_i^{t+1} = \min\left(v_i^t + acc_i^{type}, v_i^{max}\right) \tag{1-4}$$

（2）安全行车要求：为了防止车辆 i 与其前方邻近车辆 $i+1$ 相撞，车辆 i 不能超过其最大安全行车速度 $v_{i,\text{safe}}^{t+1}$。

$$v_i^{t+1} = \min\left(v_i^{t+1}, v_{i,\text{safe}}^{t+1}\right) \tag{1-5}$$

（3）随机慢化：满足一定的随机慢化概率 P_s 时，车辆 i 会以与其车型对应的常规减

速度 dec_i^{type} 进行加速，但至多减速至零。

$$v_i^{t+1} = \max\left(v_i^{t+1} - dec_i^{\text{type}}, 0\right) \tag{1-6}$$

（4）车辆位置更新：假设车辆在每一时间步内做匀变速运动，车辆 i 在 $t+1$ 时刻的位置将根据其 t 时刻的位置和速度，根据规则确定的其在 $t+1$ 时刻的速度，以及在当前时间步车辆实际运行的时长 t_{move}（考虑到车辆在极端情况下可能进行紧急制动以避免与前车相撞，车辆在当前时间步内的运行时间可能短于 1 s）确定。

$$X_i^{t+1} = X_i^t + 0.5 \times \left(v_i^t + v_i^{t+1}\right) \times t_{\text{move}} \tag{1-7}$$

车辆 i 为了避免与其前方邻近车辆 $i+1$ 相撞，加速度可能不能超过其常规加速度，甚至可能进行减速。车辆 i 的最大安全行车速度将通过如图 1-10 所示的车辆 i 与车辆 $i+1$ 之间的距离确定（即两车在车道空间坐标轴上的位置之差减去车辆 i 的长度 L_i）。

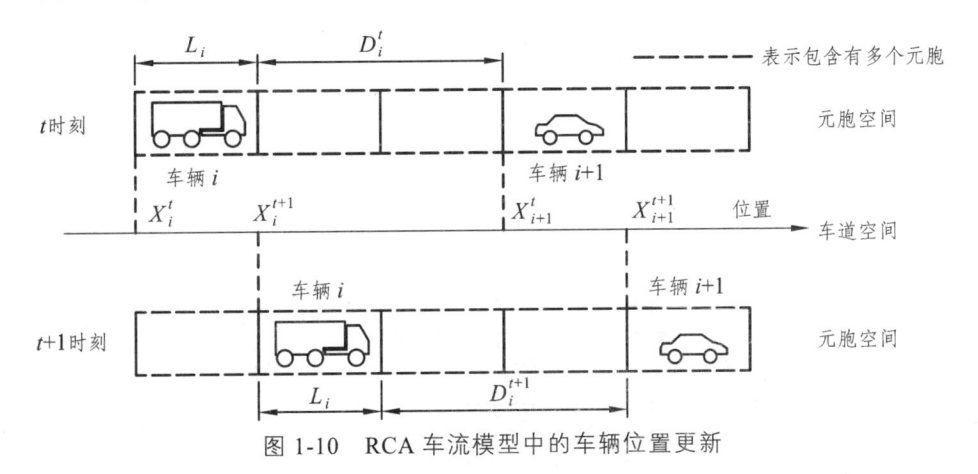

图 1-10 RCA 车流模型中的车辆位置更新

为了考虑司机在驾驶车辆时的"预测效应"（即司机会根据邻近前车的运行行为确定本车的运行行为），同时为了避免不真实的车辆急刹车现象[16]，在确定车辆 i 的最大安全行车速度时还考虑了如图 1-11 所示的车辆危险驾驶情况[19]：当车辆 i 发现其前方邻近车辆 $i+1$ 在 $t+1$ 时刻突然减速至零时，车辆 i 会以紧急制动减速度 dec_i^{ach} 进行减速从而避免与车辆 $i+1$ 在 $t+2$ 时刻发生碰撞。考虑危险驾驶情况后，车辆 i 在 $t+1$ 时刻的最大安全行驶速度 $v_{i,\text{safe}}^{t+1}$ 就可以根据车辆 i 在 t 时刻、$t+1$ 时刻、$t+2$ 时刻的安全要求并结合车辆位置更新规则，通过联立式（1-8）~（1-13）求得的车辆实际加速度 a_i^t 确定。

$$X_{i+1}^t - X_i^t - L_i = D_i^t \tag{1-8}$$

$$X_{i+1}^{t+1} - X_i^{t+1} - L_i \geq 0 \tag{1-9}$$

$$X_{i+1}^{t+2} - X_i^{t+2} - L_i \geq 0 \tag{1-10}$$

$$X_i^{t+1} = X_i^t + 0.5 \times \left(2v_i^t + a_i^t\right) \tag{1-11}$$

$$X_i^{t+2} = X_i^{t+1} + 0.5 \times \left(2v_i^{t+1} - dec_i^{\text{ach}}\right) \tag{1-12}$$

$$X_{i+1}^{t+1} = X_{i+1}^{t+2} = X_{i+1}^{t} + 0.5 \times \left(2v_{i+1}^{t} + a_{i+1}^{t}\right) \tag{1-13}$$

考虑到车辆 i 的司机很难判断车辆 $i+1$ 的加速度大小，同时为了实现向量化的车辆速度与位置更新，在联立式（1-8）~（1-13）将忽略车辆 $i+1$ 的实际加速度 a_{i+1}^t，则车辆 i 的实际加速度 a_i^t 可由式（1-14）求得。

$$a_i^t = \min\left(2\left(D_i^t + v_{i+1}^t - v_i^t\right), 2/3\left(D_i^t + v_{i+1}^t - 2v_i^t - dec_i^{\text{ach}}/2\right)\right) \tag{1-14}$$

为了避免由忽略车辆 $i+1$ 的实际加速度 a_{i+1}^t 引起的车辆碰撞，车辆 i 的实际加速度 a_i^t 还需满足式（1-15）。最终，车辆 i 在 $t+1$ 时刻的最大安全行车速度 $v_{i,\text{safe}}^{t+1}$ 以及相对应的实际运行时间 t_{move} 将由式（1-16）确定。

$$a_i^t = \min\left(a_i^t, 2\left(D_i^t - v_i^t\right)\right) \tag{1-15}$$

$$v_{i,\text{safe}}^{t+1} = v_i^t + a_i^t; t_{\text{move}} = 1; 当 v_i^t + a_i^t \geqslant 0 \tag{1-16a}$$

$$v_{i,\text{safe}}^{t+1} = 0; t_{\text{move}} = \left(v_i^t\right)^2 / D_i^t; 当 v_i^t + a_i^t < 0 \tag{1-16b}$$

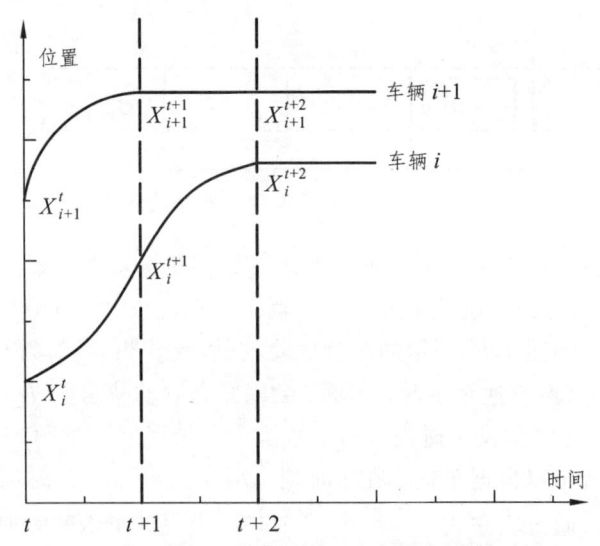

图 1-11 危险驾驶情况中的车辆位置-时间关系

如图 1-12 所示，RCA 车流模型中有着与 CA 车流模型相同的车辆换道规则[5]，车辆 i 将根据其在 t 时刻的速度 v_i^t、最大限制速度 $v_i^{\max}$、与本车道邻近前车车辆 $i+1$ 之间的距离 D_i^t、与目标车道中邻近前车车辆 $j+1$ 之间的距离 $Dt_{i,\text{front}}^t$ 和与目标车道中邻近后车车辆 j 之间的距离 $Dt_{i,\text{back}}^t$ 决定是否换道。满足换道条件式（1-17）~（1-19）后，车辆 i 将以一定的换道概率 P_{ch} 进行换道。

第1章 改进元胞自动机随机车流模型的提出与验证

$$D_i^t \leqslant v_i^t \tag{1-17}$$

$$Dt_{i,\text{front}}^t > v_i^t \tag{1-18}$$

$$Dt_{i,\text{back}}^t > v_i^{\max} \tag{1-19}$$

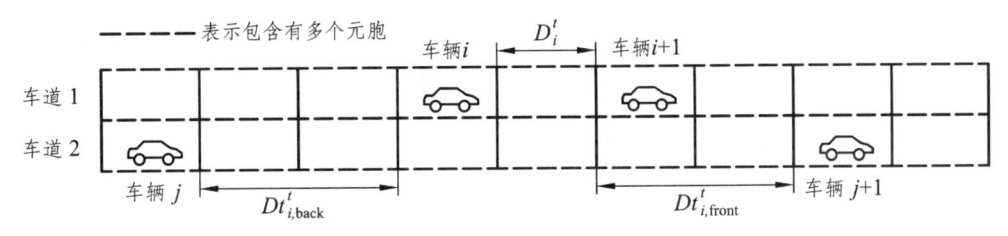

图 1-12 RCA 车流模型中的换道规则

基于上述规则和公式建立起的 RCA 车流模型通过使用精细化的元胞以及新的车辆速度和位置更新规则，主要从以下两方面提升了 CA 车流模型在桥梁工程中的适用性：第一，RCA 车流模型建立起了如图 1-9 所示的连续的车辆速度-时间关系从而避免了 CA 车流模型中必然存在的速度突变，这种更为合理的车辆速度-时间关系将进一步使得 RCA 车流模型中的车辆位置描述更加精确；第二，由于 RCA 车流模型可以很好地反映不同车型的车长、性能等特性，车流中的车辆多样性可以得到很好的体现。

1.4.2 基于改进元胞自动机的随机车流模拟

本小节使用 RCA 车流模型对 1500 m 长的单向双车道（包括快车道和慢车道）"引道-桥梁-引道"交通系统进行模拟。在模拟时，同样考虑了 V1~V5 共 5 种车型构成的低、中、高 3 种密度的车流，各车型在两个车道中的初始占比如表 1-3 所示，RCA 车流模型的关键参数（车辆最大限制速度、车辆常规加速度、车辆常规减速度等）见表 1-4。

表 1-3 随机车流的车型比例

车型		V1	V2	V3	V4	V5
比例/%	快车道	26	8	4	2	4
	慢车道	22	6	6	8	14

表 1-4 RCA 车流模型的模拟参数

参数	定义	取值		
		轿车	轻型卡车	重型卡车
$v_{\max}$	最大限制速度	60 cell/s（30 m/s）	60 cell/s（30 m/s）	50 cell/s（25 m/s）

续表

参数	定义	取值		
		轿车	轻型卡车	重型卡车
acc^{type}	常规加速度	6 cell/s² (3 m/s²)	4 cell/s² (2 m/s²)	2 cell/s² (1 m/s²)
dec^{type}	常规减速度	6 cell/s² (3 m/s²)	4 cell/s² (2 m/s²)	2 cell/s² (1 m/s²)
dec^{ach}	紧急制动减速度	18 cell/s² (9 m/s²)	18 cell/s² (9 m/s²)	18 cell/s² (9 m/s²)
N_{cell}	车辆占据的元胞数目	8	16	V3~V5: 26; 26; 32
P_s	随机慢化概率	0.3	0.3	0.3
$P_{ch,stf}$	换道概率（慢车道至快车道）	0.5	0.5	0.2
$P_{ch,fts}$	换道概率（快车道至慢车道）	0.5	0.5	0.8

图 1-13～图 1-15 展示了低、中、高 3 种密度下 RCA 车流模型运行稳定后的车流运行时空图。时空图展示了 100 s 内道路中各车辆的空间位置-时间关系，横坐标和纵坐标分别表示道路的纵向位置和时间，不同类型的车辆通过不同颜色的线段表示，线段的长度与车长相关。

图 1-13 反映了低密度车流时（$\rho = 0.012$）道路交通的运行情况，与 CA 车流模型基本一致，在低密度车流时车辆的运行轨迹基本呈直线（层流），但由于考虑了司机的"预测效应"，RCA 车流模型中很少发生车辆局部堵塞。

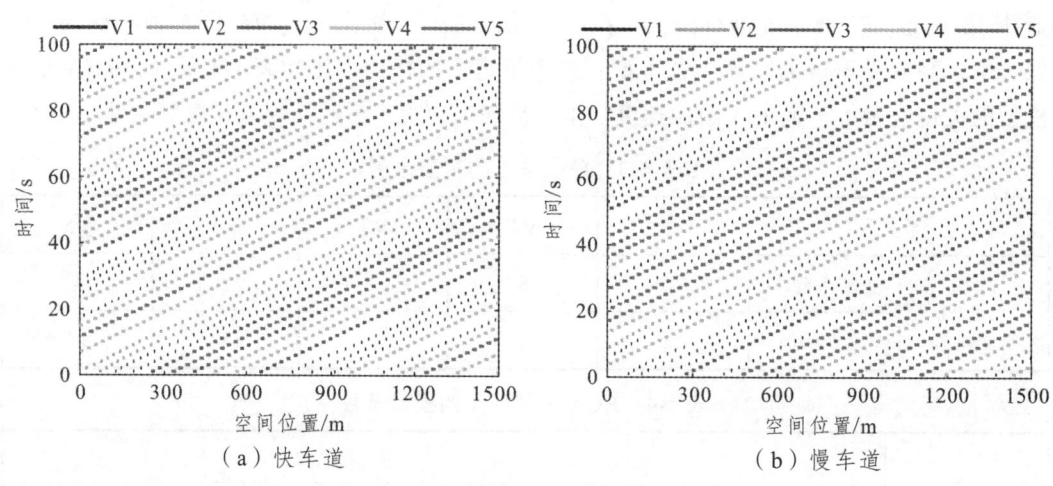

（a）快车道　　　　　　　　　　（b）慢车道

图 1-13　低密度 RCA 车流运行时空图

如图 1-14 和图 1-15 所示，中密度车流（$\rho = 0.025$）时已经出现了典型的堵塞传递"起止波"现象，高密度车流（$\rho = 0.04$）时的车辆堵塞越发严重，堵塞范围可达 1100 m。

车流的堵塞传递现象和车辆的换道行为在 RCA 车流模型中都能得到很好的模拟，但与 CA 车流模型不同，RCA 车流模型中的堵塞范围更大且持续时间更长，这是因为考虑司机的"预测效应"后，车辆在车流密度高时倾向于以较低的速度行驶，因此堵塞的范围和持续时间都将增加。

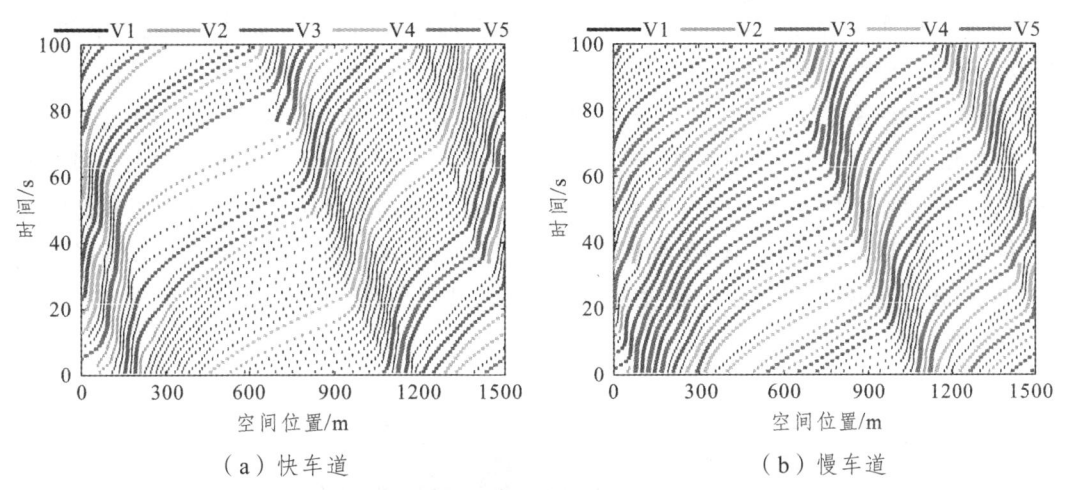

（a）快车道

（b）慢车道

图 1-14 中密度 RCA 车流运行时空图

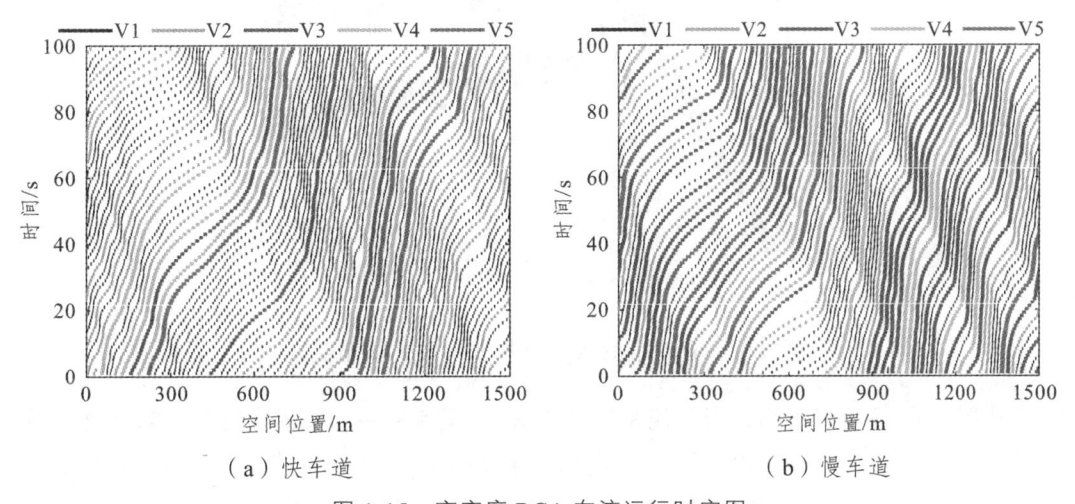

（a）快车道

（b）慢车道

图 1-15 高密度 RCA 车流运行时空图

1.5 传统与改进元胞自动机车流密度-流量关系对比

车流的密度-流量关系是衡量基于 CA 的车流模型模拟效果的重要指标。在通过 CA 对车流进行模拟时，通常会根据模拟结果计算相应的密度-流量关系，以验证车流模型是否能够真实反映现实交通[14]。本节为了评价 RCA 车流模型的模拟效果，对比了使用 CA

和 RCA 车流模型模拟得出的密度-流量关系。在本节的模拟中，分别使用 CA 和 RCA 车流模型模拟了 1500 m 长的单车道交通系统，为了避免不同车型在最大限制车速、加减速性能上的差异影响密度-流量关系，在模拟中仅考虑轿车（V1）这一种车型。

图 1-16 展示了使用 CA 和 RCA 车流模型模拟得出的密度-流量关系，其中流量指的是特定范围内车流密度与车流平均速度的乘积。在每种密度情况下，对车流进行了 20 次模拟以获得该密度下的车流流量，图 1-16 中的每一个点代表一次模拟结果。从模拟结果可以看出，车流密度较低时，由于道路中很少发生堵塞且车辆均能以较高的速度自由行驶，CA 和 RCA 车流模型中的车流流量均随着密度增大至临界密度而快速增大。当车流密度到达临界密度后，道路中出现了明显的堵塞且车辆易受到堵塞干扰从而以较低的速度缓慢行驶，因此即便车流密度不断增大，由于车流平均速度降低，流量将逐渐降低。CA 和 RCA 车流模型中密度-流量关系的变化规律基本一致，可见 RCA 车流模型能很好地反映现实交通现象。

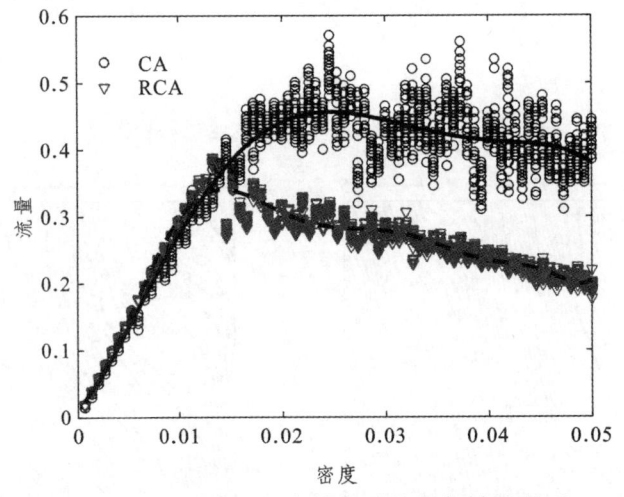

图 1-16 CA 与 RCA 车流模型的密度-流量关系

从图 1-16 还可以看出，当车流密度低于 RCA 车流模型的临界密度时，RCA 车流模型的流量略高于 CA 车流模型的流量；当车流密度高于 RCA 车流模型的临界密度时，CA 车流模型的流量明显高于 RCA 车流模型的流量。这种现象源于 RCA 车流模型中考虑了司机的"预测效应"[16]：考虑"预测效应"后，司机会根据本车速度、前车速度、本车与前车的间距确定本车的安全行驶速度，因此在车流密度较低时，由于道路中的车辆都以较高的速度行驶，司机不会过分担心与前车碰撞，车流平均速度将会升高；但当车流密度较高时，由于道路整体堵塞比较严重，司机倾向于以低速缓慢行驶从而确保安全，车流平均速度将会降低。另外，同一车流密度下，20 次 CA 车流模型流量模拟结果的离散程度明显更大。这是由于 CA 车流模型中车辆速度取值过少导致车辆速度不合理地急剧变化，而 RCA 车流模型通过精细化元胞和新规则很好地解决了这个问题。

1.6 本章小结

本章首先介绍通过 CA 模拟车流的基本原理、发展历程以及研究现状；然后详细说明目前在桥梁工程领域普遍使用的 CA 车流模型；针对 CA 车流模型存在的局限性，通过理论分析、推导建立 RCA 车流模型；分别使用 CA 和 RCA 车流模型模拟 3 种典型车流密度下的道路交通系统，对比分析、评价 RCA 车流模型的模拟效果。得出结论如下：

（1）CA 车流模型能够真实地反映现实中的宏观交通现象和微观车辆运行行为。低密度车流时（$\rho = 0.012$），道路中各车辆基本能以层流的方式顺畅运行，偶尔也会发生轻微的局部堵塞；中密度车流时（$\rho = 0.025$），出现了明显的车辆局部堵塞，车辆将形成较为密集的局部聚集带并向后传播；高密度车流时（$\rho = 0.04$），堵塞现象越发严重，堵塞范围大、持续时间长。车辆的加速、减速和换道行为都能在 CA 车流模型中得到较好模拟，这种相对真实的车辆运行行为模拟为研究桥梁在真实车流作用下的响应提供了条件。

（2）由于 CA 车流模型在元胞长度、车辆速度和位置更新规则上存在一定局限性，不同车型之间的车长差异很难在 CA 车流模型中得到体现；同时，CA 车流模型中车辆速度取值不够丰富也将导致车辆速度不真实地突变；另外，CA 车流模型中离散的车辆速度-时间关系也不能真实反映现实中车辆的运行。这些局限性可能导致 CA 车流模型在桥梁工程领域中运用时存在车辆位置描述不真实、车辆加载精度不足、车辆动力响应求解不准确等问题。因此，建立更为完善的适用于桥梁工程领域研究的新型 CA 车流模型很有必要。

（3）通过 RCA 车流模型模拟出的宏观交通现象、微观车辆运行行为以及车流密度-流量关系与 CA 车流模型基本一致，验证了 RCA 车流模型的合理性和有效性。由于 RCA 车流模型中考虑了司机的"预测效应"，司机会根据本车速度、前车速度、本车与前车的间距确定本车的安全行驶速度。因此，RCA 车流模型在车流密度较低时流量略高于 CA 车流模型，而在车流密度较高时流量明显小于 CA 车流模型。

本章建立的 RCA 车流模型能够为桥梁分析提供适应性更好、更准确、更真实的车流，是本章后续研究内容的基础和关键。

1.7 本章参考文献

[1] CHEN Y, FENG M Q, TAN C A. Modeling of traffic excitation for system identification of bridge structures[J]. Computer-Aided Civil and Infrastructure Engineering, 2006, 21: 57-66.

[2] DITLEVSEN O. Traffic loads on large bridges modeled as white-noise fields[J]. Journal of Engineering Mechanics, 1994, 120: 681-694.

[3] DITLEVSEN O, MADSEN H O. Stochastic vehicle-queue-load model for large bridges[J]. Journal of Engineering Mechanics, 1994, 120: 1829-1847.

[4] CHEN S R, WU J. Dynamic performance simulation of long-span bridge under combined loads of stochastic traffic and wind[J]. Journal of Bridge Engineering, 2010, 15: 219-230.

[5] CHEN S R, WU J. Modeling stochastic live load for long-span bridge based on microscopic traffic flow simulation[J]. Computers & Structures, 2011, 89: 813-824.

[6] 韩万水, 武隽, 马麟. 基于微观交通流模型的风-车-桥系统高真实度模拟[J]. 中国公路学报, 2015, 28: 37-45.

[7] 殷新锋, 丰锦铭, 杨小旺, 等. 风与车流联合作用下在役桥行车舒适性研究[J]. 湖南大学学报（自然科学版）, 2016, 43: 45-52.

[8] ZHOU Y, CHEN S. Investigation of the live-load effects on long-span bridges under traffic flows[J]. Journal of Bridge Engineering, 2018, 23: 04018021.

[9] YIN X F, LIU Y, DENG L, et al. Impact factors of bridges in service under stochastic traffic flow and road surface progressive deterioration[J]. Advances in Structural Engineering, 2016, 19: 38-52.

[10] 殷新锋, 丰锦铭, 刘扬. 随机车流作用下大跨度悬索桥振动分析[J]. 湖南大学学报（自然科学版）, 2017, 44: 47-53.

[11] 殷新锋, 丰锦铭, 刘扬. 考虑桥面等级退化影响的风-车流-桥梁耦合振动分析[J]. 工程力学, 2016, 33: 87-94.

[12] CREMER M, LUDWIG J. A fast simulation model for traffic flow on the basis of boolean operations[J]. Mathematics and Computers in Simulation, 1986, 28: 297-303.

[13] WOLFRAM S. Statistical mechanics of cellular automata[J]. Reviews of Modern Physics, 1983, 55: 601-644.

[14] NAGEL K, SCHRECKENBERG M. A cellular automaton model for freeway traffic[J]. Journal De Physique I, 1992, 2: 2221-2229.

[15] 交通运输部公路局, 中交第一公路勘察设计研究院有限公司. 公路工程技术标准: JTG B01—2014[S]. 北京: 人民交通出版社, 2014.

[16] HOU G, CHEN S, HAN Y. Traffic performance assessment methodology of degraded roadway links following hazards[J]. Journal of Aerospace Engineering, 2019, 32: 04019055.

[17] 张曦霖. 新型元胞自动机交通流荷载模型及其应用[D]. 西安: 长安大学, 2015.

[18] 阮欣, 金泽人, 周军勇. 基于多元胞模型的桥梁车流合成及荷载模拟[J]. 同济大学学报（自然科学版）, 2017, 45: 941-947.

[19] HARICHANDRAN R S, VANMARCKE E H. Stochastic variation of earthquake ground motion in space and time[J]. Journal of Engineering Mechanics, 1986, 112: 154-174.

第 2 章　随机荷载的数值模拟

2.1　引　言

对于车-桥耦合振动系统，不仅存在路面不平顺等内部激励，还可能存在着地震、风和波浪等外部的动力荷载激励。这些随机性很强的内部和外部激励对桥梁结构的动力响应和车辆行驶的安全性都具有重要的影响。对于大跨桥梁，由于荷载激励在时间和空间上的变异性较大，通常采用数值方法来模拟不同环境下的荷载激励。由于谱解法具有算法简单和结果可靠的优势，因而在工程领域中得到了广泛认可和应用。谱解法是一种基于随机过程的模型，该模型由随机相位和随机振幅的谐波叠加组成，可以用于生成平稳和非平稳的高斯随机过程。谱解法利用余弦级数公式可以生成具有较高计算效率的随机过程的样本函数。当级数项的个数足够大时，这些样本函数就可以准确地反映随机过程的特定的概率特征。当随机过程平均发生在余弦序列的基本周期内时，生成的样本函数就会具有遍历性，即样本的均值和自相关函数与相应的目标函数相同，并且可以利用快速傅里叶变换技术有效地对余弦级数公式进行数值计算。

在过去的几十年里，随机过程理论在工程力学和结构工程领域已经取得了很大的进展，更加有利于确保结构的安全性和可靠性。随机过程理论可以应用于工程力学和结构工程中的随机问题的蒙特卡罗求解，包括随机材料和几何特性以及随机荷载等有关问题。随机振动理论的典型问题包括路面粗糙度引起的车辆振动研究、沿海基础设施在波浪和风作用下的振动响应分析和结构在地震动作用下的动力响应研究。对于这些随机振动问题中的随机荷载场，谱解法可以根据给定的交叉谱密度矩阵来进行模拟，并能够直接有效地生成随机过程的样本函数，可以看出该方法具有简单直观的优势。针对路面粗糙度、随机风场、随机波浪场和随机地震动等荷载激励的时空变化特性，本章利用谱解法来模拟不同的随机荷载激励，并选取一座大跨桥梁作为实例，对桥址处的路面粗糙度、风场、波浪场和地震动进行模拟说明。

2.2　路面粗糙度

路面粗糙度又称为路面的不平顺度，是影响桥梁和车辆耦合动力响应的主要因素，会引起车辆和桥梁之间的振动。不同桥梁路面情况的路面粗糙度会对车-桥耦合系统的振动产生不同程度的影响。当行车路面在没有表面缺陷的情况下，行驶车辆所产生的任何垂直加速度主要来自发动机的振动或者车轮的不平衡。为了描述行车路面的不平顺情况，需要对路面的不平顺度进行分类。典型的具有较强不规则性的路面可以看作是均匀各向同性的二维的高斯随机过程，并且可以基于功率谱密度函数对路面的粗糙度进行分类[1]。通常路面粗糙度可以被视为均值为零的稳态高斯随机过程，并利用谱解法来进行模拟。通过逆傅里叶变换，Shinozuka 和 Jan[2]采用谱表示公式生成路面粗糙度 r：

$$r(x) = \sum_{i=1}^{n} \sqrt{2S(\bar{\phi}_i)\Delta\bar{\phi}} \cos(2\pi\bar{\phi}_i x + \theta_i) \qquad (2\text{-}1)$$

式中：x 表示路面的位置；n 表示逆傅里叶变换的点数；$S(\bar{\phi})$ 表示功率谱密度函数；$\bar{\phi}$ 表示波数（cycle/m）；θ_i 表示在区间 $[0, 2\pi]$ 均匀分布的随机相位角。通过对路面粗糙度 r 进行求导，路面粗糙度的一阶导数和二阶导数可以分别求得为：

$$\frac{\partial r(x)}{\partial x} = -2\pi \sum_{i=1}^{n} \bar{\phi}_i \sqrt{2S(\bar{\phi}_i)\Delta\bar{\phi}} \sin(2\pi\bar{\phi}_i x + \theta_i) \qquad (2\text{-}2)$$

$$\frac{\partial^2 r(x)}{\partial x^2} = 4\pi^2 \sum_{i=1}^{n} \bar{\phi}_i^2 \sqrt{2S(\bar{\phi}_i)\Delta\bar{\phi}} \cos(2\pi\bar{\phi}_i x + \theta_i) \qquad (2\text{-}3)$$

可以通过功率谱密度函数将路面粗糙度模拟为随机过程，本书采用 Huang 和 Wang[3]提出的功率谱密度函数来生成路面粗糙度：

$$S(\bar{\phi}) = A_r \left(\frac{\bar{\phi}}{\bar{\phi}_0}\right)^{-2} \qquad (2\text{-}4)$$

式中：A_r 表示与路面条件相关的路面粗糙度系数（m³/cycle），路面粗糙度系数的取值可以根据国际标准 ISO 8608[4]确定，规范中将路面粗糙度分为从非常好（A）到非常差（H）共 8 种类别；$\bar{\phi}$ 表示波数（cycle/m）；$\bar{\phi}_0 = 0.5/\pi$（cycle/m），表示不连续频率。

对于具有高斯分布且均值为零的平稳随机过程，只需要计算激励时程的二阶矩或者它的谱密度，就可以得到随机激励过程的充分统计描述。因此，通过对桥梁路面进行谱描述，再明确车辆的行驶速度和车辆的动力特性后，就可以提供一个足够精确地描述以位移、速度或者加速度表示的车-桥系统的动力响应。对于行驶在桥梁路面上的车辆，每个车轮都会受到路面不平顺产生的激励，因此需要对路面进行完整的描述来反映施加在每个车轮上的不平顺激励。

2.3　随机风场

大跨桥梁通常修建于沿江或沿海的地区，这些地方台风频发，且日常风荷载强劲。随着建造桥梁的跨度不断地增大，桥梁结构的刚度和阻尼不断减小。因而，大跨桥梁在强风的作用下可能会产生较大的振动，从而影响到大跨桥梁结构和桥梁上行驶车辆的安全性，所以对大跨度桥梁进行风振分析是十分必要的。近年来，由于时域分析方法能较准确地计算大跨度桥梁的风阵响应，因此该方法得到了广泛应用。在大跨度桥梁的时域分析研究中，桥址处随机风速场的模拟是一个研究的热点问题。

通常自然风在时间和空间上具有较大的随机性，可以考虑成是平均风与脉动风的合成。平均风在不同时刻的平均风速值保持不变，而脉动风在不同时刻的平均风速值始终在不断地变化。在随机风场的数值模拟中，通常可以将自然风分解为一个平均风速和三个脉动风速分量。一座斜拉桥的风场如图 2-1 所示，平均风 U_z 垂直于纵向桥轴线（即 y 方向），三个脉动风速分量 u、v 和 w 分别垂直于纵向桥轴线（即 y 方向）、沿纵向桥轴线（即 x 方向）和竖向垂直于纵向桥轴线（即 z 方向）。在笛卡儿坐标系 (x,y,z) 中，可以利用一个平均风速和三个方向的脉动风速分量将三维风速场表示为[5]：

$$\begin{cases} U_z = U_z + u(x,z,t) \\ v = v(x,z,t) \\ w = w(x,z,t) \end{cases} \tag{2-5}$$

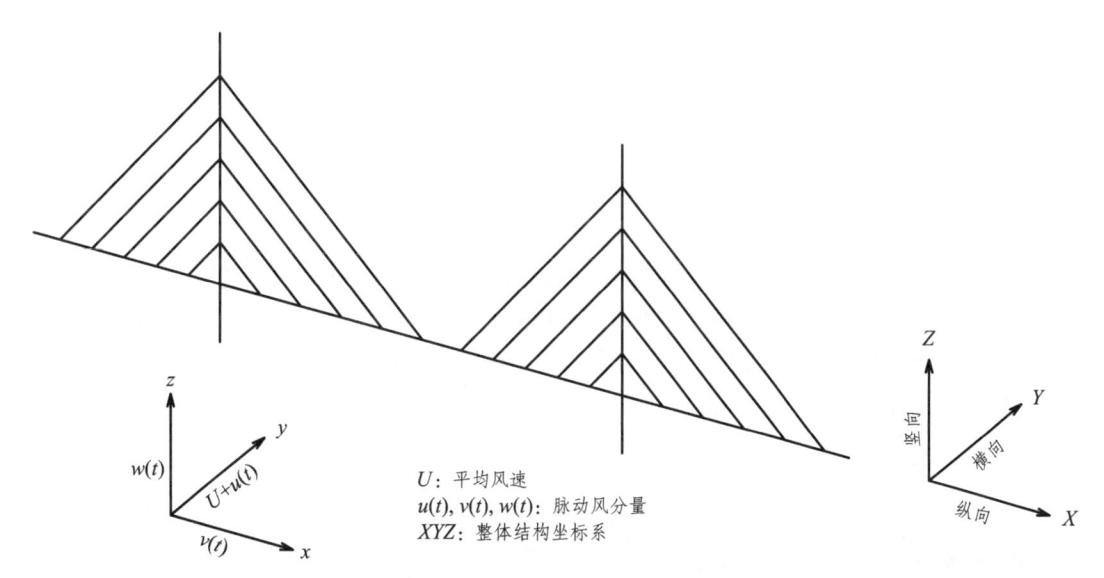

图 2-1　一座斜拉桥的风场示意图

当自然风在地面附近运动时，会受到地面摩擦阻力的影响，使得风场的速度降低。随着离地面的高度越来越高，风场受到地面摩擦阻力的影响就越来越小。通常在离地面 500 m 以上时，风场受到地面摩擦阻力的影响很小可以忽略，可以认为风场速度趋于常数。在靠近地球表面的大气层内，风场速度会随着离地面或者离水平面的高度的增加而不断地增加，风场速度沿高度的变化曲线关系可以表示为与地面粗糙高度有关的对数表达式。利用对数定律，在地表或者静止水位以上高程为 z 处的平均风速 U_z 可以描述为[6]：

$$\frac{U_z}{U_{10}} = \frac{\ln(z/z_0)}{\ln(10/z_0)} \tag{2-6}$$

式中：U_{10} 表示静水位以上高程 10 m 处的平均风速；地面粗糙高度 z_0 可以通过 Charnock 表达式估计为[7] $z_0 = (\alpha_0/g)[KU_{10}/\ln(10/z_0)]^2$，其中 Von Kanman 常数 $K = 0.4$，经验常数 α_0 取 0.01～0.02。可以利用平均风速来获取风速谱，并通过谱解法来生成随机风场。

在实际工程应用中，通常可以将三维相关的风场简化为沿三个空间方向独立的一维随机风场，每个一维随机风场可以被视为稳态的高斯随机过程并可以利用谱解法模拟[7]。将三个脉动风速分量 $u(t)$、$v(t)$ 和 $w(t)$ 视为稳态的高斯随机过程，沿桥梁主梁第 j 点位置处的风速分量时程 $u_j(t)(j = 1, 2, 3,\cdots, n)$ 通过快速谱解法[5,8] 可以模拟为：

$$u_j(t) = \sqrt{2\Delta\omega} \sum_{m=1}^{j} \sum_{l=1}^{N} \sqrt{S(\omega_{ml})} G_{jm}(\omega_{ml}) \cos(\omega_{ml} t + \varphi_{ml}) \quad (2\text{-}7)$$

式中：$\Delta\omega = \omega_u/N$ 表示频率间隔；ω_u 表示为频率上限；N 表示频率被分为的一个足够大的区间段数；ϕ_{ml} 为在区间 $[0, 2\pi]$ 服从均匀分布的一个随机相位角，$\omega_{ml} = (l-1)\Delta\omega + m\Delta\omega/n$；$S(\omega)$ 表示风谱；$G_{jm}(\omega_{ml})$ 为：

$$G_{jm}(\omega_{ml}) = \begin{cases} 0, 1 \leqslant j < m \leqslant n \\ C^{|j-m|}, m = 1 \text{ 且 } m \leqslant j \leqslant n \\ C^{|j-m|}\sqrt{1-C^2}, 2 \leqslant m \leqslant j \leqslant n \end{cases} \quad (2\text{-}8)$$

式中：$C = \exp(-\lambda\omega\Delta/2\pi U)$，其中 λ 为指数衰减系数，一般取值为 10，Δ 表示两个相邻风点间的距离；$C^{|j-m|}$ 表示风点 j 和风点 m 间的相干函数。

可以通过桥址处风场的实际观测来得到风场的功率谱和相干函数。当没有实测资料时，可以通过经验功率谱来模拟风场的脉动分量，本书采用了 Panofsky 和 McCormick[9] 建议的水平向风谱、Simiu 和 Scanlan[10] 建议的竖向风谱和 Davenport[11] 建议的相干函数。

Panofsky-McCormick 谱（水平向风谱）：

$$\frac{nS_u(f)}{u_*^2} = \frac{200f}{(1+50f)^{5/3}} \quad (2\text{-}9)$$

Simiu-Scanlan 谱（竖向风谱）：

$$\frac{nS_w(f)}{u_*^2} = \frac{6f}{(1+4f)^{5/3}} \quad (2\text{-}10)$$

Davenport 相干函数：

$$Coh_{ml}(\omega) = \exp\left(-\lambda \frac{\omega d_{ml}}{2\pi U_z}\right) \quad (2\text{-}11)$$

式中：n 为频率（Hz）；f 为无量纲化频率，$f = nz/U_z$；u^* 为剪切波速，$u^* = KU_z/\ln(z/z_0)$；ω 为圆频率（rad/s）；λ 为指数衰减因子，$\lambda = 10$；d_{ml} 为风点 m 和 l 间的距离；U_z 为静水面以上高程 z 处的平均风速。

2.4 随机波浪场

随机波浪场的研究主要有 3 种方式：实地观测研究、理论解析研究和实验室模拟研究。由于波浪场的随机性较强且现场观测环境复杂，实地观测研究需要消耗大量物力财力。同时，目前还没有成熟的理论解析方法可以描述随机性较强的波浪场。因此，随机波浪场的模拟工作大多是通过实验室模拟研究进行展开的。基于实验室模拟研究，复杂多变的波浪场被分解为多个简单模型的叠加。随着计算机技术的快速发展，可以通过实验室研究总结出的物理模型对随机波浪场进行数值模拟。

基于随机波浪理论，可以假设随机波浪场是一系列独立规则波的叠加。给定随机波浪的标准能量谱，通过叠加有限个振幅、频率和初相位不同的规则波来模拟随机波浪场[12]：

$$\eta(y,t) = \sum_{i=1}^{n} \sqrt{2S_\eta(\omega_i)\Delta\omega} \cos(k_i y - \tilde{\omega}_i t + \theta_i) \tag{2-12}$$

$$u_x(y,z,t) = \sum_{i=1}^{n} \tilde{\omega}_i \sqrt{2S_\eta(\omega_i)\Delta\omega} \frac{\cosh k_i(h+z)}{\sinh k_i h} \cos(k_i y - \tilde{\omega}_i t + \theta_i) \tag{2-13}$$

$$\dot{u}_x(y,z,t) = \sum_{i=1}^{n} \tilde{\omega}_i^2 \sqrt{2S_\eta(\omega_i)\Delta\omega} \frac{\cosh k_i(h+z)}{\sinh k_i h} \sin(k_i y - \tilde{\omega}_i t + \theta_i) \tag{2-14}$$

式中：$\eta(y,t)$ 为沿传播方向（y 方向）的波面高程，如图 2-2 所示；S_η 为波谱；频率 $\omega_i = [i\Delta\omega + (i-1)\Delta\omega]/2$；频率分辨率 $\Delta\omega = (\omega_{\max} - \omega_{\min})/n$，$\omega_{\max}$ 和 $\omega_{\min}$ 为上下截至频率；$\tilde{\omega}_i$ 为 ω_{i-1} 和 ω_i 间的随机数；波数 $k_i = 2\pi/\lambda_i$，λ_i 为波长，波数 k_i 和频率 ω_i 满足关系 $\omega_i^2 = k_i g\tanh(k_i h)$，$g$ 表示重力加速度，h 表示水深；θ_i 为在区间 $[0, 2\pi]$ 均匀分布的相位角；$u_x(y,z,t)$ 和 $\dot{u}_x(y,z,t)$ 分别为沿波浪传播方向水粒子的速度和加速度。

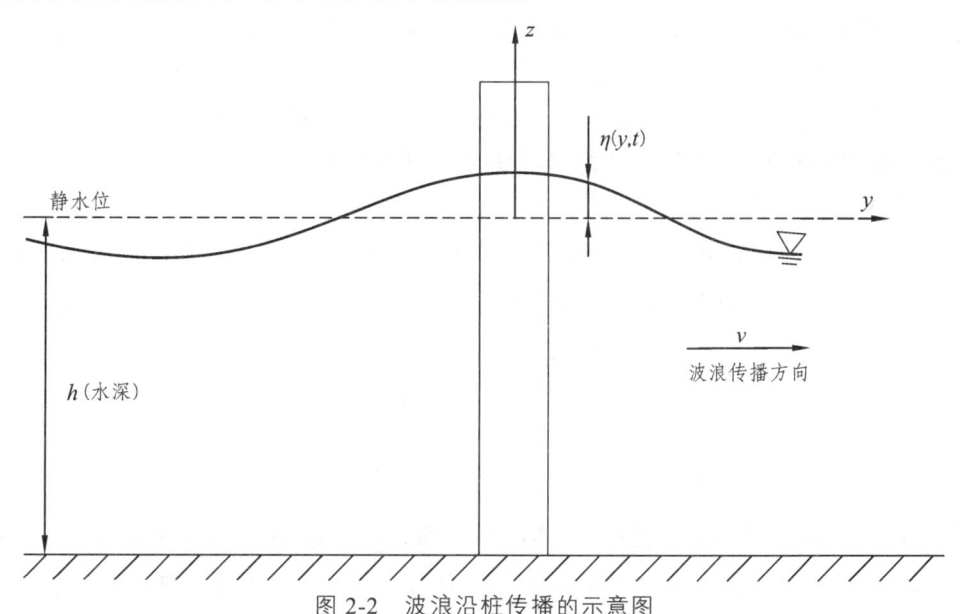

图 2-2 波浪沿桩传播的示意图

随机波浪场采用 TMA 谱 $S_{\text{TMA}}(\omega)$ 模拟，$S_{\text{TMA}}(\omega)$ 是 Hasselmann 等[13]在 JONSWAP 谱 $S_{\text{J}}(\omega)$ 的基础上扩展得出。其中，JONSWAP 谱可以表达为与有效波高和波峰周期相关的形式[14]，$S_{\text{TMA}}(\omega)$ 谱可以表示为：

$$S_{\text{TMA}}(\omega) = S_{\text{J}}(\omega)\phi(k_0 h)$$
$$= \left\{\beta_{\text{J}} H_{\text{s}}^2 \omega_{\text{p}}^4 \omega^{-5} \exp\left[-\frac{5}{4}(\omega/\omega_{\text{p}})^{-4}\right] \gamma^{\exp\left[-(\omega/\omega_{\text{p}}-1)^2/(2\sigma^2)\right]}\right\}\phi(k_0 h) \quad (2\text{-}15)$$

式中：$\phi(k_0 h) = (\tanh^2 k_0 h)/(1 + 2k_0 h/\sinh 2k_0 h)$ 表示为 JONSWAP 谱 $S_{\text{J}}(\omega)$ 的形函数，h 表示水深，k_0 表示波数；$\beta_{\text{J}} = 0.06238(1.094 - 0.01915\ln\gamma)/[0.230 + 0.0336\gamma - 0.185(1.9 + \gamma)^{-1}]k_0$；$H_{\text{s}}$ 表示有效波高；$\omega_{\text{p}} = 2\pi/T_{\text{p}}$ 表示波峰圆频率；$T_{\text{p}} = T_{\text{s}}[1 - 0.132(\gamma + 0.2)^{-0.559}]$ 且 T_{s} 表示有效波浪周期；峰值增强因子 γ 取值为 3.3；当 $\omega \leq \omega_{\text{p}}$ 时，σ 取值为 0.07，当 $\omega > \omega_{\text{p}}$ 时，σ 取值为 0.09。

2.5 随机地震动

由于地震动在空间上存在变异性，桥梁、水坝、管道和隧道等大跨度结构的地震反应分析尤为重要，引起了众多学者的广泛关注。地震波在穿过不同的土壤层时，其中不同频率的最初地震波以不同的速度传播，并且混合了由反射和折射产生的次级波通过不同的土层。这些由于地震波的相干性引起的地震波的变化会对结构的动力响应有着显著的影响。除了地震波在传播过程中的相互干扰，地震波从大跨结构的一个支撑点传播到另外一个支撑点会产生相位差，再加上土壤的局部场地特性引起的地面运动的不均匀性，通常称为地震动的空间变异性。选取合适的数学模型来模拟地震动的空间变异性对于结构的随机振动具有重要意义。尽管以往的研究大多是在平稳随机振动分析的框架下进行的，但考虑地震动的非平稳变化时就会使问题变得更加复杂。

对于多跨或大跨桥梁结构，地震动的空间变化可能会对其动力响应产生较大的影响[15,16]。为了模拟地震动的空间变化，本书利用谱解法将 n 个不同支撑点的空间变异地震动模拟为一维 n 变量的非稳态高斯随机过程，相应的谱密度矩阵可以表示为：

$$\boldsymbol{S}(\omega,t) = \begin{bmatrix} S_{11}(\omega,t) & S_{12}(\omega,t) & \cdots & S_{1n}(\omega,t) \\ S_{21}(\omega,t) & S_{22}(\omega,t) & \cdots & S_{2n}(\omega,t) \\ \vdots & \vdots & & \vdots \\ S_{n1}(\omega,t) & S_{n2}(\omega,t) & \cdots & S_{nn}(\omega,t) \end{bmatrix} \quad (2\text{-}16)$$

式中：$S_{ii}(\omega, t)$ $(i = 1, 2, \cdots, n)$ 表示桥梁第 i 个支撑处分量 $f_i(t)$ 的功率谱密度函数；$S_{ij}(\omega, t)$ $(i = 1, 2, \cdots, n; j = 1, 2, \cdots, n; i \neq j)$ 表示分量 $f_i(t)$ 和 $f_j(t)$ 的交叉谱密度函数；ω 和 t 分别表示

圆频率和时间。采用非平稳随机过程的演化功率谱理论，交叉谱密度矩阵中的元素可以定义为[17]：

$$S_{ii}(\omega,t) = |A_i(\omega,t)|^2 S_i(\omega) \tag{2-17}$$

$$S_{ij}(\omega,t) = A_i(\omega,t)A_j(\omega,t)\sqrt{S_i(\omega)S_j(\omega)}\,\text{Coh}_{ij}(\omega) \tag{2-18}$$

式中：$S_i(\omega)$ 表示时程 $f_i(t)$ 的稳态功率谱密度函数；$A_i(\omega, t)$ 表示地震时程的调制函数，即演化功率谱相对于稳态功率谱密度函数 $S_i(\omega)$ 的变化；$\text{Coh}_{ij}(\omega)$ 表示不同支撑点地震时程 $f_i(t)$ 和 $f_j(t)$ 的复相关函数。

稳态功率谱密度函数采用 Clough 和 Penzien[18] 修正的 Kanai-Tajimi 加速度谱：

$$S_i(\omega) = S_{0i}(\omega)\left[\frac{1+4\zeta_{gi}\left[\dfrac{\omega}{\omega_{gi}}\right]^2}{\left\{1-\left[\dfrac{\omega}{\omega_{gi}}\right]^2\right\}^2+4\zeta_{gi}\left[\dfrac{\omega}{\omega_{gi}}\right]^2}\right]\times\left[\frac{\left[\dfrac{\omega}{\omega_{fi}}\right]^4}{\left\{1-\left[\dfrac{\omega}{\omega_{fi}}\right]^2\right\}^2+4\zeta_{fi}\left[\dfrac{\omega}{\omega_{fi}}\right]^2}\right] \tag{2-19}$$

式中：$S_{0i} = [\pi\omega_{gi}(2\zeta_{gi}+(2\zeta_{gi})^{-1})]^{-1}$，$\zeta_{gi}$ 和 ω_{gi} 表示场地特征频率和阻尼比；ζ_{fi} 和 ω_{fi} 表示支撑点 i 处场地过滤参数；一般取 $\omega_{fi}=0.1\omega_{gi}$，$\zeta_{fi}=\zeta_{gi}$。谱强度因子定义为[17]：

$$S_{0i} = \left[\pi\omega_{gi}\left(2\zeta_{gi}+\left(2\zeta_{gi}\right)^{-1}\right)\right]^{-1} \tag{2-20}$$

时程 $f_i(t)$ 和 $f_j(t)$ 间的复相关函数 $\text{Coh}_{ij}(\omega)$ 采用 Harichandran 等[19] 提出的相干函数模型：

$$\text{Coh}_{ij}(\omega) = A\exp\left[-\frac{2d_{ij}}{\alpha\theta(\omega)}(1-A+\alpha A)\right] + (1-A)\exp\left[-\frac{2d_{ij}}{\theta(\omega)}(1-A+\alpha A)\right] \tag{2-21}$$

式中：d_{ij} 表示支撑点 i 和支撑点 j 之间的距离；A 和 α 为模型参数；$\theta(\omega)$ 表示与频率相关的距离：

$$\theta(\omega) = \beta\left[1+\left(\frac{\omega}{\omega_0}\right)^b\right]^{1/2} \tag{2-22}$$

式中：β、b 和 ω_0 为模型参数。

本书中的调制函数采用 Bogdanoff-Goldberg-Bernard 模型[17]，模型中调制函数仅考虑时变性 $A_i(\omega, t) = A_i(t)$：

$$\begin{cases} A_i(t) = a_1\left(t - \dfrac{d_{i1}^{P}}{v}\right)\exp\left[-a_2\left(t - \dfrac{d_{i1}^{P}}{v}\right)\right], t > \dfrac{d_{i1}^{P}}{v} \\ 0, 0 < t < \dfrac{d_{i1}^{P}}{v} \end{cases} \quad (2\text{-}23)$$

式中：a_1 和 a_2 为与地震振幅和形状相关的参数；d_{i1}^{P} 表示支撑点 i 和支撑点 1 的距离在地震波传播方向上投影的长度；v 表示地震波的传播速度。

利用 Cholesky 分解法，交叉谱密度函数 $S_{ij}(\omega, t)$ 可以分解为：

$$S(\omega,t) = H(\omega,t)H^{T^*}(\omega,t) \quad (2\text{-}24)$$

式中：$H(\omega, t)$ 为下三角矩阵；$H^{T^*}(\omega, t)$ 为 $H(\omega, t)$ 的复共轭转置矩阵。

在交叉谱密度矩阵分解后，非稳态随机过程 $f_1(t), f_2(t), \cdots, f_n(t)$ 可以用以下序列来模拟：

$$f_i(t) = 2\sum_{k=1}^{i}\sum_{l=1}^{N}\left|H_{ik}(\omega_l,t)\right|\sqrt{\Delta\omega}\cos\left(\omega_l t - \theta_{ik}(\omega_l,t) + \int \Psi_{kl}\right) \quad (2\text{-}25)$$

式中：$\Delta\omega = \omega_u/l$；$\omega_u$ 表示上截止频率；N 表示频率区间的分段数；$\omega_l = l\Delta\omega(l = 1, 2, \cdots, N)$；$\theta_{ik}(\omega_l, t) = \arctan\{\text{Im}[H_{ik}(\omega_l, t)]/\text{Re}[H_{ik}(\omega_l, t)]\}$；$\Psi_{kl}$ 表示在区间 $[0, 2\pi]$ 均匀分布的相位角。

本节基于谱解法，根据给定的非平稳交叉谱密度矩阵，生成了非平稳多变量随机过程的样本函数。如果随机过程的分量对应于不同的空间位置，那么这个过程在空间上也是非齐次的（除了时间上是非平稳的）。当交叉谱密度矩阵的频率离散化的项数足够大时，生成的样本函数与相应的目标函数一致。生成的地震动时程可直接作为管道、隧道和桥梁等细长大跨度结构的地震动输入。

2.6 数值算例

本节以苏通大桥为例，对桥梁的路面粗糙度、随机风场、随机波浪场和随机地震动的模拟进行了说明。如图 2-3 所示，苏通大桥为一座主跨 1088 m 的全漂浮体系斜拉桥，主梁为宽 41 m 高 4 m 的流线型钢箱梁，车道布置为双向六车道。苏通大桥下部结构两侧各有 3 个辅助墩，辅助墩和主塔的编号如图 2-3（a）所示。此外，桥塔为高 300.4 m 的倒 Y 形混凝土桥塔，基础为混凝土钻孔灌注桩群桩基础，如图 2-4 所示。群桩基础由 131 根直径为 2.8 m 的单桩构成，单桩靠大体积混凝土桩帽连接到一起。静水位的标高为 +1.42 m，主梁距离静水位的高度为 71.82 m。桥位区常年风速在六级以上，地震基本烈度为Ⅵ度，场地类别为Ⅳ类。

第 2 章 随机荷载的数值模拟

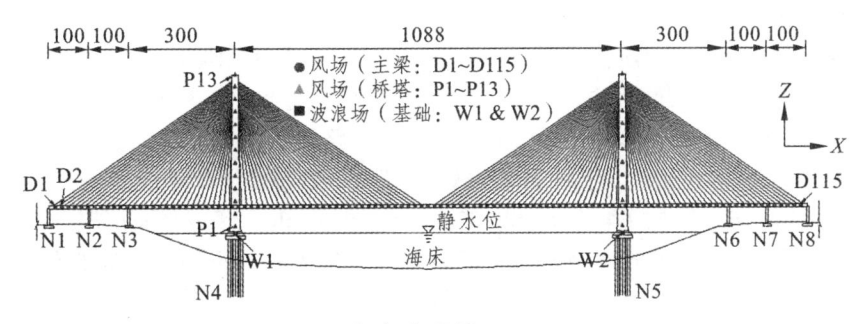

（a）立面图

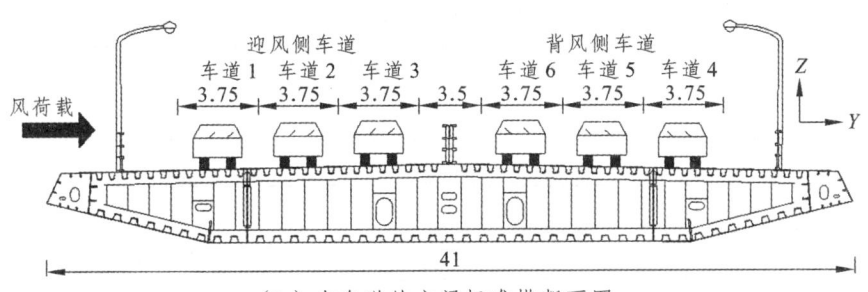

（b）有车道的主梁标准横断面图

图 2-3 斜拉桥模型（单位：m）

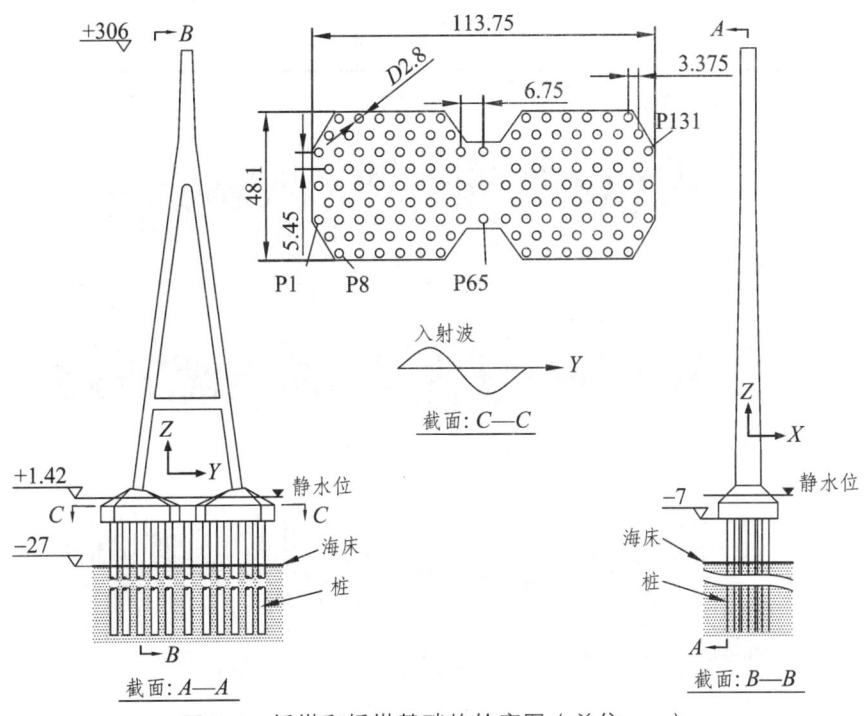

图 2-4 桥塔和桥塔基础的轮廓图（单位：m）

路面不平顺条件通常可以用路面粗糙度系数、国际平整度指数和现有路况功能等 3 个指标来评估。这 3 个指标都是根据乘客对乘坐质量的评价而制定的,并以此可以将路面粗糙度条件分为几个不同的类别。不失一般性,本节采用路面粗糙度系数来表示路面不平顺的情况。根据国际标准 ISO 8608[4],路面粗糙度类别一共可以分为从非常好(A)到非常差(H)8 种,对应不同路面粗糙度类别的路面粗糙度系数的分布范围如表 2-1 所示。依据表 2-1 的规定,本节针对非常好、好和一般路况情况进行了模拟,路面粗糙度系数 A_r 分别取 16×10^{-6}、64×10^{-6} 和 1024×10^{-6} m³/cycle。针对路面情况为非常好、好和一般时,利用 2.2 节给出的功率谱密度函数生成了位于主梁不同位置处的路面粗糙度(图 2-5),路面粗糙度的导数如图 2-6 所示。从图中可以看出,当路况越差时,路面粗糙度及其导数的值就越大。

表 2-1 对应不同路面粗糙度类别的路面粗糙度系数

路面粗糙度类别	路面粗糙度系数的范围/(10^{-6} m³/cycle)
A	<32
B	32~128
C	129~512
D	513~2048
E	2049~8192
F	8193~32768
G	32769~131072
H	>131072

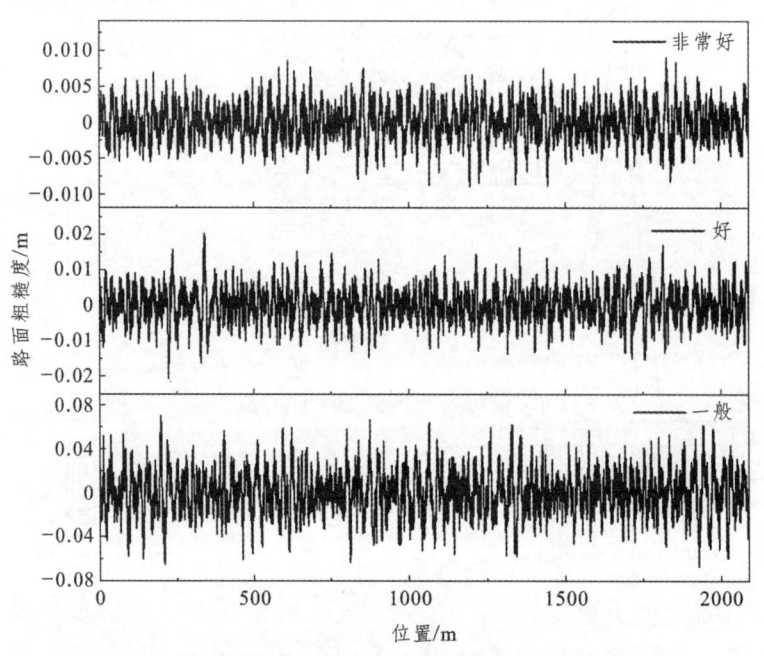

图 2-5 路面情况为非常好、好和一般时的路面粗糙度

第 2 章 随机荷载的数值模拟

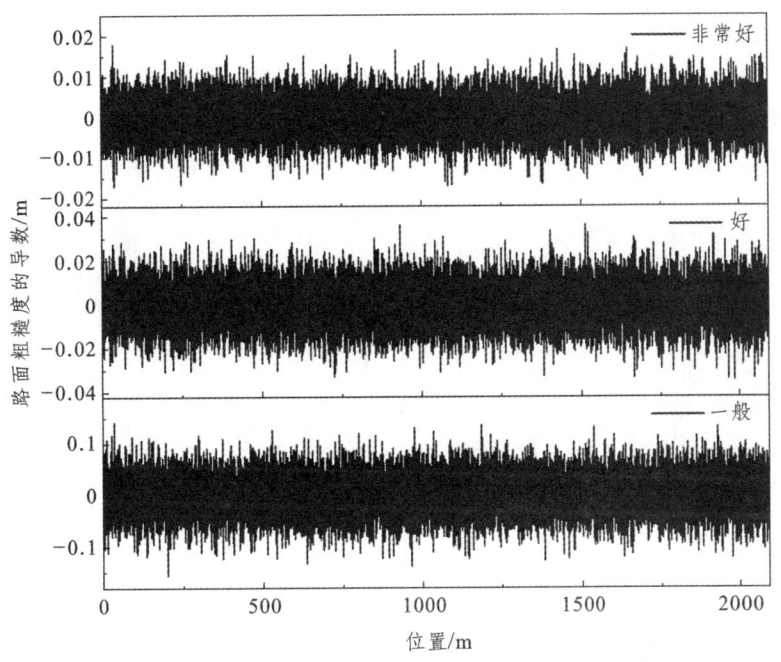

图 2-6 路面情况为非常好、好和一般时的路面粗糙度的导数

如图 2-3（a）所示，位于桥梁不同位置处的风场点和波浪场点分别用不同形状和颜色的点表示。沿主梁的风场点用红色实体圆表示，沿桥塔的风场点用绿色的实体三角形表示，桥塔基础处的波浪场点用蓝色的实体正方形表示。为了便于对结构进行时程分析，需要在全桥布置足够多的风场点来模拟风速时程。通过查阅文献[5, 8, 9, 12, 20]，沿主梁和桥塔的相邻风场点的距离分别设置为 18 m 和 24 m，这个距离设置可以保证在模拟风场的作用下获得足够精确的桥梁动力响应。因此，本算例沿主梁平均布置了 115 个风场点，相邻风场点的距离为 18 m；沿桥塔平均布置了 13 个风场点，相邻风场点的距离为 24 m，其中点 1（P1）和点 13（P13）分别距离静水位的高度为 16.58 m 和 304.58 m。以位于主梁上的风场点 D1、D2 和 D115 为例，利用 2.3 节给出的风速谱模拟在平均风速为 20 m/s 下风场点 D1、D2 和 D115 的水平脉动风速时程和垂直脉动风速时程，如图 2-7 和图 2-8 所示。风场点 D1、D2 和 D115 处水平脉动风速时程的计算功率谱和目标功率谱如图 2-9 所示，可以看出大体趋势是一致的，吻合较好。苏通大桥桥址处水深浪高，利用 2.4 节给出的 TMA 谱生成了波浪波高 H_s = 5 m、周期 T_s = 10.5 s 时的有效波高时程、波浪速度时程和波浪加速度时程，如图 2-10 所示。

地基周围土体主要为砂质土，桥梁群桩基础底部嵌固在岩石中。根据桥址处的地质条件，场地特征周期和特征频率分别为 0.75 s 和 8.38 rad/s。假定地震波传播方向与桥纵轴夹角为 45°，传播速度为 1000 m/s。设计水平地震动峰值为 0.15g，假定竖向地震波的大小为水平向的 2/3[21]。由于苏通大桥各支撑处地基土特性相近，因此没有考虑局部场地特征，软土地基的阻尼比和过滤参数取 0.85[17]。地震动模拟的主要参数在表 2-2 中给出，形状参数 a_2 取 0.0667，使得地震动的峰值发生在 15 s 处；振幅参数 a_1 取 0.1812，使得调制函数在地震动峰值处的值为1；作为说明，本算例采用了通过分析SMART-1台阵的数据得到的模型参数[17]A、α、β、ω_0和b的估计值。图2-11给出了苏通大桥桥墩基础N1、N5和N8位置处［图2-3（a）］的水平地震动时程，时程相关函数R_{N11}、R_{N15}和R_{N18}的理论值和模拟值如图2-12所示，吻合较好，验证了地震动模拟的准确性。

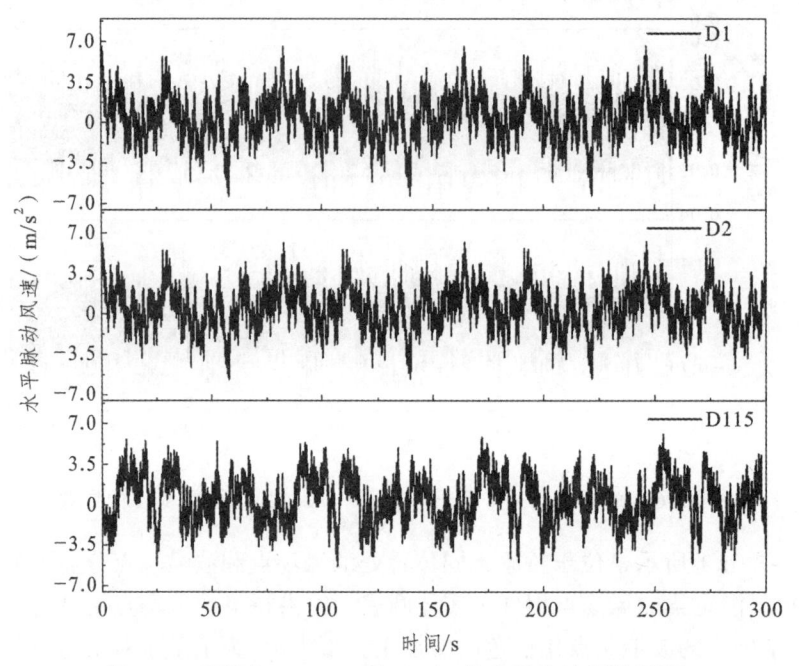

图2-7 风场点D1、D2和D115的水平脉动风速时程

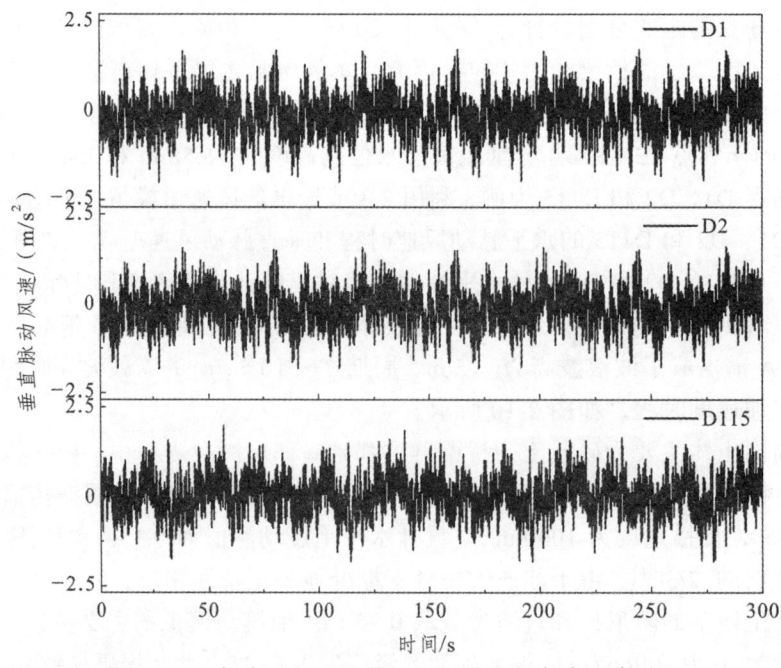

图2-8 风场点D1、D2和D115的垂直脉动风速时程

(a) D1

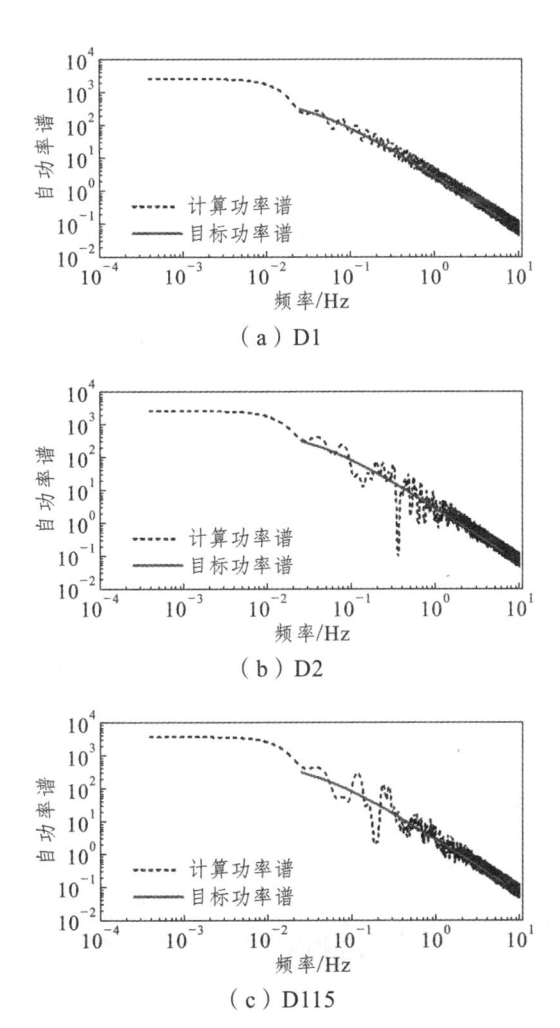

(b) D2

(c) D115

图 2-9　风场点 D1、D2 和 D115 处的功率谱

表 2-2　地震动主要参数取值

参数	值	参数	值
a_1	0.1812	A	0.626
a_2	0.0667	α	0.022
ω_g	8.38 rad/s	β	19700 m
ζ_g	0.85	b	3.47
ω_f	0.838 rad/s	ω_0	12.692 rad/s
ζ_f	0.85	S_0	0.0166 m²/s³
ω_u	126 rad/s	N	3000

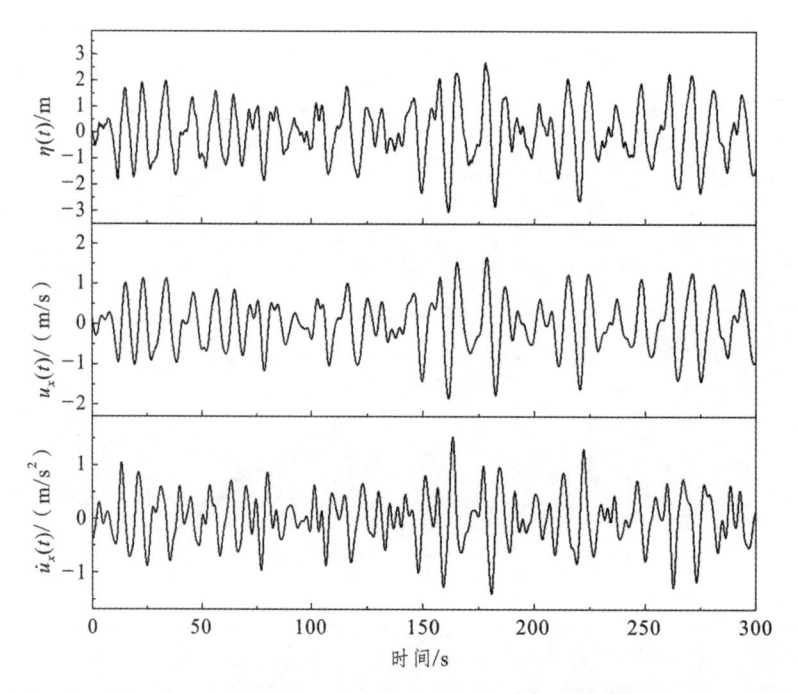

图 2-10 桩 P1 处的波高时程 $\eta(t)$、波浪速度时程 $u_x(t)$ 和加速度时程 $\dot{u}_x(t)$

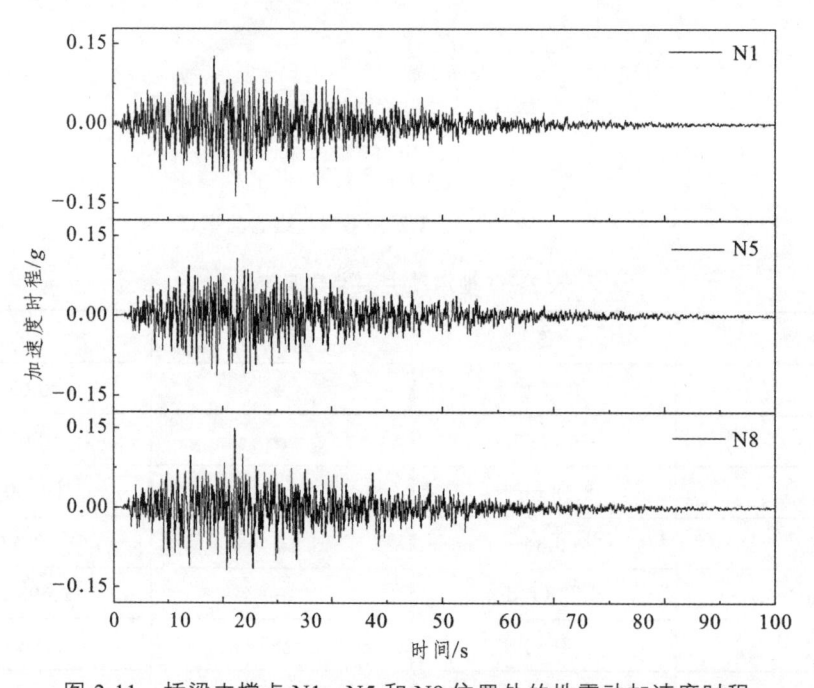

图 2-11 桥梁支撑点 N1、N5 和 N8 位置处的地震动加速度时程

(a) R_{N11}

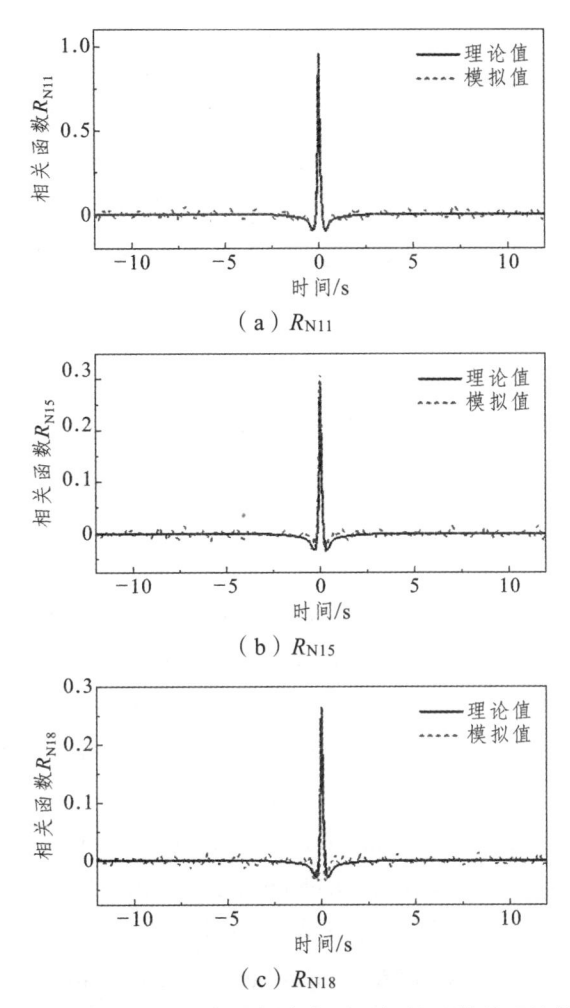

(b) R_{N15}

(c) R_{N18}

图 2-12　不同支撑点处地面水平加速度时程相关函数的理论值和模拟值

2.7　本章小结

本章基于谱解法，对路面粗糙度、随机风场、随机波浪场和随机地震动等荷载激励进行了模拟。通过对给定的交叉谱密度矩阵进行分解，并利用傅里叶变换技术可以将随机荷载模拟为三角级数叠加的形式。以苏通大桥为例，模拟了桥址处的路面粗糙度、随机风场、波随机浪场和随机地震动。对于路面粗糙度，针对不同的路况选取对应的路面粗糙度系数来模拟路面粗糙度。将风场点均布在主梁和桥塔上，通过给定的风谱模拟了不同风场点的风速时程，其余点的风速时程可以对相邻风场点的风速时程进行插值得到。利用给定的波浪谱，生成了桥址处波浪的波高、速度和加速度时程。最后，根据桥址处的地质条件生成了桥梁不同支撑位置处的地震动时程。本章生成的随机荷载激励可以作为后续计算模型的输入参数。

2.8 本章参考文献

[1] ROUILLARD V, SEK M A, PERRY T. Analysis and simulation of road profiles[J]. Journal of Transportation Engineering, 1996, 122: 241-245.

[2] SHINOZUKA M, JAN C M. Digital simulation of random processes and its applications[J]. Journal of Sound and Vibration, 1972, 25(1): 111-128.

[3] HUANG D, WANG T L. Impact analysis of cable-stayed bridges[J]. Computers and Structures, 1992, 43: 897-908.

[4] International Standardization Organization. Mechanical vibration-Road surface profiles-Reporting of measured data: ISO 8608[S]. Geneva: International Standardization Organization, 1995.

[5] LI Y L, LIAO H L, QIANG S Z. Simplifying the simulation of stochastic wind velocity fields for long cablestayed bridges[J]. Computers and Structures, 2004, 82: 1591-1598.

[6] XU Y L. Wind effects on cable-supported bridges[M]. Singapore: John Wiley & Sons, 2013.

[7] CHARNOCK H. Wind stress on a water surface[J]. Quarterly Journal of the Royal Meteorological Society, 1955, 81: 639-640.

[8] CAO Y, XIANG H, ZHOU Y. Simulation of stochastic wind velocity field on long-span bridges[J]. Journal of Engineering Mechanics, 2000, 126: 1-6.

[9] PANOFSKY H A, MCCORMICK R A. The spectrum of vertical velocity near the surface[J]. Quarterly Journal of the Royal Meteorological Society, 1960, 86: 495-503.

[10] SIMIU E, SCANLAN R H. Wind effects on structures: fundamentals and applications to design[M]. New York: John Wiley & Sons, 1996.

[11] DAVENPORT A G. The dependence of wind loads on meteorological parameters[C]// Proceedings of the International Research Seminar on Wind Effects on Buildings and Structures. Toronto: University of Toronto Press, 1968, 19-82.

[12] ZHU, J, ZHANG W, WU M X. Coupled dynamic analysis of the vehicle-bridge-wind-wave system[J]. Journal of Bridge Engineering, 2018, 23(8): 04018054.

[13] HASSELMANN K, BARNETT T P, BOUWS E, et al. Measurements of wind-wave growth and swell decay during the Joint North Sea Wave Project (JONSWAP)[J]. Ergänzungsheft zur Deutschen Hydrographischen Zeitschrift Reihe A, 1973, 12(8): 1-95.

[14] GODA Y. Statistical variability of sea state parameters as a function of wave spectrum[J]. Coastal Engineering in Japan, 1988, 31(1): 39-52.

[15] CHAKRABORTY A, BASU B. Nonstationary response analysis of long span bridges under spatially varying differential support motions using continuous wavelet transform[J]. Journal of Engineering Mechanics, 2008, 134(2): 155-162.

[16] DINH V N, BASU B, BRINKGREVE R B J. Wavelet-based evolutionary response of multispan structures including wave-passage and site-response effects[J]. Journal of Engineering Mechanics, 2014, 140(8): 04014056.

[17] DEODATIS G. Non-stationary stochastic vector processes: Seismic ground motion applications[J]. Probabilistic Engineering Mechanics, 1996, 11: 149-167.

[18] CLOUGH R W, PENZIEN J. Dynamic of structures[M]. New York: McGraw-Hill, 2003.

[19] HARICHANDRAN R S, VANMARCKE E H. Stochastic variation of earthquake ground motion in space and time[J]. Journal of Engineering Mechanics, 1986, 112(2): 154-174.

[20] ZHU J, ZHANG W. Numerical simulation of wind and wave fields for coastal slender bridges[J]. Journal of Bridge Engineering, 2017, 22(3): 1-17.

[21] American Association of State Highway and Transportation Officials. Guide specifications for bridges vulnerable to coastal storms[S]. Washington, DC: American Association of State Highway and Transportation Officials, 2008.

第3章 风与车流联合作用下车-桥耦合振动特性

3.1 引言

  与中小跨径桥梁相比，大跨度桥梁通常更柔且承担着更多车辆通行。风和车辆荷载作为其在运营期间承受的最常见和最主要的动力荷载，往往是导致桥梁结构振动、损伤，乃至破坏的主要原因。为了研究桥梁在风和车辆荷载联合作用下的响应特征从而保证桥梁在运营期间的安全，各国学者在近三十年内针对风-车-桥耦合系统做了大量研究，涉及桥梁结构动力响应特征与疲劳可靠度、车辆行车舒适性与安全性等等[1-4]。起初，在风-车-桥耦合系统分析中仅考虑单辆车或一列确定性车队。随着研究的深入，学者们意识到在风-车-桥耦合系统中引入随机车流模型能够更真实地反映桥梁实际运营情况，由此开始结合不同的随机车流模型构建风-车流-桥耦合系统。

  在现有的风-车流-桥耦合系统中，多使用通过蒙特卡罗法结合道路交通实测数据建立的宏观随机车流。这种宏观模拟方法虽然能较真实地体现车辆位置分布、车速分布和车重分布等参数，但随机车流一旦生成即固定不变，车辆因道路环境、交通规则和驾驶员行为发生的运行行为变化不能得到体现。为了建立更接近实际的风-车流-桥耦合系统，学者们开始尝试使用交通工程领域中广泛运用的微观车流模型生成更为真实的随机车流。自 Chen 和 Wu[5] 首次使用 CA 车流模型建立风-车流-桥耦合系统以来，Yin 等[6, 7]、韩万水等[8]陆续使用 CA 车流模型研究了风-车流-桥耦合系统的动力响应特征。研究表明，由于 CA 车流模型能够较真实地模拟车辆的加速、减速和换道等微观行为，通过 CA 车流模型模拟出的随机车流与桥梁运营中承受的实际车流比较接近，使用 CA 车流模型可以更为合理地预测风-车流-桥耦合系统的动力响应。

  但如本书第 2 章所述，CA 车流模型在运用到桥梁工程领域后存在着一定局限性。因此，本章将基于 RCA 车流模型建立风-车流-桥耦合系统用以评估系统的动力响应。首先，结合 RCA 车流模型和车流统计分析理论，提出车辆可变速和变道的动态桥梁随机车流荷载模拟方法，并进一步基于桥梁响应影响线构建车流-桥梁系统静力分析框架。其次，为了验证 RCA 车流模型在风-车流-桥动力分析中的优势，将对比分析基于 RCA 和 CA 车流模型的风-车流-桥耦合系统内车辆横向响应；提出一种确定风-车流-桥系统合理分析时长的简便计算方法，供以后的研究和工程设计参考。最后，分析了车辆惯性力对风-车流-桥耦合系统的影响。

3.2 改进元胞自动机车流作用下桥梁静力响应分析

3.2.1 基于改进元胞自动机车流的桥梁随机车流荷载模拟方法

本节将结合车流统计分析理论和 RCA 车流模型建立车辆可变速和变道的动态桥梁随机车流荷载模拟方法。其中，车流统计分析理论可根据 WIM 系统监测数据提供相对准确的随机车流中的车型比例、车重分布、轴重分布、车长信息、轴距信息等，RCA 车流模型用于模拟相对真实的车辆运行行为（如加速、减速、堵塞和换道等行为），通过图 3-1 中的流程即可建立既可以准确描述车辆荷载大小又可以真实反映车辆加载位置的桥梁随机车流荷载。

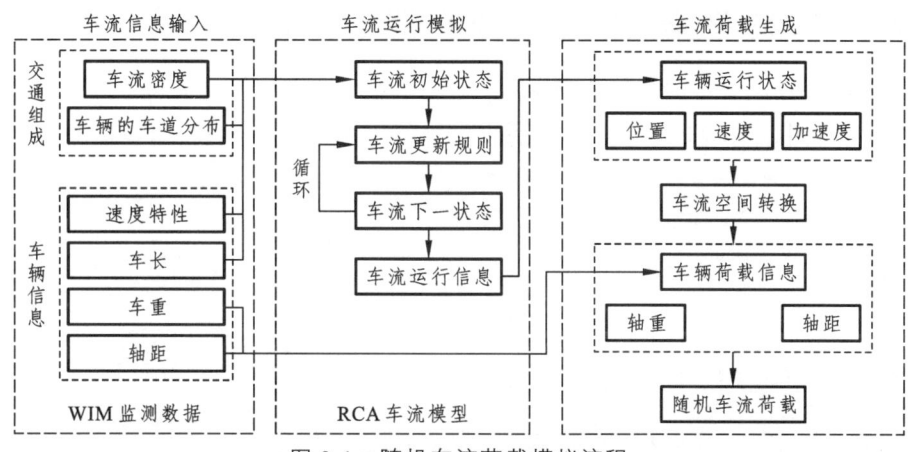

图 3-1 随机车流荷载模拟流程

如图 3-1 所示，随机车流荷载的模拟由三部分构成，即车流信息输入、车流运行模拟以及车流荷载生成。通过 WIM 系统实测道路交通数据，可以获得体现道路交通组成的车流密度和各种类型车辆在不同车道中的分布比例，以及各种类型车辆的速度、加速度、车长、轴距、轴重等信息。将道路交通组成、车辆速度特性、车辆车长信息输入到 RCA 车流模型中，即可实现结合道路交通实际情况对随机车流进行模拟。通过 RCA 车流模型对车辆加速、减速、变道等行为的合理模拟，随机车流中车辆速度与位置的动态变化能够被真实地反映，因此可为桥梁随机车流荷载研究提供可靠的车辆分布信息。同时，可以通过蒙特卡罗法结合车辆车重的 WIM 监测数据建立车辆车重数据库，将数据库中的车重随机抽样并对应分配至模拟车流中后，即可为桥梁随机车流荷载研究提供合理的荷载大小信息。RCA 车流模型中的模拟时间步长为 1 s，而在研究桥梁随机车流荷载时通常需要更小的时间步长从而满足较好的车辆加载精度，因此需要将在元胞空间中运行的车辆按照对应关系转换到车道空间中，通过建立连续的车辆位置-时间关系实现任意精度的加载。如图 3-2 所示，由于 RCA 车流模型中的车辆是根据其实际长度通过多个被占据元胞表示的，在描述车辆 i 在车道空间的坐标时首先用代表车辆 i 尾部的坐标 X_i 表示其位置，随后根据 WIM 系统获得的车辆 i 车尾与后轴间的距离 L_1、车辆 i 后轴与前轴间的

距离 L_2 即可确定车轴在车道空间中的位置，从而将车辆从模拟元胞空间转换至现实车道空间。获得各车辆车轴在车道空间中的位置坐标后，再将车辆被分配的轴重施加到车轴位置上，即可完成对随机车流荷载的模拟。

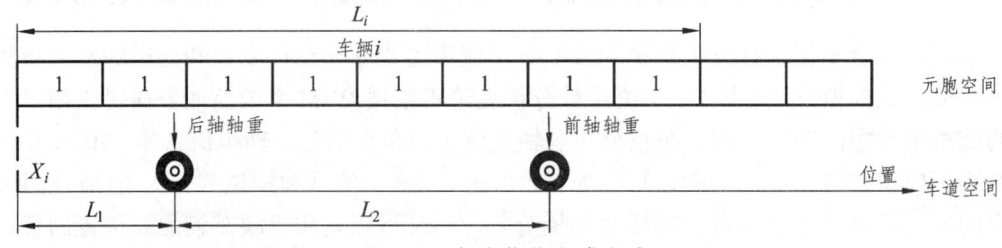

图 3-2 车流荷载生成方式

3.2.2 车流-桥梁系统静力分析框架

为研究桥梁在车流作用下的静力响应，本节构建了如图 3-3 所示的车流-桥梁系统静力分析框架。其中，车流通过上节所述的流程结合 RCA 车流模型和 WIM 监测数据生成。

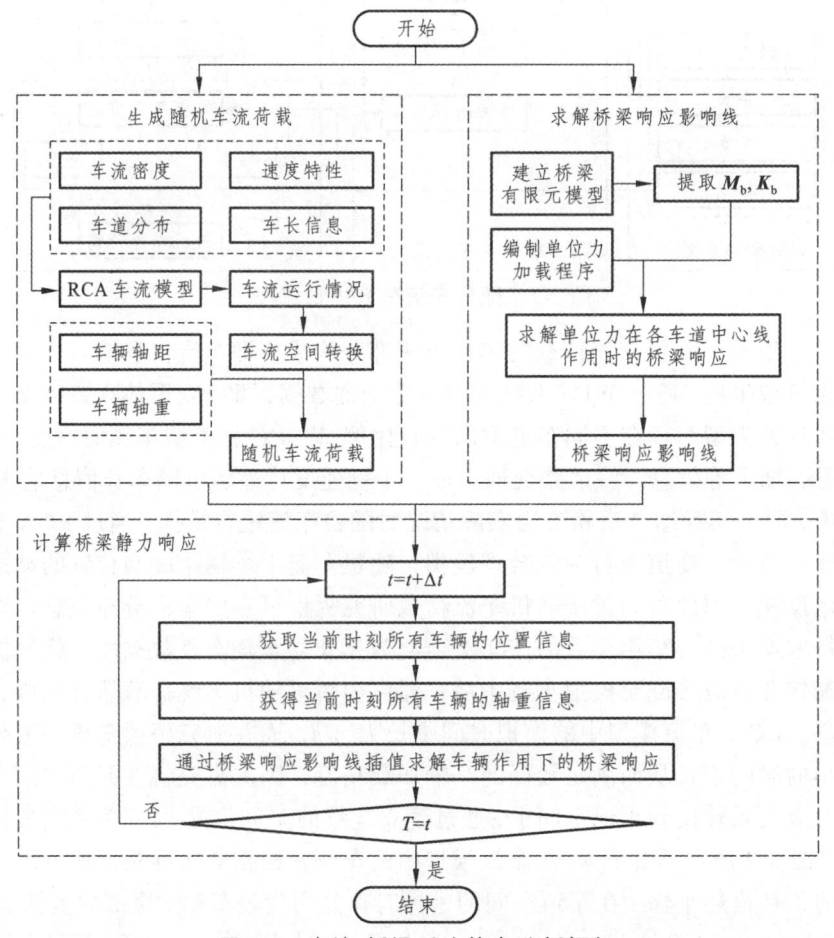

图 3-3 车流-桥梁系统静力分析框架

为保证计算效率，本框架将通过影响线加载的方式求解桥梁在随机车流作用下的静力响应，具体流程如下：首先利用通用有限元软件建立桥梁有限元模型并提取出桥梁的质量矩阵 M_b 和刚度矩阵 K_b；编制程序计算单位力在各车道中心线作用时的桥梁响应影响线；根据加载精度要求分析每一时间步增量Δt后桥梁的静力响应直到车流-桥梁系统静力分析时长 T 结束。按照以上步骤即可求解桥梁在随机车流作用下的静力响应时程，分析桥梁在特定车流作用下的静力响应特征。

3.2.3 车流作用下大跨度悬索桥的静力响应

3.2.3.1 桥梁模型

本节将以矮寨大桥为对象，研究大跨度悬索桥在随机车流作用下的静力响应特征。如图 3-4 所示，矮寨大桥是湖南省内连接吉首和茶洞的主缆孔跨布置为 242 m + 1146 m + 116 m 的跨山谷公路悬索桥。矮寨大桥的主梁为图 3-5 所示的钢桁加劲梁，长 1000.5 m，高 7.5 m，宽 27 m，包含双向四车道。全桥共 71 对吊索，除吉首侧和茶洞侧的端部辅助吊索直接锚固于岩石中，其余吊索均销接于标准节段长为 14.5 m 的主梁上[9]。

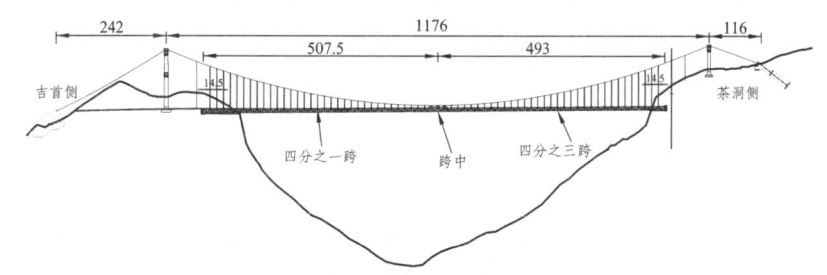

图 3-4 矮寨大桥总体布置（单位：m）

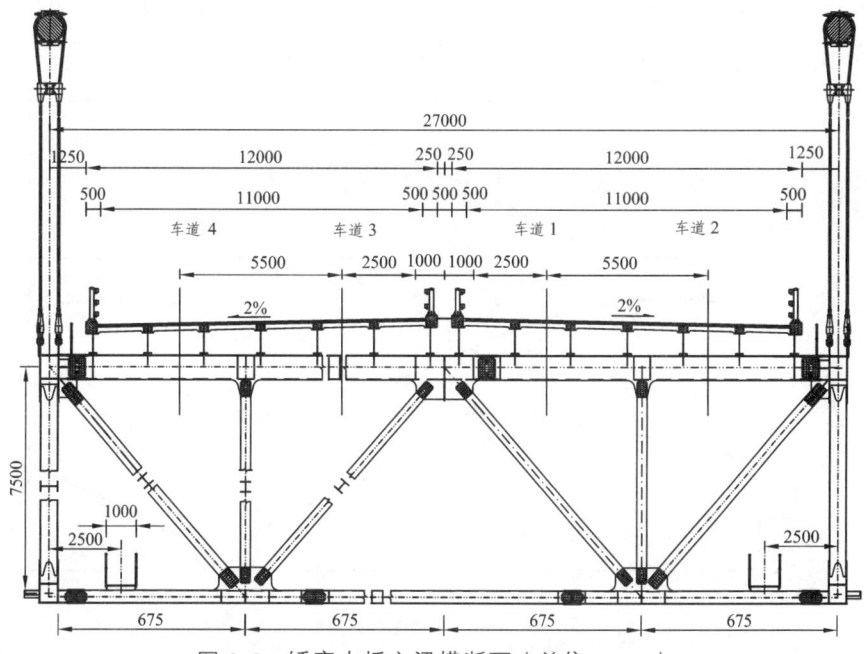

图 3-5 矮寨大桥主梁横断面（单位：mm）

大跨度公路桥梁风-车-桥系统耦合振动分析理论及应用

根据矮寨大桥的设计图纸,通过通用有限元软件 ANSYS 建立了如图 3-6 所示的三维有限元模型[10,11]。其中,主梁及桥塔通过梁单元 Beam 188 模拟,主缆及吊索通过杆单元 Link 10 模拟。为考虑桥面恒载对主缆应力刚度和结构质量矩阵的影响,还采用了质量单元 Mass 21 对桥面恒载进行模拟。桥塔基础、主缆锚固点以及锚固于岩石中的端部辅助吊索的边界条件均设置为固结,主梁两端支座处限制了主梁的竖向和横向位移。

图 3-6 矮寨大桥有限元模型

为高效计算桥梁在随机车流作用下的静力响应,在通过 ANSYS 有限元模型获得桥梁质量矩阵 M_b 和刚度矩阵 K_b 后,基于 Matlab 软件平台编制了各车道中心线上的桥梁响应影响线求解程序,以便实现随机车流的影响线加载。本章在研究桥梁响应时将主要关注桥梁在关键位置处(即:四分之一跨、跨中、四分之三跨)的竖向位移,通过程序计算得出的桥梁竖向位移影响线如图 3-7 所示,考虑到结构的对称性和篇幅限制,图中仅列出了车道 1 和车道 2 中心线位置的桥梁竖向位移影响线。

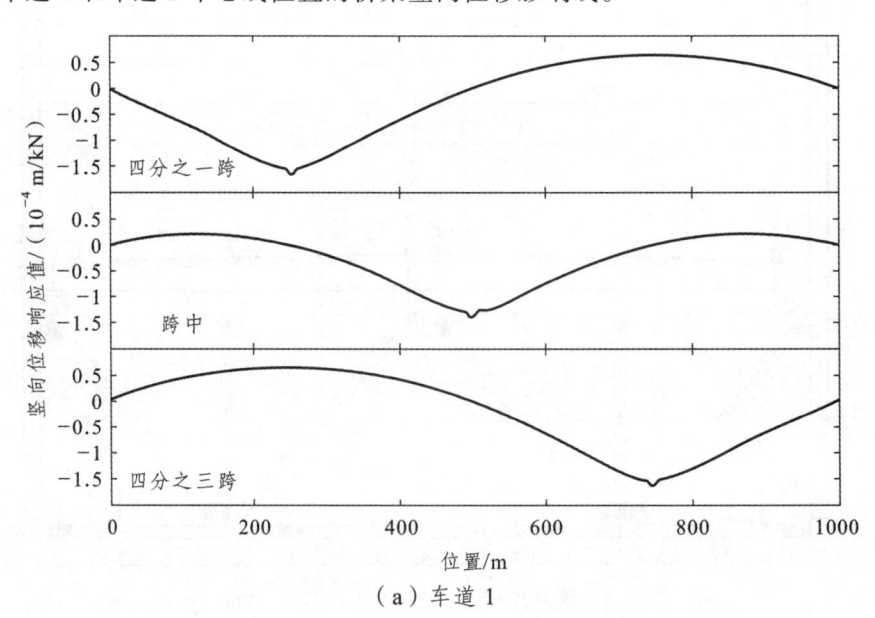

(a)车道 1

（b）车道 2

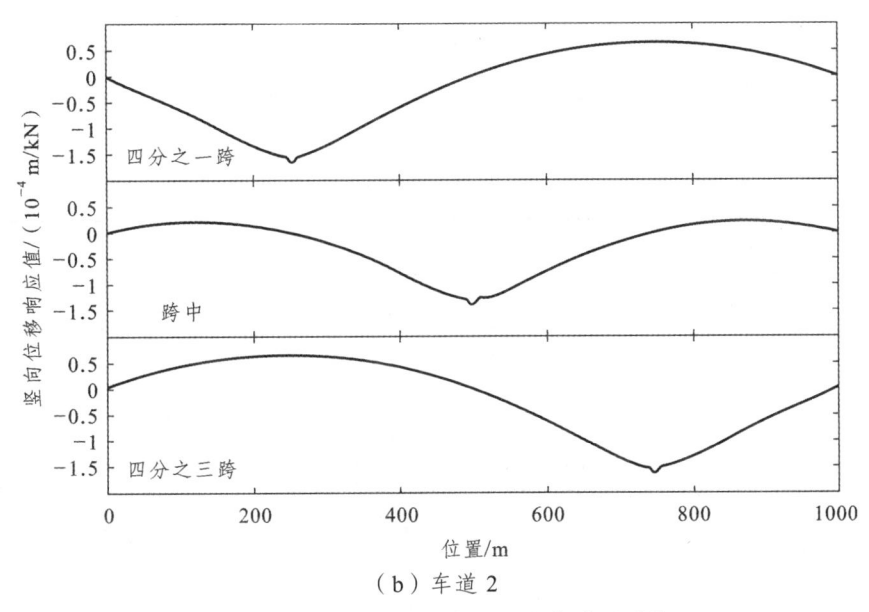

图 3-7　矮寨大桥关键位置竖向位移影响线

3.2.3.2　随机车流荷载

本节中对桥梁施加的随机车流荷载将结合现有研究中的 WIM 系统监测数据和 RCA 车流模型，通过前文提出的随机车流荷载模拟方法生成。在使用 RCA 车流模型对车流运行情况进行模拟时，需要输入拟模拟的车流密度、车流中各车型在不同车道上的比例、各种车型的速度特性（如最大限制速度、常规加速度和常规减速度等）以及各种车型的车长信息。其中，车流密度将采用本书第 2 章中定义的低、中、高 3 种等级（$\rho = 0.012$、0.025、0.04），另外 3 类输入将根据对车流的调查确定。在对每辆车赋予相应的荷载大小进而生成随机车流荷载时，需要用到 WIM 系统获得的车辆总重统计分布类型和参数、车辆轴重分布情况以及车辆轴距信息。

参考对矮寨大桥进行的一次连续 48 小时的交通调查[11-13]，在本节的研究中将考虑图 1-4 所示的 V1~V5 共 5 种车型，其中 V1 为轿车，V2 为轻型卡车，V3~V5 为不同类型的重型卡车。根据调查制定的 5 种车型在双向四车道中的初始占比如表 3-1 所示，RCA 车流模型关键参数（最大限制速度、常规加速度和常规减速度等）如表 3-2 所示。

为反映现实车流中车辆荷载大小的随机性，RCA 车流模型中的每辆车将根据 WIM 监测数据被分配随机的车辆总重，车辆总重会进一步按比例分配至车辆各轴。对于不同车辆，车辆总重将根据车辆类型通过拉丁超立方抽样的方式，按照 WIM 系统监测得到的表 3-3 所示的车辆总重分布类型和参数随机抽样获得。为避免抽样中出现不合理的车辆总重异常值，车辆总重将被限制在其平均值的一倍标准差范围内（$\mu \pm \sigma$）。在最终生成随机车流荷载时，车辆总重将通过前文所述的方法按照如图 3-8 所示的轴距和比例分配至车辆各轴。由此即可结合实测数据，研究矮寨大桥在不同密度随机车流作用下的静力响应特征。

表 3-1 随机车流的车型比例

车型		V1	V2	V3	V4	V5
比例/%	车道 1	17.14	2.37	2.59	3.01	2.69
	车道 2	2.88	4.67	4.4	5.28	4.97
	车道 3	17.14	2.37	2.59	3.01	2.69
	车道 4	2.88	4.67	4.4	5.28	4.97

表 3-2 RCA 车流模型的模拟参数

参数	定义	取值		
		轿车	轻型卡车	重型卡车
v_{max}	最大限制速度	60 cell/s（30 m/s）	60 cell/s（30 m/s）	50 cell/s（25 m/s）
acc^{type}	常规加速度	6 cell/s²（3 m/s²）	4 cell/s²（2 m/s²）	2 cell/s²（1 m/s²）
dec^{type}	常规减速度	6 cell/s²（3 m/s²）	4 cell/s²（2 m/s²）	2 cell/s²（1 m/s²）
dec^{ach}	紧急制动减速度	18 cell/s²（9 m/s²）	18 cell/s²（9 m/s²）	18 cell/s²（9 m/s²）
N_{cell}	车辆占据的元胞数目	8	16	V3～V5: 20; 28; 26
P_s	随机慢化概率	0.3	0.3	0.3
$P_{ch,ntf}$	换道概率（慢车道至快车道）	0.5	0.5	0.2
$P_{ch,ftn}$	换道概率（快车道至慢车道）	0.5	0.5	0.8

表 3-3 车辆总重的统计特性

车型	分布类型	平均值/kN	标准差/kN
V1	正态分布	14.51	3.54
V2	正态分布	35.72	9.72
V3	正态分布	123.95	18.72
V4	正态分布	291.04	43.21
V5	正态分布	528.32	85.21

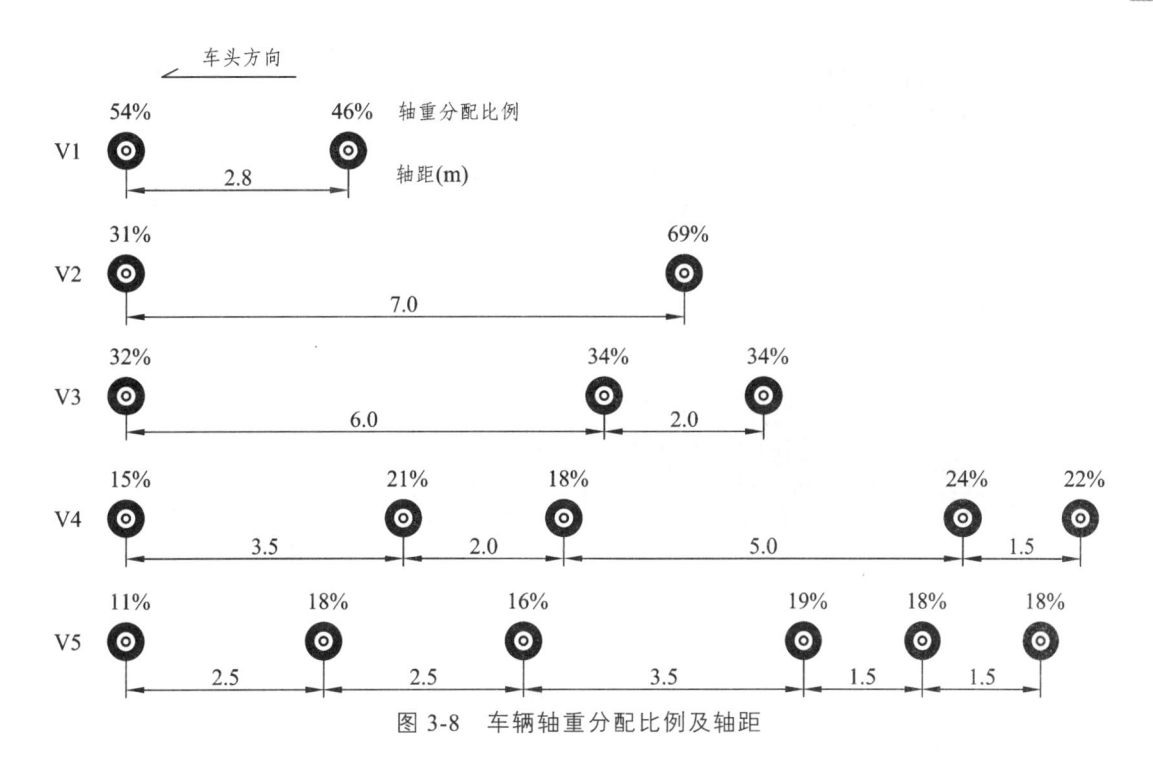

第 3 章 风与车流联合作用下车-桥耦合振动特性

图 3-8 车辆轴重分配比例及轴距

3.2.3.3 桥梁静力响应特征

本小节将按照 3.2.2 节建立的车流-桥梁系统静力分析框架，计算分析矮寨大桥在上述章节中描述的低、中、高 3 种密度车流作用下的静力响应。系统的计算分析时长为 1800 s，为保证较好的加载精度，分析中的时间步增量设为 0.1 s。图 3-9～图 3-11 分别展示了矮寨大桥在低、中、高 3 种密度车流作用下，其关键位置处（即四分之一跨、跨中、四分之三跨）竖向位移的响应时程和频率分布直方图，其中位移的负值代表方向向下。

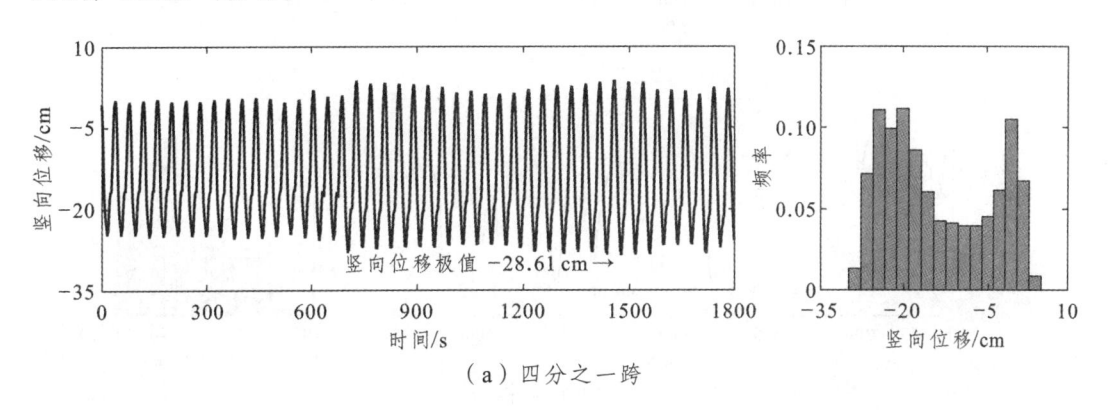

如图 3-9 所示，在低密度车流作用下，桥梁的竖向位移基本呈周期性变化。由于低密度车流情况下道路通畅、车辆运行速度较快，桥梁竖向位移变化的周期也较短（小于 50 s），且呈多峰分布。

（a）四分之一跨

(b）跨中

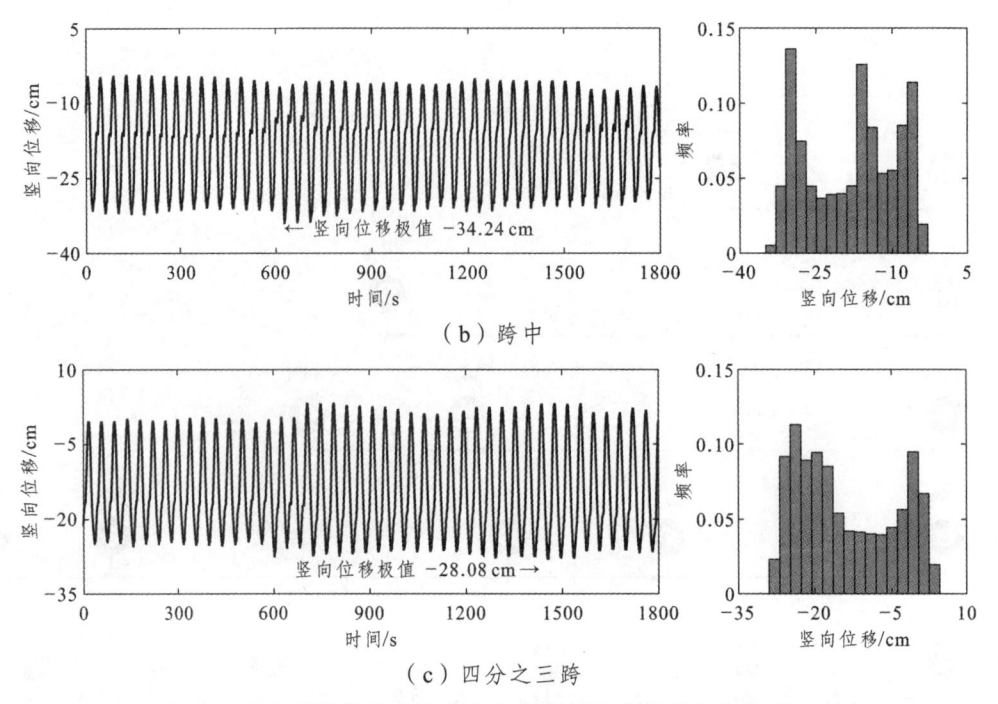

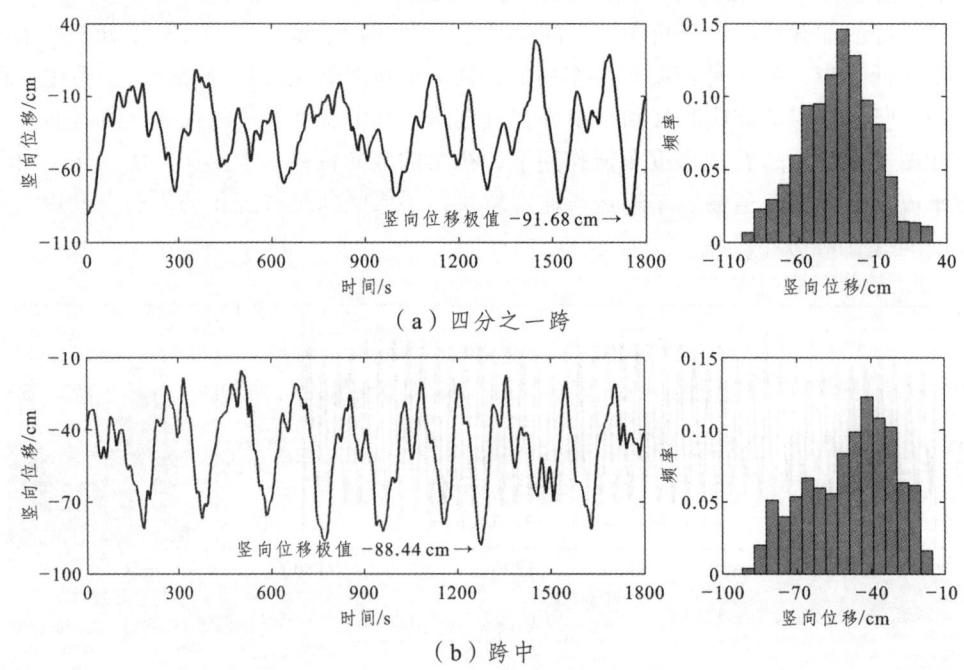

(c）四分之三跨

图 3-9　低密度车流作用下矮寨大桥关键位置处的竖向位移响应

由图 3-10 可知，中密度车流作用下桥梁关键位置处的竖向位移同样有一定的周期性特征，但由于中密度车流中的车辆受限于道路局部堵塞而不能以较高速度运行，桥梁竖向位移变化的周期较长（可达 300 s 以上），且呈单峰分布。同时，可以看到桥梁竖向位移在不同周期内的变化规律存在着明显的区别，车流运行中的随机性得到了很好的体现。

(a）四分之一跨

(b）跨中

(c)四分之三跨

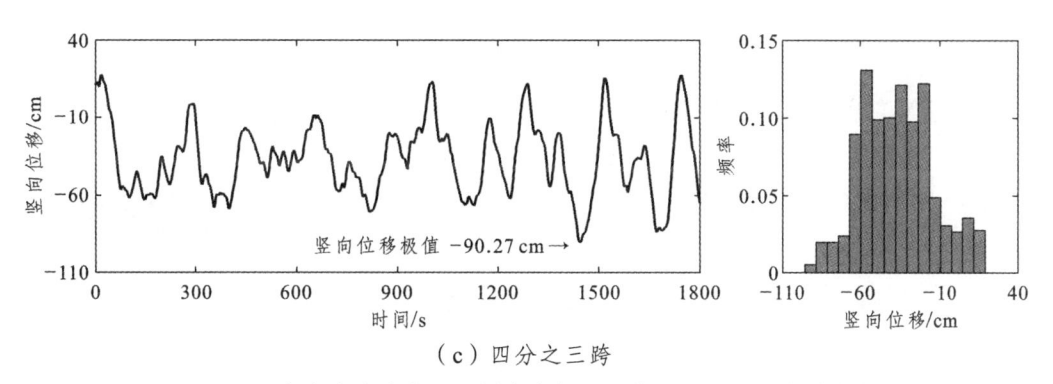

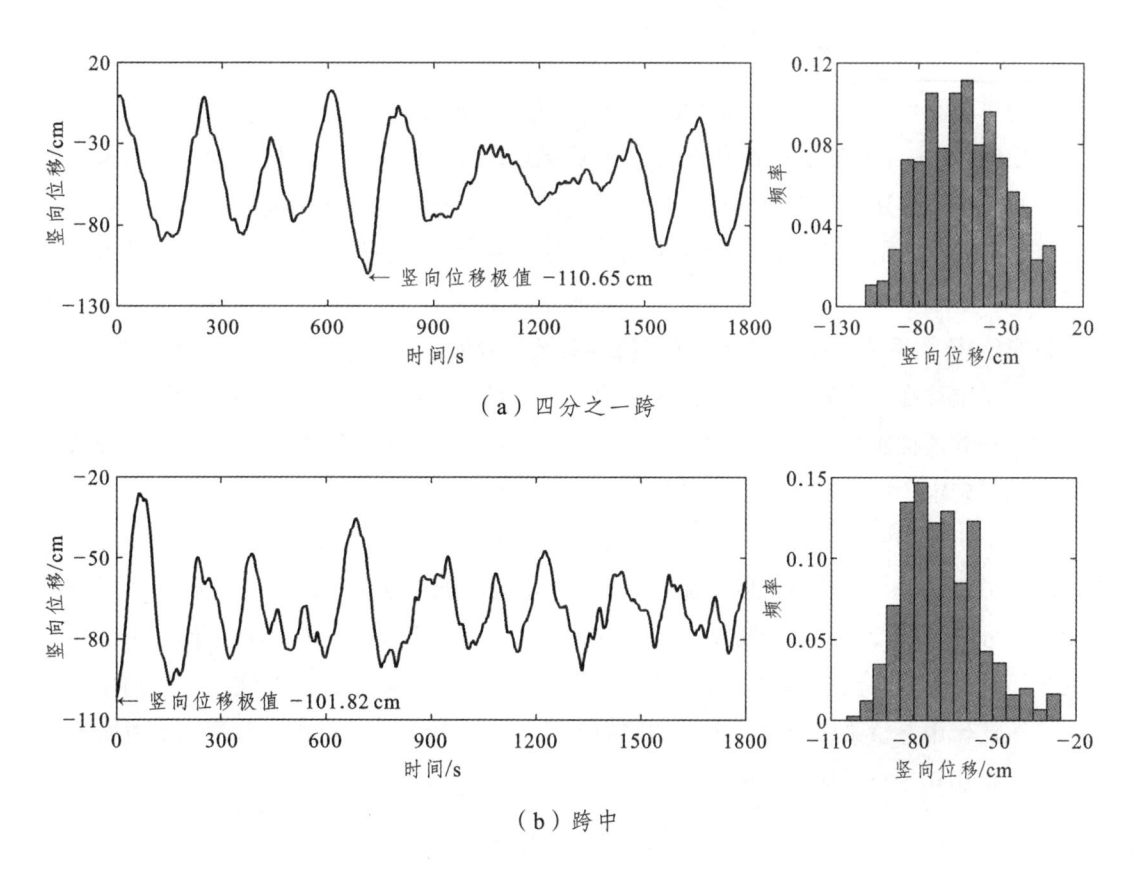

图 3-10　中密度车流作用下矮寨大桥关键位置处的竖向位移响应

如图 3-11 所示,高密度车流作用下桥梁竖向位移的响应特征与中密度车流情况相似,其周期同样较长(可达 300 s 以上)并呈单峰分布,且不同周期内桥梁竖向位移的变化规律依然存在较大区别。但值得注意的是,与中密度车流情况相比,高密度车流作用下桥梁竖向位移在周期内的变化波动明显较小。这可能是由于高密度情况下车流的整体运行较为缓慢且车辆充斥于整个道路空间,桥梁上不易形成异常的车辆聚集区域并向后方传播,因此在周期内桥梁竖向位移很少出现明显的局部波动。

(a)四分之一跨

(b)跨中

（c）四分之三跨

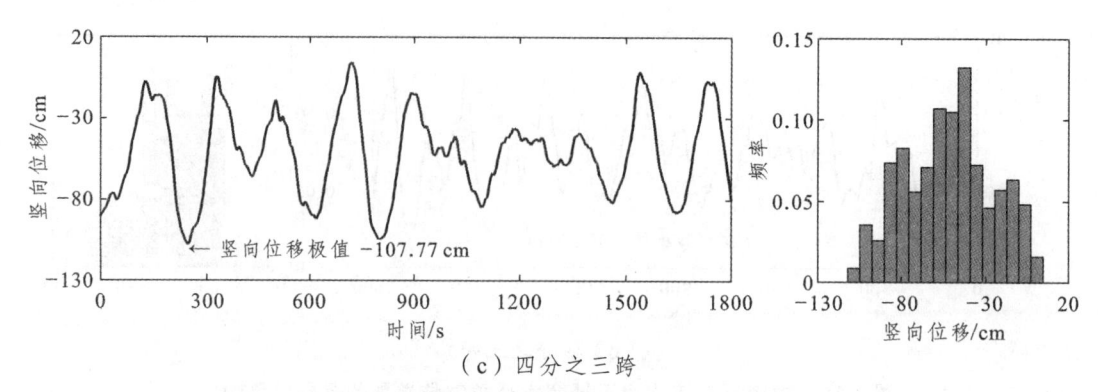

图 3-11　高密度车流作用下矮寨大桥关键位置处的竖向位移响应

可见，不同密度车流作用下的桥梁竖向位移响应有着不同的特征，桥梁竖向位移的变化规律与桥上车流运行特点有一定联系。低密度车流时，桥梁竖向位移变化的周期较短；中密度或高密度车流时，桥梁竖向位移变化的周期较长。以后在研究车流-桥梁系统时，有必要根据不同的车流密度等级确定不同的系统计算分析时长，从而保证分析的可靠性。

3.2.3.4　桥梁静力响应统计分析

随机车流荷载作为车辆-桥梁系统在静力响应分析时的唯一输入，直接决定了桥梁静力响应的大小。虽然通过足够时长的车流-桥梁系统静力响应分析可以较为合理地预测桥梁在特定车流作用下的响应特征，但由于随机车流荷载本身在车辆荷载大小、车辆分布特点上有着很强的不确定性，仅从单次分析结果判定桥梁在运营过程中的安全性显然不够可靠。本小节将针对随机车流荷载存在的不确定性，通过多次生成随机车流荷载计算分析车流-桥梁系统的静力响应，研究桥梁关键位置处（即四分之一跨、跨中、四分之三跨）竖向位移在计算分析时长内的极小值、极大值、平均值以及变异系数的统计特性。其中，荷载模拟次数将根据竖向位移极大值、极小值、平均值和变异系数在多次分析中的平均值确定，应进行足够多次模拟保证多次分析中的平均值基本不变。

与上小节相同，本小节将计算分析矮寨大桥在低、中、高3种密度车流作用下1800 s内的静力响应。对于每种密度车流，将生成60次随机车流荷载并进行车流-桥梁系统静力响应分析，统计每一次分析中桥梁关键位置处竖向位移的极小值、极大值、平均值和变异系数并绘制于盒形图中以研究其分布特征。由于篇幅限制，仅在表3-4中列出了低密度车流作用下桥梁四分之一跨处的竖向位移响应统计值，其余统计数据均通过盒形图的方式描述其分布特征并研究。

第3章 风与车流联合作用下车-桥耦合振动特性

表 3-4 低密度车流作用下矮寨大桥四分之一跨的竖向位移响应统计值

A	B/cm	C/cm	D/cm	E	A	B/cm	C/cm	D/cm	E
1	−41.46	−3.10	−20.32	−0.53	31	−39.57	7.55	−19.74	−0.57
2	−39.27	10.04	−14.38	−1.03	32	−42.62	11.36	−14.25	−1.12
3	−35.37	8.45	−13.94	−0.73	33	−39.18	8.44	−16.93	−0.46
4	−41.01	1.51	−15.05	−0.63	34	−38.26	11.47	−12.13	−1.10
5	−24.44	−1.65	−13.31	−0.47	35	−37.44	13.35	−10.05	−1.28
6	−48.01	6.88	−18.75	−0.58	36	−29.36	−4.35	−15.08	−0.49
7	−30.70	3.88	−12.49	−0.58	37	−29.88	5.55	−12.49	−0.90
8	−36.92	−0.05	−17.62	−0.70	38	−32.80	0.53	−14.20	−0.54
9	−23.89	−0.93	−13.72	−0.50	39	−35.57	1.31	−13.76	−0.74
10	−35.42	−5.08	−18.85	−0.54	40	−40.38	10.46	−15.49	−0.72
11	−33.53	−3.80	−16.86	−0.28	41	−29.20	5.16	−10.83	−0.59
12	−28.61	3.73	−13.82	−0.70	42	−40.60	−3.65	−20.77	−0.30
13	−23.50	−4.81	−14.69	−0.24	43	−28.85	−2.13	−14.37	−0.49
14	−38.07	3.59	−13.89	−0.42	44	−41.85	16.62	−15.51	−0.71
15	−31.42	8.65	−13.74	−0.61	45	−29.54	7.69	−10.68	−0.84
16	−47.20	10.60	−20.27	−0.86	46	−55.55	17.94	−19.86	−0.93
17	−34.56	3.74	−14.47	−0.58	47	−40.68	6.02	−16.92	−0.84
18	−36.03	16.77	−10.91	−0.80	48	−46.07	8.23	−16.94	−0.60
19	−24.30	1.12	−11.41	−0.58	49	−29.55	5.11	−12.17	−0.73
20	−36.75	9.40	−13.98	−0.88	50	−36.89	6.96	−14.42	−0.62
21	−30.89	2.52	−13.50	−0.46	51	−30.71	0.45	−14.88	−0.53
22	−28.24	4.34	−11.12	−0.67	52	−29.58	2.43	−15.56	−0.40
23	−45.93	12.92	−13.01	−1.25	53	−42.35	10.95	−10.68	−0.93
24	−28.58	7.80	−12.57	−0.47	54	−28.08	3.41	−11.98	−0.52
25	−36.35	8.95	−13.37	−0.75	55	−31.09	3.46	−14.45	−0.58
26	−43.78	13.91	−14.29	−0.72	56	−31.66	9.12	−11.07	−0.82
27	−36.95	4.27	−16.22	−0.46	57	−28.44	4.63	−11.93	−0.68
28	−28.54	9.05	−14.02	−0.56	58	−44.82	7.18	−16.88	−0.71
29	−28.33	−5.32	−17.01	−0.31	59	−46.44	14.82	−12.62	−1.37
30	−37.93	8.55	−11.65	−0.71	60	−33.77	5.26	−15.55	−0.76

注：A 列代表计算次数，B 列代表极小值，C 列代表极大值，D 列代表平均值，E 列代表变异系数。

图 3-12 通过盒形图描述了低密度车流作用下矮寨大桥关键位置处竖向位移响应的 4 种关注值在 60 次模拟中的分布特征。如图 3-12（a）所示，和跨中竖向位移的极小值相比，桥梁四分之一跨和四分之三跨处竖向位移的极小值往往更小且分布得更为分散。由图 3-12（b）可知桥梁竖向位移的极大值在不同关键位置处的分布特征与极小值类似，桥梁四分之一跨和四分之三跨处竖向位移的极大值通常更大。从图 3-12（c）和图 3-12（d）可以看出桥梁跨中竖向位移响应时程的平均值和离散程度一般比其他两位置更小。

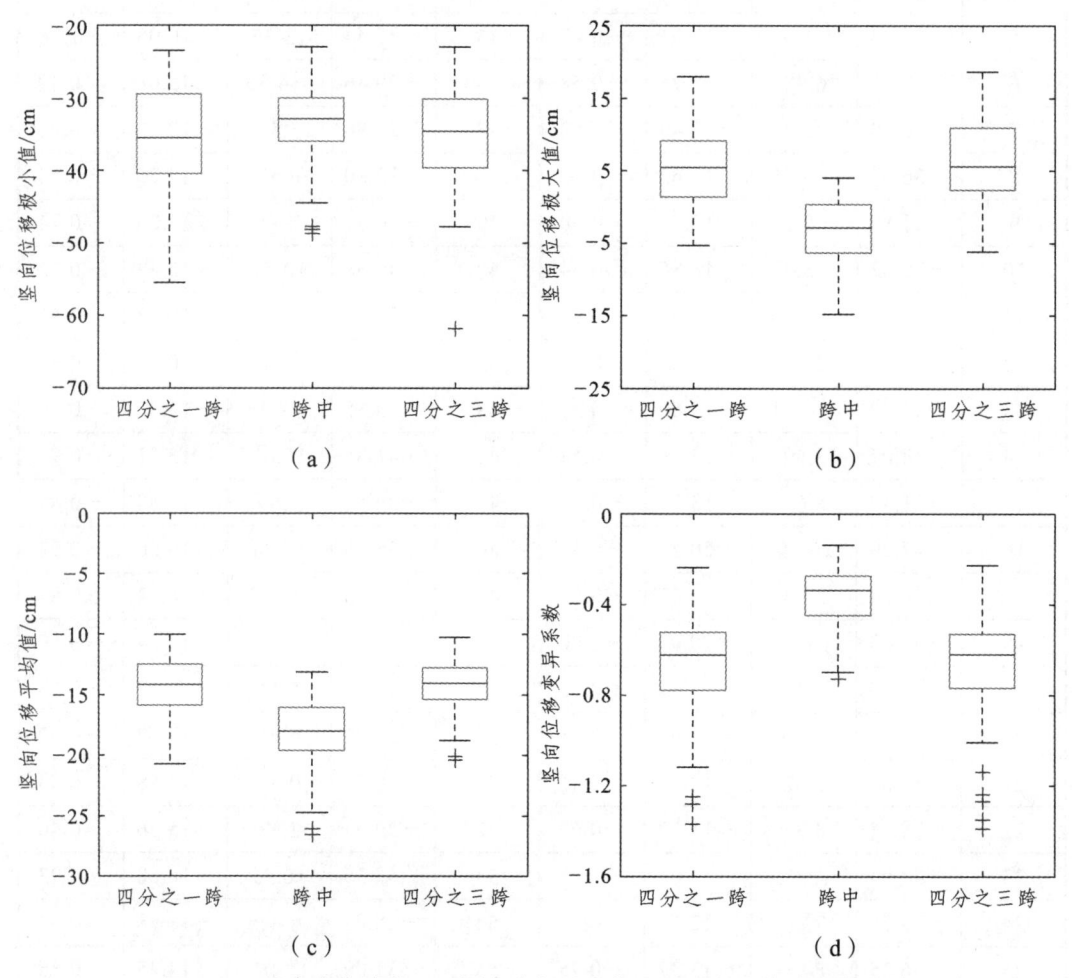

图 3-12 低密度车流作用下矮寨大桥关键位置处的竖向位移响应统计

如图 3-13 和图 3-14 所示，中密度和高密度车流作用下桥梁竖向位移响应的 4 种关注值的统计分布特征与低密度车流情况基本一致。在 3 种密度车流作用下，桥梁易于在四分之一跨和四分之三跨处取得更小的竖向位移极小值和更大的竖向位移极大值，在进行大跨悬索桥设计时应重点关注四分之一和四分之三跨处的桥梁竖向位移是否超限。同时，桥梁跨中竖向位移响应时程的平均值和离散程度往往更小，表明跨中竖向位移响应的平均水平较高。

第 3 章 风与车流联合作用下车-桥耦合振动特性

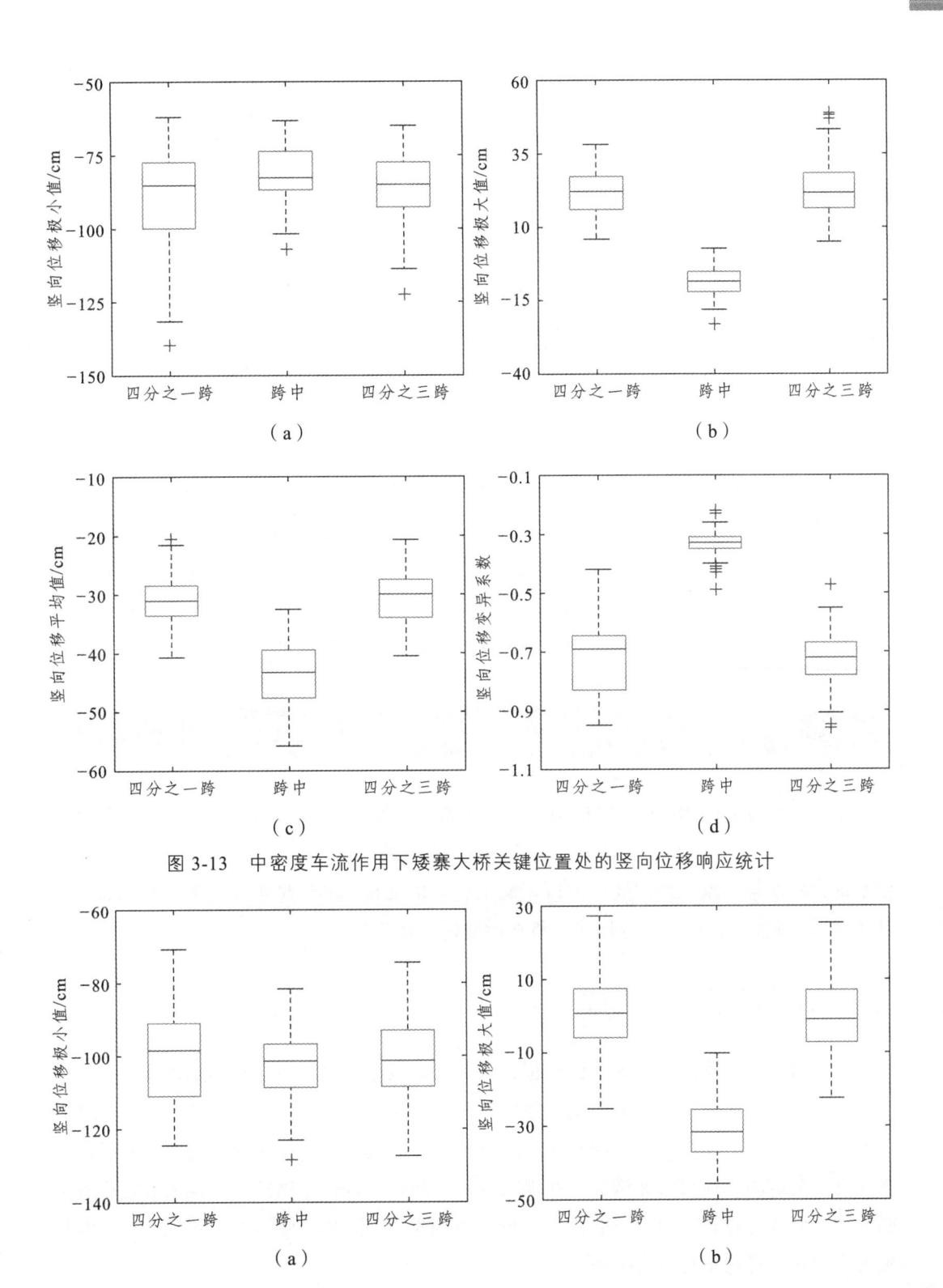

图 3-13 中密度车流作用下矮寨大桥关键位置处的竖向位移响应统计

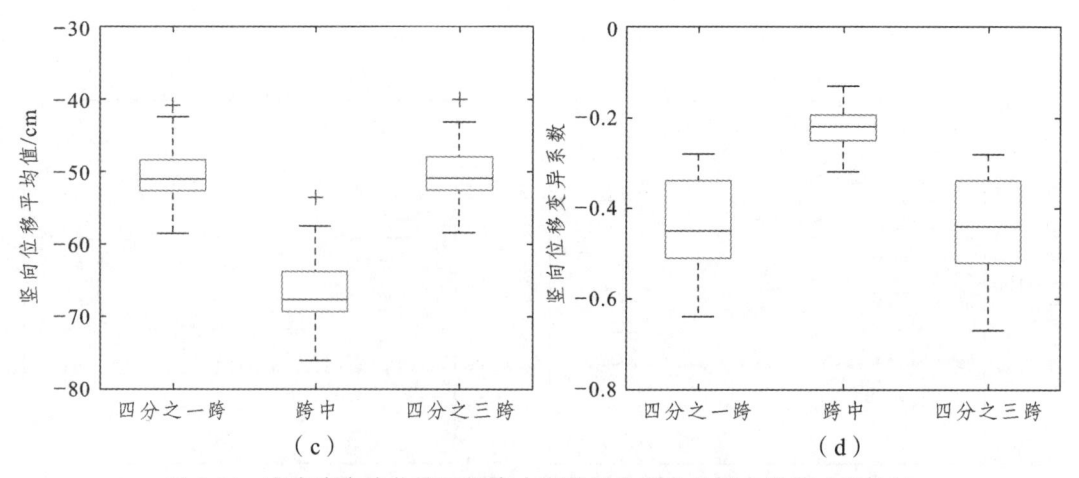

图 3-14 高密度车流作用下矮寨大桥关键位置处的竖向位移响应统计

另外，通过观察 3 种密度车流作用下桥梁相同位置处竖向位移响应的各关注值可以发现，桥梁竖向位移响应时程的平均值和离散程度均随车流密度增大而减小，表明桥梁竖向位移响应的平均水平随车流密度增大而升高。值得注意的是，虽然中密度车流作用下桥梁竖向位移响应的平均水平比高密度情况低，但在中密度情况下桥梁可能出现更小的极小值和更大的极大值，这可能与中密度车流中容易出现明显的局部车辆聚集有关，建议在以后的研究中对此现象做进一步研究以保证桥梁结构安全。

3.3 风-车流-桥耦合系统分析框架

结合本章建立的 RCA 车流模型和前人所做的工作，本节在 Zhu 等人[2, 14, 15]建立的风-车-桥耦合系统的基础上，构建了如图 3-15 所示的基于微观车流模型的风-车流-桥耦合系统分析框架。该框架主要由随机车流生成、桥梁和车辆信息生成、系统激励源生成以及风-车-桥耦合分析 4 部分构成，将在后文进一步说明。

3.3.1 随机车流生成

在使用蒙特卡罗法等宏观车流模拟方法生成随机车流时，由于对车辆进行了车辆速度恒定、车辆横向位置不变的假定，随机车流仅在生成时实现了车辆位置、车辆速度、车辆总重等参数的随机取值，随机车流生成后所有车辆都将根据初始状态在同一横向位置保持匀速运动，这与实际情况存在很大区别。同时，这种车辆速度恒定的假定很有可能导致车流运行过程中出现不合理的车辆重叠现象[8]。因此，使用宏观随机车流研究桥梁响应很容易得到不真实的结果。

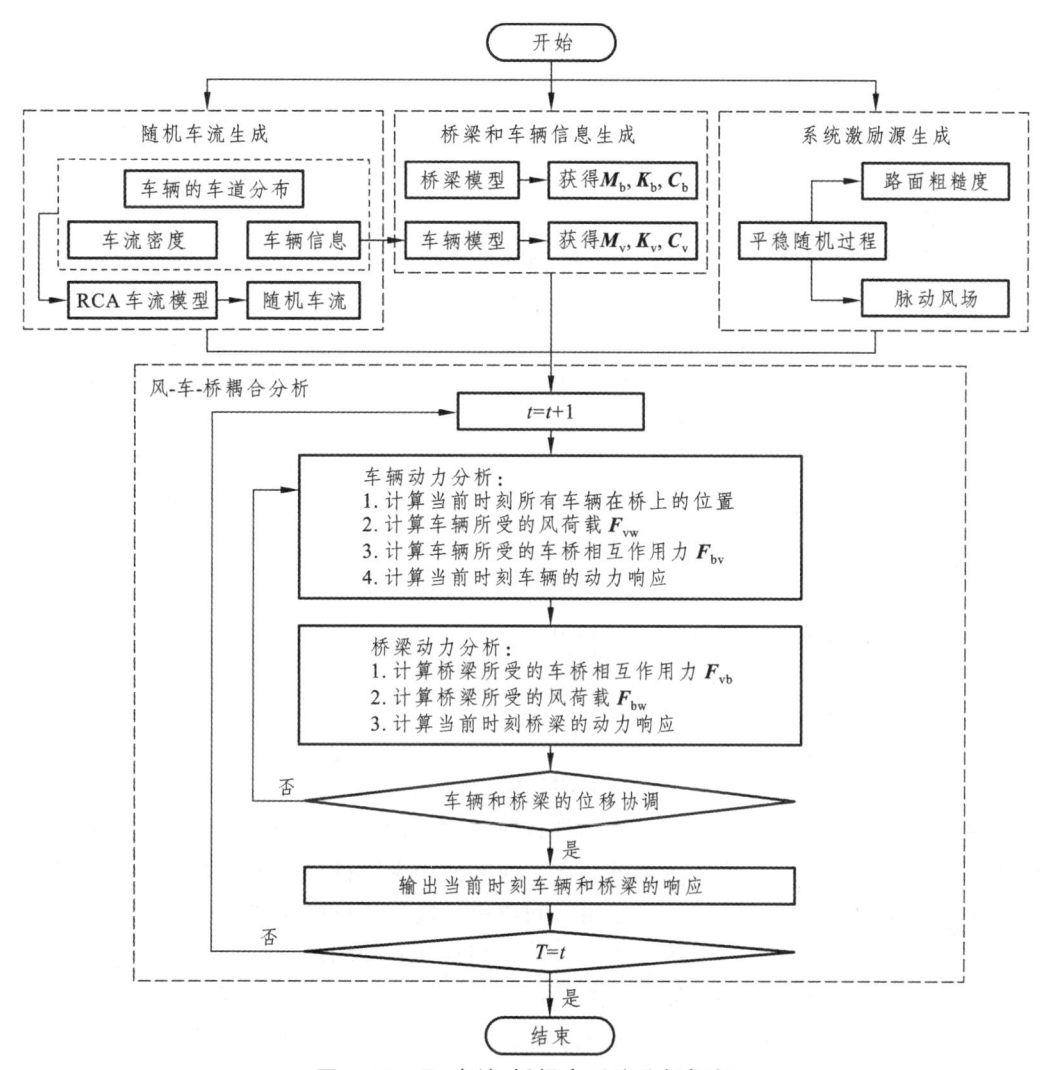

图 3-15 风-车流-桥耦合系统分析框架

基于 CA 的微观车流模型通过考虑车辆间的相互影响、道路交通规则以及驾驶员行为合理地模拟了每辆车的运行行为，从而体现了车流的动态变化特性，解决了使用宏观随机车流研究桥梁响应存在的问题。如 1.4 节所述，本章提出的 RCA 车流模型与 CA 车流模型相比，在描述车辆长度、车辆速度、车辆位置方面存在明显的优势。因此，基于 RCA 车流模型建立风-车流-桥耦合系统可以更精确地分析风-车流-桥耦合系统的动力响应。

风-车流-桥耦合系统中的随机车流生成结合了 3.2 节所述的车流信息输入与车流运行模拟。通过输入车辆的车道分布、车流密度以及各种类型车辆的速度、加速度、车长、轴距等车辆信息，RCA 车流模型可结合道路交通实际情况对随机车流运行情况进行模拟。车辆车重将通过蒙特卡罗法从使用 WIM 监测数据建立的车重数据库中随机抽样并对应分配到车流中。另外，各车辆的车重、车长和轴距还将被单独提出并记录，用于后续车辆模型的生成。

值得注意的是，由于微观车流模型中的车辆会历经加速、减速、换道等行为，基于微观车流的风-车流-桥耦合系统分析的计算量和复杂程度将大大提高。在宏观车流中，由于车辆速度恒定，仅需知道车辆的上桥时刻、运行速度和当前时刻即可确定车辆在桥上的位置，从而轻松实现任意精度加载。在基于 CA 的微观车流中，由于 CA 车流模型的数据输出格式与风-车流-桥耦合系统分析的数据输入格式不同，需要将 CA 车流模型输出的元胞空间数据转换为可以通过坐标轴描述的车道空间数据。此外，系统分析的计算效率和稳定性之间存在矛盾：CA 车流模型输出结果的时间间隔越小，系统分析越稳定，但计算量很大；CA 车流模型输出结果的时间间隔变大后，系统分析计算量显著减小，但计算精确性又明显下降。因此，在使用基于 CA 的微观车流研究风-车流-桥耦合系统时，首先需要平衡系统分析精度和系统计算量之间的矛盾。本节将通过 3.2 节所述的车流荷载生成方式，通过将在元胞空间中运行的车辆按照对应关系转换到车道空间中，并建立连续的车辆位置-时间关系实现任意精度加载，从而实现高精度高效率的风-车流-桥耦合系统分析。

3.3.2 桥梁和车辆信息生成

3.3.2.1 桥梁模型

在对桥梁结构进行动力分析时，空间杆系有限元法是一种普遍采用且效率较高的桥梁建模方法[16]。针对不同的桥梁结构构件，应采用不同的单元进行模拟，从而体现不同构件的力学特性。对斜拉桥和悬索桥而言，通常使用空间杆单元模拟斜拉桥的斜拉索、悬索桥的主缆和吊杆等柔性构件；使用空间梁单元模拟桥梁的主梁、桥塔以及桥墩等构件；另外还使用质量单元模拟桥梁铺装等二期恒载和其他附加质量。桥梁有限元模型建立完成之后，即可将各单元在局部坐标系中的单元质量矩阵、单元刚度矩阵按照自由度编号规律组集获得桥梁的总质量矩阵 M_b 和总刚度矩阵 K_b。由于确定桥梁结构的阻尼对预测桥梁结构动力响应十分重要但又非常困难，在工程应用中通常使用瑞利阻尼假定，即假设桥梁的总阻尼矩阵 C_b 为总质量矩阵和总刚度矩阵的线性函数：

$$C_b = \alpha M_b + \beta K_b \tag{3-1}$$

式中：α 和 β 为比例系数，通过将结构任意两阶振型频率和阻尼比代入式（3-2）求出。

$$\alpha = 2\omega_i\omega_j \cdot (\xi_i\omega_j - \xi_j\omega_i) / (\omega_j^2 - \omega_i^2) \tag{3-2a}$$

$$\beta = 2(\xi_j\omega_j - \xi_i\omega_i) / (\omega_j^2 - \omega_i^2) \tag{3-2b}$$

式中：ω_i 和 ω_j 分别为结构第 i 阶和第 j 阶振型频率（$i<j$）；ξ_i 和 ξ_j 为第 i 阶和第 j 阶振型的阻尼比。在对风-车-桥耦合系统进行动力分析时，ω_i 一般取桥梁结构的基频；ω_j 取对桥梁结构动力响应有着重要影响的较高阶振型频率；ξ_i 和 ξ_j 通过参考相关规范[17]，针对不同桥梁用材选取不同的值：普通混凝土桥取 $\xi= 0.02$；钢结构桥梁取 $\xi= 0.005$；钢混组

合梁桥取 $\xi = 0.01$。得到桥梁的总质量矩阵 $\boldsymbol{M}_b$、总刚度矩阵 $\boldsymbol{K}_b$ 以及总阻尼矩阵 $\boldsymbol{C}_b$ 后，即可联合桥梁承受的总荷载列阵 $\boldsymbol{F}$ 得到桥梁结构的运动方程：

$$\boldsymbol{M}_b \ddot{\boldsymbol{d}}_b + \boldsymbol{C}_b \dot{\boldsymbol{d}}_b + \boldsymbol{K}_b \boldsymbol{d}_b = \boldsymbol{F} \tag{3-3}$$

式中：$\boldsymbol{d}_b$ 为桥梁的总位移列阵。

3.3.2.2 车辆模型

在风-车-桥耦合系统的研究中，为考虑车辆与结构之间的相互作用，通常将车辆抽象为由车体、车轴和车轮等刚体相互之间通过阻尼器和弹性元件连接的模型[1]。假定车轮与桥面始终接触，车辆悬挂系统和车轮具有的弹性被抽象为弹性元件，车辆悬挂系统和车轮具有的能量耗散能力被抽象为阻尼器，并假定车辆质量分布于各刚体的质心。

以图 3-16 所示的两轴四轮整车为例，车辆被划分为 5 个刚体（1 个车体和 4 个车轮）相互之间通过阻尼器和弹性元件连接的模型。

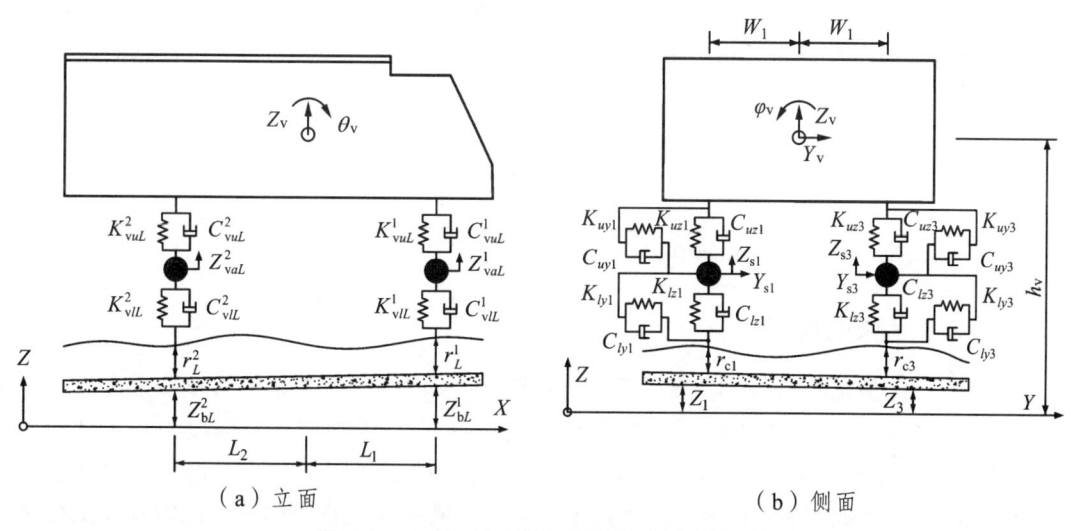

图 3-16 两轴四轮整车车辆动力分析模型

（a）立面　　（b）侧面

在不考虑车辆的侧向滑移时，每个车轮有横移和竖移 2 个独立自由度。车体在空间内共有浮沉、横摆、伸缩、点头、摇头、侧滚共 6 个自由度，但由于车辆沿行驶方向的纵向振动对桥梁竖向和横向振动的影响很小，一般忽略车体在纵向的自由度（伸缩）。因此，两轴四轮整车共计包含 13 个独立自由度：

$$\{\boldsymbol{dv}\} = \{Z_v \ Y_v \ \theta_v \ \varphi_v \ \phi_v \ Z_{s1} \ Y_{s1} \ Z_{s2} \ Y_{s2} \ Z_{s3} \ Y_{s3} \ Z_{s4} \ Y_{s4}\} \tag{3-4}$$

式中：Z_v、Y_v、θ_v、φ_v、ϕ_v 代表车体的浮沉、横摆、点头、侧滚和摇头；Z_{si} 和 Y_{si}（$i=1,2,3,4$）代表第 i 个车轮的竖移和横移。确定不同车型的车辆模型后即可根据达朗贝尔原理或虚功原理建立车辆的运动方程，由于篇幅限制，详细的车辆运动方程推导过程可参考相关文献[18-21]。

3.3.3 系统激励源生成

3.3.3.1 路面粗糙度

路面粗糙度是车-桥耦合系统最主要的激励源,是影响车辆和桥梁动力响应的重要因素。大量研究表明[22,23],理论上可将路面粗糙度看作一个各态历经的平稳随机过程。当忽略路面粗糙度的横向相关性后,路面粗糙度就成为关于纵向距离的一维随机过程,可以通过功率谱密度函数对其统计特征进行描述。

目前,通常使用式(3-5)所示的 Dodds 和 Robson[24]提出的公路路面粗糙度功率谱密度函数:

$$S(\bar{\phi}) = A_r \left(\bar{\phi}/\bar{\phi}_0\right)^{-w1}, \bar{\phi} \leqslant \bar{\phi}_0 \tag{3-5a}$$

$$S(\bar{\phi}) = A_r \left(\bar{\phi}/\bar{\phi}_0\right)^{-w2}, \bar{\phi} \geqslant \bar{\phi}_0 \tag{3-5b}$$

式中:$\bar{\phi}$为分散频率(cycle/s);$\bar{\phi}_0 = 1/2\pi$为截断频率;A_r为粗糙系数,可根据相关规范针对不同的路面情况进行取值;指数 $w1$、$w2$ 的取值范围为 1.36~2.28。假设路面粗糙度为零均值平稳高斯随机过程,即可通过功率谱密度函数的傅里叶逆变换生成:

$$r_x = \sum_{k=1}^{N} \sqrt{2S(\bar{\phi}_k)\Delta\bar{\phi}} \cos\left(2\pi\bar{\phi}_k x + \theta_k\right) \tag{3-6}$$

式中:θ_k 为沿 0~2π 均匀分布的随机相位。

3.3.3.2 脉动风场

风是风-车-桥耦合系统的重要激励源,对桥梁的动力响应、车辆的行车安全有着重要的影响。自然风通常被人为地划分为由平均风和 3 个方向的脉动风构成,基于平均风 U,三个方向的脉动风 $u(t)$、$v(t)$、$w(t)$ 可被视为稳态的高斯随机过程,进而通过谱解法模拟生成[25]。例如,桥梁上 n 个风速点中的第 j 个风速点位置处的脉动风时程 $u_j(t)$ 可被表示为:

$$u_j(t) = \sqrt{2\Delta\omega} \sum_{m=1}^{j} \sum_{l=1}^{N} \sqrt{S(\omega_{ml})} G_{jm}(\omega_{ml}) \cos(\omega_{ml} t + \varphi_{ml}) \tag{3-7}$$

式中:$\Delta\omega$ 为频率间隔,$\Delta\omega = \omega_u/N$,其中 ω_u 为上截断频率,N 是一个可使得频率间隔很小的频率间隔数;φ_{ml} 为沿 0~2π 均匀分布的随机相位;$\omega_{ml} = (l-1)\Delta\omega + \Delta\omega \cdot m/n$;$S(\omega)$ 为风功率谱密度函数;另外:

$$G_{jm}(\omega_{ml}) = \begin{cases} 0, & \text{当} 1 \leqslant j \leqslant m \leqslant n \\ C^{|j-m|}, & \text{当} m = 1, m \leqslant j \leqslant n \\ C^{|j-m|}\sqrt{1-C^2}, & \text{当} 2 \leqslant m \leqslant j \leqslant n \end{cases} \tag{3-8}$$

式中：$C = \exp(-\lambda\omega\Delta/2\pi U)$，其中 λ 为无量纲衰减因子，$\lambda = 10$，Δ 为相邻风速点间的距离；$C^{|j-m|} = \exp(-\lambda\omega r_{jm}/2\pi U)$ 是 j 点与 m 点之间的相干函数[26]，其中 r_{jm} 为 j 点与 m 点之间的距离。在对实桥进行分析时，可以通过实测获得桥位处风场的功率谱，或根据相关规范和研究确定经验功率谱[26]，之后即可根据谱解法模拟生成脉动风场。

3.3.4 风-车-桥耦合分析

3.3.4.1 桥梁承受的风荷载

作用于桥梁上的风荷载通常被人为地划分为由平均风导致的静风力、脉动风导致的抖振力、气动耦合导致的自激力 3 部分构成。同时，在描述 3 部分风荷载时又通过升力、阻力、扭矩 3 种荷载分量表示。

平均风流经桥梁主梁断面时，主梁断面周围会形成定常的静压力场，桥梁主梁单位长度承受的静风升力 L_{st}、静风阻力 D_{st}、静风扭矩 M_{st} 可被表示为：

$$L_{st} = 0.5\rho U^2 B \cdot C_L(\alpha); \quad D_{st} = 0.5\rho U^2 B \cdot C_D(\alpha); \quad M_{st} = 0.5\rho U^2 B^2 \cdot C_M(\alpha) \quad (3\text{-}9)$$

式中：ρ 为空气密度；B 为桥梁节段参考长度，一般取为桥面宽度；$C_L(\alpha)$、$C_D(\alpha)$、$C_M(\alpha)$ 分别为桥梁结构在风攻角 α 下的静风升力、阻力、扭矩系数，一般由桥梁节段模型的风洞试验获得。

桥梁主梁单位长度承受的抖振力一般按 Scanlan 准定常气动力公式[27]计算，同时引入气动导纳函数反映抖振力的非定常性和局部空间相关性：

$$L_b = 0.5\rho U^2 B \left[2C_L(\alpha)\chi_{Lu} u(t)/U + \left(C_L'(\alpha) + C_D(\alpha)\right)\chi_{Lw} w(t)/U\right] \quad (3\text{-}10\text{a})$$

$$D_b = 0.5\rho U^2 B \left[2C_D(\alpha)\chi_{Du} u(t)/U + C_D'(\alpha)\chi_{Dw} w(t)/U\right] \quad (3\text{-}10\text{b})$$

$$M_b = 0.5\rho U^2 B \left[2C_M(\alpha)\chi_{Mu} u(t)/U + C_M'(\alpha)\chi_{Mw} w(t)/U\right] \quad (3\text{-}10\text{c})$$

式中：$C_L' = dC_L/d\alpha$，$C_D' = dC_D/d\alpha$，$C_M' = dC_M/d\alpha$；χ_{Lu}、χ_{Lw}、χ_{Du}、χ_{Dw}、χ_{Mu}、χ_{Mw} 为气动导纳函数。现有的气动导纳函数通常为频域内的函数，不能直接用于桥梁抖振力的时域求解，通常可采用等效风谱法和抖振力谱法进行时域分析，具体分析方法可参考相关文献[4, 14, 20, 26]。由于桥梁结构断面形式十分复杂且往往为钝体断面，现阶段很难获得特定断面形式的气动导纳函数精确表达式。在这种缺少精确气动导纳函数的情况下，一般对扁平流线型断面采用 Liepmann[28]提出的简化平板气动导纳函数表达式，而对相对钝化的桥梁结构断面可以偏安全地将气动导纳函数设为 1，不考虑气动导纳的影响。

桥梁承受的自激力与主梁断面的颤振导数相关，由于颤振导数是桥梁振动频率的函数，因此不能直接用于时域分析。Lin 和 Yang[29]通过脉冲响应函数描述自激力在时域的表达，将自激力表达为脉冲响应函数的卷积形式：

$$L_{se}(t) = L_{sep}(t) + L_{seh}(t) + L_{se\alpha}(t)$$
$$= 0.5\rho U^2 \int_{-\infty}^{t} \left[f_{Lp}(t-\tau)p(\tau) + f_{Lh}(t-\tau)h(\tau) + f_{L\alpha}(t-\tau)\alpha(\tau) \right] d\tau \quad (3\text{-}11a)$$

$$D_{se}(t) = D_{sep}(t) + D_{seh}(t) + D_{se\alpha}(t)$$
$$= 0.5\rho U^2 \int_{-\infty}^{t} \left[f_{Dp}(t-\tau)p(\tau) + f_{Dh}(t-\tau)h(\tau) + f_{D\alpha}(t-\tau)\alpha(\tau) \right] d\tau \quad (3\text{-}11b)$$

$$M_{se}(t) = M_{sep}(t) + M_{seh}(t) + M_{se\alpha}(t)$$
$$= 0.5\rho U^2 \int_{-\infty}^{t} \left[f_{Mp}(t-\tau)p(\tau) + f_{Mh}(t-\tau)h(\tau) + f_{M\alpha}(t-\tau)\alpha(\tau) \right] d\tau \quad (3\text{-}11c)$$

式中：f_{ij}（$i = D, L, M$；$j = p, h, \alpha$）为脉冲位移 j 的响应函数；p、h、α 分别表示主梁的横向、纵向以及扭转位移。脉冲响应函数可以通过有理逼近的方式根据试验确定的桥梁结构断面颤振导数求出，具体可参阅相关文献[1, 3, 14, 26]。确定脉动响应函数的时域表达式后即可对式（3-11）进行分部积分，求得桥梁结构的自激力。

3.3.4.2 车辆承受的风荷载

车辆承受的风荷载通常由 Baker[30] 提出的基于准定常理论的表达式描述：

$$\begin{cases} F_S = 0.5\rho U_r^2(t) C_S(\psi) A_0; & F_L = 0.5\rho U_r^2(t) C_L(\psi) A_0; & F_D = 0.5\rho U_r^2(t) C_D(\psi) A_0 \\ M_P = 0.5\rho U_r^2(t) C_P(\psi) A_0 h_v; & M_Y = 0.5\rho U_r^2(t) C_Y(\psi) A_0 h_v; & M_R = 0.5\rho U_r^2(t) C_R(\psi) A_0 h_v \end{cases}$$
$$(3\text{-}12)$$

式中：F_S、F_L、F_D、M_P、M_Y、M_R 分别为作用于车体质心的侧力、升力、阻力、俯仰力矩、偏转力矩、倾覆力矩；$C_S(\psi)$、$C_L(\psi)$、$C_D(\psi)$、$C_P(\psi)$、$C_Y(\psi)$、$C_R(\psi)$ 分别为车辆的侧力、升力、阻力、俯仰力矩、偏转力矩、倾覆力矩系数，通常由试验获得；A_0 为车辆的迎风面积；h_v 为车体质心到路面的距离；U_r 为车辆与风之间的相对速度；ψ 为相对应的偏角。假定风速为 U 的风垂直作用于道路纵轴，车辆以速度 U_v 行驶，相对速度和偏角即可表示如式（3-13），其中 $u(x,t)$ 表示 t 时刻作用于车辆上的紊流风。

$$U_r = \sqrt{[U + u(x,t)]^2 + U_v^2} \quad (3\text{-}13)$$

$$\psi = \arctan\left[(U + u(x,t))/U_v \right] \quad (3\text{-}14)$$

3.3.4.3 车-桥相互作用

车-桥耦合系统具有显著的时变特性，由于车辆在桥上的位置时刻发生着变化，系统的质量矩阵、刚度矩阵、阻尼矩阵也将时刻变化，因此一般使用时域方法进行分析。分析车-桥耦合系统通常有两种方法：一是将车辆和桥梁看作一个整体，系统所有自由度均耦联在一起，通过统一的运动方程进行同步求解，因此需要在每一时间步重新生成系统方程，计算量大；二是将车辆和桥梁看作 2 个分离的子系统，两者之间以车-桥接触点为界，分别建立车辆和桥梁的方程，两者通过车-桥接触点的位移协调关系与车-桥相互作用

第 3 章 风与车流联合作用下车-桥耦合振动特性

力平衡关系建立联系，可避免在每一时间步重新生成系统方程，计算量相对较小。本章将采用第二种方法，将车-桥耦合系统划分为车辆和桥梁 2 个子系统，使用分离迭代法进行求解分析。

在车-桥耦合系统中，车辆的振动将受到桥梁的限制，同时桥梁的振动也将引起车辆的振动。通过分离迭代法进行分析时，关键就在于建立车-桥间的位移协调和相互作用力关系，桥梁对车辆的作用可通过位移协调体现，车辆对桥梁的作用表现为相互作用力。假设车辆和桥梁始终接触，根据位移协调关系，桥梁的位移相当于给车辆在原有路面粗糙度的基础上提供了一个附加的粗糙度，分析中将把路面原始粗糙度和由桥梁位移导致的附加粗糙度组合起来形成等效粗糙度作为系统的激励源。

如图 3-17（a）所示，假定车轮 i 与桥梁接触点处的竖向路面粗糙度为 $r_{ci}(x)$，当桥梁发生竖向位移 w_b、横向位移 v_b 以及转动 θ_b 时，等同于给车轮 i 附加了路面粗糙度，车轮 i 在竖向和横向的等效粗糙度分别为：

$$Z_{ci} = r_{ci}(x) + w_b + e_i\theta_b \tag{3-15}$$

$$Y_{ci} = v_b + h_i\theta_b \tag{3-16}$$

式中：e_i 为主梁中心到车轮 i 与桥面接触点的水平距离；h_i 为主梁中心到车轮 i 与桥面接触点的竖向距离。车辆行驶在桥梁任意位置时，车轮与桥面接触点的位移均可以根据桥梁单元节点位移和相应的单元形函数确定，具体可参考相关文献[20]。

（a）位移协调关系　　　　　（b）相互作用力关系

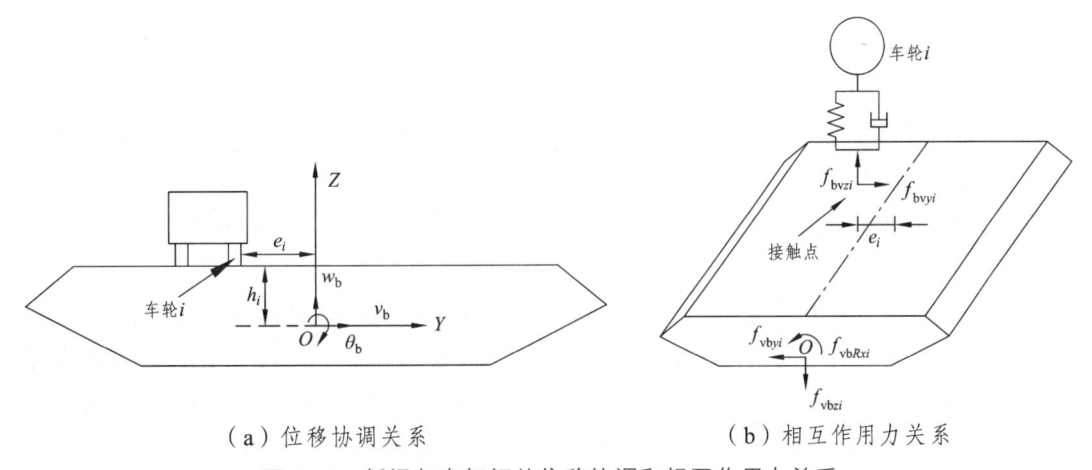

图 3-17　桥梁与车辆间的位移协调和相互作用力关系

确定车轮与桥面之间的位移关系后，车轮 i 承受的竖向荷载 F_{bvzi} 和横向荷载 F_{bvyi} 即可表示为：

$$F_{bvzi} = C_{lzi}\dot{Z}_{ci} + K_{lzi}Z_{ci} \tag{3-17}$$

$$F_{bvyi} = C_{lyi}\dot{Y}_{ci} + K_{lyi}Y_{ci} \tag{3-18}$$

式中：C_{lzi}、C_{lyi}、K_{lzi}、K_{lyi} 为车轮 i 对应的阻尼系数和刚度系数。相应地，根据车轮 i 的平衡条件，桥梁承受的车-桥相互作用力也可以被求出。

3.3.5 风-车-桥耦合系统求解

对风-车-桥耦合系统的求解将通过对车辆和桥梁 2 个子系统的分离迭代实现，系统的控制方程为：

$$M_v^i \ddot{d}_v^i + C_v^i \dot{d}_v^i + K_v^i d_v^i = F_{vG}^i + F_{vw}^i + F_{bv}^i \quad (3\text{-}19a)$$

$$M_b \ddot{d}_b + C_b \dot{d}_b + K_b d_b = \sum_{i=1}^{n} F_{vb}^i + F_{bw} \quad (3\text{-}19b)$$

式（3-19a）为车流中任意车辆 i 的运动方程，式（3-19b）为桥梁的运动方程。其中，下标 b 和 v 分别代表桥梁和车辆；M、C、K 分别代表质量、阻尼和刚度矩阵；d、$\dot{d}$、$\ddot{d}$ 分别代表位移、速度和加速度；F_{bv}^i 和 F_{vb}^i 代表车辆 i 与桥梁之间的相互作用力；F_{vG}^i 是车辆 i 的自重；F_{vw}^i 和 F_{bw} 分别表示车辆 i 和桥梁承受的风荷载。分别对车辆和桥梁系统的运动方程进行独立求解，分离迭代直至满足车辆与桥梁之间的几何和力学耦合关系，即可最终获得车辆和桥梁的动力响应。

3.4 改进元胞自动机车流在风-车流-桥分析中的优势

如前文所述，CA 车流模型中车辆的速度总为 7.5 m/s 的整数倍，且由于车辆速度更新瞬时发生，车辆常会发生较大的速度突变。在风-车流-桥耦合系统中，由于车辆承受的风荷载与车辆和风之间的相对速度密切相关，CA 车流模型中这种不真实的车辆速度突变很可能导致车辆承受的风荷载发生突变，进而导致求解车辆动力响应不真实。本章提出的 RCA 车流模型通过细化元胞长度、改变车辆速度和位置更新规则建立了更真实和连续的车辆速度-时间关系，有效避免了 CA 车流模型中可能出现的车速突变。

本小节将以矮寨大桥为背景，验证 RCA 车流模型在风-车流-桥分析中的优势，矮寨大桥的具体信息和有限元模型可参见本章 3.2 小节。如图 3-18 所示，在桥梁两端各设置了 249.75 m 长的引道以形成"引道-桥梁-引道"系统，进而生成带有周期性边界条件的双向四车道 RCA 随机车流。在本节的风-车流-桥耦合系统动力分析中，均考虑由 2 种典型车（轿车和轻型卡车）按表 3-5 所示的比例组成的随机车流，路面粗糙度等级按照 ISO 规定[31]设置为"非常好"，RCA 车流模型的模拟参数与表 3-2 相同，车辆模型的几何参数和动力特性参数参考了 Zhu 等[2, 4, 14, 15]的文章。为了使 CA 和 RCA 车流模型中的车辆运行行为相似从而具有可比性，在本节的风-车流-桥分析中将选用前文定义的低密度车流，对比 4 种平均风速不同的脉动风作用下（U = 0 m/s，5 m/s，10 m/s，20 m/s）2 种模型中车辆的动力响应。

第3章 风与车流联合作用下车-桥耦合振动特性

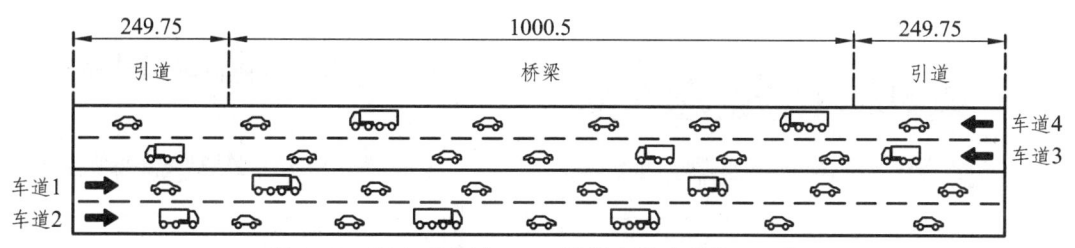

图 3-18 双向四车道 RCA 随机车流（单位：m）

表 3-5 随机车流的车型比例

车型	车道 1	车道 2	车道 3	车道 4
V1	14%	14%	14%	14%
V2	9%	13%	9%	13%

风-车流-桥耦合系统中车辆的横向响应受风荷载影响最明显，因此本节将通过车辆的横向响应比较 CA 和 RCA 模型在风-车流-桥分析中的区别。为了定量描述车辆的横向响应，将引入评价车辆侧倾稳定状态的横向荷载转移率（Lateral Load Transfer Ratio，LTR）作为指标。LTR 定义为从一侧车轮转移到另一侧车轮的荷载与总荷载的比值[15, 16]：

$$\text{LTR} = \left| \frac{\sum_{i=1}^{m}(F_{Li} - F_{Ri})}{\sum_{i=1}^{m}(F_{Li} + F_{Ri})} \right| \quad (3\text{-}20)$$

式中：F_{Li} 和 F_{Ri} 分别代表车辆左侧和右侧第 i 个车轮与桥梁的竖向接触力（相互作用力）；m 是车辆的总轴数。LTR 的取值范围在 0 和 1 之间，当一侧车轮的竖向接触力减至零时，LTR 为 1，车辆在侧倾平面内无法保持平衡，将绕另一侧车轮与桥面的接触点连成的轴线翻转。

图 3-19 展示了不同脉动风作用下 CA 和 RCA 车流模型中两辆运行行为相似的轿车的横向荷载转移率（LTR）与横向加速度。由图可知，在无风荷载作用时（U = 0 m/s），两种模型中车辆的 LTR 和横向加速度都较小且十分接近；有风荷载作用后（U = 5 m/s、10 m/s、20 m/s），CA 车流模型中的车辆（以下简称 CA 车辆）的 LTR 和横向加速度明显有更大的波动程度和极值水平。以车辆的 LTR 为例，CA 车辆在平均风速 5 m/s、10 m/s、20 m/s 的脉动风作用下，LTR 的变异系数（Coefficient of Variance, COV）分别为 0.3451、0.2922、0.3243，分别比 RCA 车流模型中的车辆（以下简称 RCA 车辆）高 109.2%、120.4%、28.5%；CA 车辆的 LTR 最大值分别为 0.407、0.532、0.856，分别比 RCA 车辆高 20.4%、13.0%、3.0%。这可能是因为当 CA 车辆经历 7.5 m/s 倍数的速度突变时，车辆承受的风荷载也将发生显著突变，这相当于对车辆施加了一脉冲荷载，导致车辆动力响应被过高估计。可见，在风-车流-桥分析中使用 CA 车流模型会得到较为保守的结果，而使用 RCA 车流模型可以很好地解决此问题，从而能更加合理可靠地预测车辆的动力响应。

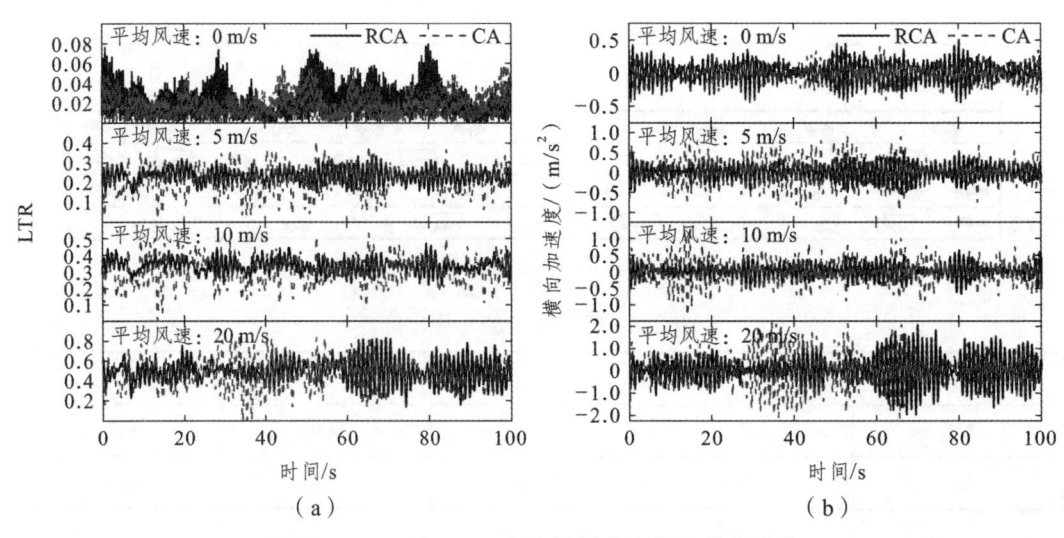

图 3-19 CA 和 RCA 车流模型中车辆的横向响应

3.5 风-车流-桥耦合系统的合理分析时长

通常认为周期性 CA 随机车流作用下的风-车流-桥耦合系统在桥梁竖向位移平均值收敛时方可获得较为稳定且可靠的模拟结果，进而能够合理地评价系统动力响应。由于风-车流-桥系统本身具有很强的随机性，不同桥梁在不同车流作用下达到系统稳定所需的时间存在很大区别，现阶段多采用试错法确定不同的风-车流-桥系统达到稳定所需的合理分析时长。同时，风-车流-桥系统的控制方程包含桥梁和众多车辆组集成的大量自由度，对系统进行全耦合计算分析的代价往往很大。因此，本节将提出一种简便计算方法用以更加简单快速地确定不同车流密度下风-车流-桥系统的合理分析时长。

在简便计算方法中，风-车流-桥耦合分析将被简化为计算桥梁在一系列移动车辆静荷载作用下的动力响应，具体的计算流程与图 3-3 相似，仅将图 3-3 中基于影响线的静力求解变为移动荷载作用下的动力响应求解，因此不在本节单独列出。本节将分别通过全耦合和简便计算方法确定矮寨大桥在低、中、高密度车流作用下的合理分析时长并验证简便计算方法的适用性。

图 3-20 展示了矮寨大桥关键位置处（即四分之一跨、跨中、四分之三跨）竖向位移平均值随时间变化的关系，当关键位置处竖向位移平均值基本稳定即认为风-车流-桥系统获得了可靠的分析结果。尽管通过计算分析发现通过 2 种计算方法得出的桥梁竖向位移时程（如波动程度、极值和均方差等）相差很大，但由图 3-20 可知，简便计算方法下的桥梁关键位置处竖向位移平均值随时间变化的趋势与全耦合计算方法基本一致。可见，提出的简便计算方法能够有效替代全耦合计算方法，用以确定风-车流-桥系统的合理分析时长。

3 种车流密度情况下，矮寨大桥关键位置处竖向位移平均值均随着模拟时间增长而逐渐趋于稳定,但不同密度车流作用下,达到稳定所需的时间存在较大区别。低密度车流作用下的风-车流-桥系统达到稳定所需的时间最短,通过时长 200 s 的模拟即可获得较可靠的结果;高密度车流作用下,需对系统进行 500 s 长的分析才可获得较为稳定的结果;中密度车流作用下的风-车流-桥系统达到稳定所需的时间最长,桥梁关键位置处竖向位移平均值在系统运行 700 s 后才基本保持稳定。这与 3.2.3.3 小节发现的现象十分相似,即中密度车流作用下桥梁竖向位移的波动最明显,这很可能是因为中密度车流中存在着明显的局部车辆聚集和堵塞传递。

图 3-20　风-车流-桥系统的合理分析时长

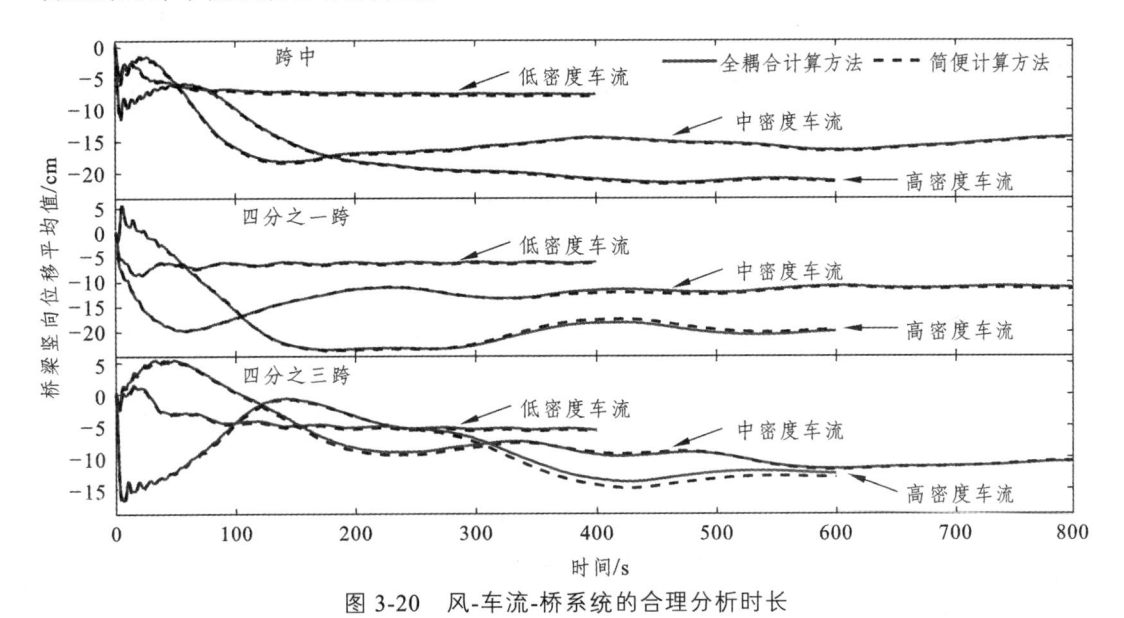

表 3-6 列出了根据 2 种不同计算方法,使用某工作站（CPU：Platinum 8180,主频：2.5 GHz；内存：128 G）对低、中、高密度车流作用下的风-车流-桥系统进行分析所花费的时间,并以此对比了 2 种计算方法的计算效率。由表可知,简便计算方法的计算效率远高于全耦合计算方法,在低、中、高密度车流作用下,计算用时分别可减少 74.1%、75.2%、77.3%。可见,本节提出的简便计算方法不仅可以有效预测风-车流-桥系统的合理分析时长,还可以显著减少计算用时。因此,建议在今后研究风-车流-桥系统时,可优先运用此方法确定系统的合理分析时长,再对系统进行全耦合计算分析。

表 3-6　全耦合计算方法和简便计算方法的计算效率

车流密度		低	中	高
系统分析时长/s		400	800	600
计算用时/h	全耦合计算方法	20.1	56.0	36.6
	简便计算方法	5.2	13.9	8.3
计算效率提升比例/%		74.1	75.2	77.3

3.6 车辆惯性力对风-车流-桥耦合系统的影响研究

车辆以一定速度驶过桥梁时，由于受到路面粗糙度和车辆自身激振的影响，会对桥梁产生动力冲击，影响桥梁的工作状态与使用年限。为准确评价桥梁动力响应，保证桥梁结构安全，各国学者已在车-桥耦合振动领域做了大量研究。现有研究大多在假定车辆匀速行驶的基础上研究车辆与桥梁之间的相互作用，进而评估桥梁结构和车辆行驶的安全性。但在实际情况中，车辆常常会进行变速行驶。已有研究表明[32,33]，当车辆变速时（加速或减速），车轮与桥面之间的摩擦力和车体质心处的惯性力会形成一对俯仰力矩。这对俯仰力矩会使车辆进行俯仰运动，进而导致桥梁产生更大的动力响应。因此，有必要在车-桥耦合系统中考虑由车辆变速行驶产生的车辆惯性力，从而对系统进行更合理的评估。

尽管 CA 车流模型有效地模拟了车辆的加速和减速，但由于车辆速度和位置均在瞬时更新，车辆加速度不能被合理量化。因此，在基于 CA 车流模型的风-车流-桥系统中，不能合理考虑由车辆变速行驶产生的车辆惯性力对系统的影响。本章提出的 RCA 车流模型将车辆加速度定为车辆运行模拟的基本变量，通过制定合理的车辆加速度确定规则并建立连续的车辆速度-时间关系，可以合理量化车流中任意车辆在任意时刻的加速度，进而首次实现了从车流层面上分析由车辆变速行驶产生的车辆惯性力对风-车流-桥系统的影响。

本节首先基于 RCA 车流模型建立考虑车辆惯性力后的风-车流-桥耦合系统；为研究车辆惯性力对风-车流-桥耦合系统的影响，以矮寨大桥为例，对比考虑车辆惯性力前后的车辆和桥梁动力响应；进一步分析不同密度车流作用时车辆惯性力对风-车流-桥耦合系统的影响。

3.6.1 考虑车辆惯性力后的风-车流-桥耦合系统

车辆在加速或减速时，车体有保持其原始运动状态的趋势，因此会产生一种虚拟且与加速度方向相反的惯性力作用于车体质心，这种车辆惯性力将与车轮和桥面之间的摩擦力形成一对作用于车体的俯仰力矩。基于车辆在每一时间步均做匀变速运动的假设，RCA 车流模型中的任意车辆 i 在任意时刻承受的车辆惯性力 F_I^i 和俯仰力矩 M_I^i 可表示为[34]：

$$F_I^i = -m_i a_i \tag{3-21}$$

$$M_I^i = F_I^i h_v \tag{3-22}$$

式中：m_i 代表车辆的质量；a_i 代表车辆的加速度或减速度，负号表示车辆惯性力的方向与加速度方向相反；h_v 代表车体质心与路面之间的距离。

RCA 车流模型中的车辆在任意时刻的加速度都是根据其自身性能、周边环境和驾驶员行为合理制定的。因此，可以基于 RCA 车流模型从车流层面分析车辆惯性力对风-车流-桥系统的影响。考虑车辆惯性力后，风-车流-桥系统的控制方程将变为：

$$M_v^i \ddot{d}_v^i + C_v^i \dot{d}_v^i + K_v^i d_v^i = F_{vG}^i + F_{vw}^i + F_{bv}^i + F_I^i \cdot h_v \quad (3\text{-}23a)$$

$$M_b \ddot{d}_b + C_b \dot{d}_b + K_b d_b = \sum_{i=1}^n F_{vb}^i + \sum_{i=1}^n F_I^i + F_{bw} \quad (3\text{-}23b)$$

式中：F_I^i 代表车辆 i 承受的惯性力；h_v 代表车体质心与路面之间的距离；其他符号的含义均与公式（3-19）相同。在对考虑车辆惯性力后的风-车流-桥系统进行分析时，基本流程与图 3-15 相似，但在对车辆进行动力分析时要考虑由车辆加速或减速产生的俯仰力矩，在对桥梁进行动力分析时要考虑为平衡车辆惯性力而产生的摩擦力，通过对系统进行分离迭代求解直至满足几何和力学耦合关系，即可最终获得车辆和桥梁的响应。

3.6.2 车辆惯性力对车辆动力响应的影响

为了研究车辆惯性力对风-车流-桥系统的影响，本章将对比分析考虑车辆惯性力前后的风-车流-桥系统内车辆和桥梁的动力响应。由于不同车流密度条件下，车辆的运行行为有所不同，本章将以矮寨大桥为背景，分别研究低、中、高密度车流作用下的风-车流-桥系统。其中，车流将根据 3.4 节所述的"引道-桥梁-引道"系统，按表 3-5 中的比例生成；脉动风的平均风速为 10 m/s；路面粗糙度等级为"非常好"。

本节将对比考虑车辆惯性力前后的车辆与桥面之间的竖向接触力，进而分析车辆惯性力对车辆动力响应的影响。图 3-21 ~ 图 3-23 分别展示了低、中、高密度车流中的一辆轻型卡车迎风侧车轮的竖向接触力在考虑车辆惯性力前后的变化情况。为了更好地分析车辆惯性力对车辆动力响应的影响，图中也展示了该车辆加速度的变化时程。

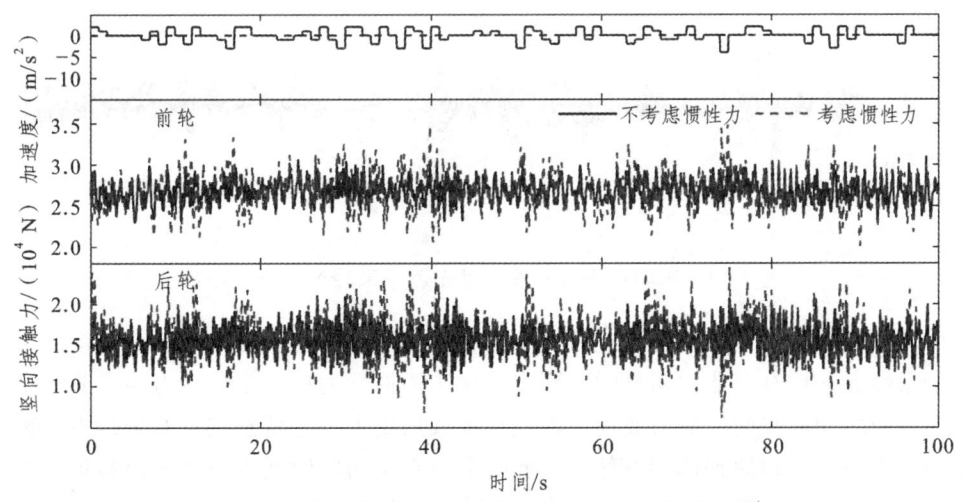

图 3-21 车辆惯性力对低密度车流中某轻型卡车的影响

如图 3-21 所示，由于低密度车流中的车辆可以顺畅运行且不经历严重的车辆堵塞，车辆的加速度和减速度一般较小，通常不超过±3 m/s²。因此，车辆承受的附加俯仰力矩相对较小。尽管如此，在考虑车辆惯性力后，车辆迎风侧前后轮与桥面之间的竖向接触力最多均增大 24.3%。可见，考虑车辆惯性力对准确评估车辆的动力响应十分重要。

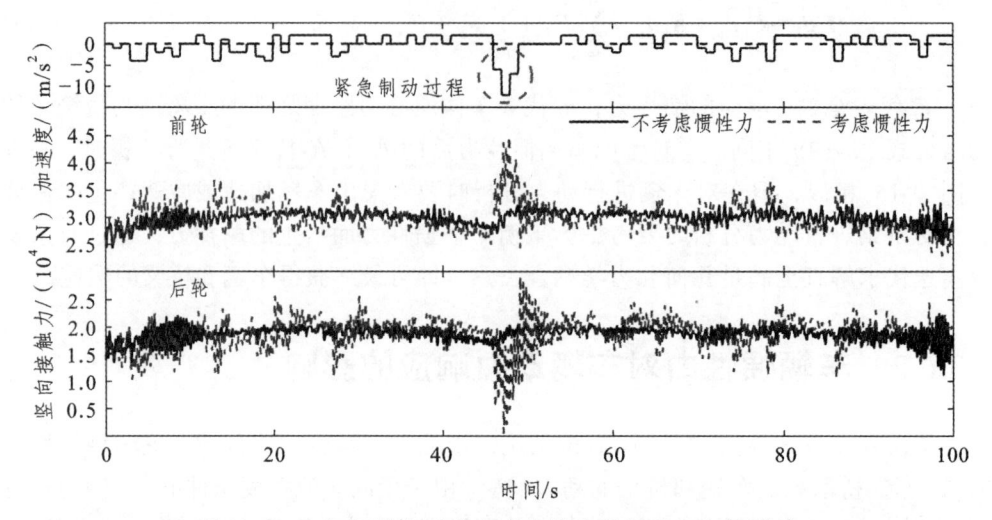

图 3-22　车辆惯性力对中密度车流中某轻型卡车的影响

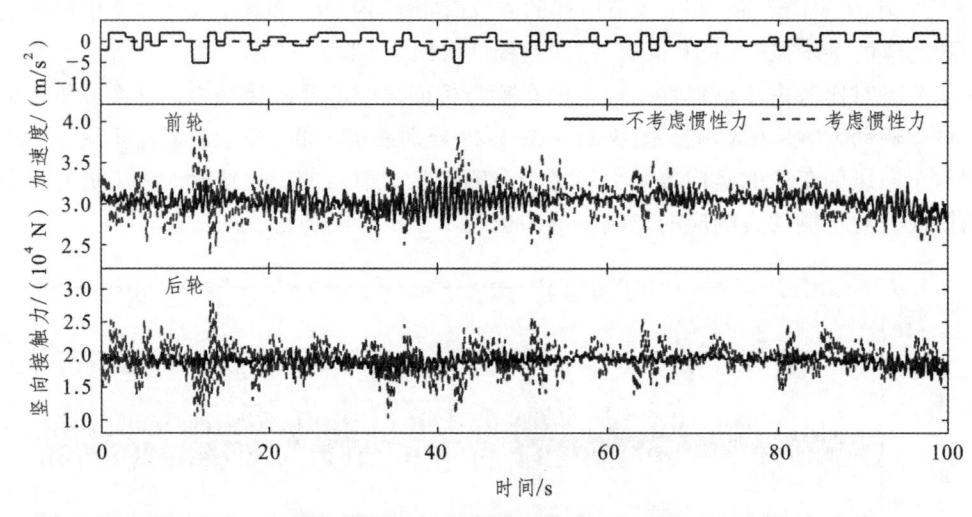

图 3-23　车辆惯性力对高密度车流中某轻型卡车的影响

由图 3-22 可知，中密度车流情况下，车辆迎风侧车轮与桥面之间的竖向接触力在考虑车辆惯性力前后有着非常明显的区别。考虑车辆惯性力后，车辆动力响应明显变大，车辆与桥面之间的竖向接触力波动更剧烈且极大值更大。应特别注意的是，当车辆运行 42 s 后，车辆驶近道路局部堵塞区域，此时需要在很短的时间内减速从而避免与前车相撞。在这种紧急情况下，车辆会经历减速度远超正常水平的紧急制动过程，在图 3-22 所示的紧急制动过程中，车辆减速度最大达 − 12 m/s²。在此过程中，车辆会受到很大的附加俯仰力矩，其迎风侧前后轮与桥面之间的竖向接触力最多增大 55.0% 和 34.9%。紧急制动过程后，车辆逐渐驶离道路局部堵塞区域，车辆的减速度不超过 − 5 m/s²，车辆迎风侧前后轮与桥面之间的竖向接触力最多增大 28.0%。同时，可以看出前轮和后轮的竖向接触力变化趋势相反，如当车辆减速时，前轮竖向接触力将增大，后轮竖向接触力将减小。

高密度车流情况下道路堵塞范围很大，车辆的运行速度一般较低，因此高密度车流中的车辆不易经历减速度远超正常水平的紧急制动过程。如图 3-23 所示，高密度车流中的车辆的减速度一般不超过 − 5 m/s²。考虑车辆惯性力后，车辆迎风侧前后轮与桥面之间的竖向接触力至多增加 25.3% 和 31.7%。

通过对 3 种密度车流情况的分析可以看出：车辆惯性力会显著影响车辆动力响应，考虑车辆惯性力后，附加俯仰力矩将使车轮竖向接触力产生更大的波动和极值；不同密度车流中的车辆受车辆惯性力影响的程度不同，低密度和高密度车流中的车辆的加速度和减速度水平不高，2 种密度车流中的车辆受车辆惯性力影响的程度相近，而中密度车流中的车辆会经历减速度远超正常水平的紧急制动过程，因此受车辆惯性力影响的程度最大。

3.6.3 车辆惯性力对风-车流-桥耦合系统的影响研究

从上节的分析中可知，不考虑车辆惯性力时，车辆动力响应会被低估。特别是在中密度车流情况下，由于车辆可能经历减速度远超正常水平的紧急制动过程，考虑车辆惯性力前后的车辆动力响应差异很大。因此，为了研究车辆惯性力对桥梁动力响应的影响，本节将对比考虑车辆惯性力前后的矮寨大桥关键位置处（即四分之一跨、跨中、四分之三跨）的竖向位移以及 4 根典型吊杆的应力。本节所使用的车流、风场、路面粗糙度的相关参数与 3.3 节相同。

3.6.3.1 桥梁竖向位移

图 3-24（a）为低密度车流作用下矮寨大桥关键位置处的竖向位移响应时程。由图可知，低密度车流作用下，考虑车辆惯性力前后的桥梁关键位置处竖向位移的变化很小，均在 1 cm 以内。

如图 3-24（b）和图 3-24（c）所示，中密度和高密度车流作用下，桥梁关键位置处竖向位移受车辆惯性力的影响相对较大。同时，明显可以看出桥梁四分之一跨和四分之三跨处竖向位移受车辆惯性力的影响比跨中大。在中密度车流作用下，考虑车辆惯性力后，桥梁跨中竖向位移至多增加 0.77 cm，而桥梁四分之一跨和四分之三跨处竖向位移分别至多增加 3.96 cm 和 4.00 cm。为了定量描述车辆惯性力对桥梁竖向位移的影响，本节将引入式（3-24）所示的桥梁竖向位移的变化程度作为评价指标：

$$\Delta Disp = (Disp_{with} - Disp_{without}) / \max(|Disp_{without}|) \quad (3\text{-}24)$$

式中：$\Delta Disp$ 即为桥梁竖向位移的变化程度；$Disp_{with}$ 和 $Disp_{without}$ 分别代表考虑和不考虑车辆惯性力时的桥梁竖向位移。

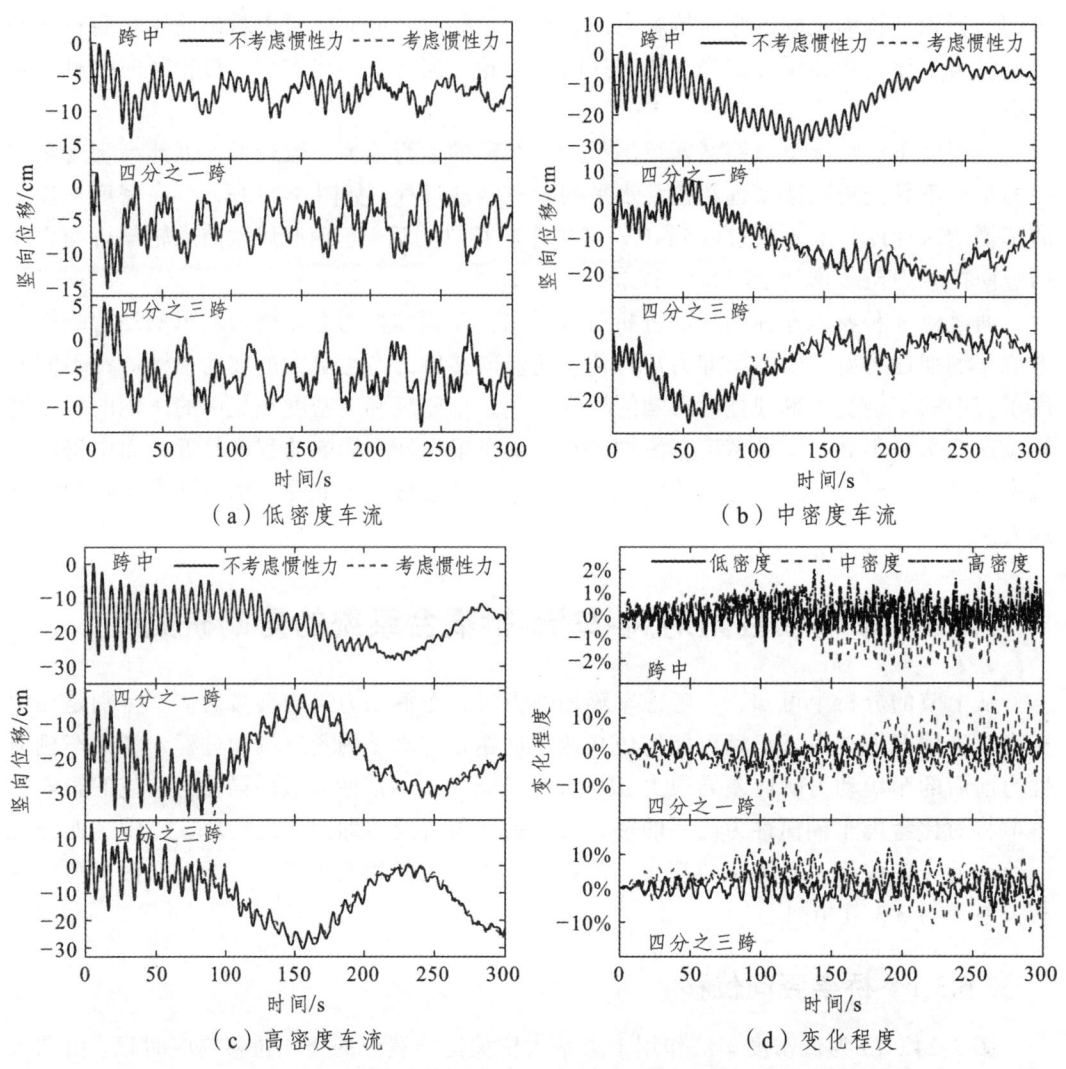

（a）低密度车流

（b）中密度车流

（c）高密度车流

（d）变化程度

图 3-24 车辆惯性力对桥梁关键位置处竖向位移的影响

图 3-24（d）展示了 3 种密度车流作用下，桥梁关键位置处竖向位移在考虑车辆惯性力后的变化程度。可以看出在任意密度车流作用下，桥梁跨中竖向位移在考虑车辆惯性力后的变化程度均在±2.5%以内，均小于四分之一跨和四分之三跨处竖向位移的变化程度（可达±10%以上），这可能是因为矮寨大桥跨中设置了 2 根刚度很大的刚性斜吊杆，与加劲梁组成了中央扣，从而显著增强了跨中位置的竖向约束。同时，中密度车流作用下桥梁关键位置处竖向位移在考虑车辆惯性力后的变化程度最大，高密度车流次之，低密度车流最小，例如：低、中、高密度车流作用下，桥梁四分之一跨处竖向位移的变化程度最大分别为 7.8%、17.1%、11.5%。这与车流的车辆总量和车辆的加速度与减速度水平有关。

3.6.3.2 吊杆应力

吊杆是悬索桥的关键传力构件。当桥梁在运营期间受到风和车流联合作用时，吊杆通常处于高应力状态。从上节可知，考虑车辆惯性力会使车轮竖向接触力产生更大的波动和极值，这可能会进一步影响吊杆受力。因此，本小节将对比 4 根典型吊杆在考虑车辆惯性力前后的应力状态。如图 3-25 所示，4 根典型吊杆分别为桥梁迎风侧的 S1、S2、S19、S36，其中 S1 为锚接于山体的辅助吊杆，S2、S19、S36 分别为主梁端部、四分之一跨处、跨中的吊杆。通过风-车流-桥耦合系统动力分析仅可得到吊杆的位移响应，吊杆的应力响应将结合吊杆的位移-应变、应变-应力关系求得[11]：

$$[S] = [E][B] \tag{3-25}$$

式中：$[S]$ 代表吊杆的应力响应；$[E]$ 代表吊杆的应变-应力关系，是根据吊杆截面与材料特性确定的常量；$[B]$ 代表吊杆的位移-应变关系，可根据单元的形函数求出。

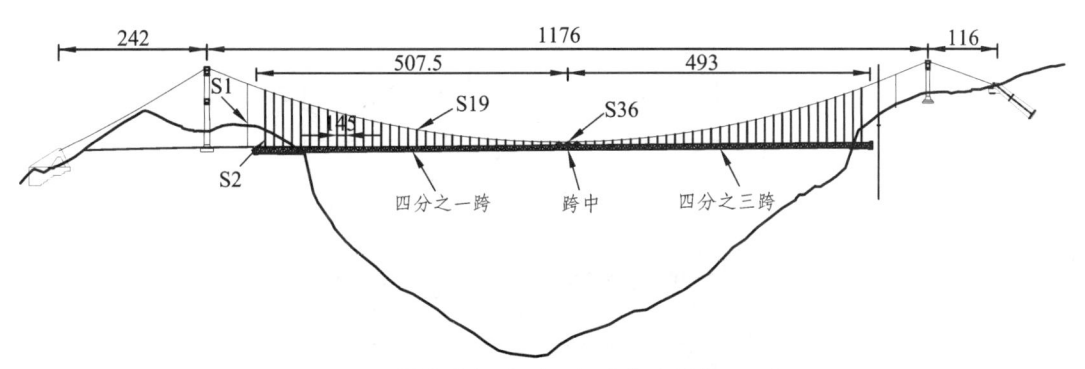

图 3-25 矮寨大桥典型吊杆分布（单位：m）

图 3-26 对比了 3 种密度车流作用下，4 根典型吊杆在考虑车辆惯性力前后的应力状态。由图可知，S1 和 S2 的应力受车辆惯性力的影响比 S19 和 S36 大，这可能是由于 S1 和 S2 的刚度较小。同时，3 种密度车流作用下，吊杆应力受车辆惯性力的影响都不大。在低、中、高 3 种密度车流作用下，S1 的应力在考虑车辆惯性力后最多分别改变 0.54 MPa、2.3 MPa、2.0 MPa。

可见，考虑车辆惯性力后，桥梁动力响应会发生变化，但变化的程度与车流密度情况密切相关。低密度车流作用下，道路车辆总量较小且车辆的加速度和减速度水平较低，考虑惯性力后车轮竖向接触力的变化不大，因此桥梁受车辆惯性力的影响最小；中密度车流作用下，尽管道路车辆总量适中，但由于车辆可能经历紧急制动过程，考虑惯性力后车轮竖向接触力会发生很大变化，因此桥梁受车辆惯性力的影响最大；高密度车流作用下，道路车辆总量较大但车辆的加速度和减速度水平较低，因此桥梁受车辆惯性力的影响适中。同时，不同构件受车辆惯性力影响的程度不同，这主要与构件刚度有关，刚度越小的构件受车辆惯性力影响的程度越大。

(a) 低密度车流

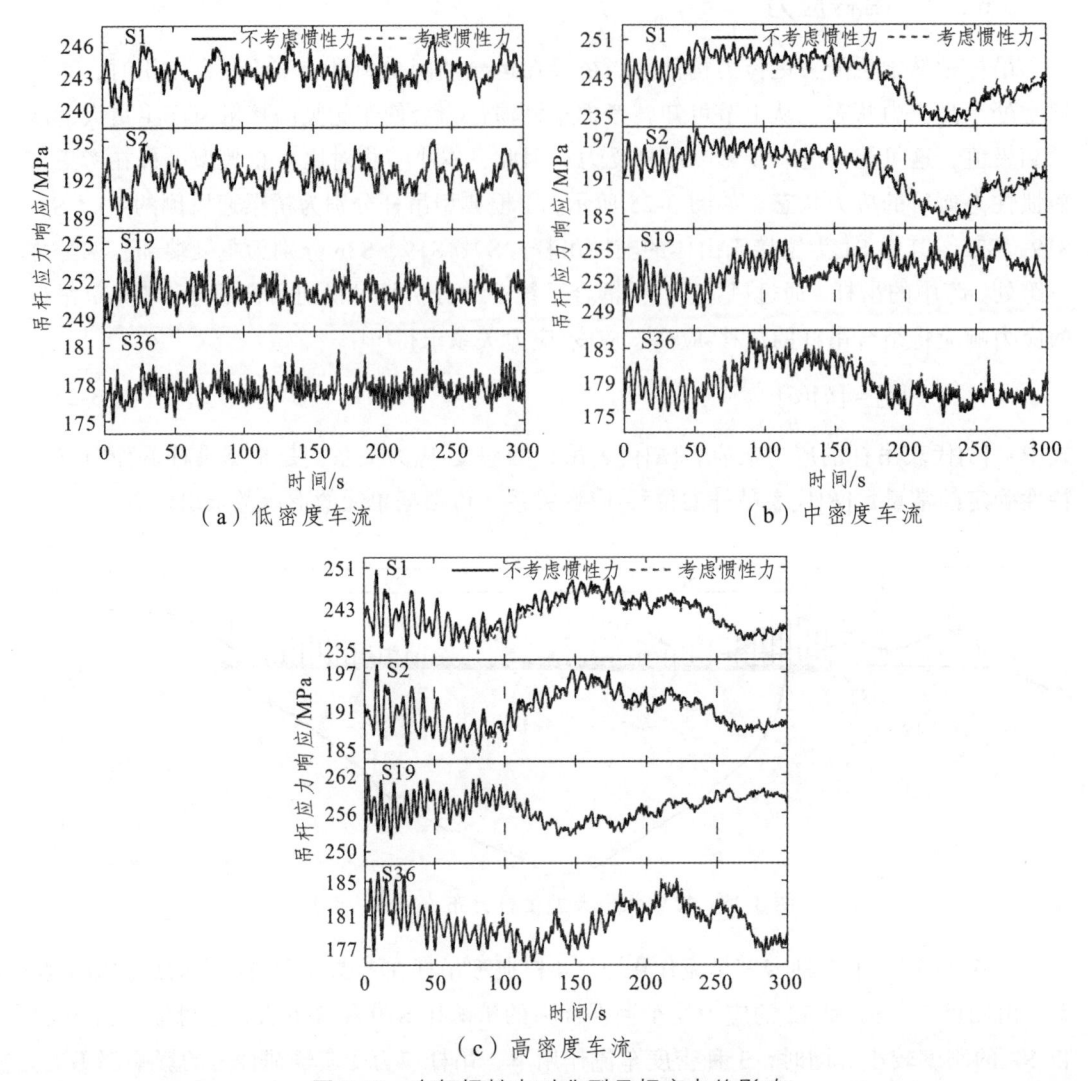

(b) 中密度车流

(c) 高密度车流

图 3-26 车辆惯性力对典型吊杆应力的影响

3.7 本章小结

本章建立基于 RCA 车流模型的风-车流-桥耦合系统；通过对比分析基于 RCA 和 CA 车流模型的风-车流-桥耦合系统内车辆横向响应，验证 RCA 车流模型在风-车流-桥分析中的优势；提出并验证了一种风-车流-桥系统合理分析时长的简便计算方法，并研究不同密度车流作用下的系统合理分析时长。在此基础上，以矮寨大桥为背景，进一步研究了车辆和桥梁动力响应在考虑车辆惯性力后的变化；分析不同密度车流作用时车辆惯性力对风-车流-桥系统的影响。得出结论如下：

第3章　风与车流联合作用下车-桥耦合振动特性

（1）由于 CA 车流模型中存在的车辆速度突变将导致车辆承受的风荷载突变，相同风速条件下，CA 车流模型中的车辆（CA 车辆）比 RCA 车流模型中的车辆（RCA 车辆）具有更大的横向响应。在平均风速 5 m/s、10 m/s、20 m/s 的脉动风作用下，CA 车辆的横向荷载转移率（LTR）最大值分别比 RCA 车辆高 20.4%、13.0%、3.0%。因此，有必要在风-车流-桥分析中引入 RCA 车流模型，以获得更准确合理的分析结果。

（2）不同密度车流作用下的风-车流-桥系统达到稳定所需的时间不同。以矮寨大桥为例，中密度车流作用下，系统需要运行 700 s 才能达到稳定；高密度车流作用下，通过 500 s 的计算分析即可获得较为可靠的结果；低密度车流作用下，系统的合理分析时长仅为 200 s。

（3）通过简便计算方法求得的桥梁竖向位移平均值随时间的变化趋势与全耦合计算方法基本一致，表明提出的简便计算方法可以准确计算不同风-车流-桥系统的合理分析时长。同时，简便计算方法的计算用时远短于全耦合计算方法。因此，建议在以后研究风-车流-桥系统时，首先使用简便计算方法确定系统合理分析时长，再对系统进行全耦合计算分析。

（4）车辆惯性力会显著影响车辆动力响应，考虑车辆惯性力后，附加俯仰力矩将使车轮竖向接触力产生更大的波动和极值。不同密度车流中的车辆受车辆惯性力影响的程度不同，低密度和高密度车流中的车辆的加速度和减速度水平不高，两种密度车流中的车辆受车辆惯性力影响的程度相近，而中密度车流中的车辆会经历减速度远超正常水平的紧急制动过程，受车辆惯性力影响的程度最大。

（5）考虑车辆惯性力后，桥梁关键位置处竖向位移会发生一定变化，但变化程度与关键位置处的竖向约束情况和桥上车流密度有关。矮寨大桥四分之一跨和四分之三跨处相对于跨中处的竖向约束较弱，因此受车辆惯性力的影响相对较大。中密度车流中的车辆经历紧急制动过程时，车辆动力响应会显著增大，进而导致中密度车流作用下的桥梁竖向位移受车辆惯性力的影响最明显。虽然高密度车流中的车辆总量较大，但由于车辆的加速度和减速度水平较低，桥梁竖向位移受车辆惯性力的影响适中。低密度车流中的车辆总量与车辆加速度和减速度水平都较低，桥梁竖向位移受车辆惯性力的影响最小。

（6）矮寨大桥吊杆应力受车辆惯性力的影响不显著，但同样与吊杆刚度和桥上车流密度有关。靠近主梁端部的吊杆刚度相对较低，其应力受车辆惯性力的影响相对较大；靠近跨中的吊杆刚度相对较大，其应力受车辆惯性力的影响很小。不同车流密度情况下，中密度车流作用下吊杆应力受车辆惯性力的影响最大，高密度车流次之，低密度车流最小。

3.8 本章参考文献

[1] CAI C S, CHEN S R. Framework of vehicle-bridge-wind dynamic analysis[J]. Journal of Wind Engineering and Industrial Aerodynamics, 2004, 92: 579-607.

[2] ZHU J, ZHANG W, WU M X. Coupled dynamic analysis of the vehicle-bridge-wind-wave system[J]. Journal of Bridge Engineering, 2018, 23: 04018054.

[3] XU Y L, GUO W H. Dynamic analysis of coupled road vehicle and cable-stayed bridge systems under turbulent wind[J]. Engineering Structures, 2003, 25: 473-486.

[4] ZHU J, ZHANG W. Probabilistic fatigue damage assessment of coastal slender bridges under coupled dynamic loads[J]. Engineering Structures, 2018, 166: 274-285.

[5] CHEN S R, WU J. Dynamic performance simulation of long-span bridge under combined loads of stochastic traffic and wind[J]. Journal of Bridge Engineering, 2010, 15: 219-230.

[6] YIN X F, LIU Y, DENG L, et al. Impact factors of bridges in service under stochastic traffic flow and road surface progressive deterioration[J]. Advances in Structural Engineering, 2016, 19: 38-52.

[7] LIU Y, YIN X, F, DENG L, et al. Ride comfort of the bridge-traffic-wind coupled system considering bridge surface deterioration[J]. Wind and Structures, 2016, 23: 19-43.

[8] 韩万水, 武隽, 马麟. 基于微观交通流模型的风-车-桥系统高真实度模拟[J]. 中国公路学报, 2015, 28: 37-45.

[9] 胡建华, 崔剑峰. 湘西矮寨大桥设计创新技术[J]. 桥梁建设, 2011, 6: 54-61.

[10] NIU H, ZHU J, CHEN Z, et al. Dynamic performance of a slender truss bridge subjected to extreme wind and traffic loads considering 18 flutter derivatives[J]. Journal of Aerospace Engineering, 2019, 32: 04019082.

[11] WU M, ZHU J, HENG J, et al. Fatigue assessment on suspenders under stochastic wind and traffic loads based on in-situ monitoring data[J]. Applied Science-Basel, 2019, 9:3405.

[12] 李春光, 李凯, 韩艳. 基于影响函数的随机车流作用下大跨度悬索桥风致应力响应分析[J]. 中国公路学报, 2018, 31: 137-146.

[13] 谢静思. 吉茶高速公路矮寨大桥车辆荷载谱研究[D]. 长沙: 长沙理工大学, 2014.

[14] ZHU J, ZHANG W. Numerical simulation of wind and wave fields for coastal slender bridges[J]. Journal of Bridge Engineering, 2017, 22: 04016125.

[15] ZHU J, ZHANG W, WU M X. Evaluation of ride comfort and driving safety for moving vehicles on slender coastal bridges[J]. Journal of Vibration and Acoustics, 2018, 140: 051012.

[16] 陈宁. 侧风作用下桥上汽车行车安全性及防风措施研究[D]. 西安: 长安大学, 2015.

[17] 同济大学. 公路桥梁抗风设计规范: JTG/T 3360-01—2018[S]. 北京: 人民交通出版社, 2018.

[18] 刘焕举, 韩鹤翔, 黄平明. 基于车-桥耦合振动的桥梁加固效果分析[J]. 深圳大学学报（理工版）, 2018, 35: 55-61.

[19] 韩万水, 马麟, 院素静. 基于风速风向联合分布的桥面侧风所致车辆事故概率性分析[J]. 中国公路学报, 2010, 23:43-49.

[20] 韩万水. 风-汽车-桥梁系统空间耦合振动研究[D]. 上海: 同济大学, 2006.

[21] 院素静. 公路车-桥耦合典型车辆运动方程的建立及软件设计[D]. 西安: 长安大学, 2012.

[22] HEALEY A J, NATHMAN E, SMITH C C. An analytical and experimental study of automobile dynamics with random roadway inputs[J]. Journal of Dynamic Systems, Measurement, and Control, 1977, 99: 284-292.

[23] ROUILLARD V, SEK M A, PERRY T. Analysis and simulation of road profiles[J]. Journal of Transportation Engineering, 1996, 122: 241-245.

[24] DODDS C J, ROBSON J D. The description of road surface roughness[J]. Journal of Sound and Vibration, 1973, 31: 175-183.

[25] CAO Y, XIANG H, ZHOU Y. Simulation of stochastic wind velocity field on long-span bridges[J]. Journal of Engineering Mechanics, 2000, 126: 1-6.

[26] XU Y. Wind effects on cable-supported bridges[M]. New York: John Wiley & Sons, 2013.

[27] SCANLAN R H. The action of flexible bridges under wind, II: Buffeting theory[J]. Journal of Sound and Vibration, 1978, 60: 201-211.

[28] LIEPMANN H W. On the application of statistical concepts to the buffeting problem[J]. Journal of the Aeronautical Sciences, 1952, 19: 793-800.

[29] LIN Y K, YANG J N. Multimode bridge response to wind excitations[J]. Journal of Engineering Mechanics, 1983, 109: 586-603.

[30] BAKER C J. A simplified analysis of various types of wind-induced road vehicle accidents[J]. Journal of Wind Engineering and Industrial Aerodynamics, 1986, 22: 69-85.

[31] International Standardization Organization. Mechanical vibration-road surface profiles-reporting of measured data: ISO 8608[S]. Geneva: International Standardization Organization, 1995.

[32] JU S H, LIN H T. A finite element model of vehicle-bridge interaction considering braking and acceleration[J]. Journal of Sound and Vibration, 2007, 303: 46-57.

[33] LAW S S, ZHU X Q. Bridge dynamic responses due to road surface roughness and braking of vehicle[J]. Journal of Sound and Vibration, 2005, 282:805-830.

[34] DENG L, WANG F. Impact factors of simply supported prestressed concrete girder bridges due to vehicle braking[J]. Journal of Bridge Engineering, 2015, 20: 06015002.

第 4 章 地震与风联合作用下车-桥耦合振动特性

4.1 引 言

随着经济的快速发展和日益增长的交通需求，山地、沿江和沿海地区已建成越来越多的大跨度桥梁。这些地区环境恶劣，日常风荷载较大，地质条件复杂。大跨度桥梁的阻尼和刚度较小，在役期间不仅对风和车辆等常见荷载比较敏感，还可能会受到地震作用的威胁，这些动力荷载及作用往往是导致桥梁结构振动、损伤和破坏的主要因素。因此，研究车-桥系统在地震与风联合作用下的动力响应对于分析桥梁结构和运行车辆的安全性十分必要。

本章以苏通大桥为例，在作者已有的风-车-桥耦合振动分析程序的基础上，利用大质量法模拟桥梁受到的地震作用，建立了地震-风-车-桥耦合振动分析的数值模拟平台。基于该平台，系统地研究了地震和风联合作用下的桥梁和车辆的动力响应，并进一步探究了地震动的行波效应和空间变异性对地震-风-车-桥耦合振动体系的影响。

4.2 工程概况

苏通大桥为(100+100+300+1088+300+100+100)m双塔双索面斜拉桥，主梁为宽41 m的扁平流线形钢箱梁，主塔为高 300.4 m 的钢筋混凝土桥塔，桥跨布置和主梁截面如图 4-1 所示。苏通大桥下部结构两侧各有 3 个辅助墩，辅助墩和主塔的编号如图 4-1(a)所示，基础为混凝土钻孔灌注桩。路面为双向六车道，主梁截面如图 4-1(b)所示。表 4-1 给出了苏通大桥的自振频率和振型，可以看出桥梁的自振频率较低，自身振动对车辆、风和地震等动力荷载作用比较敏感。桥位区常年风速在六级以上，地震基本烈度为Ⅵ度，场地类别为Ⅳ类，苏通大桥在运营期间极有可能受到风、车辆和地震荷载的联合作用。因此，本章以苏通大桥为研究对象，研究了车-桥系统在地震与风荷载联合作用下的动力响应。

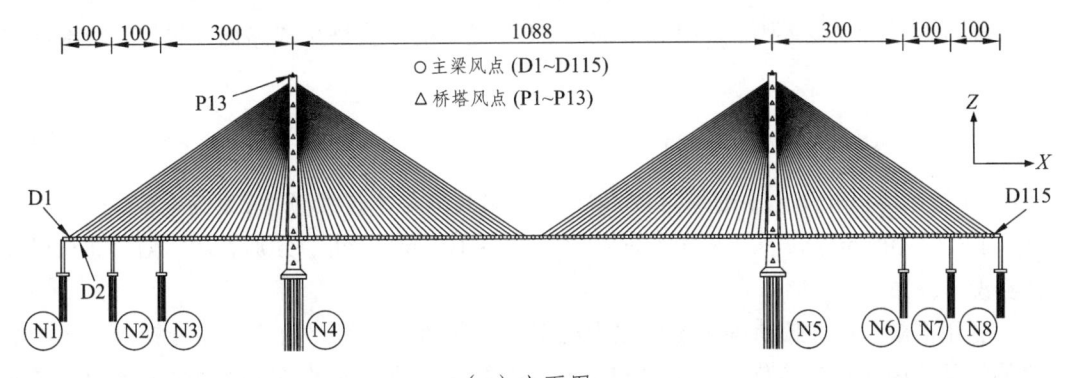

(a) 立面图

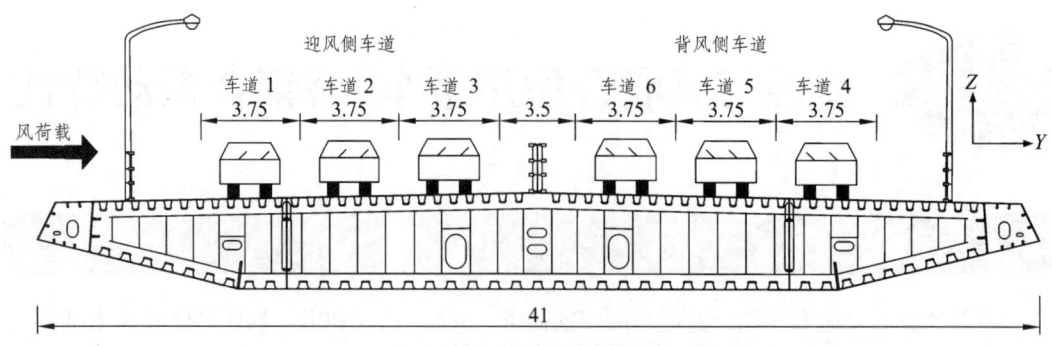

（b）有车道的主梁截面图

图 4-1 斜拉桥模型（单位：m）

表 4-1 桥梁结构的前十阶自振频率和振型

振型数	自振频率/Hz	振型
1	0.0506	纵飘（主梁）
2	0.0997	一阶对称侧弯（主梁）
3	0.1915	一阶对称竖弯（主梁）
4	0.2317	一阶反对称竖弯（主梁）
5	0.2782	一阶反对称侧弯（主梁）
6	0.3287	二阶对称竖弯（主梁）
7	0.3887	二阶反对称竖弯（主梁）
8	0.4337	三阶对称竖弯（主梁）
9	0.4774	一阶对称侧弯（桥塔）
10	0.4781	一阶反对称侧弯（桥塔）

4.3 路面粗糙度、风和地震的模拟

通过傅里叶逆变换[1]，采用 Shinozuka 等[2]提出的干扰谱生成路面粗糙度，功率谱密度函数为：

$$\phi(n)=\phi(n_0)(n/n_0)^{-2} \quad (4-1)$$

式中：n 是逆傅里叶变化中的采点数，取值为 2048；n_0 是不连续频率，设为 $0.5/\pi$ cycle/m；$\phi(n_0) = 8 \times 10^{-5}$ m³/cycle、2×10^{-5} m³/cycle 和 5×10^{-6} m³/cycle，分别表示一般、好和很好的路况。

利用谱解法[3]将脉动风速场模拟为稳态的高斯随机过程。为了提高计算效率，三维相关的脉动风速场被简化为沿主梁和主塔分布的独立的一维风场。脉动风速场的水平向

第 4 章 地震与风联合作用下车-桥耦合振动特性

和竖向的功率谱密度函数根据《公路桥梁抗风设计规范》JTG/T 3360-01—2018)[4]选取，如下所示：

$$S_u(f) = \frac{200 f u_*^2}{n(1+50f)^{5/3}} \tag{4-2}$$

$$S_w(f) = \frac{6 f u_*^2}{n(1+4f)^{5/3}} \tag{4-3}$$

式中：$S_u(f)$ 为水平向功率谱密度函数；$S_w(f)$ 为竖向功率谱密度函数；n 为频率；f 为无量纲频率；u_* 为风的剪切速度。

根据非平稳随机理论，基于谱解法将不同支撑点的地震时程模拟为多个非稳态的高斯随机过程 $f_i(t)$ $(i=1,2,3,\cdots,n)$，相应的交叉谱密度矩阵为：

$$\boldsymbol{S}(\omega,t) = \begin{bmatrix} S_{11}(\omega,t) & S_{12}(\omega,t) & \cdots & S_{1n}(\omega,t) \\ S_{21}(\omega,t) & S_{22}(\omega,t) & \cdots & S_{2n}(\omega,t) \\ \vdots & \vdots & & \vdots \\ S_{n1}(\omega,t) & S_{n2}(\omega,t) & \cdots & S_{nn}(\omega,t) \end{bmatrix} \tag{4-4}$$

式中：$S_{ii}(\omega,t)$ 为时程 $f_i(t)$ 的功率谱密度函数；$S_{ij}(\omega,t)$ 为时程 $f_i(t)$ 和 $f_j(t)$ 的交叉谱密度函数；ω 为圆频率；t 为时间。$S_{ii}(\omega,t)$ 和 $S_{ij}(\omega,t)$ 可定义为[5]：

$$S_{ii}(\omega,t) = |A_i(\omega,t)|^2 S_i(\omega) \tag{4-5}$$

$$S_{ij}(\omega,t) = A_i(\omega,t) A_j(\omega,t) \times \sqrt{S_i(\omega) S_j(\omega)} \mathrm{Coh}_{ij}(\omega) \tag{4-6}$$

式中：$A_i(\omega,t)$ 为地震时程的调制函数；$S_i(\omega)$ 为时程 $f_i(t)$ 的稳态功率谱密度函数；$\mathrm{Coh}_{ij}(\omega)$ 为时程 $f_i(t)$ 和 $f_j(t)$ 的复相关函数。

稳态功率谱密度函数采用 Clough 和 Penzien[6] 修正的 Kanai-Tajimi 加速度谱：

$$S_i(\omega) = S_{0i} \left[\frac{1 + 4\zeta_{gi} \left[\dfrac{\omega}{\omega_{gi}}\right]^2}{\left\{1 - \left[\dfrac{\omega}{\omega_{gi}}\right]^2\right\}^2 + 4\zeta_{gi}\left[\dfrac{\omega}{\omega_{gi}}\right]^2} \right] \times \left[\frac{\left[\dfrac{\omega}{\omega_{fi}}\right]^4}{\left\{1-\left[\dfrac{\omega}{\omega_{fi}}\right]^2\right\}^2 + 4\zeta_{fi}\left[\dfrac{\omega}{\omega_{fi}}\right]^2} \right] \times \left[\frac{\left[\dfrac{\omega}{\omega_{fi}}\right]^4}{\left\{1-\left[\dfrac{\omega}{\omega_{fi}}\right]^2\right\}^2 + 4\zeta_{fi}\left[\dfrac{\omega}{\omega_{fi}}\right]^2} \right] \tag{4-7}$$

式中：S_{0i} 为谱强度因子；ω_{gi} 和 ζ_{gi} 为场地特征频率和阻尼比；ω_{fi} 和 ζ_{fi} 为过滤参数，一般取 $\omega_{fi}=0.1\omega_{gi}$；$\zeta_{fi}=\zeta_{gi}$。谱强度因子 S_{0i} 定义为：

$$S_{0i}=\frac{1}{\pi\omega_{gi}\left(2\zeta_{gi}+\dfrac{1}{2\zeta_{gi}}\right)} \tag{4-8}$$

复相关函数 Coh_{ij} 采用 Harichandran 等[7]提出的相干函数模型：

$$\mathrm{Coh}_{ij}(\omega)=A\exp\left[-\frac{2d_{ij}}{\alpha\theta(\omega)}(1-A+\alpha A)\right]+(1-A)\exp\left[-\frac{2d_{ij}}{\theta(\omega)}(1-A+\alpha A)\right] \tag{4-9}$$

式中：d_{ij} 为支撑点 i 和 j 之间的距离；A 和 α 为模型参数；$\theta(\omega)$ 为与频率相关的距离：

$$\theta(\omega)=\beta\left[1+\left(\frac{\omega}{\omega_0}\right)^b\right]^{\frac{1}{2}} \tag{4-10}$$

式中：β、b 和 ω_0 为模型参数。

调制函数采用 Bogdanoff-Goldberg-Bernard 模型[8]，模型中调制函数仅考虑时间变性 $A_i(\omega,t)=A_i(t)$：

$$\begin{cases} A_i(t)=a_1\left(t-\dfrac{d_{i1}^p}{v}\right)\exp\left[-a_2\left(t-\dfrac{d_{i1}^p}{v}\right)\right], & t>\dfrac{d_{i1}^p}{v} \\ 0, & 0<t<\dfrac{d_{i1}^p}{v} \end{cases} \tag{4-11}$$

式中：a_1 和 a_2 为与地震振幅和形状相关的参数；d_{i1}^p 为支撑点 i 和 1 的距离在地震波传播方向上投影的长度；v 为地震波的传播速度。

利用 Cholesky 分解，将交叉谱密度函数分解为：

$$\boldsymbol{S}(\omega,t)=\boldsymbol{H}(\omega,t)\boldsymbol{H}^{\mathrm{T}*}(\omega,t) \tag{4-12}$$

式中：$\boldsymbol{H}(\omega,t)$ 为下三角矩阵；$\boldsymbol{H}^{\mathrm{T}*}(\omega,t)$ 为 $\boldsymbol{H}(\omega,t)$ 的共轭转置。

交叉谱密度矩阵分解后，支撑点的非稳态地震时程可由下式合成：

$$f_i(t)=2\sum_{k=1}^{i}\sum_{l=1}^{N}|H_{ik}(\omega_l,t)|\sqrt{\Delta\omega}\times\cos[\omega_l t-\theta_{ik}(\omega_l,t)+\Psi_{kl}] \tag{4-13}$$

式中：$\Delta\omega=\omega_u/N$；ω_u 为截止频率上限；N 为频率分割段数；$\omega_l=l\Delta\omega$（$l=1,2,3,\cdots,N$）；$\theta_{ik}(\omega_l,t)=\arctan\{\mathrm{Im}[H_{ik}(\omega_l,t)]/\mathrm{Re}[H_{ik}(\omega_l,t)]\}$；$\Psi_{kl}$ 为在 0 和 2π 之间均匀分布的独立随机相位角。

4.4 地震-风-车-桥耦合振动方程

通过有限元法建立桥梁模型，采用空间梁单元模拟主梁、桥塔、桥墩和基础，空间杆单元模拟斜拉索，弹簧单元模拟抗震黏滞阻尼器和桩-土间的相互作用。钢箱梁斜拉桥的阻尼比取为 0.005，结构阻尼采用瑞利阻尼，模型采用集中质量矩阵。采用两轴四轮车辆作为车辆模型，将车辆作为一个 17 自由度的质量-弹簧-阻尼系统，其模型如图 4-2 所示，K 和 C 分别表示刚度和阻尼系数。模型 17 个独立的位移自由度 D_v 可以表示为：

$$D_v = \{Z_v \ Y_v \ \theta_v \ \varphi_v \ \phi_v \ Z_{s1} \ Y_{s1} \ Z_{s2} \ Y_{s2} \ Z_{s3} \ Y_{s3} \ Z_{s4} \ Y_{s4} \ Y_{c1} \ Y_{c2} \ Y_{c3} \ Y_{c4}\} \quad (4-14)$$

式中：Z_v、Y_v、θ_v、φ_v 和 ϕ_v 分别表示车体的浮沉、横摆、点头、侧滚和摇头振动，Z_{si} 和 Y_{si}（$i = 1, 2, 3, 4$）分别表示 4 个车轮的浮沉和横摆振动，Y_{ci}（$i = 1, 2, 3, 4$）表示车轮与路面接触点的侧向相对滑动。

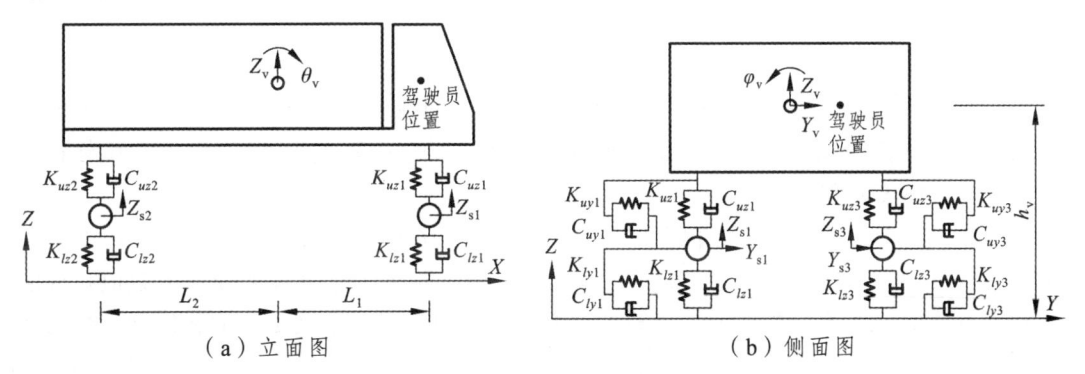

（a）立面图　　　　　　　　　　　　（b）侧面图

图 4-2　两轴车辆数值模型

考虑到地震-风-车-桥耦合振动系统中的相互作用力，运动控制方程可表示为：

$$M_v^i \ddot{d}_v^i + C_v^i \dot{d}_v^i + K_v^i d_v^i = F_{vb}^i + F_{vG}^i + F_{vw}^i \quad (4-15)$$

$$M_b \ddot{d}_b + C_b \dot{d}_b + K_b d_b = \sum_{i=1}^{n} F_{bv}^i + F_{bd} + F_{bw} + F_{be} \quad (4-16)$$

式中：M、K 和 C 分别表示车辆和桥梁的质量、刚度和阻尼矩阵；上标 i（$i = 1, 2, \cdots, n$）表示在桥上行驶的第 i 辆车；下标 b 和 v 分别表示桥梁和车辆；d、$\dot{d}$ 和 $\ddot{d}$ 分别表示位移、速度和加速度矩阵；F_{vb}^i 和 F_{bv}^i 为第 i 辆车与桥梁之间的相互作用力；F_{vG}^i 和 F_{vw}^i 分别为第 i 辆车受到的重力和风荷载；F_{bd} 表示抗震黏滞阻尼器作用在桥梁上的阻尼力；F_{bw} 和 F_{be} 分别表示作用在桥上的风荷载和等效地震力。

作用在桥梁上的风力包括平均风引起的静风力、脉动风引起的抖振力和风与桥梁相互作用引起的自激力。这些作用力可以分解为升力、阻力和扭矩：

$$F_{bw} = \begin{bmatrix} L_b(x,t) \\ D_b(x,t) \\ M_b(x,t) \end{bmatrix} = \begin{bmatrix} L_{st} + L_{se}(x,t) + L_{bu}(x,t) \\ D_{st} + D_{se}(x,t) + D_{bu}(x,t) \\ M_{st} + M_{se}(x,t) + M_{bu}(x,t) \end{bmatrix} \quad (4-17)$$

式中：L、D 和 M 分别表示升力、阻力和扭矩，下标 st、se 和 bu 分别表示静风力、自激力和抖振力。静风力、自激力和抖振力的计算可以参考已有文献[9]，利用准静态方法[9]求解作用在车辆上的气动力 F_{vw}。

本书利用大质量法[1]施加作用在桥上的等效地震力 F_{be}，假设结构基础支撑节点上附着了大质量（结构总质量 $10^6 \sim 10^8$ 倍）的集中质量单元，释放支撑点在地震动输入方向的约束后，通过在大质量点上施加与地震作用方向相同的等效地震力 F_{be} 来模拟地震作用，施加在大质量点上的地震力为[10]：

$$F_{be} = -C_{as}\dot{U}_g - K_{as}U_g \qquad (4-18)$$

式中：下标 s 和 a 分别表示基础支撑点和非支撑点处自由度；$\dot{U}_g$ 和 U_g 为输入的地震动速度和位移时程。采用瑞利阻尼时，如果质量比例系数较大，大质量法得到的结果可能会误差较大，需要对地震波进行修正：

$$\ddot{U}_{g,new} = \ddot{U}_{gp} + \alpha \dot{U}_{gp} \qquad (4-19)$$

式中：$\ddot{U}_{g,new}$ 为修正后的加速度时程；$\ddot{U}_{gp}$ 为拟输入的地震动加速度；$\dot{U}_{gp}$ 为拟输入的地震动速度；α 为瑞利阻尼中质量比例系数，最终输入的地震动速度和位移时程由修正后的地震动加速度时程积分得到。

为了提高求解耦合振动方程［式（4-15）和（4-16）］的效率，本书采用分离迭代法来求解地震-风-车-桥耦合振动方程，即在每一个时间步内，采用 Newmark-β 数值积分法分别求解桥梁子系统和车辆子系统的运动方程，并通过迭代来满足车辆和桥梁系统之间的耦合关系。

4.5　数值算例

4.5.1　工况设置

车辆的布置情况如下：不同车道的车辆布置相同，每个车道上布置 6 辆车，车距设置为 200 m，车速为 20 m/s，路面粗糙度取路况很好时的情况。本书采用的车辆模型为相同的轻型卡车[11]，车辆模型参数如表 4-2 所示。为了研究运营阶段桥梁的振动响应，桥址处考虑 20 m/s 的平均风速，主梁和桥塔分别均匀布设了 115 和 13 个风速测点，如图 4-1（a）所示，主梁风速测点 D2 水平向和竖向的脉动风速时程如图 4-3 所示。假定地震波传播方向与桥纵轴夹角为 45°，传播速度为 1000 m/s。设计水平地震动峰值为 0.15g，假定竖向地震波的大小为水平向的 2/3。由于苏通大桥各支撑处地基土特性相近，因此没有考虑局部场地特征，苏通大桥场地特征周期为 0.75 s，特征频率为 8.38 rad/s，软土地基的阻尼比和过滤参数取 0.85[12]。地震动模拟的主要参数在表 4-3 中给出，形状参数 a_2 取 0.0667，使得地震动峰值发生在 15 s 处；振幅参数 a_1 取 0.1812，使得调制函数在地震

第4章 地震与风联合作用下车-桥耦合振动特性

动峰值处的值为1；作为说明，本算例采用了通过分析SMART-1地震仪阵列的数据得到的模型参数 A、α、β、ω_0 和 b 的估计值[12]。图4-4给出了苏通大桥桥墩基础N1、N5和N8位置处[图4-1（a）]的水平地震动时程，时程相关函数 R_{11}、R_{15} 和 R_{18} 的理论值和模拟值如图4-5所示，吻合较好，验证了地震动模拟的准确性。为了观察车-桥耦合系统在风荷载作用下的初始振动状态，假定车辆驶入桥梁第50 s时发生地震，持续时间为100 s。

表4-2 车辆模型的主要参数

参数	单位	值
车体质量	kg	6500
点头惯性矩	kg·m²	9550
侧滚惯性矩	kg·m²	3030
摇头惯性矩	kg·m²	100000
前轴质量	kg	800
后轴质量	kg	800
轮胎上部竖向弹簧刚度	kN/m	250
轮胎下部竖向弹簧刚度	kN/m	175
轮胎上部侧向弹簧刚度	kN/m	187.5
轮胎下部侧向弹簧刚度	kN/m	100
轮胎上部竖向/侧向阻尼系数	kN·s/m	2.5
轮胎下部竖向/侧向阻尼系数	kN·s/m	1
前轴到车体质心的距离	m	1.8
后轴到车体质心的距离	m	2
轮胎到车体质心的横向距离	m	1
车体正面面积	m²	6.5
车体质心离地面高度	m	1.65

表4-3 地震动主要参数取值

参数	值	参数	值
a_1	0.1812	A	0.626
a_2	0.0667	α	0.022
ω_g	8.38 rad/s	β	19700 m
ζ_g	0.85	b	3.47
ω_f	0.838 rad/s	ω_0	12.692 rad/s
ζ_f	0.85	S_0	0.0166 m²/s³
ω_u	126 rad/s	N	3000

(a)水平向

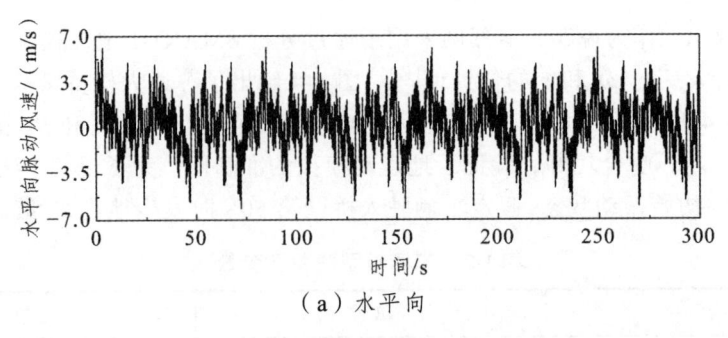

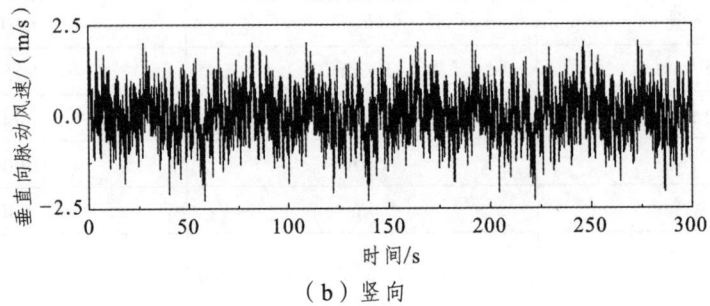

(b)竖向

图 4-3　主梁风速测点 D2 脉动风速时程

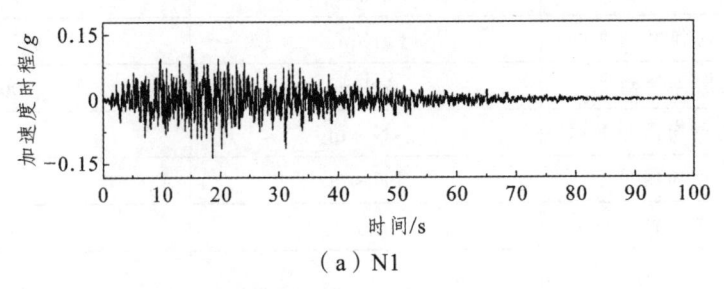

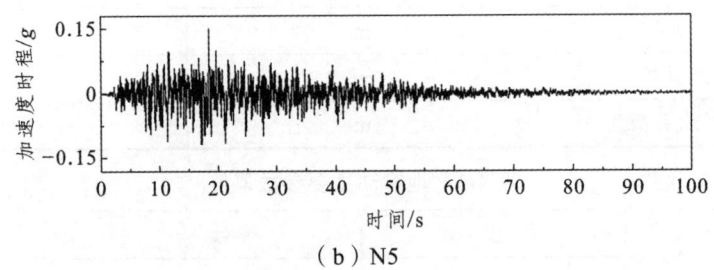

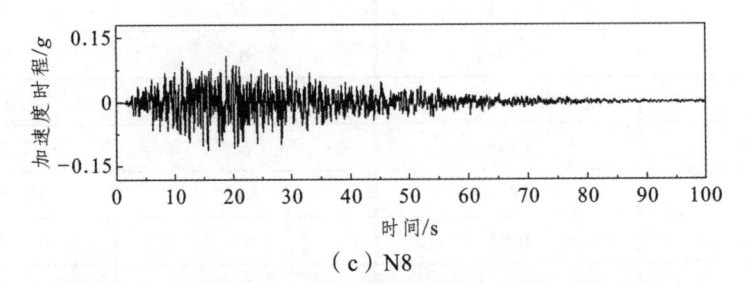

(a) N1

(b) N5

(c) N8

图 4-4　苏通大桥不同支撑位置处地面水平加速度时程

(a) R11

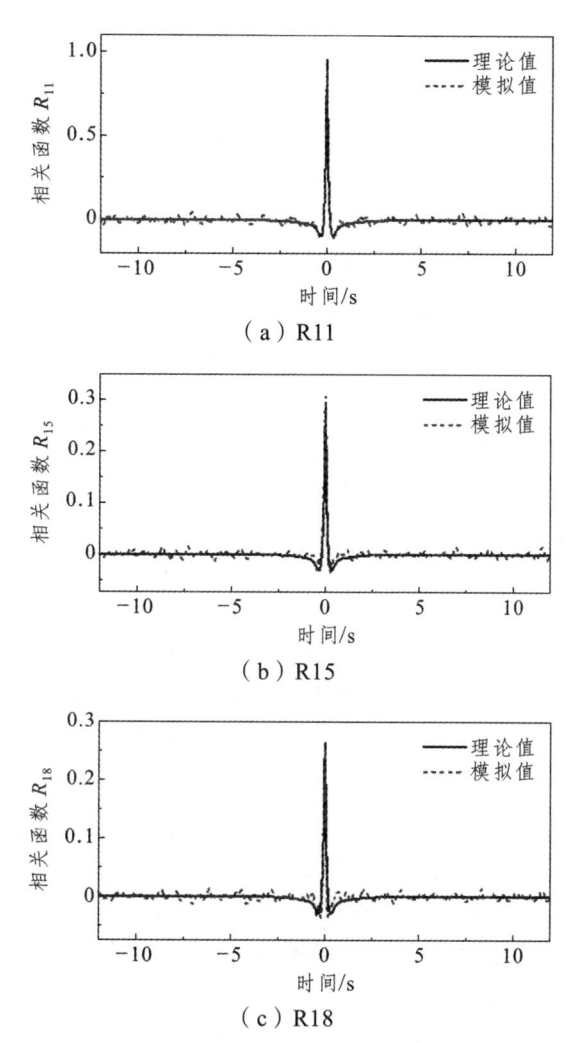

(b) R15

(c) R18

图 4-5 苏通大桥不同支撑位置处地面水平加速度时程相关函数的理论值和模拟值

4.5.2 地震与风的联合概率分布

本书主要关注的是当地震发生时，是否需要考虑风荷载的作用，需要考虑多大的风荷载。因此，本节主要研究地震发生时，不同强度风荷载发生的可能性。目前，地震和风的相关性研究较少，本书假设地震与风是两个相互独立的事件，考虑地震发生时，地震作用与不同强度风荷载同时发生的可能性即为相应风荷载发生的可能性。

极值 I 型分布常作为极值风速的概率分布模型，本书采用极值 I 型概率分布利用文献中已有的重现期风速计算不同重现期的风速。假设重现期为 N 天，则基本风速 U_N 的计算表达式为：

$$U_N = l - n\ln\left(\ln\left(\frac{N}{N-1}\right)\right) \tag{4-20}$$

式中：l 和 n 为模型参数。根据已有文献[13]，苏通大桥 10 年重现期风速为 32.1 m/s，100 年重现期风速为 38.9 m/s，由式（4-20）计算得到模型参数 $l = 7.8657$，$n = 0.3290$。根据得到的极值 I 型分布，分别计算了不同重现期的风速，计算结果如表 4-4 所示。

表 4-4 不同重现期的风速

重现期	7 天	1 月	2 月	3 月	1 年
风速/（m/s）	13.5	18.2	20.3	21.5	25.8

由表 4-4 可知，苏通大桥桥位处日常风荷载较大，7 天重现期风速有 13.5 m/s，1 年重现期风速达到 25.8 m/s。因此，在地震发生时，桥梁同时受到大风的可能性很大，本书以不到 2 个月重现期的 20 m/s 的风速为例，考虑苏通大桥在地震与风联合作用下的动力响应比较合理。

4.5.3 地震和风作用下的车-桥耦合系统响应

为了研究桥梁在不同荷载组合下的动力性能，采用 4.5.1 节的荷载设置，在车辆驶入桥梁第 50 s 发生地震，计算了 4 种荷载工况：①地震发生前（0～50 s）的车-桥系统；②地震发生前的风-车-桥系统；③地震发生后（50～150 s）的地震-车-桥系统；④地震发生后的地震-风-车-桥系统。由于地震发生后的车辆运行行为不在本书的研究范围内，因此假定车辆在地震发生后仍以原速行驶。同时，由于桥上车辆的运行速度对桥梁动力响应的影响很小，且车辆运行安全性和舒适性随车辆速度的增大而减小[14, 15]，车辆在地震发生后仍以原速行驶这一假定是合理且偏于安全的。数值计算得到主梁跨中的横向和竖向位移和内力时程如图 4-6 和图 4-7 所示，主梁跨中的位移极值在表 4-5 中列出。从表 4-5 可以看出，车辆荷载主要引起桥梁竖向振动，风荷载对桥梁的横向振动贡献较大，地震引起的桥梁的振动响应最大。

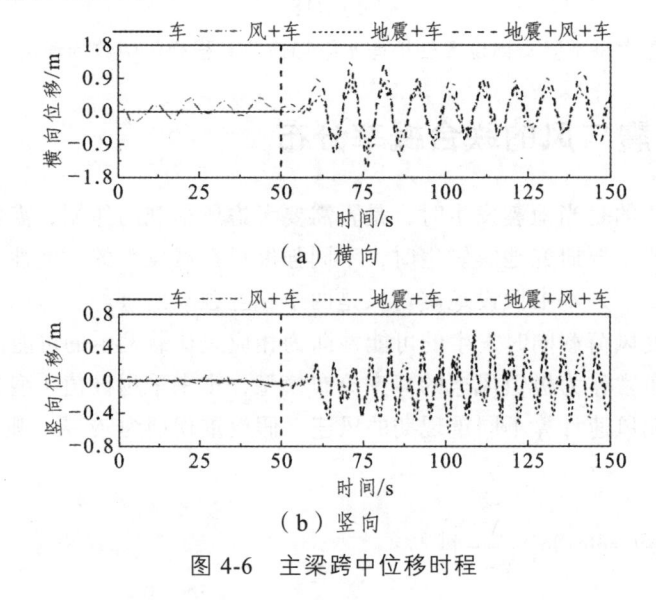

（a）横向

（b）竖向

图 4-6 主梁跨中位移时程

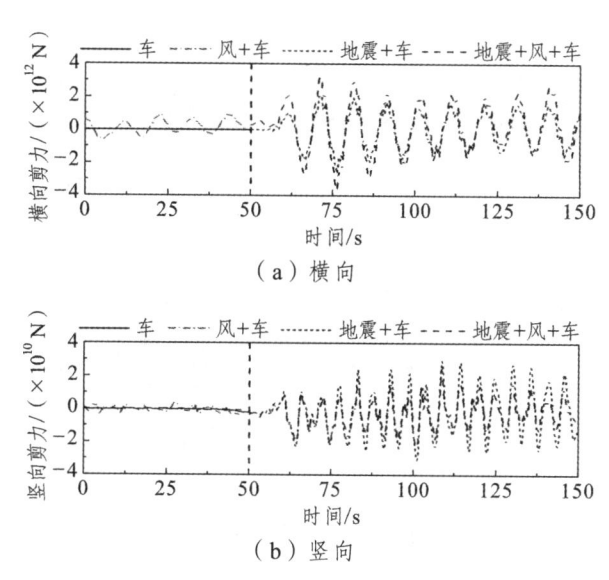

第4章 地震与风联合作用下车-桥耦合振动特性

图 4-7 主梁跨中剪力时程

表 4-5 地震、风和车辆作用下主梁跨中位移极值

工况	位移极值/m	
	横向	竖向
车	0.01	0.04
风 + 车	0.39	0.09
地震 + 车	1.12	0.63
地震 + 风 + 车	1.56	0.52

如图 4-6（a）所示，地震发生前（0~50 s），主梁的横向振动主要由风荷载引起，车辆引起的横向振动可以忽略；图 4-6（b）显示出主梁跨中的竖向振动主要是由风荷载和驶近跨中的车辆荷载共同引起的。然而，地震发生后（50~150 s），主梁跨中的横向和竖向振动急剧增大，地震对桥梁的横向和竖向位移起控制作用，与地震-车-桥系统中的桥梁响应相比，考虑风荷载会增加主梁跨中的横向振动，响应极值增大约40%，但对主梁跨中的竖向振动会有抑制作用，如图 4-6 所示。主梁跨中的横向和竖向剪力有相同的变化趋势，振动引起的横向剪力大于竖向剪力，如图 4-7 所示。

以图 4-1 所示的车道 4 上沿 X 轴正向行驶的最早进入桥梁的车辆为例，车辆在桥上行驶时的横向和竖向加速度时程如图 4-8 所示。由图 4-8 可见，地震发生前，风荷载作用下车辆的横向和竖向加速度极值均不到 $0.2g$。但地震发生后，地震和风荷载联合作用下的车辆加速度响应急剧增大，其中横向加速度极值超过 $0.5g$，竖向加速度极值接近 $1g$，可能引起车辆的侧滑或翻滚，地震激励成为影响车辆安全的控制因素。另外，同时考虑地震作用和风荷载并没有显著增加车辆的加速度响应。

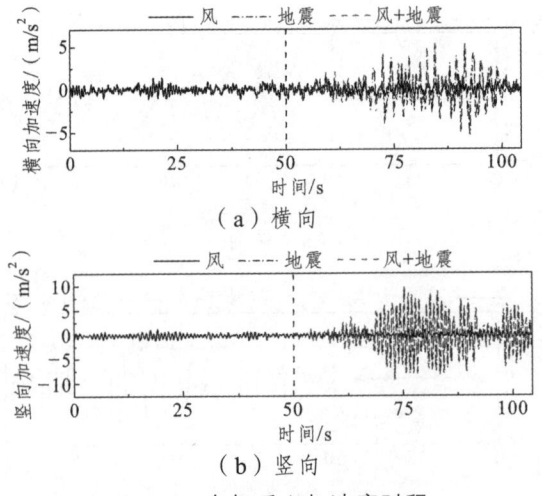

大跨度公路桥梁风-车-桥系统耦合振动分析理论及应用

图 4-8 车辆质心加速度时程

由上述分析可知，处于日常运营阶段的大跨度桥梁结构（仅承受风和车辆荷载）受到突发地震时，桥梁和桥上车辆动力响应将急剧增加，地震对车-桥系统的动力响应起控制作用。与地震-车-桥系统中的桥梁响应相比，考虑风荷载会增加主梁跨中的横向振动，响应极值增大约 40%，可见日常风荷载对大跨度桥梁振动的影响不可忽略。但风荷载对主梁跨中的竖向振动会有抑制作用。与地震-车-桥系统中的车辆响应相比，同时考虑地震作用和风荷载并没有显著增加车辆的加速度响应。

4.5.4 地震动空间变异性对地震-风-车-桥耦合系统响应的影响

为了研究地震动完全空间变异性对地震-风-车-桥耦合系统的影响，支撑处 N1～N8 施加考虑行波效应和相干效应的完全空间变异性的地震动时程，行波波速取 1000 m/s，并将得到的动力响应与仅考虑地震动行波效应时的动力响应进行对比。主梁跨中的横向和竖向位移时程如图 4-9 所示，车辆在桥上行驶时的加速度时程如图 4-10 所示。

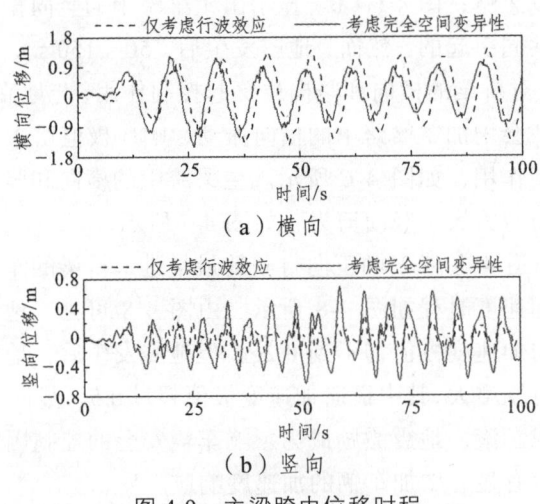

图 4-9 主梁跨中位移时程

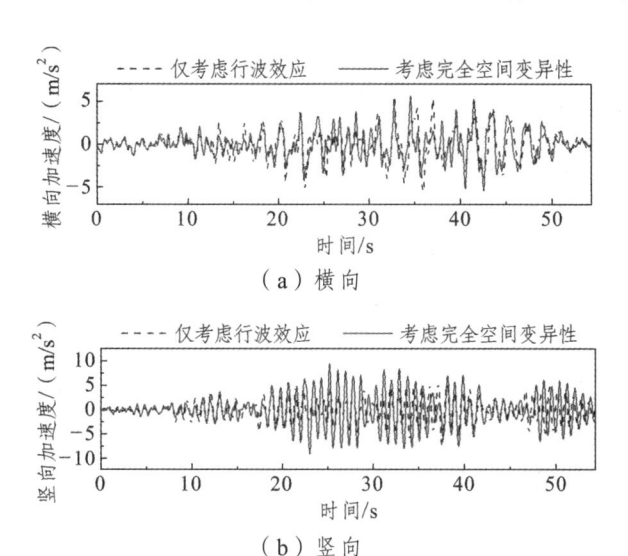

第4章 地震与风联合作用下车-桥耦合振动特性

(a) 横向

(b) 竖向

图 4-10 车辆质心加速度时程

如图 4-9 所示，考虑地震动完全空间变异性与仅考虑行波效应相比，主梁横向位移时程出现了一定的相位差，峰值出现的时刻发生了变化，主梁竖向位移时程不仅波形有很大差异，峰值大小和出现时刻均发生了变化。考虑地震动完全空间变异性后，车辆的加速度响应呈现出与主梁位移响应相同的变化规律，如图 4-10 所示。与仅考虑行波效应的振动响应相比，考虑地震动完全空间变异性的车桥横向振动响应变化非常小，但竖向振动响应变化很大。因此，仅考虑行波效应的车桥响应极值可能偏小，低估了车桥的动力响应，在地震动输入时需要考虑完全空间变异性的影响。

4.6 本章小结

本章主要研究了地震和风联合作用下的桥梁和车辆的动力响应，并进一步探究了地震动的行波效应和空间变异性对地震-风-车-桥耦合振动体系的影响。得出结论如下：

（1）处于日常运营阶段的大跨度桥梁结构（仅承受风和车辆荷载）受到突发地震时，桥梁和桥上车辆动力响应会急剧增加，地震动对车-桥系统的动力响应起控制作用。

（2）与地震-车-桥系统中的桥梁响应相比，考虑风荷载会增加主梁跨中的横向振动，但对主梁跨中的竖向振动会有抑制作用。相比于地震-车-桥系统中的车辆响应，同时考虑地震作用和风荷载并没有显著增加车辆的加速度响应。

（3）与地震-车-桥系统中的桥梁响应相比，考虑风荷载会增加主梁跨中的横向振动，响应极值增大约 40%，可见日常风荷载对大跨度桥梁振动的影响不可忽略。

（4）地震发生后，车辆的横向加速度极值超过 $0.5g$，竖向加速度极值接近 $1g$，可能引起车辆的侧滑或翻滚，车辆的运行行为有待进一步研究。

（5）地震动完全空间变异性使地震-风-车-桥耦合系统的车桥振动响应发生了很大的变化，在地震动输入时需要考虑完全空间变异性来保证得到的车桥响应结果偏于安全。

4.7 本章参考文献

[1] FU X D, QIAN S, ZHANG Y H, et al. Extension of the discontinuous deformation analysis method to simulate seismic response of a large rock cavern complex[J]. International Journal of Geomechanics, 2017, 17: 1-13.

[2] SHINOZUKA M, JAN C M. Digital simulation of random processes and its applications[J]. Journal of Sound and Vibration, 1972, 25: 111-128.

[3] DEODATIS G. Simulation of ergodic multivariate stochastic processes[J]. Journal of Engineering Mechanics, 1996, 122: 778-787.

[4] 同济大学. 公路桥梁抗风设计规范: JTG/T 3360-01—2018[S]. 北京: 人民交通出版社, 2018.

[5] DEODATIS G. Non-stationary stochastic vector processes: seismic ground motion applications[J]. Probabilistic Engineering Mechanics, 1996, 11: 149-167.

[6] CLOUGH R W, PENZIEN J. Dynamic of structures[M]. New York: McGraw-Hill, 2003.

[7] HARICHANDRAN R S, VANMARCKE E H. Stochastic variation of earthquake ground motion in space and time[J]. Journal of Engineering Mechanics, 1986, 112: 154-174.

[8] DER KIUREGHIAN A, CREMPIEN J. An evolutionary model for earthquake ground motion [J]. Structural Safety, 1989, 6 (2-4): 235-246.

[9] XU Y. Wind effects on cable-supported bridges[M]. New York: John Wiley & Sons, 2013.

[10] 周国良, 李小军, 刘必灯. 大质量法在多点激励分析中的应用、误差分析与改进[J]. 工程力学, 2011, 28: 48-54.

[11] 王春生, 陈惟珍, 陈艾荣. 既有钢桥工作状态模拟与剩余寿命评估[J]. 长安大学学报（自然科学版）, 2004, 24: 43-47.

[12] KIUREGHIAN A D. A coherency model for spatially varying ground motions[J]. Earthquake Engineering & Structural Dynamics, 1996, 25: 99-111.

[13] 刘聪, 黄世成, 朱安祥. 苏通长江公路大桥设计风速的计算与分析[J]. 应用气象学报, 2006, 17: 44-51.

[14] ZHU J, ZHANG W, WU M X. Coupled dynamic analysis of the vehicle-bridge-wind-wave system[J]. Journal of Bridge Engineering, 2018, 23: 04018054.

[15] CHEN S R, WU J. Dynamic performance simulation of long-span bridge under combined loads of stochastic traffic and wind[J]. Journal of Bridge Engineering, 2010, 15: 219-230.

第5章 地震、风和波浪联合作用下车–桥耦合振动特性

5.1 引　言

对于沿江或沿海的大跨度桥梁，所处环境不仅风大而且浪高，导致桥梁结构会受到巨大的波浪作用。最近的一些研究[1-3]显示，日常波浪作用对沿江或沿海的大跨度桥梁的动力性能影响很大，不能忽略。这些深水大跨度桥梁具有基础尺寸大、主跨轻柔、阻尼小、刚度小等特点，不仅对车辆、风和波浪等运营阶段的荷载作用非常敏感，还可能会受到地震、台风、海啸等极端荷载的袭击。这些运营荷载的长期持续作用以及偶发极端荷载的突然作用会直接影响到深水大跨度桥梁结构的安全性和耐久性。保持大跨度桥梁的安全性和长期使用性是桥梁设计关注的关键问题。为了恰当地评估桥梁结构的安全性和使用性风险，合理地预测大跨度桥梁结构在运营荷载和极端荷载组合作用下的动力性能变得至关重要。由于深水大跨度桥梁每天都会受到运营风、浪和车辆荷载的作用以及极端地震作用的相对复杂性和重要性，本章主要研究了地震、车、风和波浪联合作用下桥梁结构的动力响应。

当突发地震时，地震会伴随着海床的运动，海床的运动会进一步加剧波浪的运动，导致地震-波浪-桥梁耦合振动机理十分复杂。首先，本章基于非线性Morison方程，建立了地震作用下桥墩波浪力模型，该模型能较好地模拟地震对相应桥梁波浪力的影响。其次，在作者建立的地震-风-车-桥振动分析系统的基础上，本章建立了针对运营阶段的深水大跨度桥梁的地震-风-浪-车-桥振动分析数值仿真系统。采用该系统，以苏通大桥为例，本章系统地研究了地震、风和波浪联合作用下桥梁和车辆的动力响应，并对车辆运行的安全性进行了分析。可以利用开发的振动分析系统对深水大跨度桥梁及其桥上行驶车辆进行更加精细的动态行为分析，以帮助设计师和工程师对深水大跨度桥梁进行更加全面的全寿命设计和风险评估。

5.2 工程概况及荷载设置

同样，本章以苏通大桥作为数值算例的研究对象，考虑车辆、风、波浪和地震的联合作用。车辆模型采用轻型卡车作为车辆模型，车道布置为双向六车道，每个车道有6辆车，车距为200 m，车速设置为72 km/h，路面粗糙度取为路况很好时的情况。根据桥

址处的气象水文条件，数值算例考虑了4种不同的风浪条件（W1~W4），如表5-1所示。在实际应用中，入射风和波浪可能发生在不同的方向上。研究发现风浪同时作用在桥梁横向时引起的结构动力响应最大[1]，因此研究中假设风和波浪都作用在桥梁的横向上。

表 5-1 桥址处的风浪条件

风浪条件	波高 H_s/m	波浪周期 T_p/s	波浪波长/m	平均风速 $\overline{U}$ /（m/s）
W1	1	4.5	31.49	5
W2	3	8	95.00	10
W3	5	10.5	144.68	20
W4	7	12.5	182.71	25

5.3 地震-风-浪-车-桥系统振动方程

5.3.1 考虑地震效应的桥梁-波浪作用

19世纪50年代，Morison针对小直径的单桩提出了经典Morison公式。当桩的直径与波浪的波长之比小于0.2时，波浪在流经结构时流场受到的影响较小可以忽略，从而可以利用Morison公式来求解结构受到的波浪力。当考虑地震作用时，结构的绝对运动可以分解为结构相对地面的运动与地面运动之和，此时可以采用扩展的Morison公式来计算地震作用下波浪-桩相互作用力。波浪-桩相互作用力 F_{bw} 可以分解为与波浪速度相关的拖曳力分量和与波浪加速度相关的惯性力分量[1]：

$$F_{bw} = \frac{1}{2}\rho_w C_D A \left(u_w - u_b - u_g\right)\left|u_w - u_b - u_g\right| + \rho_w V \dot{u}_w + (C_M - 1)\rho_w V \left(\dot{u}_w - \dot{u}_b - \dot{u}_g\right) \quad （5-1）$$

式中：ρ_w 表示水的密度；V 和 A 分别表示结构的迎水体积和面积；$\dot{u}_w$ 和 u_w 分别表示水粒子的加速度和速度；$\dot{u}_b$ 和 u_b 分别表示结构相对于地面的加速度和速度；$\dot{u}_g$ 和 u_g 分别表示地震动的加速度和速度；C_D 和 C_M 分别表示拖曳力和惯性力系数，拖曳力系数和惯性力系数反映了水的黏滞效应和惯性效应，可依据海港水文规范[4]确定。当结构迎水面宽度 D 与波浪波长 L 之比小于0.2时，属于小尺度结构，可以利用Morison公式进行求解[2]。依据港口与航道水文规范[4]，桩基的拖曳力系数 C_D = 1.2，惯性力系数 C_M = 2.0。对于大体积承台，承台的存在对波浪运动有显著影响，需要考虑波浪的绕射效应，应对水动力系数进行修正。由于主塔下矩形截面承台属于大尺度结构（D/L>0.2，D 为承台短边尺寸，这里假定波浪沿横桥方向作用），按照文献[5]中提出的惯性力系数 C_M 和尺度 D/L 关系曲线对惯性力系数进行修正，此时拖曳力系数 C_D 依据海港水文规范[4]取2.0。以表5-1中的风浪条件W3中的波浪荷载为例，此时尺度 D/L 为0.332，按照关系曲线修正后的惯性力系数 C_M 为1.292。

第 5 章　地震、风和波浪联合作用下车-桥耦合振动特性

承台对下部群桩的影响是非常复杂的，与承台的几何尺度、形状和吃水深度都有关系，承台效应可能会使群桩受力增大，也可能减小[6]。同时，承台随着淹没深度的不断增加，其对下部群桩的影响是逐渐弱化的。当承台淹没深度一定时，相对波高越大，承台对下部群桩的影响也越大。由于承台波浪力和群桩波浪力的相互影响问题比较复杂，且对其进行物理模型试验比较困难，因此未考虑承台和群桩波浪力的相互影响。

群桩基础是沿江或沿海的大跨度桥梁经常采用的基础形式，可能会受到较大的波浪力作用。桥梁受到的波浪作用可能会对承载构件造成破坏或者影响结构的整体稳定性。大跨度桥梁的破坏不仅会造成较大的经济损失，而且还会造成广泛的环境破坏，因此对于采用群桩基础设计的大跨度桥梁的安全设计显得尤为重要。对于群桩基础，只有在桩间距足够大时，才可以认为波浪中的两个或多个桩与单个孤立桩受到的波浪作用相同。然而对于桩间距较近的群桩基础，由于不同桩的相互干扰作用，桩周围的流场会发生较大的变化，因此群桩受到的波浪作用与单个孤立桩受到的波浪作用相比会发生较大的变化。在群桩基础中，邻近桩对单个细长桩上受到的波浪作用影响显著，因此不能把用于计算单桩波浪力的 Morison 公式直接用来计算群桩基础的波浪力。

对于群桩基础，计算桩基上的波浪力需要考虑群桩效应，通常通过试验确定群桩系数来考虑群桩基础的群桩效应。Mindao 等[7]引入了干扰系数和遮挡系数来考虑并排和串联布置的群桩基础的群桩效应。Bonakdar 等[2]和 Bonakdar 与 Oumeraci[3]基于大量的试验测试系统地研究了群桩基础-波浪相互作用力，并提出了与 KC 数（Keulegan-Carpenter number）和桩相对间距 S_G/D（S_G 表示桩与桩之间的中心距，D 表示桩的直径）有关的群桩中单桩波浪力的计算公式。对于所有布置的群桩形式进行观测，均未观察到明显的遮挡效应。当桩相对间距 S_G/D 为 0.75～2 时，遮挡系数 K_z = 0.9～1.1 且与 KC 数无关。此外，研究发现相干系数 K_g 与 KC 数和 S_G/D 有关且中间桩的波浪力大于边桩的波浪力，这是中间桩受到两侧边桩的影响导致的。一些学者在试验中也观察到了同样的变化规律[8,9]。因此，本章采用文献［10］提出的波浪力群桩系数来计算群桩中的单桩波浪力：

$$K_z = 1 \tag{5-2}$$

$$K_g = \begin{cases} 1.265 - 0.225\ln(S_G/D) & \text{（中间桩）} \\ 1 & \text{（边桩）} \end{cases} \tag{5-3}$$

式中：遮挡系数 K_z 和相干系数 K_g 是根据力的比值 F_{Group}/F_{Single} 定义的，其中 F_{Group} 表示单桩在群桩基础中受到的波浪力，F_{Single} 表示单个孤立桩受到的波浪力。

5.3.2　系统振动方程

基于建立的地震-风-车-桥系统，利用 Morison 公式模拟考虑地震效应的桥梁-波浪作用力，建立了地震-风-浪-车-桥振动分析数值仿真系统，地震-风-浪-车-桥系统的振动方程为：

$$\begin{cases} \boldsymbol{M}_v^i \ddot{\boldsymbol{d}}_v^i + \boldsymbol{C}_v^i \dot{\boldsymbol{d}}_v^i + \boldsymbol{K}_v^i \boldsymbol{d}_v^i = \boldsymbol{F}_{vb}^i + \boldsymbol{F}_{vG}^i + \boldsymbol{F}_{vwind}^i \\ \boldsymbol{M}_b \ddot{\boldsymbol{d}}_b + \boldsymbol{C}_b \dot{\boldsymbol{d}}_b + \boldsymbol{K}_b \boldsymbol{d}_b = \sum_{i=1}^n \boldsymbol{F}_{bv}^i + \boldsymbol{F}_{bwind} + \boldsymbol{F}_{bw} + \boldsymbol{F}_{bd} + \boldsymbol{F}_{be} \end{cases} \quad (5\text{-}4)$$

式中：M、K 和 C 分别表示车辆子系统和桥梁子系统的质量、刚度和阻尼矩阵；上标 i（$i = 1,2,3,\cdots,n$）表示在桥上行驶的第 i 辆车；下标 b 和 v 分别表示桥梁和车辆；d、$\dot{d}$ 和 $\ddot{d}$ 分别表示位移、速度和加速度矢量；F_{vb}^i 和 F_{bv}^i 分别表示第 i 辆车与桥梁之间的相互作用力；F_{vG}^i 和 F_{vwind}^i 分别表示第 i 辆车受到的重力和风作用力；F_{bw}^i 表示作用在桥梁基础上的波浪力；F_{bd}^i 表示抗震黏滞阻尼器作用在桥梁上的阻尼力；F_{bwind} 和 F_{be} 分别表示作用在桥梁上的风作用力和等效地震力。本章利用 Newmark-β 数值积分方法通过分离迭代的方式可以求解桥梁子系统和车辆子系统的振动方程，得到车桥系统的动力响应。

5.4 运营车辆、风和波浪荷载作用下桥梁的动力响应

为了评估桥梁在运营荷载作用下的动力性能，这里考虑 4 种运营荷载的工况：①只考虑车辆荷载；②只考虑风荷载；③只考虑波浪荷载；④同时考虑车辆、风和波浪荷载。本算例采用了表 5-1 中的风浪条件 W3（$U = 20$ m/s、$H_s = 5$ m、$T_p = 10.5$ s）来分析桥梁结构在不同运营荷载工况下的动力响应。采用 5.2 节给出的车辆布置，同时这里只考虑了车流在桥上行驶时的情况。

图 5-1 分别给出了 4 种运营荷载工况下主梁跨中的竖向和横向位移时程。如图 5-1（a）所示，车辆荷载和风荷载引起的主梁跨中的竖向位移比较大，与这两个荷载引起的主梁竖向位移相比，波浪荷载引起的竖向振动非常小，小到可以忽略不计。此外，从图 5-1（a）中还可以看出，在车流刚刚驶入桥梁或驶离主梁跨中时，车辆荷载对主梁跨中竖向位移的贡献很小，脉动风控制着主梁跨中的竖向振动。当车流驶近主梁跨中时，主梁跨中的竖向位移主要由车辆荷载和脉动风荷载引起，车流和脉动风分别主要贡献了主梁竖向振动的平均响应和波动响应。这是因为随着车辆驶近跨中，车辆竖直向下的重力对主梁跨中的影响越来越大。对于图 5-1（b）中显示的主梁横向振动响应，主梁跨中的横向位移主要由脉动风荷载和波浪荷载引起，与这两个荷载引起的横向振动相比，车辆荷载引起的横向振动响应非常小，小到可以忽略不计。这是由于算例中的风浪作用在桥梁横向，而车辆的重力作用在桥梁的竖向导致的。风荷载引起的主梁横向振动响应是波浪荷载引起的主梁横向振动响应的 5~6 倍，风荷载是控制主梁横向振动的主要因素，如图 5-1（b）所示。

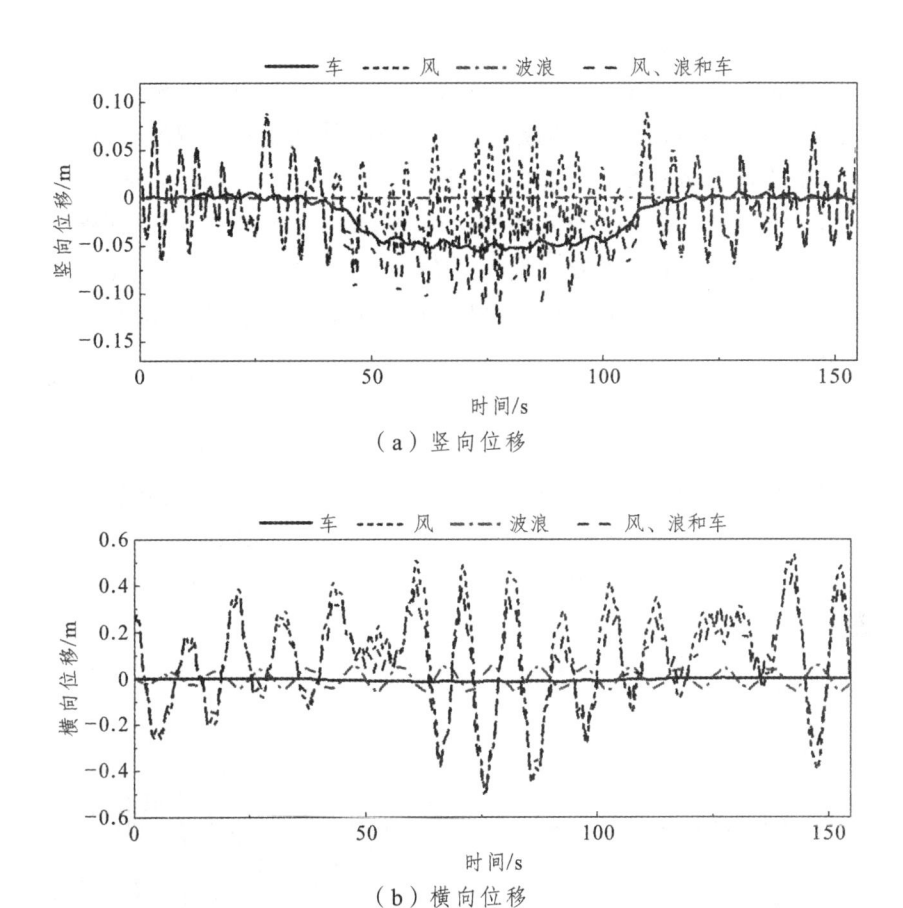

第 5 章 地震、风和波浪联合作用下车-桥耦合振动特性

(a) 竖向位移

(b) 横向位移

图 5-1 不同运营荷载组合作用下主梁跨中的动力位移时程

5.5 地震与运营车辆、风和波浪荷载作用下桥梁的动力响应

由于地震的突发性，车辆在地震发生时还来不及撤离桥梁。当地震发生时，跨海大桥除了同时受到风荷载和波浪荷载的作用外，桥上仍保持着正常交通。因此，跨海大桥同时受到风、浪、车辆和地震联合作用的荷载工况是一种值得深入研究的现实情况。本节的风浪荷载采用与 5.2 节相同的荷载工况，即 $U = 20$ m/s、$H_s = 5$ m、$T_p = 10.5$ s。此外，数值模型的持续时间从车流上桥开始取 150 s，前 50 s（0~50 s）只有运营风、浪和车辆荷载，地震发生在车流上桥的第 50 s 并持续了 100 s（50~150 s）。

图 5-2 显示了不同荷载组合作用下主梁跨中的竖向和横向位移时程。从图 5-2（a）和图 5-2（b）中可以看出，与地震发生前的车辆、风和波浪作用下的桥梁振动响应相比，地震发生后桥梁的竖向和横向振动响应显著增大，地震作用成为主梁竖向和横向振动的

控制因素。此外，与车辆和地震作用下的桥梁结构的横向振动位移相比，考虑风浪作用后桥梁结构的横向振动位移增大；而与车辆和地震作用下的桥梁结构的竖向振动位移相比，考虑风浪作用后桥梁结构的竖向振动位移减小。由此可以发现风浪荷载对于主梁的竖向振动有抑制作用，而放大了主梁的横向振动。为了更好地说明桥梁结构的动力特性，图 5-3 给出了主梁跨中的竖向位移和横向位移响应谱。与主梁竖向和横向相关的振型在外荷载的作用下被激发，特别是被激发的一阶竖向和横向振型对应的幅值较大，如图 5-3（a）和图 5-3（b）所示。从图 5-3 中可以看出，与地震-车-桥系统相比，考虑风浪荷载减小了主梁跨中竖向位移响应谱的幅值，却增大了主梁跨中横向位移响应谱的幅值。

在地震发生后，仅考虑车辆和地震作用下桥梁结构的竖向位移极值为 -0.63 m，考虑车辆、地震、风和波浪联合作用下的桥梁结构的竖向位移极值为 -0.44 m，考虑风浪作用后桥梁结构的竖向位移极值的大小减小了 30.2%；仅考虑车辆和地震作用下桥梁结构的横向位移极值为 -1.12 m，考虑车辆、地震、风和波浪联合作用下的桥梁结构的横向位移极值为 -1.54 m，考虑风浪作用后桥梁结构的横向位移极值的大小增大了 37.5%。

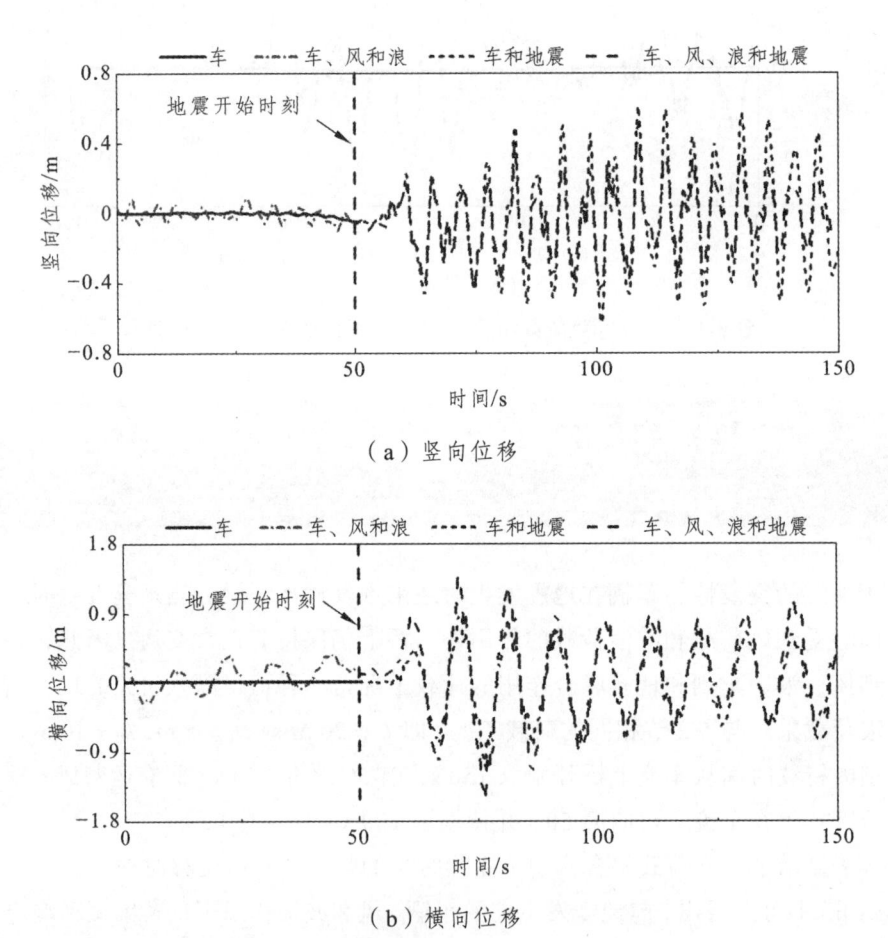

（a）竖向位移

（b）横向位移

图 5-2 运营荷载和地震作用下主梁跨中的动力位移时程

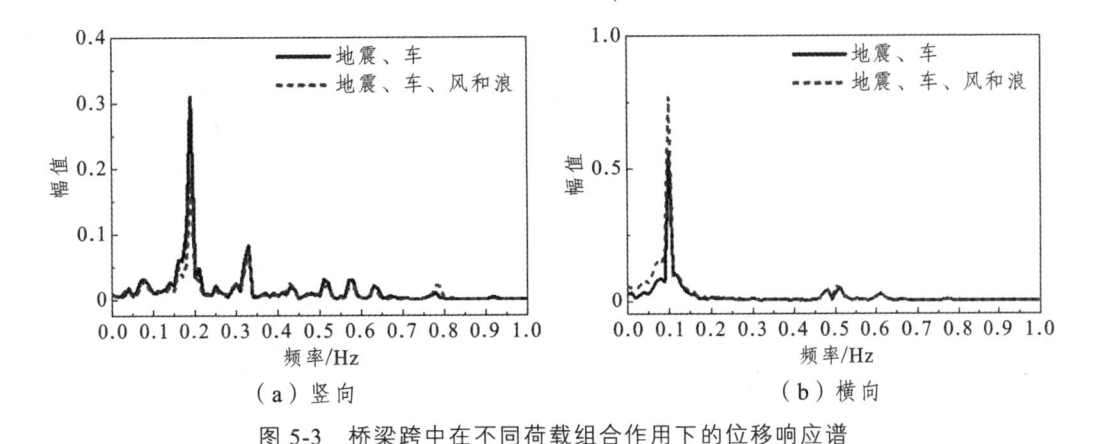

第 5 章 地震、风和波浪联合作用下车-桥耦合振动特性

图 5-3 桥梁跨中在不同荷载组合作用下的位移响应谱

5.6 桥梁响应的统计分析

在桥梁设计中，通常选取响应极值作为结构安全的控制指标。图 5-4 给出了主梁跨中在 5 种不同荷载工况下的横向和竖向位移响应极值。本节采用的风浪条件为表 5-1 中的 W3（$U = 20$ m/s、$H_s = 5$ m、$T_p = 10.5$ s），同时采用 5.2 节给出的车辆布置。在不同的荷载工况中，图 5-4 显示出引起主梁位移极值最大的荷载工况都包含了地震作用。地震、风、浪和车辆的联合作用引起的主梁横向位移极值最大，而地震和车辆的荷载组合引起的主梁竖向位移极值最大。运营荷载和地震作用下的主梁横向位移极值为 1.54 m，竖向位移极值为 0.44 m。与只有地震作用引起的位移极值相比，考虑车辆荷载作用后的主梁竖向位移极值增大了 6.8%，而横向位移极值减小了 2.1%。可以看出，车辆荷载的出现增大了桥梁结构地震响应的竖向振动，而抑制了结构地震响应的横向振动，这是由于车辆的重力作用增大了结构的竖向振动，而车桥间的相互作用力减小了结构的横向振动。如果再考虑风浪荷载后，与仅考虑车辆和地震作用相比，风浪荷载抑制了主梁竖向响应 30.2%，而增大了主梁横向响应 37.5%。

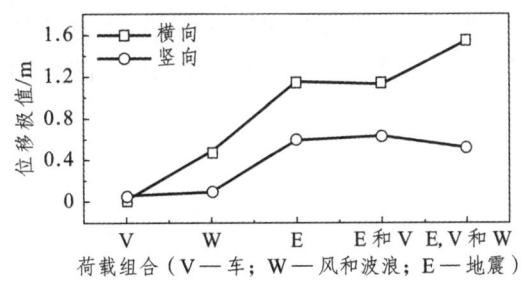

图 5-4 5 种不同荷载组合作用下主梁跨中的位移极值

为了进一步观察地震作用对在役跨海大桥横向振动响应的影响程度，本节对地震-桥和地震-风-浪-桥系统在不同地震动峰值加速度下的振动响应进行了对比分析，由于车辆荷载对主梁的横向振动贡献很小，因此没有考虑。风浪条件取表 5-1 中的 W3，即 $U = $

20 m/s、H_s = 5 m、T_p = 10.5 s。罕遇地震动加速度的峰值设定为设计地震动峰值加速度的 3/2，假设地震动峰值加速度从 0.025g 增加到罕遇地震动峰值加速度 0.225g。在不同峰值加速度的地震动作用下，计算桥梁结构的地震响应和考虑风浪荷载的桥梁结构的地震响应。

图 5-5 显示了主梁跨中在仅有地震作用下的横向位移极值和在考虑地震、风和波浪联合作用下的横向位移极值。作为对比，图 5-5 中也给出了仅考虑风和波浪荷载时的主梁横向位移极值。从图 5-5 中可以观察到主梁响应在地震动峰值加速度较小时（小于 0.0625g）主要由风浪荷载控制。当地震动峰值加速度增大到 0.0625g 时，风浪荷载引起的主梁的横向位移极值和仅考虑地震作用引起的位移极值是相同的。当地震动峰值加速度继续增大时，地震引起的主梁横向位移超过了风浪荷载引起的主梁横向位移。当地震动峰值加速度增大到 0.15g 时，地震作用引起的主梁振动响应超过了风浪荷载作用的两倍。随着地震动峰值加速度由小到大，桥梁结构的动力响应经历了由风浪荷载控制、风浪荷载和地震作用共同控制以及地震作用控制 3 个阶段。

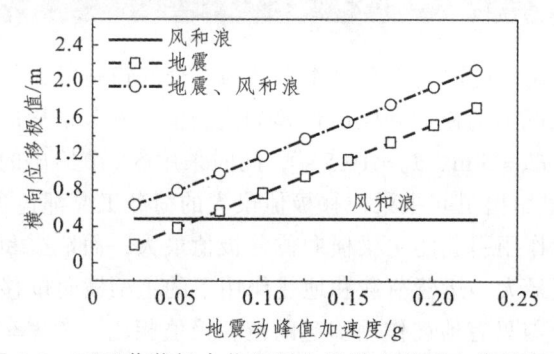

图 5-5 不同荷载组合作用时主梁跨中的横向位移极值

此外，本节计算了在设计地震动（地震动峰值加速度为 0.15g）的作用下，主梁在不同风浪条件下（表 5-1）的横向振动响应。图 5-6 显示了主梁跨中和左桥塔塔顶受到设计地震动作用时在不同风浪条件下（W1～W4）的横向位移极值。结果表明，桥梁结构的横向位移随着风浪强度的增大而增大，桥梁主梁跨中动力响应的变化大于桥塔塔顶动力响应的变化。当风浪条件从 W1 增大到 W4 时，主梁跨中的横向位移极值从 1.181 m 增大到 1.883 m（增加 59.5%），左桥塔塔顶处的横向位移极值从 0.591 m 增大到 0.667 m（增加 12.8%）。

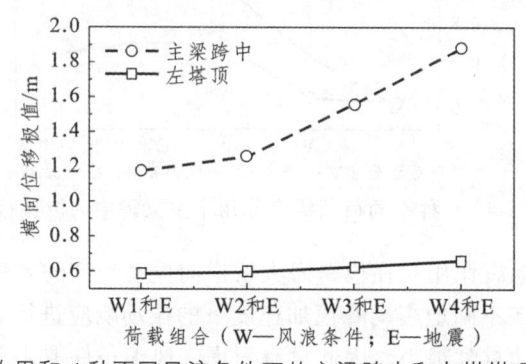

图 5-6 地震作用和 4 种不同风浪条件下的主梁跨中和左塔塔顶横向位移极值

5.7 运营荷载和地震作用下车辆的动力响应

车辆的舒适性和安全性主要取决于车辆的加速度响应，车辆的加速度响应可以从地震-风-浪-车-桥动力系统中计算得出。本节的荷载工况设置采用与 5.2 节相同的地震动、风荷载和波浪荷载，同时选取车道 1 沿 X 轴正向行驶的第一辆车作为代表车辆来研究车辆竖向加速度的响应和横向加速度的响应。

如图 5-7 所示，在地震发生前（0~50 s），车辆的竖向和横向加速度极值均不大于 $0.2g$。但在地震发生后，车辆的竖向和横向加速度的动力响应都急剧增大，地震激励成为影响车辆安全性的控制因素。从图 5-7 中也可以看出，与仅考虑地震作用的车辆加速度响应相比，同时考虑地震作用和风浪荷载并没有显著增加车辆的加速度响应。

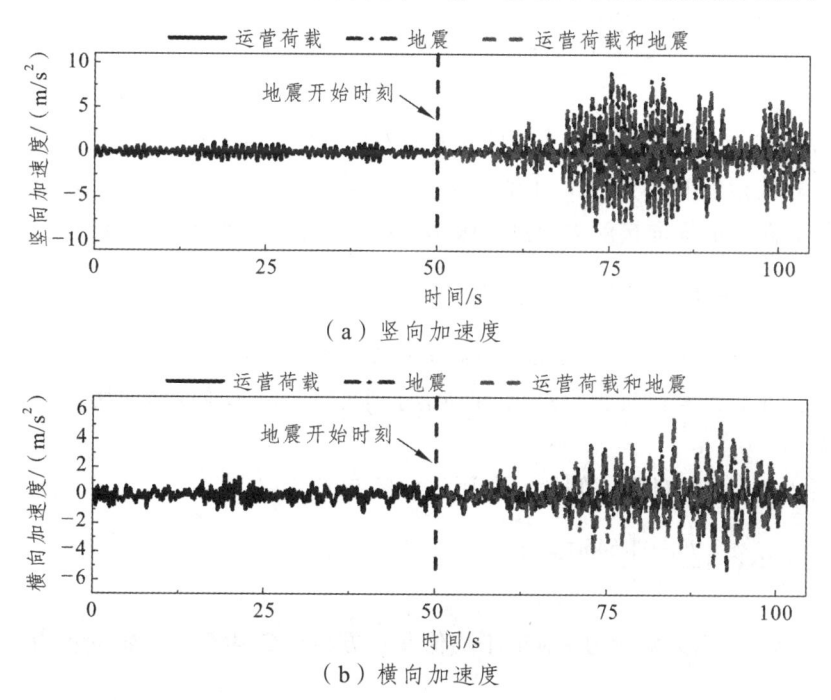

(a) 竖向加速度

(b) 横向加速度

图 5-7 运营荷载和地震作用下代表车辆的动力加速度时程

5.8 车辆安全性分析

5.8.1 车辆安全性分析评估指标

近几十年来，为了满足日益增长的交通需求，世界各地修建了越来越多的跨海大桥。这些大跨度桥梁通常具有低阻尼和低刚度的特性，因此它们对环境激励非常敏感，在环境激励的作用下容易引起振动。同时，作为沿海地区交通系统的枢纽，这些大跨度桥梁通常每天承载着大量的交通作用。研究发现，大跨度桥梁-车辆系统和环境激励间的复杂动力效应不仅对桥梁的动力性能有显著影响，而且对桥上行驶车辆的安全性也有显著影响。因此，在不同环境激励的作用下，研究桥上行驶车辆的安全性十分必要。

车辆安全性分析是基于车轮和桥梁接触力来评估的，因为接触力是反映车辆运行稳定状态的可靠指标。因此，本节引入了侧翻安全准则（RSC）和侧滑安全准则（SSC）来进行车辆的安全性评估，两个安全准则可以通过车辆和桥面的接触力来定义。Liu[5]首先提出了车辆的侧翻安全评估指标，这个指标是根据车轮脱空时车轴的负载转移率推导得出的。在此基础上，Chen 等[4]将其修改为更为保守的车辆侧翻安全评估指标 RSC：

$$\text{RSC} = \min\left(\left|\frac{\sum_{i=1}^{m} F_{\text{v}li} + F_{\text{v}ri}}{\sum_{i=1}^{m} F_{\text{v}li} - F_{\text{v}ri}}\right|\right) \geq 1.2 \qquad (5\text{-}5)$$

式中：$F_{\text{v}li}$ 和 $F_{\text{v}ri}$ 分别表示第 i 个车轴的左侧和右侧车轮竖向接触力；m 表示车轴的个数。当侧翻安全评估指标 RSC≤1.2，车辆就会发生侧翻事故。

当车轮和路面的横向接触力超过极限阻力时，侧滑事故就会发生。侧滑阻力定义为：

$$F_{\text{SR}} = \mu_{\text{s}}(F_{\text{v}l} + F_{\text{v}r}) - (F_{\text{h}l} + F_{\text{h}r}) \qquad (5\text{-}6)$$

式中：摩擦系数 $\mu_{\text{s}} = 0.7$，用来考虑干燥路面的情况；$F_{\text{v}l}$ 和 $F_{\text{v}r}$ 分别表示左侧车轮的竖向接触力和右侧车轮的竖向接触力；$F_{\text{h}l}$ 和 $F_{\text{h}r}$ 分别表示左侧车轮的横向接触力和右侧车轮的横向接触力。

在侧滑力 F_{SR} 的基础上，侧滑安全评估指标 SSC 定义为[4]：

$$\text{SSC} = \frac{\overline{F}_{\text{SR}} - 1.645\sigma_{\text{SR}}}{0.2\mu_{\text{s}}G_{\text{a}}} \geq 1 \qquad (5\text{-}7)$$

式中：$\overline{F}_{\text{SR}}$ 和 σ_{SR} 分别为侧滑力 F_{SR} 的平均值和均方根；G_{a} 为最轻车轴的重力。

5.8.2 不同因素对车辆行驶安全性的影响

（1）风浪荷载和地震动峰值加速度的影响

图 5-8 显示了在各种风浪条件（表 5-1）和地震动峰值加速度下，以 20 m/s（72 km/h）的速度在车道 1 上行驶的代表车辆的侧翻安全性指标 RSC 和侧滑安全指标 SSC。从图 5-8（a）和图 5-8（b）中可以看出，车辆的行驶稳定性随着风浪荷载的强度或者地震动峰值加速度的增加而降低。当风浪条件从 W1 增大到 W4 时，侧翻安全性指标 RSC 的临界地震动峰值加速度从 $0.125g$ 降到 $0.05g$，侧滑安全性指标 SSC 的临界地震动峰值加速度从 $0.078g$ 降到 $0.03g$。从图 5-8 中还可以发现，在不同风浪条件下，安全性指标随着地震

第5章 地震、风和波浪联合作用下车-桥耦合振动特性

动峰值加速度的增大而趋于收敛。这是因为只有当地震作用较弱时,风和波浪荷载才会对行驶车辆的安全性影响较大,而在地震动峰值加速度较大时地震将会成为影响车辆安全性的控制因素。

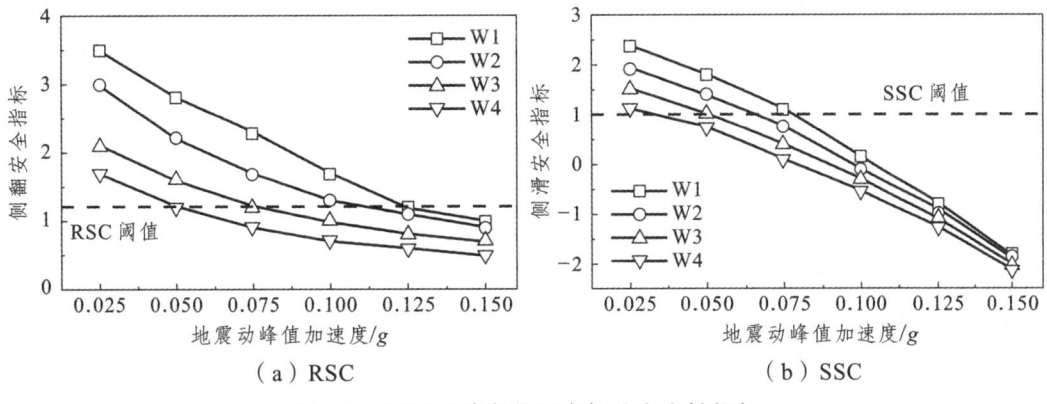

(a) RSC

(b) SSC

图 5-8 不同风浪条件下车辆的安全性指标

(2) 车速和车道位置的影响

图 5-9 显示了在风浪条件 W3 的情况下,在车道 1 上行驶的代表车辆的安全性指标随着车速和地震动峰值加速度的变化。从图 5-9(a) 和图 5-9(b) 中可以看出,车辆安全性指标 RSC 和 SSC 随着车速和地震动峰值加速度的增大而降低。对于相同的车辆行驶速度,车辆的安全性指标随着地震峰值加速度的不断增大而降低;对于相同的地震动峰值加速度,车辆的安全性指标随着车辆行驶速度的不断提高也不断降低,如图 5-9 所示。图 5-10 显示了代表车辆以 20 m/s(72 km/h) 的速度在 3 个不同车道上行驶的安全性指标。从图 5-10 中可以观察到,迎风侧的车道 1 是最不利于车辆行驶安全的位置。当车辆的行驶位置从车道 1 变到车道 3 时,安全性指标 RSC 的临界地震动峰值加速度分别从 $0.075g$ 提高到 $0.107g$,安全性指标 SSC 的临界地震动峰值加速度分别从 $0.05g$ 提高到 $0.064g$。因此可以看出,在内侧车道行驶的车辆比外侧车道行驶的车辆更加安全。

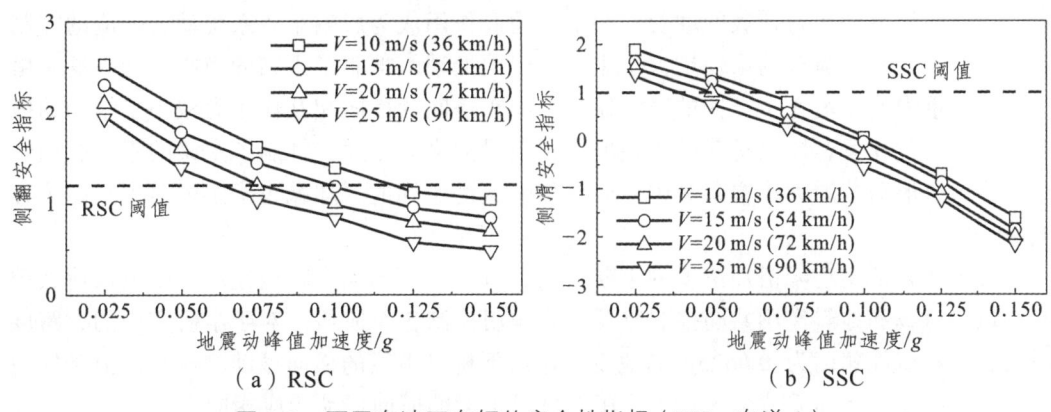

(a) RSC

(b) SSC

图 5-9 不同车速下车辆的安全性指标(W3;车道 1)

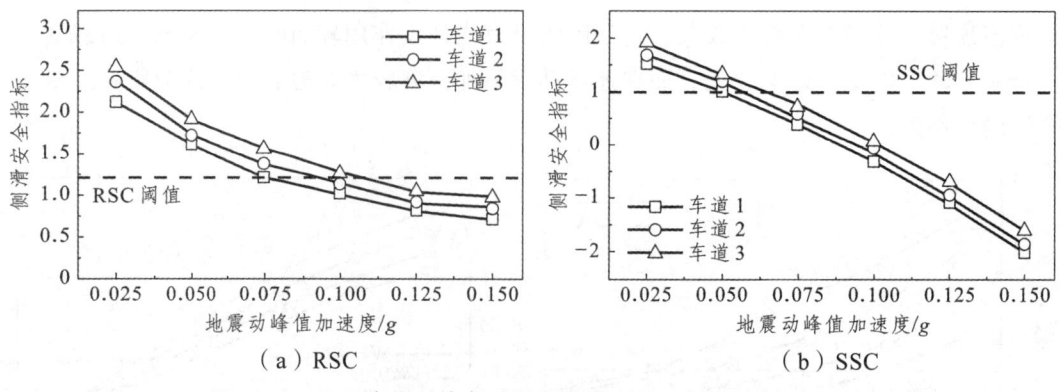

图 5-10　不同车道的车辆安全性指标（W3；$V = 72$ km/h）

5.9　本章小结

本章针对深水大跨度桥梁结构的群桩基础，通过考虑地震作用的非线性 Morison 公式来模拟桩基受到的波浪力，并引入群桩系数考虑了群桩效应来计算群桩基础中单桩受到的波浪力。基于建立的地震-风-车-桥动力系统和计算得到的考虑地震效应的桥梁波浪力，本章建立了针对运营阶段的深水大跨度桥梁的地震-风-浪-车-桥振动分析数值仿真系统。同时，引入了侧翻安全准则和侧滑安全准则对车辆的安全性进行了评估。基于建立的地震-风-浪-桥数值仿真系统和引入的车辆安全分析准则，以苏通大桥为例，本章研究了在役深水大跨度桥梁及其桥上行驶车辆在运营荷载和地震作用下的动力响应，并分析了不同因素对行驶车辆安全性的影响。基于上述的研究分析，本章主要研究结论如下：

（1）地震发生前，在运营车辆、风和波浪荷载的作用下，桥梁主梁的竖向振动主要由脉动风荷载（波动响应）和车辆荷载（平均响应）控制，波浪荷载的贡献很小。然而，主梁的横向振动主要由脉动风荷载和波浪荷载控制，车辆荷载的贡献很小。同时，风荷载引起的桥梁主梁的横向振动响应是波浪荷载引起的主梁横向振动响应的 5～6 倍，风荷载是控制主梁横向振动的主要因素。

（2）在地震和运营荷载的联合作用下，地震作用成为影响车桥系统动力响应的控制因素。此外，车辆荷载的出现增大了主梁的竖向振动，抑制了主梁的横向振动。这是由于车辆的重力作用增大了结构的竖向振动，而车桥间的横向相互作用力减小了结构的横向振动。与此相反，风浪荷载的出现增大了主梁的横向振动，抑制了主梁的竖向振动。这是因为风浪荷载增大了主梁跨中横向位移响应谱的幅值，却减小了主梁跨中竖向位移响应谱的幅值。

（3）随着地震动峰值加速度的不断增大，桥梁结构的动力响应经历了由风浪荷载控制、风浪荷载和地震作用共同控制以及地震作用控制 3 个阶段。对于本研究中的大跨度桥梁，在峰值加速度为 $0.0625g$ 的地震动作用下桥梁主梁的横向振动响应与风浪条件为 $U = 20$ m/s、$H_s = 5$ m 和 $T_p = 10.5$ s 作用下桥梁主梁的横向振动响应相同。

第 5 章　地震、风和波浪联合作用下车-桥耦合振动特性

（4）对地震作用下桥上行驶车辆的安全性进行研究，分析发现运营风和波浪荷载对行驶车辆安全性的影响与输入的地震动峰值加速度有关。在峰值加速度较小的地震动作用下，风浪荷载对桥上行驶车辆的安全性影响较大，而随着地震动峰值加速度的不断增大，风浪荷载对行驶车辆的安全性影响不断减弱，最终地震作用将会成为影响车辆安全性的控制因素。此外，内侧车道行驶的车辆比外侧车道行驶的车辆更加安全。

5.10　本章参考文献

[1] ZHU J, ZHANG W, WU M X. Coupled dynamic analysis of the vehicle-bridge-wind-wave system[J]. Journal of Bridge Engineering, 2018, 23: 04018054.

[2] BONAKDAR L, OUMERACI H, ETEMAD-SHAHIDI A. Wave load formulae for prediction of wave-induced forces on a slender pile within pile groups[J]. Coastal Engineering, 2015, 102: 49-68.

[3] BONAKDAR L, OUMERACI H. Pile group effect on the wave loading of a slender pile: A small-scale model study[J]. Ocean Engineering, 2015, 108: 449-461.

[4] 中交第一航务工程勘察设计院有限公司. 港口与航道水文规范: JTS 145—2015[S]. 北京，人民交通出版社，2022.

[5] LIU S X, LI Y C, LI G W. Wave Current forces on the pile group of base foundation for the East Sea Bridge, China[J]. Journal of Hydrodynamics, 2007, 19: 661-670.

[6] 马志涛. 水平荷载下桩基受力特性研究综述[J]. 河海大学学报，2006, 35: 546-551.

[7] MINDAO G, LIHUA H, SHAOSHU S. Experimental study for the wave forces on pile groups due to regular waves[C]// Anon. In Proceedings of the 2nd International Conference on Coastal and Port Engineering in Developing Countries (COPEDEC). Beijing: [s.n.], 1987: 1956-1965.

[8] BROWN D A, MORRISON C, REESE L C. Lateral load behavior of pile group in sand[J]. Journal of Geotechnical Engineering, 1988, 114: 1261-1276.

[9] ROLLINS K M, LANE J D, GERBER T M. Measured and computed lateral response of a pile group in sand[J]. Journal of Geotechnical and Geoenvironmental Engineering, 2005, 131: 103-114.

[10] 程昌钧，胡育佳，朱媛媛. 桩基的数学建模、理论分析与计算方法[M]. 北京：科学出版社，2009.

第6章 基础冲刷、地震、风和波浪联合作用下车–桥耦合振动特性

6.1 引 言

基础冲刷会导致下部结构的承载力大大降低，使得桥梁结构在不同荷载组合作用下的动力响应加剧，从而威胁到桥梁和桥上行驶车辆的安全性。因此，对于保证桥梁结构和桥上行驶车辆的安全性，研究基础冲刷对车-桥系统在不同荷载组合作用下动力响应的影响具有重要意义。迄今为止，已有的文献在这方面还没有进行过全面的研究。

本章基于已经建立的地震-风-浪-车-桥耦合动力系统，研究了冲刷效应对车-桥系统在不同荷载组合作用下动力响应的影响。首先，对基础冲刷进行了模拟，利用 p-y 曲线折减法计算得到不同冲刷深度的桩土荷载-位移关系，根据冲刷深度和得到的桩土荷载-位移关系更新桩基单元的侧向支撑长度和刚度，由此建立考虑基础冲刷作用的地震-风-浪-车-桥耦合振动分析的数值仿真系统。然后，通过建立的耦合振动系统，以江顺大桥为例，基于求解得到的桥梁的自振频率以及车-桥系统的内力、位移和加速度响应的变化，对比分析了冲刷效应对地震-风-浪-车-桥耦合系统的影响规律。

6.2 工程概况及冲刷模拟

6.2.1 桩基水平承载力的计算

由于具有较大的刚度和整体性，群桩基础能够承受很大的荷载，因而在大跨度桥梁工程中被广泛应用。冲刷导致桥梁基础的覆土高程降低，不仅削减了地基土的约束厚度，而且由于应力释放改变了剩余地基土的特性，从而减弱了地基土对桥梁桩基础的侧向支撑能力。桥梁的基础冲刷通过考虑桩-土相互作用的变化来模拟，对于桩基水平承载力的研究，已经有一些理论计算方法被建立。

对于单桩水平承载力的理论计算方法，主要有极限地基反力法，弹性地基反力法和 p-y 曲线法[1]。极限地基反力法假设地基反力只是桩入土深度的函数，与桩的变形没有直接关系，只适用于刚性短桩，不能用于弹性长桩。弹性地基反力法假设土体为连续弹性体，是基于求解半无限体受点荷载作用的明德林积分而得，但土体是弹塑性体，完全根据弹性假设得到的结果与实际情况不太符合。p-y 曲线法将桩前的连续土体简化为离散的非线性弹簧，可以考虑土的塑性影响和桩-土间的非线性作用，因而得到了广泛应用。

与单桩水平承载力计算不同，群桩水平承载力计算需要考虑群桩中各桩之间的相互作用，桩土的荷载-位移关系也会因此变得更加复杂。水平荷载作用下群桩的理论计算方法[2]主要有群桩效率法，弹性理论法和 p-y 曲线折减法。群桩效率是指群桩水平承载力和桩数与单桩水平承载力乘积之比，群桩效率法可以利用群桩效率比较方便地计算群桩水平承载力，但不能确定出群桩中各桩所受的荷载，不能应用于以水平位移作为设计控制因素的水平承载桩。类似于单桩的弹性法，群桩的弹性理论法还考虑了群桩中各桩的相互作用，但得到的结果与实际的弹塑性土体的结果不太符合。p-y 曲线折减法通过在单桩 p-y 曲线的基础上乘以折减系数来考虑群桩效应的影响，可以方便地考虑群桩效应以及土体的非线性的特性。

6.2.2 冲刷模拟

由于 p-y 曲线能够合理地考虑土的塑性效应和桩-土之间的非线性相互作用，本研究通过 p-y 曲线折减法来计算桥梁基础在不同程度冲刷下的群桩基础的水平承载力。采用 p-y 曲线来考虑地基土的侧阻力与变形的关系，并用 LPILE 计算程序[3]来计算桩土的 p-y 曲线。在 p-y 曲线法中[2]，可以将桩前的土体简化为一系列离散的非线性弹簧，并用 p-y 曲线来描述弹簧的受力特性，通过弹簧的力-变形关系可以表示桩-土间的相互作用。应注意的是，p-y 曲线最初是用于模拟单桩的土阻力和变形关系，但这不能直接应用于群桩基础中的桩-土间的相互作用。这是由于群桩基础中存在的桩-土-桩相互作用引起的应力松弛会导致土体的抗力减小。为了考虑群桩效应，采用 p 因子修正法对 p-y 关系进行修正来考虑群桩基础中的群桩效应，即将单桩的 p-y 曲线乘以一个相应的折减系数而得到群桩基础的 p-y 曲线。

基础冲刷的类型主要包括一般冲刷和局部冲刷。一般冲刷是指在桥梁建成后，由于桥梁基础压缩了过水断面而使得水流流速增加，从而引起冲刷使河床的高程发生变化。局部冲刷是由于水流、桥墩和易受侵蚀河床的复杂相互作用而导致的基础的局部冲刷。局部冲刷的机理十分复杂，目前如何建立合理的数学模型来描述这种物理现象仍然是非常困难的。由于局部冲刷机理的复杂性以及现有局部冲刷深度的预测公式具有较强的不确定性，本书并没有考虑基础的局部冲刷，书中假设同一群桩基础内的所有桩具有相同的冲刷深度，忽略了上下游桩之间的冲刷差异。此外，本章的研究重点是冲刷效应对车-桥系统动力响应的影响，具体的冲刷深度的预测超出了本书的研究范围。

本研究通过修改桥梁群桩基础周围土体的非线性弹簧单元的参数来模拟冲刷效应。随着冲刷深度的增加，土体对桩基础的侧向约束长度不断减小。地基土厚度的减小会引起剩余土层的应力释放，从而改变剩余土层的受力特性。因此，当基础冲刷发生时，通过移除桩侧的弹簧单元来模拟桩基周围受冲刷的土层，并根据地基冲刷后的土层构成来重新计算剩余土层的 p-y 曲线。

6.2.3 工程概况

本章采用深水大跨度桥梁江顺大桥作为数值算例。江顺大桥是一座主跨为700 m的双塔双索面的半漂浮体系的斜拉桥，车道布置为双向六车道，如图6-1所示。外侧两跨主梁采用预应力混凝土箱梁，中间三跨主梁采用钢箱梁。主梁的尺寸宽为40 m，高为3.5 m，主梁标高位于静水位以上45 m处的位置。主梁由176根斜拉索沿桥跨支撑，桥墩和塔梁连接处共有12个滑动支座，并设有横向约束。如图6-2所示，两个H形桥塔由群桩基础支撑，每个群桩基础由30根直径为3 m的钻孔灌注桩构成，位于水中的桩的长度为12 m。群桩基础由大体积承台连接，承台在纵向和横向的尺寸分别为24.5 m和73.05 m。静水位的标高位于承台底以下8 m处。

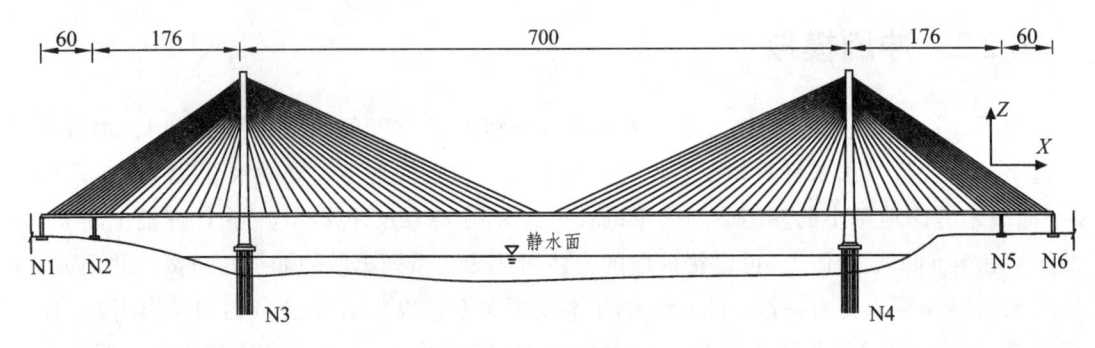

（a）立面图

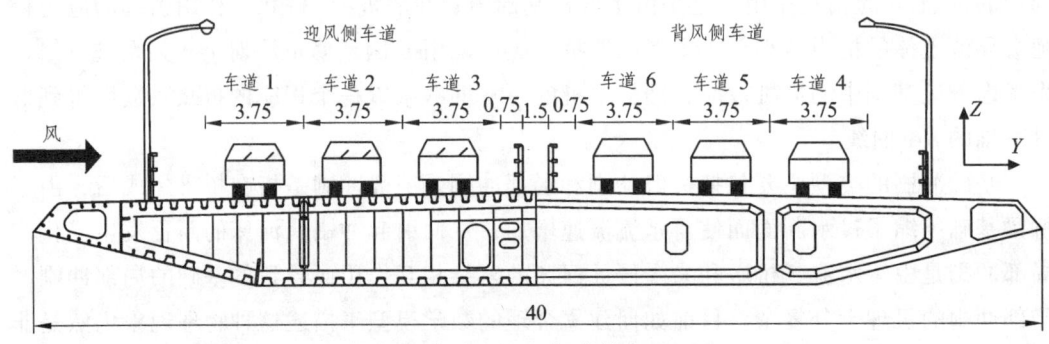

（b）有车道的主梁标准横断面图

图6-1 斜拉桥模型（单位：m）

根据桥址处的地质条件，群桩基础的底部嵌在坚硬的岩石中，群桩基础周围的土体从上到下依次由无黏性砂土、黏性土和软岩构成，土体的各项物理参数在表6-1中列出。同时，图6-3（a）~（c）显示了桥梁基础位置处无黏性砂土、黏性土和软岩三个土层的p-y曲线。对于无黏性砂土，p-y曲线可以分为三个阶段，前两个阶段土体抗力与桩的侧向变形几乎成线性关系，在第三阶段土体抗力随变形量的增加而保持不变。对于黏性黏土，p-y曲线的土体抗力在开始时迅速增大到峰值，然后随着变形的增加土体抗力减小到一个相对的低值，随后保持不变。对于软岩，随着桩的侧向变形的增加，p-y曲线的土体

第6章 基础冲刷、地震、风和波浪联合作用下车-桥耦合振动特性

抗力迅速增大到峰值,随后基本保持不变。图 6-3(d)给出了承台底以下 30 m 深度处黏性土在冲刷深度 0 m、5 m 和 10 m 时的 p-y 曲线图,从图 6-3(d)中可以看出,在不同的冲刷深度下,在桩的同一位置处的地基土刚度随着桩基周围覆土层厚度的减少而减小。为了考虑群桩效应,采用 p 因子修正法对单桩的 p-y 曲线关系进行修正。基于最优曲线法,谢耀峰[4]分别提出了黏性土和无黏性砂土的 p 修正系数 R:

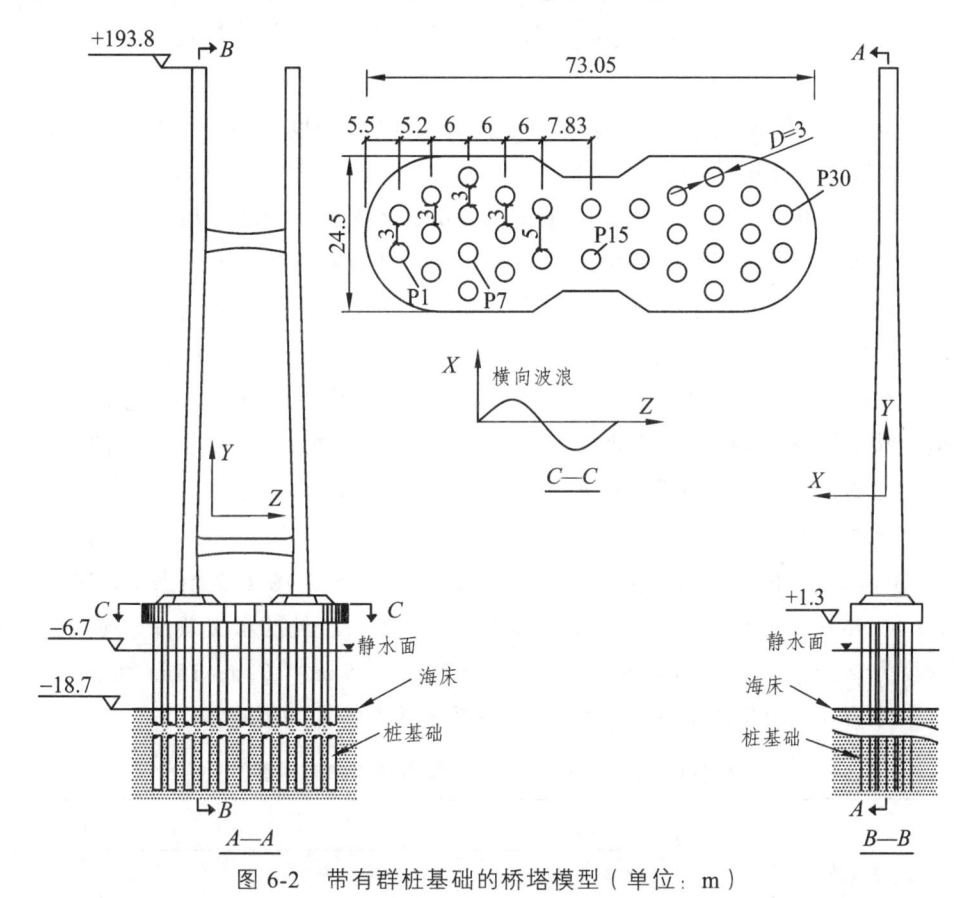

图 6-2 带有群桩基础的桥塔模型(单位:m)

$$R_{黏} = \left(\frac{S/D-1}{7}\right)^{0.043\left(10-\frac{H}{D}\right)} (S \leqslant 8D, H \leqslant 10D) \quad (6\text{-}1)$$

$$R_{砂} = \left(\frac{S/D-1}{7}\right)^{0.056\left(10-\frac{H}{D}\right)} (S \leqslant 8D, H \leqslant 10D) \quad (6\text{-}2)$$

式中:S 和 D 分别为桩间距和桩径;H 为地基土在河床下的深度;当桩基础的布置满足 $S \leqslant 8D$、$H \leqslant 10D$ 时,需考虑群桩基础 p-y 曲线的折减系数。由于已有的研究对软岩的群桩效应研究很少,本书未考虑软岩的 p 修正系数。

作为说明,本算例以轻型卡车作为车辆模型。车流采用了双向车流,每车道有 15 辆车,在同一车道上前后相邻的两辆车之间的间距设定为 50 m,车辆的行驶速度为 20 m/s。

大跨度公路桥梁风-车-桥系统耦合振动分析理论及应用

本算例采用路况为好时的情况，路面粗糙度系数为 6.4×10^{-5} m³/cycle，并选取日常风荷载的平均风速为 10 m/s。波浪场在 Pierson-Moskowitz 谱[5]的基础上扩展生成，考虑了风场和波浪场的关系，采用的扩展波浪谱为[6]：

$$S_{\mathrm{TMA}}(\omega) = S_{\mathrm{PM}}(\omega)\gamma^{\exp\left[-(\omega/\omega_{\mathrm{p}}-1)^2/(2\sigma^2)\right]}\phi(k_0 h) \\
= \left\{\alpha_s g^2 \omega^{-5} \exp\left[-\frac{5}{4}(\omega/\omega_{\mathrm{p}})^{-4}\right]\gamma^{\exp\left[-(\omega/\omega_{\mathrm{p}}-1)^2/(2\sigma^2)\right]}\right\}\phi(k_0 h) \quad (6\text{-}3)$$

式中：$\alpha_s = 0.076(U_{10}g/F)^{0.22}$；$U_{10}$ 表示静水位以上 10 m 高度处的平均风速；g 表示重力加速度，取值为 9.81 m/s²；F 表示风区长度；$\omega_{\mathrm{p}} = 22(Fg^2/U_{10})^{1/3}$，表示波峰圆频率；当 $\omega \leqslant \omega_{\mathrm{p}}$ 时，σ 取值为 0.07，当 $\omega > \omega_{\mathrm{p}}$ 时，σ 取值为 0.09；$\phi(k_0 h) = (\tanh^2 k_0 h)/(1 + 2k_0 h/\sinh 2k_0 h)$ 表示考虑浅水效应的形函数，其中 k_0 和 h 分别表示波数和水深。本算例沿主梁和桥塔分别平均布置了 83 个风场点和 11 个风场点。同时，由于两个桥塔的距离较远，因而没有考虑两个桥塔基础处波浪场的相关性，两个桥塔基础处的波浪场分别独立生成。作为说明，在平均风速为 10 m/s 的情况下，图 6-4 显示了在平均风速为 10 m/s 的情况下，桥梁跨中横向脉动风速 $u(t)$ 和竖向脉动风速 $w(t)$ 以及桥梁基础桩 1 位置处的有效波高时程 $\eta(t)$。根据桥址处的地质条件，地震动的水平分量的峰值加速度为 0.1g，竖向地震动的分量取为水平分量的 2/3。场地的特征周期为 0.35 s，特征频率为 17.952 rad/s。假定地震的行波波速为 1000 m/s，传播方向与桥梁主梁轴线的夹角为 45°。图 6-5 给出了桥梁支撑位置 N1、N3 和 N5 处水平分量的地震动加速度时程。根据桥址处的水文条件，地基土的最大冲刷深度为 20 m。因此，这里考虑了 0 m（无冲刷）、5 m、10 m、15 m 和 20 m 五种冲刷深度来分析在外力作用下冲刷效应对车-桥系统动力特性的影响。

表 6-1 群桩基础处不同土层的物理和力学参数

土层	1	2	3
地基土的类别	无黏性砂土	黏性土	软岩
土层厚度/m	7.5	10	29.5
重度/(kN/m³)	18	20	22
排水剪切强度/kPa	—	93.8	—
内摩擦角/(°)	30	—	—
泊松比	0.3	0.35	0.25
弹性模量/MPa	3	21	7240
单轴抗压强度/MPa	—	—	3.45
最大主应力为 50% 的应变	—	0.007	—
应变因子	—	—	0.0005

第6章 基础冲刷、地震、风和波浪联合作用下车-桥耦合振动特性

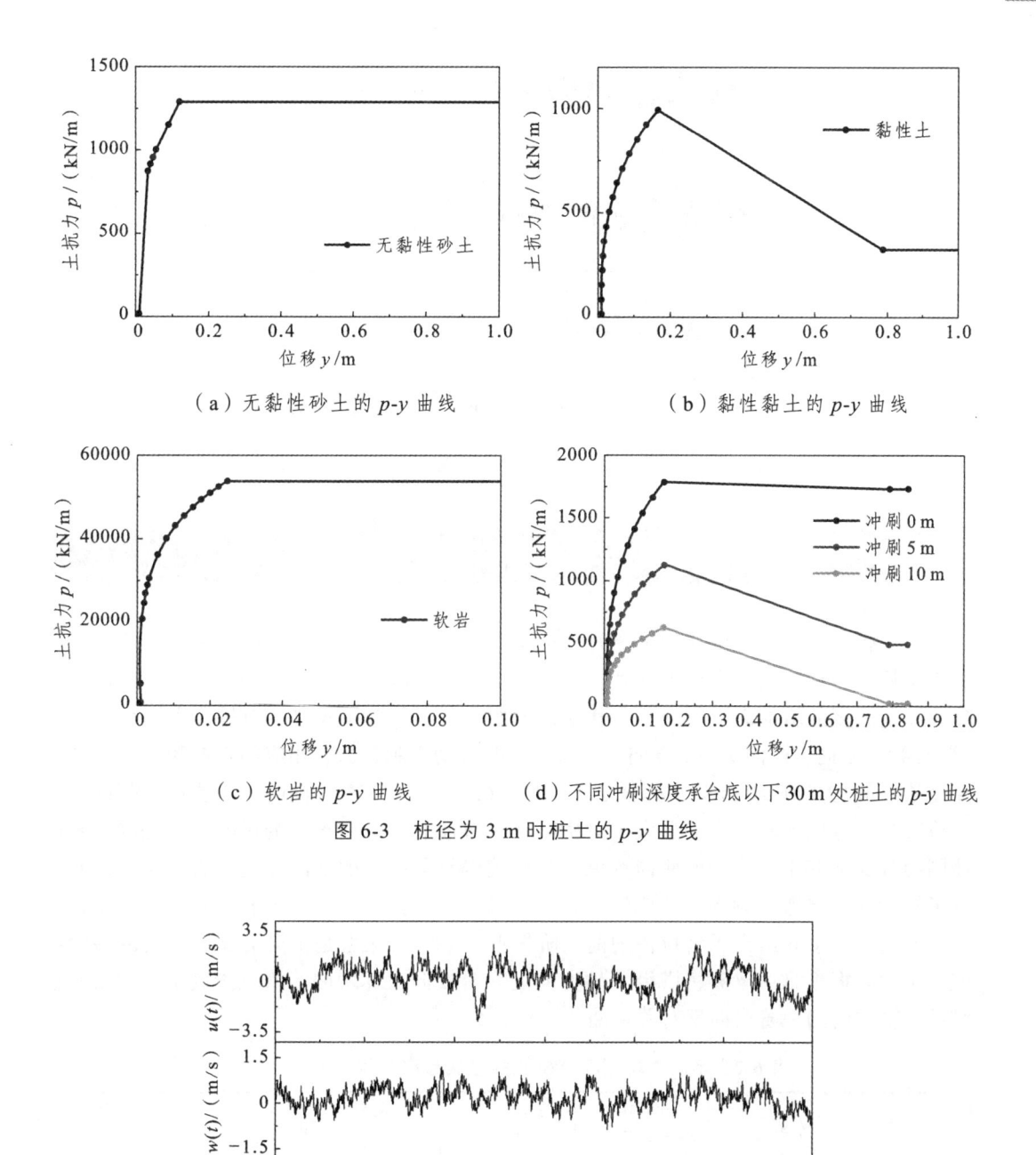

（a）无黏性砂土的 p-y 曲线

（b）黏性黏土的 p-y 曲线

（c）软岩的 p-y 曲线

（d）不同冲刷深度承台底以下 30 m 处桩土的 p-y 曲线

图 6-3　桩径为 3 m 时桩土的 p-y 曲线

图 6-4　桥梁跨中位置处的脉动风速时程和桥塔群桩基础桩 1 位置处波浪的波面高度时程

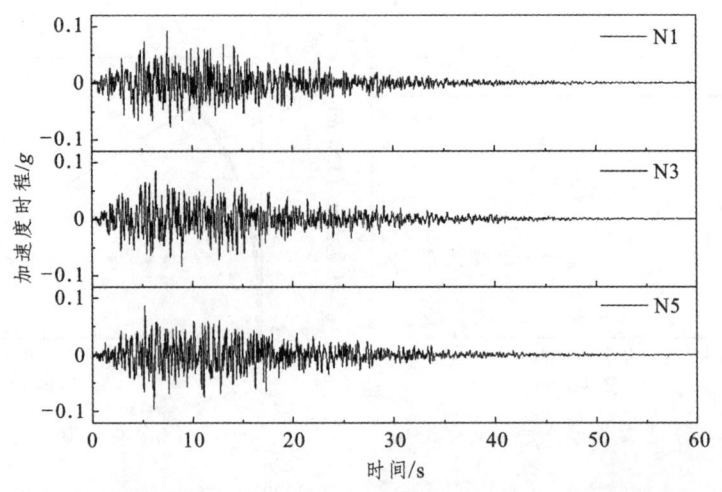

图 6-5 桥梁支撑点 N1、N3 和 N5 位置处的地震动加速度时程

6.3 冲刷深度对桥梁自振特性的影响

本节研究了考虑基础冲刷情况时桥梁结构的自振特性，对不同冲刷深度下桥梁结构的自振频率和相关振型进行了计算，结果见表 6-2。如表 6-2 所示，桥梁结构的自振频率随着冲刷深度的增加而不断减小。其中，振型 1、振型 2 和振型 5 对桥梁主梁在 x 方向（纵向）、y 方向（横向）和 z 方向（垂直向）的振动贡献最大，相应的自振频率随着冲刷深度从 0 m 增加到 20 m 分别降低了 1.22%、6.01% 和 1.53%。同时可以看出，基础冲刷对桥梁在 y 方向振动的影响远大于对桥梁在 x 方向和 z 方向振动的影响。这是因为基础冲刷会减少地基土对基础的侧向约束，从而使得桥梁结构的横向柔度显著增加，同时降低了桥梁的横向弯曲频率。还应注意到，桥梁的所有振型并没有随着冲刷深度的变化而发生改变。图 6-6 给出了斜拉桥的前三阶振型，第一阶振型是主梁沿 x 轴方向的一阶纵飘，第二阶振型是主梁和桥塔沿 y 轴方向的一阶横向对称弯曲，第三阶振型是主梁和桥塔沿 y 轴方向的一阶横向反对称弯曲。

表 6-2 不同冲刷深度时桥梁的自振频率及相应的振型   单位：Hz

振型序号	振型	冲刷 0 m（无冲刷）	冲刷 5 m	冲刷 10 m	冲刷 15 m	冲刷 20 m
1	主梁的一阶纵飘	0.0905	0.0903	0.0902	0.0901	0.0894
2	主梁-桥塔的一阶横向对称弯曲	0.2029	0.1994	0.1987	0.1984	0.1907
3	主梁-桥塔的一阶横向反对称弯曲	0.2572	0.2531	0.2523	0.2520	0.2428
4	主梁-桥塔的二阶横向对称弯曲	0.2917	0.2912	0.2911	0.2910	0.2835

第6章 基础冲刷、地震、风和波浪联合作用下车-桥耦合振动特性

续表

振型序号	振型	冲刷 0 m（无冲刷）	冲刷 5 m	冲刷 10 m	冲刷 15 m	冲刷 20 m
5	主梁的一阶竖向对称弯曲	0.2944	0.2933	0.2928	0.2926	0.2899
6	主梁的一阶竖向反对称弯曲	0.3331	0.3261	0.3240	0.3229	0.2988
7	主梁的二阶竖向对称弯曲	0.3450	0.3366	0.3342	0.3331	0.3138
8	主梁的二阶竖向反对称弯曲	0.3890	0.3860	0.3852	0.3848	0.3796
9	主梁-桥塔的二阶横向反对称弯曲	0.4138	0.4070	0.4058	0.4053	0.3864
10	主梁沿纵轴的对称扭转	0.4274	0.4179	0.4152	0.4139	0.3907

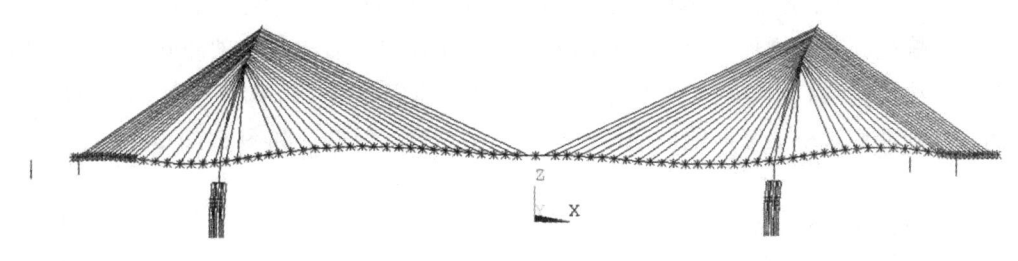

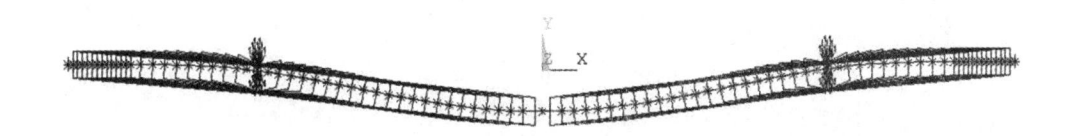

（a）振型一

（b）振型二

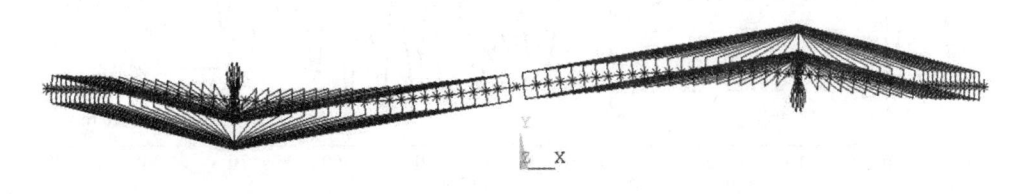

（c）振型三

图 6-6 前三阶振型

6.4 冲刷效应对车-桥动力响应的影响

6.4.1 冲刷效应对桥梁结构动力响应的影响

为了研究冲刷效应对桥梁结构动力响应的影响，本节对桥梁在基础冲刷深度为 0 m（无冲刷）、10 m 和 20 m 时的动力响应进行了对比分析。采用第 5.2 节中描述的荷载工况进行加载，同时为了观察车-桥耦合系统在运营荷载作用下的初始振动状态，假定地震发生在车流上桥后的第 30 s 并持续了 60 s（30～90 s）。此外，在计算分析过程中考虑了中等强度的风浪条件，即模拟的相关的风场和波浪场的参数设置为 $U = 10$ m/s、$\gamma = 3.3$ 和 $F = 200$ km。图 6-7 分别显示了桥梁主梁跨中的横向位移时程和竖向位移时程。值得注意的是，在 0～30 s 的时间内，只考虑了运营荷载，即风荷载和波浪荷载；随后将地震作用施加在风-浪-车-桥耦合系统上，持续时间为 60 s，即地震作用持续的时间为第 30～90 s。如图 6-7（a）所示，地震作用在时间 $t = 30$ s 时突然发生后，主梁跨中的横向位移响应和竖向位移响应都显著增加。此外，从图 6-7（a）中还可以看出，基础冲刷增大了桥梁在运营风和波浪荷载（0～30 s）或者运营荷载和地震作用（30～90 s）下的横向位移响应。然而，基础冲刷对桥梁竖向响应的影响很小，小到可以忽略，如图 6-7（b）所示。

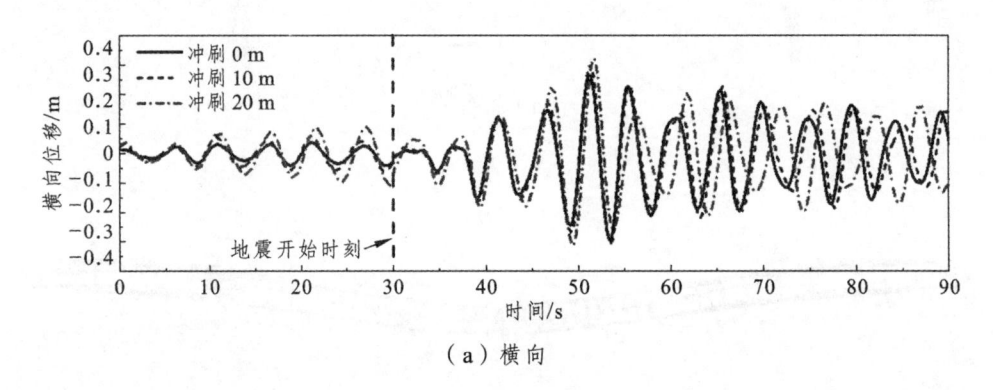

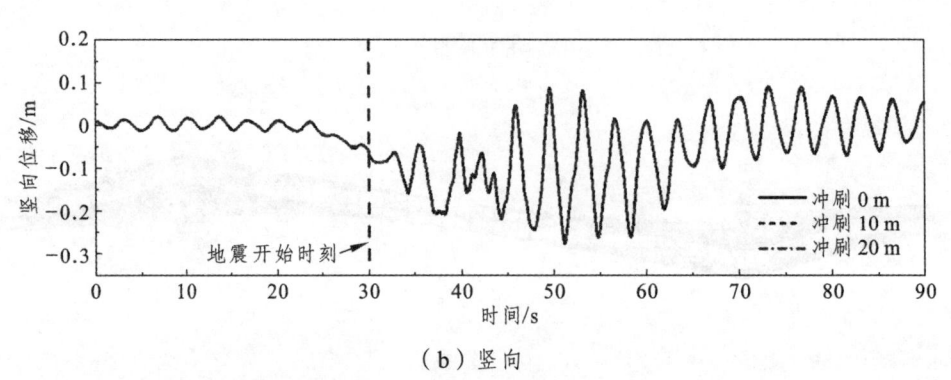

（a）横向

（b）竖向

图 6-7 桥梁跨中在运营荷载和地震作用下的位移响应时程

第6章　基础冲刷、地震、风和波浪联合作用下车-桥耦合振动特性

为了进一步地说明基础冲刷对桥梁动力特性的影响，利用快速傅里叶变换，比较了桥梁跨中在冲刷深度 0 m、10 m 和 20 m 下的位移响应谱，如图 6-8 所示。从图 6-8（a）可以看出，对于桥梁的横向响应，与无冲刷情况相比，在基础冲刷深度为 10 m 和 20 m 时，第一对称横向振型的频率分别从 0.1907 Hz 增加到 0.1987 Hz 和 0.2029 Hz，分别提高了 4.20% 和 6.40%。0.2029 Hz（冲刷深度 20 m）、0.1987 Hz（冲刷深度 10 m）和 0.1907 Hz（无冲刷）的显著峰值分别为 0.140、0.124 和 0.106。同样，基础冲刷对桥梁的竖向特性的影响小到可以忽略，因为在基础冲刷深度 0 m、10 m 和 20 m 下的竖向位移响应谱几乎是相同的，如图 6-8（b）所示。因此，桥梁的位移动力响应时程（图 6-7）和相应的位移响应谱（图 6-8）均表明，无论在运营荷载还是在运营荷载和地震共同作用下，冲刷对桥梁横向响应的影响比对竖向响应的影响更加显著。

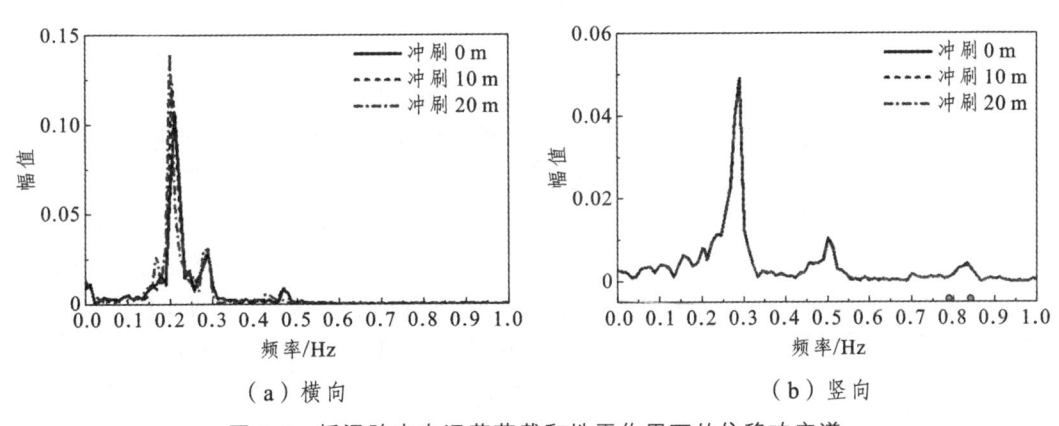

（a）横向　　　　　　　（b）竖向

图 6-8　桥梁跨中在运营荷载和地震作用下的位移响应谱

图 6-9 给出了桥梁左塔塔顶考虑冲刷深度 0 m、10 m 和 20 m 时的横向位移响应，相应的响应谱如图 6-10 所示。与桥梁主梁跨中的横向动力响应类似，桥梁塔顶在考虑冲刷影响后的横向位移响应变大，如图 6-9 所示。在考虑桥梁基础冲刷后，与桥塔横向相关的振型被激发，且响应谱的谱值增大，如图 6-10 所示。

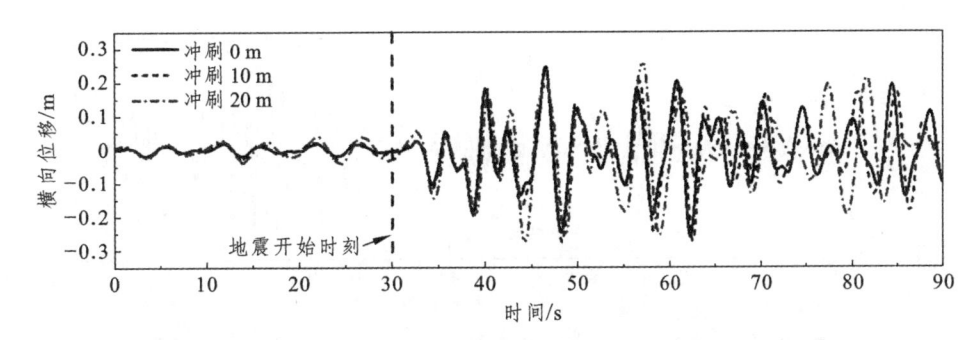

图 6-9　桥梁左塔塔顶在运营荷载和地震作用下的横向位移时程

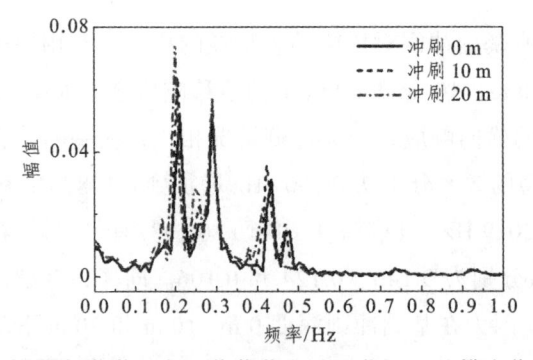

图 6-10　桥梁左塔塔顶在运营荷载和地震作用下的横向位移响应谱

6.4.2　冲刷效应对车辆动力响应的影响

加速度响应是评估车辆乘坐舒适性和行驶安全性的重要指标，可以从地震-风-浪-车-桥耦合系统中计算得出车辆的加速度响应。本节采用与 6.4.1 节中描述的相同的地震动、风和波浪荷载工况。同时，数值算例仅讨论车流在桥上行驶时的动态响应，选取车道 1 沿 X 轴正向行驶的第一辆车作为代表车辆来研究车辆竖向加速度响应和横向加速度响应。图 6-11 显示出代表车辆在地震前后的加速度响应的变化。在风和波浪荷载作用下（$t = 0 \sim 30 \text{ s}$），桥梁基础冲刷对代表车辆的横向加速度响应影响很小，如图 6-11（a）所示。而在地震发生后（$t = 30 \sim 90 \text{ s}$），车辆的横向加速度响应突然增大，同时冲刷后的车辆横向加速度响应变小，冲刷深度为 20 m 时的加速度横向响应比无冲刷时降低了 5.49%，如图 6-11（a）所示。然而，车辆加速度的竖向响应几乎不受基础冲刷的影响，如图 6-11（b）所示。

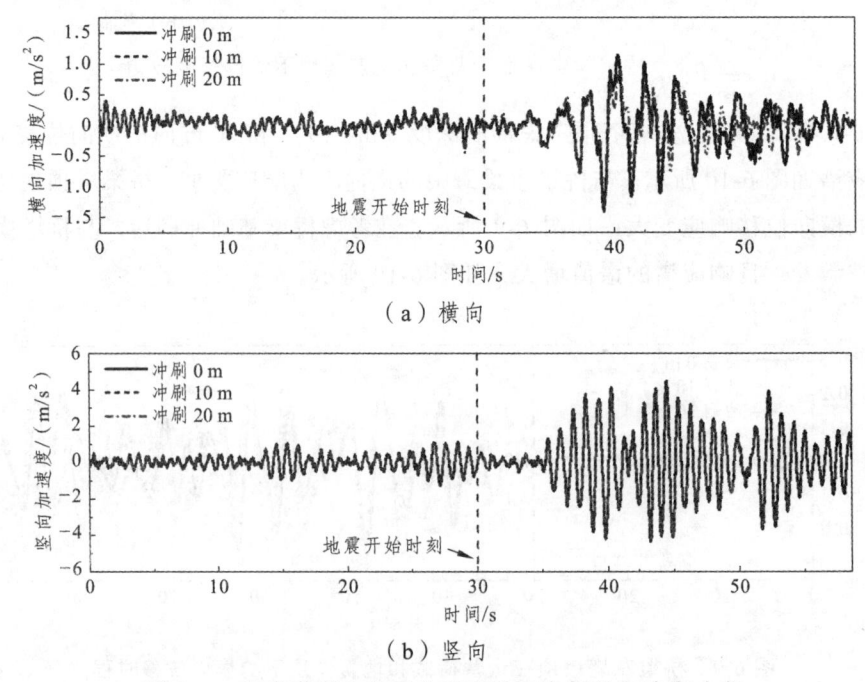

（a）横向

（b）竖向

图 6-11　运营荷载和地震作用下代表车辆的加速度响应

6.5 冲刷深度车-桥系统动力行为的影响

为了研究冲刷深度对车-桥系统动力行为的影响，本节对不同冲刷深度下桥梁和车辆的动力特性进行了评估。采用第5.2节中相同的荷载工况，并考虑了0 m（无冲刷）、5 m、10 m、15 m和20 m五种冲刷深度。此外，地震动的峰值加速度选取了$0.05g$、$0.1g$和$0.15g$三种情况。同样地，选取车道1沿X轴正向行驶的第一辆车作为代表车辆来研究车辆的动力响应。还应注意的是，计算结果取的是车-桥系统在七条地震动作用下动力响应的平均值。通过地震-风-浪-车-桥耦合系统，计算得到车-桥系统在不同基础冲刷深度和不同地震动峰值加速度作用下动力响应的平均值和标准差，研究冲刷深度对车-桥耦合系统动力行为的影响。

响应极值是评估桥梁结构安全性和车辆行驶安全性的重要指标。因此，本节给出了在不同冲刷深度下主梁跨中的横向和竖向位移极值，如图6-12所示。从图6-12中可以看出，在峰值加速度相同的地震作用下，主梁跨中的横向位移极值随着基础冲刷深度的增加而增大，但竖向位移极值随着基础冲刷深度的增加却基本保持不变。这主要是因为基础冲刷削弱了桥梁基础的侧向刚度，而对基础的竖向刚度影响较小。在地震动的峰值加速度为$0.1g$时，随着基础冲刷深度从0 m增加到20 m，主梁跨中的横向位移极值增加了8.9%。同时，随着地震动的峰值加速度的增大，桥梁动力响应的平均值和标准差均增大，如图6-12所示。图6-13给出了桥梁左塔塔顶的横向位移极值和竖向位移极值，可以看出塔顶的动力响应也呈现出了相同的变化趋势。在地震动的峰值加速度为$0.1g$的地震动作用下，随着基础冲刷深度从0 m增加到20 m，塔顶的横向位移极值增加了6.8%，竖向位移极值则基本保持不变。此外，图6-14和图6-15给出了承台底部横向和纵向的剪力极值和弯矩极值。如图6-14所示，在地震动峰值加速度$0.1g$和$0.15g$作用下，横向剪力极值的大小随着冲刷深度的增加而增大。但在较小的地震动峰值加速度（PGA = $0.05g$）作用下，横向剪力极值随着冲刷深度的增加变化较小。与横向剪力极值相比，对于不同地震动峰值加速度下的纵向剪力极值几乎不随冲刷深度的变化而改变。同样地，从图6-15中可以看出，冲刷深度对于承台底的横向和纵向弯矩的影响很小可以忽略。

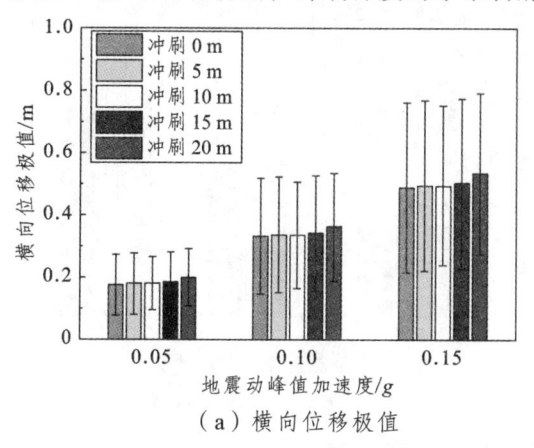

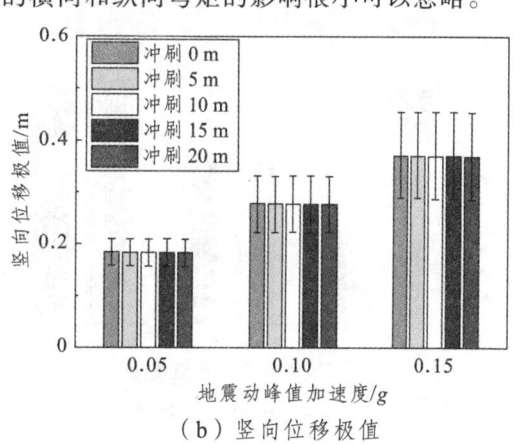

（a）横向位移极值　　（b）竖向位移极值

图6-12 桥梁主梁跨中的位移响应极值

（a）横向位移极值

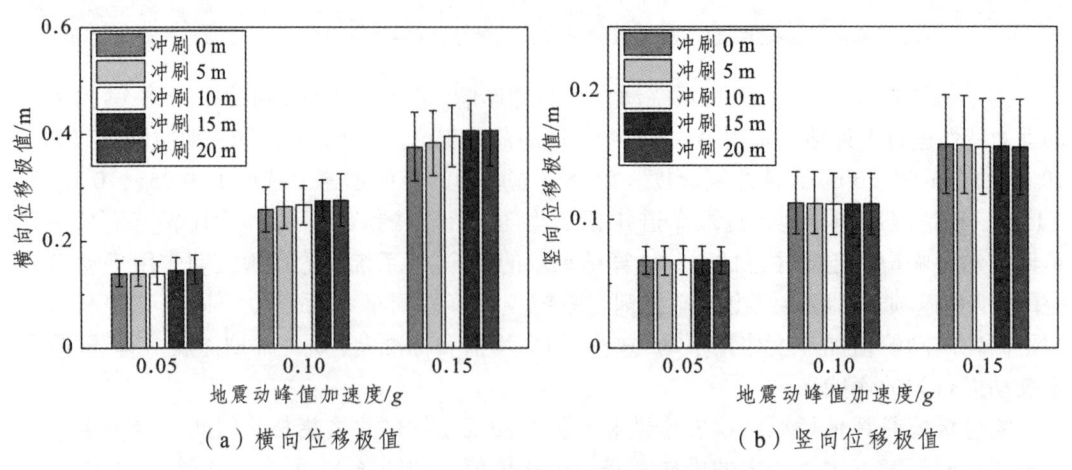

（b）竖向位移极值

图6-13　桥梁左塔塔顶的位移响应极值

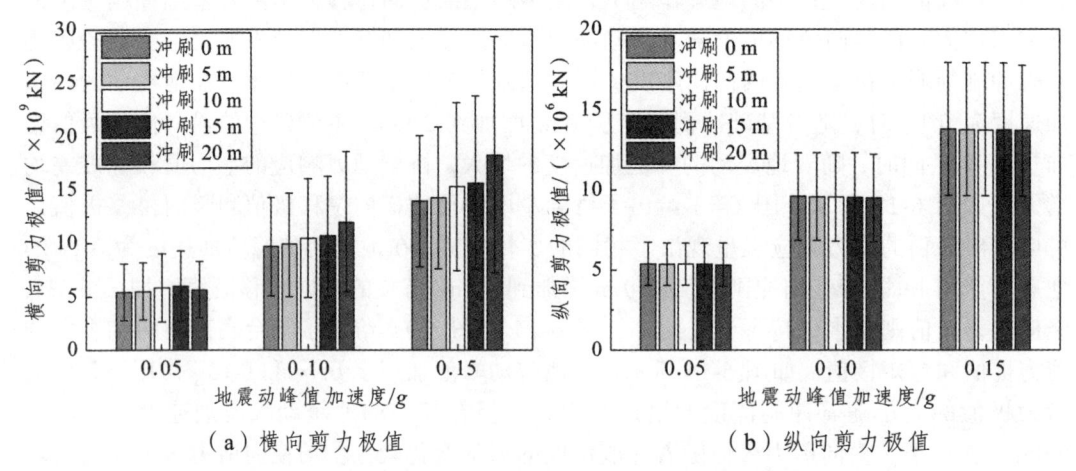

（a）横向剪力极值

（b）纵向剪力极值

图6-14　承台底部横向和纵向剪力极值

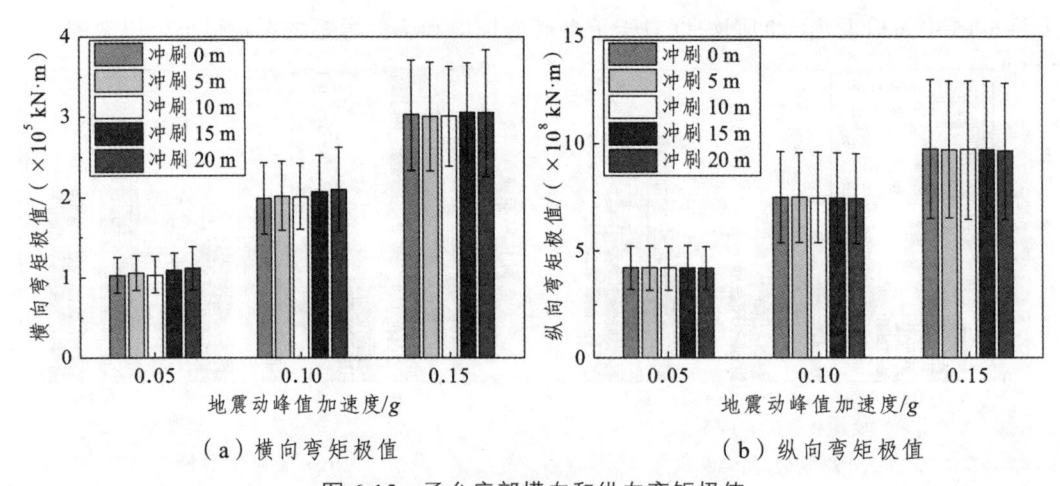

（a）横向弯矩极值

（b）纵向弯矩极值

图6-15　承台底部横向和纵向弯矩极值

第 6 章 基础冲刷、地震、风和波浪联合作用下车-桥耦合振动特性

同时，由于加速度响应对于车辆安全性评估的重要性，本节也对代表车辆的横向和竖向加速度响应极值进行了评估，如图 6-16 所示。结果表明，在基础冲刷深度为 5 m、10 m 和 15 m 时的车辆横向加速度响应极值与无冲刷（完整状态）下的响应极值差别很小。然而，当基础冲刷深度增加到 20 m 时，车辆的横向加速度响应极值相比于无冲刷时的加速度响应极值减小。当地震动峰值加速度为 0.1g 时，基础冲刷深度为 20 m 时的车辆横向加速度响应极值比无冲刷时的加速度响应极值减小了5.5%，这可能是由于车-桥之间的耦合效应导致的。同时，从图 6-16 中可以看出，代表车辆的竖向加速度响应极值对基础冲刷不敏感。同样地，车辆加速度响应极值的平均值和标准差随着地震动峰值加速度的增大而增大。

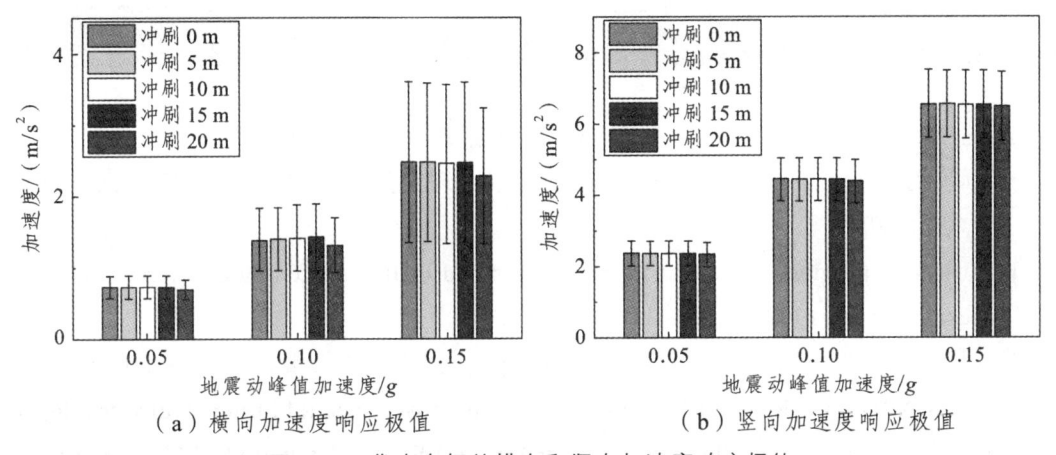

（a）横向加速度响应极值

（b）竖向加速度响应极值

图 6-16　代表车辆的横向和竖向加速度响应极值

6.6　本章小结

本章基于建立的地震-风-浪-车-桥系统，利用 p-y 曲线折减法计算得到桥梁群桩基础受到不同冲刷程度时桩土的荷载-位移关系，并根据冲刷深度和得到的桩土荷载-位移关系更新桩基单元的侧向支撑长度和刚度，由此建立了考虑基础冲刷效应的地震-风-浪-车-桥耦合振动分析的数值仿真系统。基于此系统，以江顺大桥为例，通过数值积分方法求解了考虑冲刷效应时车-桥系统在风、浪和地震联合作用下的耦合振动问题，基于求解得到的桥梁自振频率、内力变化以及车-桥的位移和加速度响应的变化，对比分析了冲刷效应对地震-风-浪-车-桥系统的影响规律。通过上述分析研究，本章主要得到研究结论如下：

（1）桥梁基础的冲刷降低了地基土对桥梁基础的侧向约束，使得桥梁结构的柔度增大，同时降低了结构的自振频率。随着冲刷深度的增加，结构的自振频率变小，但结构的振型没有发生改变。

（2）在运营荷载和地震作用下，随着冲刷深度的增加，桥梁结构的横向位移响应不断增大，且相应的响应谱的幅值也变大；但桥梁结构的竖向位移响应和相应的响应谱几乎没有受到影响，冲刷效应对桥梁结构竖向响应的影响可以忽略。

（3）较大的地震动峰值加速度会导致桥梁结构产生较大的剪力和弯矩，而桥梁结构的内力不一定随着冲刷深度的增加而增大。在地震动峰值加速度为 $0.1g$ 和 $0.15g$ 时，承台底的横向剪力极值随着冲刷深度的增加而增大，而在地震动峰值加速度为 $0.05g$ 时，横向剪力极值随着冲刷深度的增加变化较小。此外，在不同的地震动峰值加速度下，冲刷深度对桥梁结构纵向内力的影响可以忽略。

（4）基础冲刷可能减小车辆横向加速度的响应，然而车辆竖向加速度响应随着冲刷深度的增加几乎没有发生变化。同时，车-桥系统动力响应的均值和标准差随着地震动峰值加速度的增大而不断变大。

6.7 本章参考文献

[1] 王成. 桩基计算理论与实例[M]. 成都：西南交通大学出版社, 2001.

[2] 程昌钧, 胡育佳, 朱媛媛. 桩基的数学建模、理论分析与计算方法[M]. 北京：科学出版社, 2009.

[3] Ensoft. A program for the analysis of piles and drilled shafts under lateral loads[M]. Texas: Ensoft, 1997.

[4] 谢耀峰. 横向承载群桩性状及承载力研究[J]. 岩土工程学报, 1996, 18: 39-45.

[5] WILLARD J, PIERSON, MOSKOWITZ L. A proposed spectral form for fully developed wind seas based on the similarity theory of S. A. Kitaigorodskii[J]. Journal of Geophysical Research, 1964, 69: 5181-5190.

[6] BOUWS E, GÜNTHER H, ROSENTHAL W, et al. Similarity of the wind wave spectrum in finite depth water: 1. Spectral form[J]. Journal of Geophysical Research: Oceans, 1985, 90: 975-986.

第 7 章 基于 CFD 模拟的汽车、列车交会气动干扰机理分析

7.1 引 言

当车辆在流场中运行时，流体的黏性会使得车辆周围产生复杂的流场结构。尤其是对于行驶于桥上的车辆，风、车辆、桥梁组成的耦合系统使车辆的动力响应问题变得更加复杂。目前主要通过实测、风洞试验及 CFD 来研究车辆和桥梁的气动特性。虽然实测的结果最准确，但是实测往往受场地、费用以及周期等因素的限制，因此风洞试验和 CFD 是目前研究车辆和桥梁气动特性的常用方法。需要指出的是，大部分风洞试验[1-5]中车辆模型通常是静止状态，不能反映车辆与地面之间的相对运动以及空气在地面形成的边界层对车辆底部流场产生的干扰。而对于 CFD 方法，车辆运动可以通过滑移网格、重叠网格等方法实现，因此显著降低了研究成本。高速行驶的车辆在侧风作用下通过桥塔、风障或与其他车辆交会时，除了车体附近的流场结构发生显著变化之外，侧力、升力和气动力矩等对车辆安全性和舒适性评价很重要的参数也会发生剧烈变化，因此准确、定量地把握桥上移动车辆的气动力系数对汽车、列车的稳定性及舒适性评估具有重要的工程意义。本章采用 CFD 方法，基于计算流体动力学软件 FLUENT 建立全尺寸的三维汽车-列车-桥梁系统气动仿真模型，以滑动网格法模拟汽车、列车的运动，并采用已有静态风洞试验和动模型试验对 CFD 模拟结果进行了验证。着重探讨了侧风作用下汽车、列车和桥梁之间的气动干扰特性，分析了汽车、列车交会过程中的气动干扰机理，揭示了流场结构、表面压力分布和气动载荷的变化规律。

7.2 CFD 数值模拟

7.2.1 汽车、列车和桥梁几何模型

以宜宾临港长江大桥为工程背景，基于滑动网格技术，以商业有限元软件 ANSYS FLUENT 为计算平台，采用 1∶1 比例建立汽车与列车在桥上交会的三维模型。根据几何尺寸建立桥梁模型，如图 7-1 所示。虽然考虑桥面系会显著增加网格数目，但为了保证数值模拟精度，桥梁模拟时考虑了人行道栏杆、钢防撞护栏、混凝土防撞墙和防眩屏障。

同时，为提高 CFD 数值模拟效率，将人行道栏杆、防撞护栏、防眩屏障等简化为障条，忽略斜拉索、桥墩等构件以及立柱、路灯等附属结构的影响。CRH3 高速列车模型全长 74 m，头车与尾车长 24.6 m，中间车长 24.8 m，横截面宽 3.25 m，高 3.45 m，模型采用 3 节车辆代替整个列车。为提高数值模拟效率，增强本项研究的可行性，忽略列车顶部受电弓、轨道板和轨道等突出物，仅保留了车身与气动特性相关度高的几何特征。同时，去除转向架等复杂构造，将车身表面视为一系列光滑曲面并保持车身底部与地面之间的距离不变，以更好反映车底缝隙对流场的影响。形形色色的汽车之中，高侧边的厢式货车具有更大的迎风面积，在侧风作用下面临更大的侧滑与倾覆事故风险[6]。因此选取一种厢式货车作为研究对象，厢式货车长度为 7.76 m，宽度为 2.3 m，高度为 3.34 m。模型简化了厢式货车的细部构造，去除了车辆后视镜、门把手等。

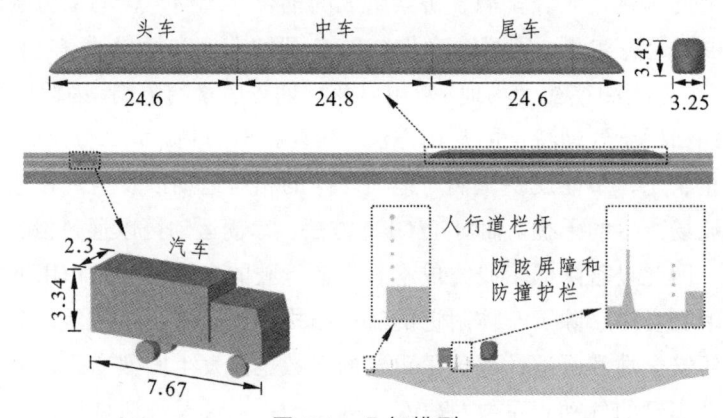

图 7-1　几何模型

7.2.2　计算区域及边界条件

计算区域的选取首先要保证不影响汽车、列车附近流体的流动，因此计算区域必须足够大。由于初期计算区域内的流场并不稳定，而本项研究需要关注的是侧向风和压力波作用下车辆气动特性，因此在兼顾计算效率的同时应该使汽车、列车交会前各自运行一段距离，待流场基本平稳后才开始交会。综合考虑上述影响因素，经过多次试算调整，最终选取的计算区域的长、宽、高分别为 870 m、335 m、135 m。如图 7-2 所示，汽车和列车初始间距设置为 620 m，分别沿整体坐标系的 z 轴相向而行。桥梁边缘距速度入口边界 110 m，初始时刻汽车、列车尾部距 *EFHG* 和 *ABDC* 边界面的距离分别是 6 m、92.3 m。CFD 模型的阻塞率约为 3.7%，满足风洞试验阻塞率小于 5% 的要求。*ABFE* 面为侧风速度入口边界，设置为均匀风速和 1% 湍流强度[7]。*CDHG* 面为压力出口边界，相对压力为 0 Pa。另外，汽车、列车和桥梁表面均设置成无滑移壁面边界来模拟壁面效应，汽车和列车的运动方式借助于自编 UDF 文件实现。计算区域的 *ACGE*、*BDHF*、*ABDC*、*EFHG* 面均设置为对称边界。

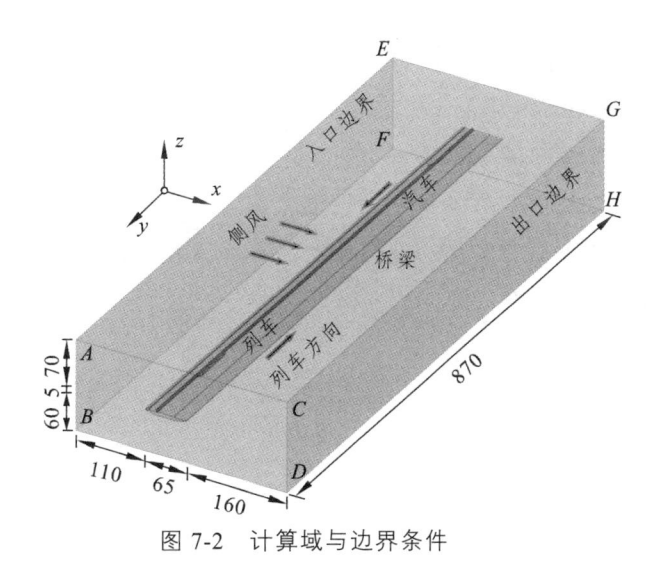

第 7 章　基于 CFD 模拟的汽车、列车交会气动干扰机理分析

图 7-2　计算域与边界条件

7.2.3　湍流模型及网格划分

CFD 数值模拟基本思想是在流场的时间和空间上对流动方程进行离散化求解。由于计算中马赫数小于 0.3，因此本研究中将空气视为不可压缩的理想气体。由于流动雷诺数大于 4000，因此计算区域流场按湍流处理。忽略流场中的能量变化，流动基本控制方程中包含质量守恒方程和动量守恒方程[8]，其中质量守恒方程为：

$$\frac{\partial u}{\partial x}+\frac{\partial v}{\partial y}+\frac{\partial w}{\partial z}=0 \tag{7-1}$$

动量守恒方程为：

$$\rho\frac{\mathrm{d}u}{\mathrm{d}t}=-\frac{\partial p}{\partial x}+\mu\nabla^2 u \tag{7-2}$$

$$\rho\frac{\mathrm{d}v}{\mathrm{d}t}=-\frac{\partial p}{\partial y}+\mu\nabla^2 v \tag{7-3}$$

$$\rho\frac{\mathrm{d}w}{\mathrm{d}t}=-\frac{\partial p}{\partial z}+\mu\nabla^2 w \tag{7-4}$$

式中：u、v、w 分别指流动速度在 x、y、z 轴方向的分量；μ 指流体黏性系数；p 指压力值；t 指时间；∇ 指拉普拉斯算子。

在高雷诺数流场的模拟中，大涡模拟（LES）和分离涡模拟（DES）方法在反映流动结构的细节变化方面具有明显的精度优势[9]，但此类方法对网格分辨率和时间步长要求较高，计算效率相对较低。实际流动状态下湍流分量的时间、空间尺度都很小，因而需要占用巨大的计算机资源才能进行比较准确的模拟。所以大涡模拟（LES）和分离涡模拟

(DES)方法并不能很好地完成本研究中描述的工况。而雷诺时均的纳维-斯托克斯模拟(Reynolds Averaged Navier-Stokes, RANS)方法被广泛应用于模拟流动结构,该方法应用湍流统计理论,把非稳态的 N-S 方程对时间作平均,脉动部分对流场的影响采用雷诺应力来表示[10]。此外,RANS 方法得到的结果能够满足工程精度要求,在对网格和时间步长适应性较强的前提下具有较高的计算效率。因此运用 RANS 方法研究汽车、列车之间的气动干扰机理,RANS 方法的连续方程为:

$$\frac{\partial \rho}{\partial t} + \frac{\partial}{\partial x_i}(\rho u_i) = 0 \tag{7-5}$$

动量方程为:

$$\frac{\partial}{\partial t}(\rho u_i) + \frac{\partial}{\partial x_i}(\rho u_i u_j) = -\frac{\partial p}{\partial x_i} + \frac{\partial}{\partial x_j}\left[\mu\left(\frac{\partial u_i}{\partial x_j} + \frac{\partial u_j}{\partial x_i} - \frac{2}{3}\delta_{ij}\frac{\partial u_j}{\partial x_j}\right)\right] + \frac{\partial}{\partial x_j}(-\rho\overline{u_i}\overline{u_j}) \tag{7-6}$$

式中:ρ 指流体密度;x_i、x_j 指自由度分量;δ 指克罗内克算子。

综合考虑数值精度与计算效率,本节选用对模拟钝体空气动力学流动具有较高精度的剪应力传递 k-ω 模型(Shear Stress Transport k-ω Model,SST 模型),基于 k-ω 的 SST 模型考虑了湍流剪应力传递,能较好捕捉流体黏性底层的流动并预测逆压梯度影响下流体分离的开始和数量[11]。SST 模型的一个主要优势是不使用壁面函数也能够从边界层积分到壁面,该模型需要计算网格节点与最近壁面之间的距离来实现 k-ω 模型和 k-ε 模型之间的结合使用,前提是壁面处无量纲高度满足 $y^+ \approx 1$。

基于大型商业流体计算软件 ANSYS ICEM CFD 进行网格划分,采用局部动态层变法更新网格,即仅对拉伸和压缩区内的网格更新。与此同时,汽车与列车附近动态区网格随时间做刚体运动,外部流场区域为静态区网格,拉伸区、压缩区内的网格与外部流场之间通过交界面进行计算信息的传递和交换。通过设置动态区为 Rigid Body,实现端面处而非列车附近铺层,减小界面数据交互、传递对列车周围网格的计算影响,经过这样的处理,在保证计算精度的同时,有效地降低了计算区域网格数量。采用六面体非结构化网格来对流场进行划分,桥梁和栏杆表面的边界层为 10 层,第一层网格高度为 5 mm,边界层网格增长率为 1.2,如图 7-3 所示。对于汽车、列车边界层网格的处理,Fluent Meshing 已经有相当好的方案,即表面采用棱柱层网格进行加密处理,内部则采用六面体网格填充,两者之间采用多面体网格过渡。其中,汽车表面布置 10 层边界层以充分考虑边界层效应,第一层网格高度为 2 mm,边界层网格增长率为 1.1。类似地,列车表面布置 10 层边界层,第一层网格高度为 4 mm,边界层网格增长率为 1.1。外围计算区域网格大小为 0.03~5 m,模型网格总数约为 4800 万个。

第 7 章 基于 CFD 模拟的汽车、列车交会气动干扰机理分析

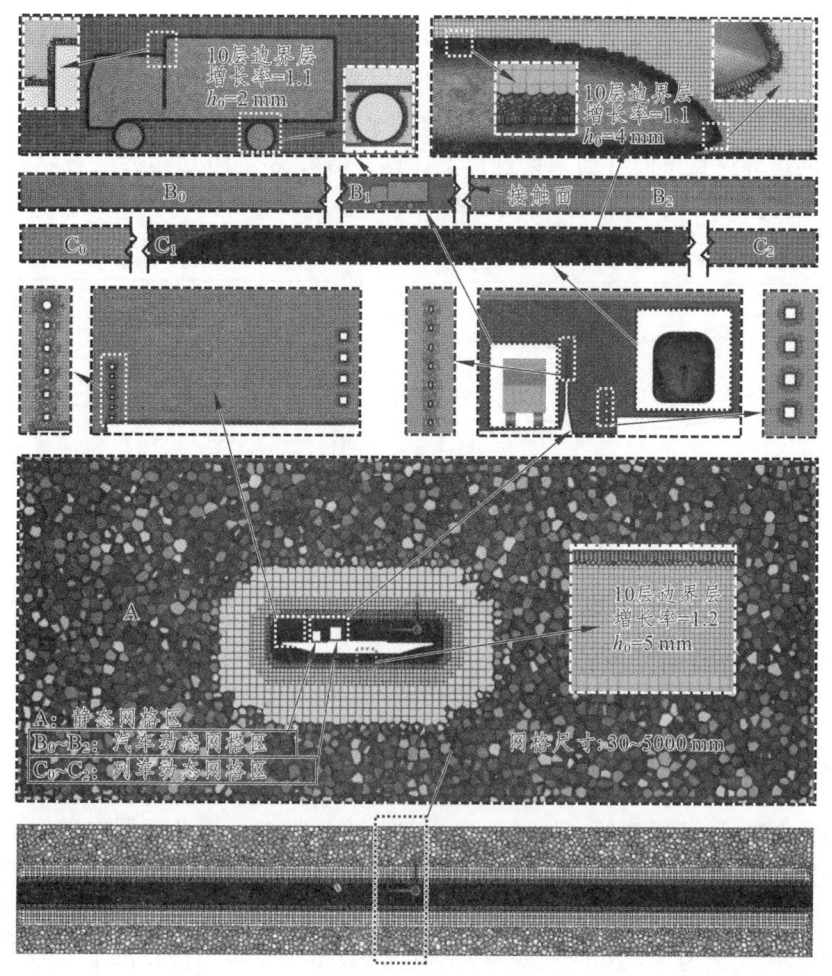

图 7-3 网格划分

7.2.4 求解方法

本节建立的模型模拟方式定义为瞬态,流场被视为黏性不可压缩非定常流场,流动方程、所有标量方程的对流项使用二阶迎风格式[12],用分离式求解器对离散后的控制方程进行求解,使用 SIMPLEC 算法耦合压力、速度场,对压力采用迭代法进行修正。时间步长设置为 0.001 s,每个时间步的最大迭代次数为 30,各湍流方程在每个时间步的残差至少为 10^{-3}。

7.2.5 网格无关性验证

在 CFD 模拟时,网格粗细程度会直接影响到计算结果准确性,因此对网格进行无关性验证是必要的。图 7-4 为风速 25 m/s 条件下线路 4 的列车与车道 3 的厢式货车采用不同网格数量的 CFD 模型计算得到的交会过程侧力结果,运行速度分别为 83.33 m/s 和 22.22 m/s,从图 7-4(a)中明显可以看出,当网格数量达到 4800 万、$y^+ = 60$ 时,列车的

头车、中间车、尾车和厢式货车的侧力计算结果趋于平稳，初步证明了 CFD 模型网格划分的精细程度是足够的。此外，为了量化边界层数对列车的头车、中间车、尾车和厢式货车气动性能的影响，以最大侧力为指标，对列车和厢式货车 h_0（边界层高度）为 4 mm、2 mm 时不同边界层数下的气动系数进行了计算，结果说明 10 层边界层可以获得比较稳定的结果，因此 CFD 模型的边界层划分是合理的。

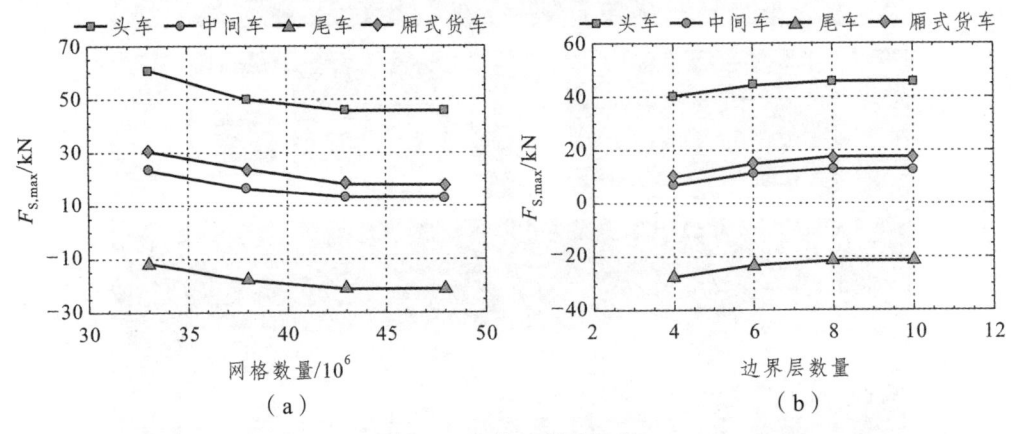

图 7-4 网格无关性验证

7.2.6 数值模型验证

为验证 CFD 数值模型的有效性，在西南交通大学 3 号工业风洞中进行了风洞试验（图 7-5、图 7-6），以缩尺比例为 1∶20 的模型得到了汽车、列车和桥梁的静态气动系数。桥面系细节、防眩屏障、混凝土防撞墙、钢防撞护栏和人行道护栏几何参数见图 7-7。表 7-1 分别对缩尺比例为 1∶20 的汽车、列车的 CFD 数值结果与静止汽车、静止列车的风洞测试结果进行了比较。汽车、列车分别是根据风速 10 m/s 下车道 1～3、线路 1 和 2 的测试结果进行验证的。通过误差分析可知，最大相对误差约为 10.87%，列车车厢和厢式货车的侧力 CFD 数值模拟结果与风洞试验比较吻合，初步验证了 CFD 模型的准确性，微小的误差可能是由于几何模型构造细节简化导致的。

（a）桥梁节段模型　（b）防眩屏障和混凝土防撞墙　（c）钢防撞护栏　（d）人行道护栏

图 7-5 桥梁模型风洞试验

第 7 章　基于 CFD 模拟的汽车、列车交会气动干扰机理分析

（a）汽车模型　（b）列车模型　（c）侧力天平　（d）公路行车道板
（e）天平支架　（f）铁路线路道砟板

图 7-6　汽车、列车模型风洞试验

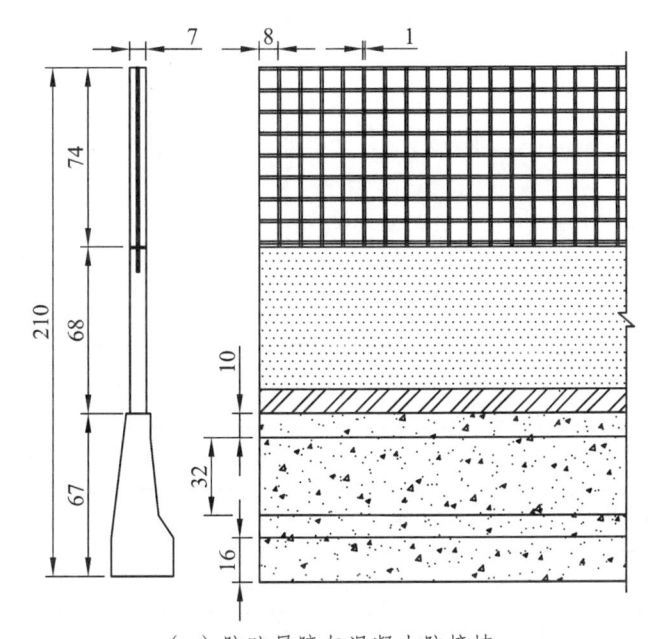

（a）防眩屏障与混凝土防撞墙

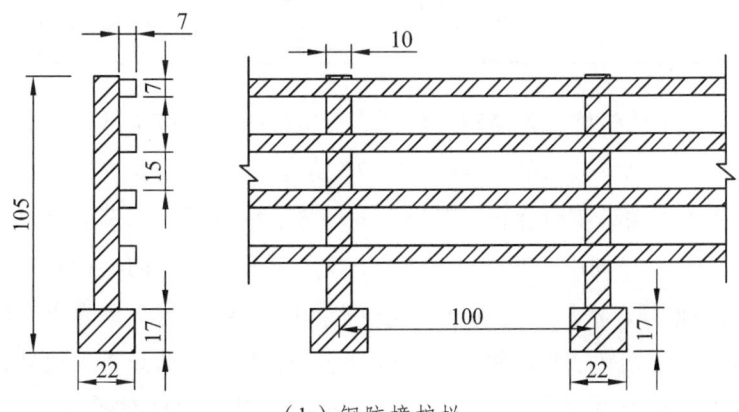

（b）钢防撞护栏

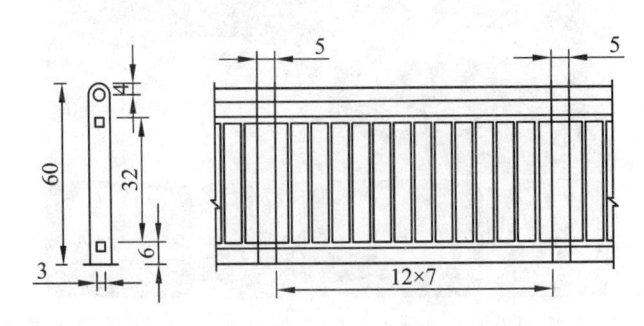

（c）人行道护栏

图 7-7　桥面系几何参数（单位：mm）

表 7-1　CFD 模拟与风洞试验对比

工况类型		CFD 模拟			风洞试验			相对误差/%		
		C_S	C_L	C_{MR}	C_S	C_L	C_{MR}	C_S	C_L	C_{MR}
桥梁	风攻角 −10°	−0.317	−0.851	−0.215	−0.293	−0.9	−0.202	8.23	−5.41	6.37
	风攻角 0°	1.204	0.003	0.012	1.236	0.003	0.013	−2.58	3.37	−4.05
	风攻角 10°	1.197	0.478	0.131	1.24	0.507	0.125	−3.49	−5.66	4.92
汽车	车道 1	1.247	0.582	−0.011	1.184	0.627	−0.012	5.33	−7.12	−10.41
	车道 2	0.626	−0.11	−0.079	0.633	−0.115	−0.075	−1.07	−4.65	5.72
	车道 3	0.363	−0.185	−0.089	0.352	−0.177	−0.096	3.18	4.63	−6.9
列车	线路 1	0.006	0.136	0.014	0.005	0.129	0.016	10.87	5.34	−9.59
	线路 2	0.061	0.075	−0.017	0.067	0.068	−0.016	−8.54	9.96	6.71

基于已有文献中的试验装置对动态模型进行验证[13,14]，该文献中车辆的移动通过传送带、伺服电机、导轨及滑动平台实现（图 7-8）。由于试验装置仅能实现一种车辆的运动，因此仅对比了运动列车与静止汽车交会的场景。模型缩尺比例为 1∶20，试验时列车模型速度为 7 m/s，横向中心距为 0.22 m，汽车、列车模型之间沿行驶方向初始间距为 5 m，以保证交会前列车的周围流场已达到稳定。图 7-9 中的结果表明汽车风洞试验与 CFD 数值模拟的侧力系数变化趋势比较接近且吻合良好，在曲线最大值处数值模型和试验结果相对误差约 5.12%，据此证明了 CFD 数值模型是合理且准确的。

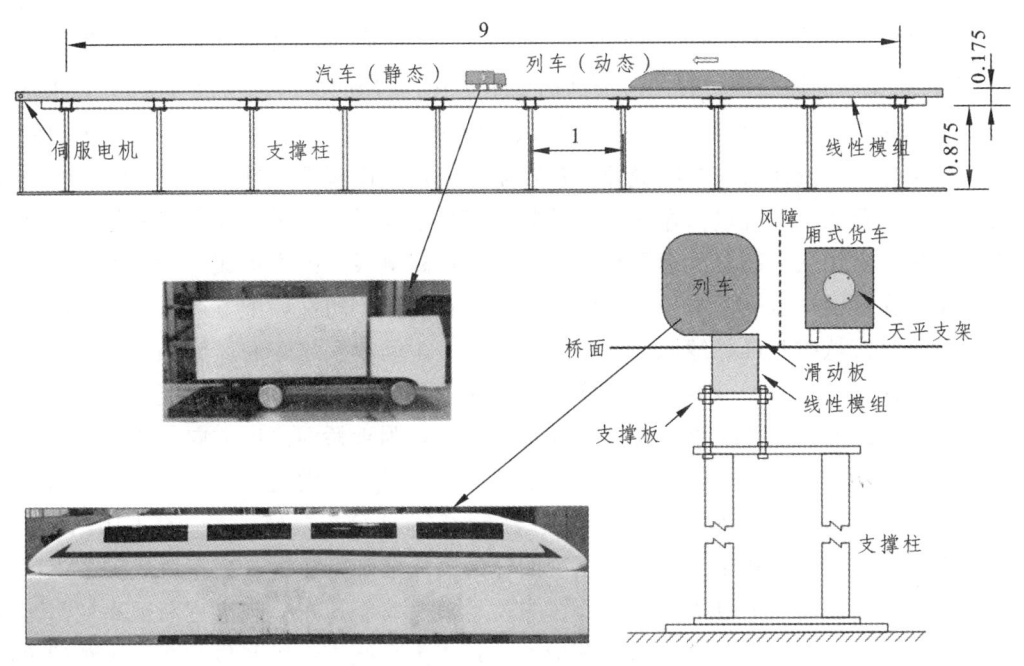

第 7 章 基于 CFD 模拟的汽车、列车交会气动干扰机理分析

图 7-8 动态模型试验装置（单位：m）

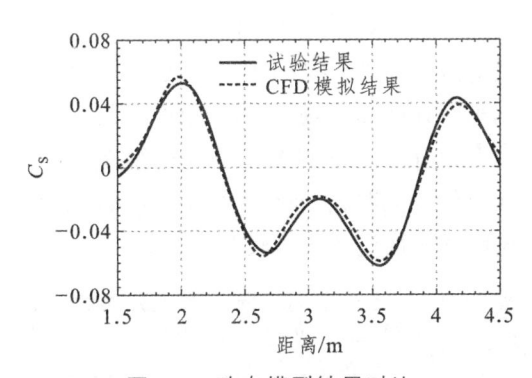

图 7-9 动态模型结果对比

7.3 CFD 计算结果分析

7.3.1 流线分布

由于空气的黏性作用，汽车/列车在桥上运行时必然会带动周围空气一起运动，进而在车身周围产生复杂的湍流，一般将其称为汽车/列车风。在侧向风与汽车/列车风的共同作用下，车-桥系统气动绕流形态通常会表现出明显的三维时空特性，此时汽车、列车处于桥梁的上部分离流之中，对桥面上部流场的影响较大。为分析汽车、列车交会区域周

围的气流方向和速度变化特征，对±15 m/s、±25 m/s 侧向风速作用下厢式货车、列车交会过程进行模拟，厢式货车、列车分别以 80 km/h、300 km/h 设计速度运动，主梁取标准节段，交会过程中不同横断面位置的流线结构见图 7-10，采用的参考风速 $U_{re}=\sqrt{25^2+83.33^2}$。风速 15 m/s 时汽车在迎风侧交会前，来流风在穿过桥梁人行道护栏之后，防撞护栏的阻滞效应直接导致气流在防撞护栏缝隙处被强制分流且流速骤降（图 7-10，a_1）。汽车所在截面一部分气流从上方绕过汽车车身并从防眩屏障上部通过，另一部分气流从下方绕过列车车身之后上扬从防眩屏障缝隙处流出，并在铁路侧线路上方形成尺寸较大的低速漩涡。列车所在截面气流受混凝土防撞墙的阻挡，在混凝土防撞墙下方迎风侧产生尺寸较小的漩涡。气流从防眩屏障缝隙处流出后在头车、中间车和尾车迎风侧各形成一个尺寸较小的脱落涡 v_1、v_2、v_3。交会时，汽车产生的尾涡首先对头车车身附近流场产生了影响（图 7-10，b_1），头车背风侧产生明显脱落涡 v_4，且 v_4 附近桥面高度方向上流速梯度已经受到扰动。这种影响延续到交会后（图 7-10，c_1），尾车背风侧脱落涡 v_5、v_6 扩散并消失。风速 25 m/s 下交会前公路车道上方与铁路线路上方流速分布差异显著（图 7-10，a_2），铁路线路上方流速梯度变化更大一些，出现明显的高压区和低压区。列车背风侧漩涡区域大且漩涡内部流速较低（图 7-10，a_2），分布位置从头车至尾车呈现出逐渐远离列车车身的特点。交会时，头车上部的流速显著增大，列车头车绕流流场明显改变，头车迎风侧涡流形态也发生一定变化（图 7-10，b_2）。交会后，汽车产生的尾涡开始对中间车车身附近流场产生作用，汽车尾流的干扰效应导致中间车上部的流速显著增大（图 7-10，c_2），尾车背风侧形成明显的脱落涡。此外，受列车压力波影响，汽车周围气动交互作用区域的气流流速有所增加；汽车所在截面流场下游出现两个漩涡并逐渐发展，尺寸变大（图 7-10，c_2）。15 m/s、25 m/s 风速下列车所在截面的气流除流速有差异之外，在穿过防眩屏障之前漩涡的数量、尺寸及位置无明显变化。受列车压力波、钢防撞护栏及轨道板对气流的干扰，防眩屏障背风侧各截面流场结构较为复杂。

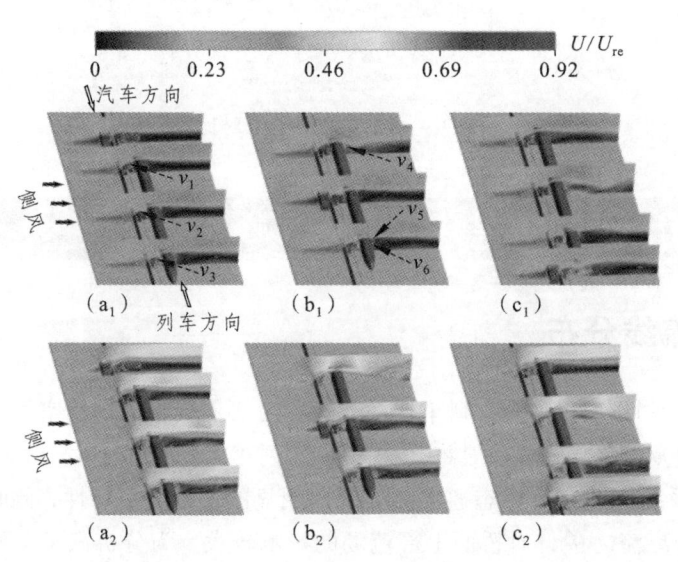

第 7 章 基于 CFD 模拟的汽车、列车交会气动干扰机理分析

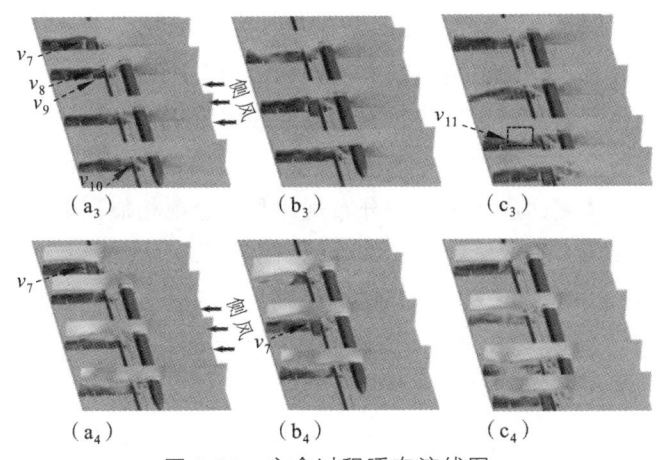

图 7-10 交会过程瞬态流线图

($a_1 \sim a_4$：交会前（5.89 s）风速 15 m/s、25 m/s、−15 m/s、−25 m/s 流场结构；
$b_1 \sim b_4$：交会时（6.27 s）流场结构；$c_1 \sim c_4$：交会后（6.65 s）流场结构）

风速 15 m/s 下列车在迎风侧时，交会前汽车车身背风侧有一漩涡 v_7 正在脱落（图 7-10，a_3）。列车所在截面一部分气流从上方绕过列车车身并从防眩屏障上部通过，可以观测到在车体顶端形成了流速相对较高的区域；另一部分气流从下方绕过列车车身，由于混凝土防撞墙的阻挡作用，下方气流上扬进入并由防眩屏障间隙处流出，气流穿过防眩屏障后在头车下游公路车道 3 上方形成低速气流漩涡 v_8、v_9（图 7-10，a_3），尾车下游形成低速气流漩涡 v_{10} 和多个低速气流漩涡。此外，头车周围背风侧无明显的脱落涡，中间车、尾车周围背风侧各出现两个小脱落涡。交会时，汽车车身背风侧漩涡完全脱落（图 7-10，b_3）。交会后，受列车尾涡的影响，尾车下游公路车道 3 上方流场演变为多个气流漩涡 v_{11}（图 7-10，c_3），但列车车身周围的流场分布并未明显受到汽车压力波的影响。此外，在防眩屏障背风侧很大范围内都存在漩涡，且漩涡位置多变、内部速度大小不一。风速增大到 25 m/s 时，整个交会过程中列车迎风侧流场结构相对简单，并无明显的回旋气流。头车至尾车下游公路车道 3 上方的漩涡逐渐发展，尺寸变大（图 7-10，a_4）。交会时，汽车产生的尾涡使头车下游公路车道上方气流的流速显著增大（图 7-10，b_4）。与风速 15 m/s 有所不同，汽车车身背风侧漩涡 v_7 仍然附着在车体表面，并未扩散消失。交会后，汽车产生的尾涡开始对中间车所在下游公路车道上方流场产生作用，该位置流速有一定增大（图 7-10，c_4），头车所在截面公路车道上方流场分布逐渐恢复至交会前的状态。汽车、列车附近流场结构直接决定其气动性能，桥面系如栏杆、防撞墙、防眩屏障等显著改变了车辆周围流场，从而影响了车辆自身的气动特性，湍流区域的差异及气流速度分布特征进一步揭示了汽车、列车气动载荷差异的原因。

7.3.2 压力分布

汽车、列车和桥梁表面的压力分布状况如图 7-11 所示，WS、LS、FS、US 分别指迎

风侧、背风侧、前侧和上侧，本节参数设置与第7.2.1节一致。汽车在迎风侧时，交会前正压区域范围最大，且正压峰值达到最大；侧风、列车压力波以及汽车压力波耦合导致车体迎风侧和车头出现明显的正压区，压力最大区域集中在车头左下角，且车头压力呈现从左下至右上方逐渐递减的特点（图7-11，a_1）。至于汽车背风侧，压力值则显著低于迎风侧。交会时，车体侧面和车头压力分布规律与交会前相似，但是峰值降低，高压区域明显减少；受列车压力波的影响，车体背风侧左下角开始出现一个低压区（图7-11，b_1）。交会后，背风侧车体左下方的低压区逐渐扩大，后轮上方也出现一个低压区（图7-11，c_1）；由于部分涡系的发展和脱落，背风侧产生大面积的负压区，车身基本为负压。汽车在背风侧时，整个交会过程，汽车车体迎风侧、背风侧高压区域逐渐缩小，并向低压区过渡；交会前，车厢上方有一高压区，车头迎风侧左上方有微小低压区，但幅值都不大（图7-11，a_2）；由于侧风、列车风受混凝土防撞墙、防眩屏障的阻挡，交会时和交会后汽车表面没有明显的高压区（图7-11，b_2、c_2）。

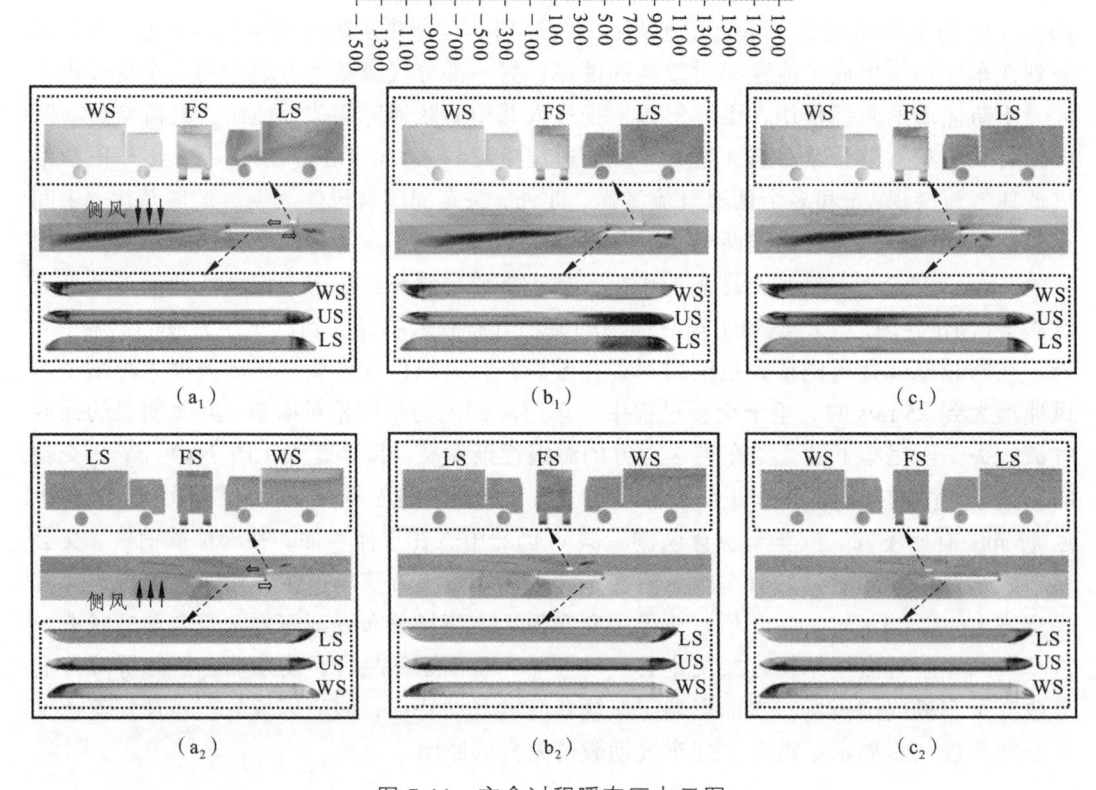

图7-11 交会过程瞬态压力云图

（$a_1 \sim a_2$：交会前（5.89 s）风速25 m/s、-25 m/s压力分布；$b_1 \sim b_2$：交会时（6.27 s）风速25 m/s、-25 m/s压力分布；$c_1 \sim c_2$：交会后（6.65 s）风速25 m/s、-25 m/s压力分布）

第 7 章 基于 CFD 模拟的汽车、列车交会气动干扰机理分析

侧风效应使得列车表面压力分布具有非常强的非对称性。列车在背风侧时，交会前高压峰值出现在车头鼻尖处，车头背风侧和顶部、车尾迎风侧和顶部均有明显低压区（图 7-11，a_1）。交会时，车头低压区范围沿背风侧和顶部显著扩大，范围几乎覆盖了头车背风侧和顶部，且鼻尖处的高压峰值明显降低，这主要是由汽车风尾流和侧风合成的湍流导致的（图 7-11，b_1），列车表面压力在纵向上的突然重新分布是导致车厢气动载荷突变的直接原因。交会后，列车表面压力分布特征与交会前具有很强的相似性（图 7-11，c_1）。列车在迎风侧时，整个交会过程列车表面压力比较稳定，并没有明显的波动。列车表面压力分布直接影响列车各车厢气动力分布，与列车运行安全性紧密相关。

对于桥面来说，列车风显著影响了桥面压力分布，并使车头、车尾附近区域桥面压力升高，靠近中间车周围桥面压力较低（图 7-11，a_1）。高压区峰值出现在列车车头附近，且高压区沿着风速合成角方向延伸、扩散（图 7-11，a_2）。混凝土防撞墙有效阻挡了列车车头附近高压区的扩散，使混凝土防撞墙背风侧压力变化比迎风侧更平缓（图 7-11，a_2），同时也使迎风侧压差高于背风侧。汽车风在车头附近区域的影响非常有限，在车尾附近斜后方则出现了低压区（图 7-11，a_2）；在列车斜前方公路侧也出现了低压区，但负压峰值明显低于汽车尾部。

7.3.3 气动系数分析

7.3.3.1 风速的影响

为考察风速对汽车、列车交会气动性能的影响及气动载荷的差异，对风速 15 m/s、20 m/s、25 m/s、30 m/s 作用下的交会过程进行 CFD 模拟，汽车、列车分别位于车道 3 和线路 4，并分别以 80 km/h、300 km/h 的设计速度运行，气动系数的时程曲线如图 7-12、图 7-13 所示，填充区域指汽车车头进入到头车车头的时刻至汽车尾部离开列车车尾的时刻。4 种风速作用下汽车的五分力系数在交会前基本达到稳定，这表明 CFD 模型中设置的汽车初始运行距离是合理的。汽车正常行驶时 4 个工况的 C_S 分别达到了 0.325、0.542、0.848、1.235（表 7-2）。当汽车在迎风侧与列车即将碰面时，汽车车头前端气压迅速增大成正压，进而汽车会受到逆风向的推力作用，汽车侧力向 0 值方向迅速减小。在列车压力波冲击下，汽车 4 个工况的 C_S 突变幅值分别达到了 0.235、0.259、0.278、0.300，C_S、C_L 和 C_{MR} 在交会开始和结束时均有明显的波峰和波谷，峰值和谷值大小相近、方向相反，这体现出列车车头和车尾对汽车在侧向、竖向和倾覆方向的冲击作用剧烈程度接近。由于汽车车厢底部与桥梁之间存在一定空隙，加之侧风在车轮处的绕流、防撞墙和防眩屏障的阻挡作用以及汽车风的叠加作用，此处会产生剧烈的湍流扰动，并使汽车底部、背风侧压力分布不稳定，因此汽车的 C_{MP}、C_{MY} 是不稳定的。但 C_{MP}、C_{MY} 主要由 C_S、C_L 对汽车车体形心的偏心距造成的，因此其绝对值相对很小。

（a）侧力　　　　　　　（b）升力　　　　　　　（c）点头力矩

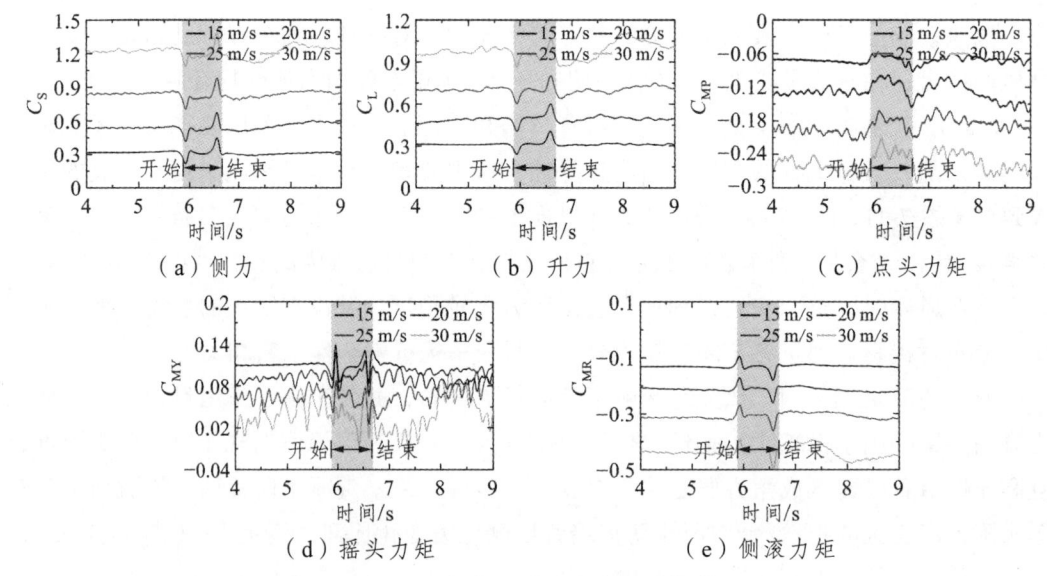

（d）摇头力矩　　　　　　（e）侧滚力矩

图 7-12　不同风速时汽车气动系数

表 7-2　不同风速下汽车气动系数指标对比

系数	C'				ΔC			
	15 m/s	20 m/s	25 m/s	30 m/s	15 m/s	20 m/s	25 m/s	30 m/s
C_S	0.325	0.542	0.848	1.235	0.235	0.259	0.278	0.3
C_L	0.314	0.498	0.705	0.987	0.167	0.197	0.2	0.201
C_{MR}	−0.132	−0.214	−0.315	−0.442	0.087	0.09	0.093	0.103

4 种风速作用下列车五分力系数在交会前均接近稳定，说明 CFD 模型中设置的列车运行距离基本合理。考虑列车的运动之后，其气动载荷是时变的，并且头车、中车和尾车之间气动载荷存在显著的差异。列车侧向气动载荷主要由迎风侧、背风侧之间的压力差造成，根据 7.3.2 节的分析可以发现，车头迎风侧为最大正压区，此处迎风侧与背风侧的压差也最大，因此头车 C_S 负向最大；而在车尾，由于负压区的存在以及列车尾流的干扰，使得尾车的 C_S 正向最大，风速 15 m/s 时头车、中间车和尾车 C_S 分别达-0.033、-0.012、0.036（表 7-3）。由于列车上下表面的外形轮廓以及空气绕流速度不同，导致列车车身顶底面的压力分布有较大差异，进而由压差形成列车的气动升力，风速 15 m/s 时头车、中间车和尾车 C_L 分别达 0.004、0.014、0.023。交会开始和结束时头车、中间车和尾车的五分力系数也出现了明显的突变，比如风速 25 m/s 时 3 个车厢侧力经历了一个正弦波，即先正向迅速增大、然后负向迅速减小、最后正向再增大的变化过程。显然，随着风速的增加，交会时段头车、中间车和尾车气动载荷突变幅度越来越大，受到的气动干扰作用也越来越强，头车 C_S 突变幅值分别达 0.022、0.048、0.074、0.105。与厢式货车不同的是，列车五分力系数的两次突变之间并没有出现明显的平稳段，而是出现了明显的尖峰形突变，显然上游的侧风与汽车风的叠加会导致下游列车气动载荷的剧烈变化。整个交会过程中头车波动幅度最大而尾车最小，侧力、升力、点头力矩和摇头力矩均呈

第7章 基于CFD模拟的汽车、列车交会气动干扰机理分析

现出类似规律。交会完全结束后，列车的气动力要经过一段时间才能完全恢复到交会前的状态，因为受厢式货车尾迹的影响，流场扰动仍会持续一段时间。

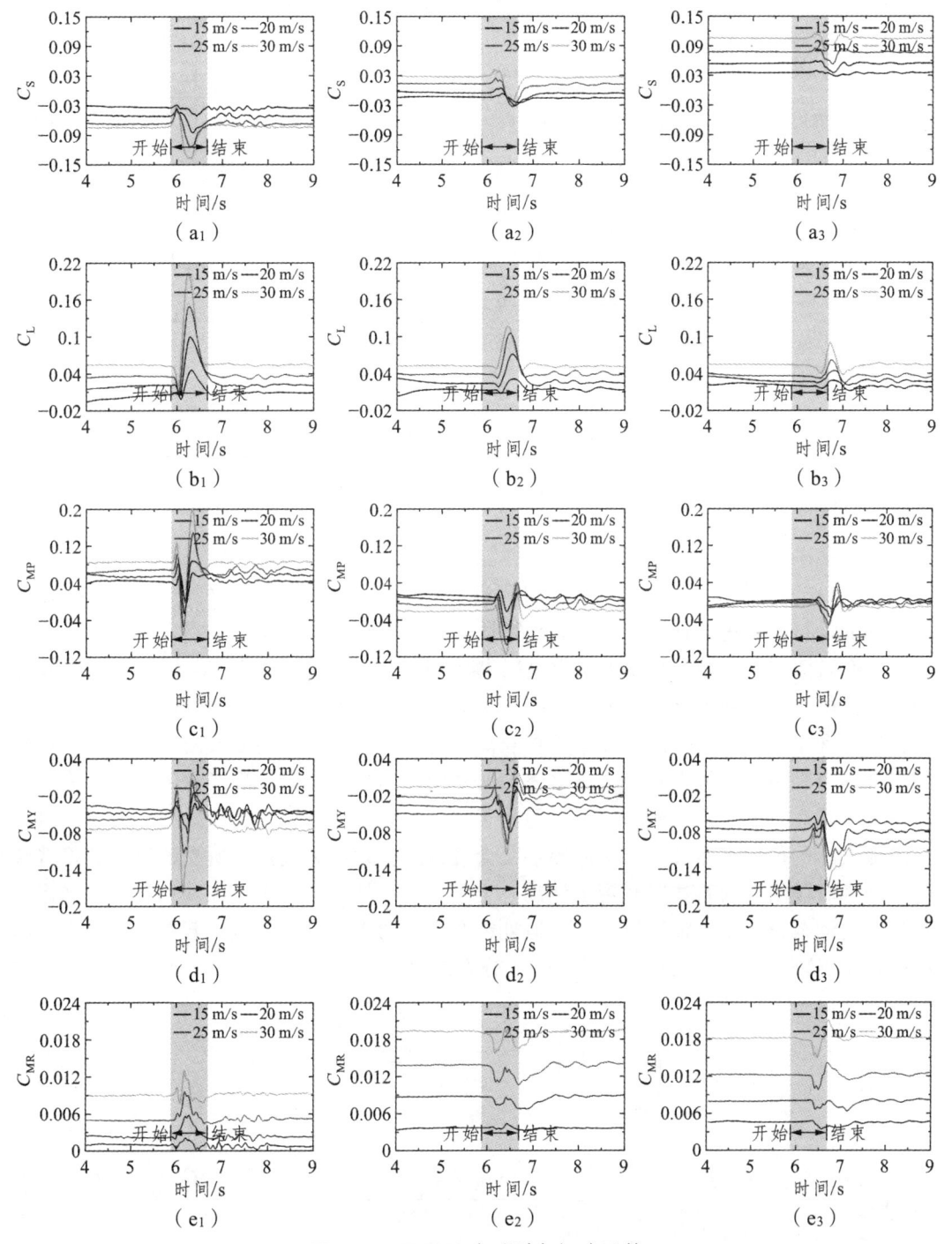

图 7-13 不同风速时列车气动系数

($a_1 \sim a_3$：侧力；$b_1 \sim b_3$：升力；$c_1 \sim c_3$：点头力矩；$d_1 \sim d_3$：摇头力矩；$e_1 \sim e_3$：侧滚力矩)

表 7-3　不同风速下列车气动系数指标对比

系数	车厢	C'				ΔC			
		15 m/s	20 m/s	25 m/s	30 m/s	15 m/s	20 m/s	25 m/s	30 m/s
C_S	头车	−0.033	−0.051	−0.067	−0.075	0.022	0.048	0.074	0.105
	中间车	−0.012	−0.005	0.014	0.028	0.019	0.036	0.057	0.067
	尾车	0.036	0.054	0.078	0.106	0.012	0.024	0.033	0.032
C_L	头车	0.004	0.021	0.036	0.055	0.048	0.095	0.138	0.183
	中间车	0.014	0.024	0.04	0.053	0.023	0.053	0.072	0.072
	尾车	0.023	0.028	0.036	0.054	0.017	0.023	0.041	0.052
C_{MR}	头车	0.001	0.002	0.005	0.009	0.002	0.004	0.005	0.005
	中间车	0.004	0.009	0.014	0.019	0.001	0.002	0.004	0.004
	尾车	0.005	0.008	0.012	0.018	0.001	0.002	0.004	0.006

7.3.3.2　风向的影响

为考察风向对汽车、列车交会气动性能的影响及气动载荷的差异，对汽车、列车在侧向风速±15 m/s、±25 m/s 作用下交会过程进行 CFD 模拟，厢式货车、列车分别以 80 km/h、300 km/h 设计速度进行计算，气动系数的时程曲线如图 7-14、图 7-15 所示。对比图 7-14 中汽车迎风侧与背风侧的气动力系数可以发现，迎风侧的 C_S、C_L 和 C_{MR} 两次突变之间为相对平稳段，交会开始时气动力系数突变主要是由交会正压引起，可以观察到厢式货车车头进入列车车头前已经开始突变，相互离开时气动力系数突变主要由负压引起，在此期间气动力是由侧向风力和交会压力叠加而共同作用的。交会过程产生的瞬态压力波虽然增加了背风侧汽车迎风面的压力，但由于迎风侧列车对侧风的阻挡效应，使得侧风对背风侧汽车的作用突然减小，从而导致交会过程中背风侧厢式货车所受的风荷载显著减小，减小时段内气动系数在 0 附近波动。定量分析可知，交会压力波和列车的遮挡作用对汽车气动载荷的影响都比较明显，但处在背风侧的汽车所受的风荷载在交会过程中的振荡作用更剧烈一些，−25 m/s 风速时三分力系数突变幅值达到了 0.252、0.465、0.262（表 7-4）。

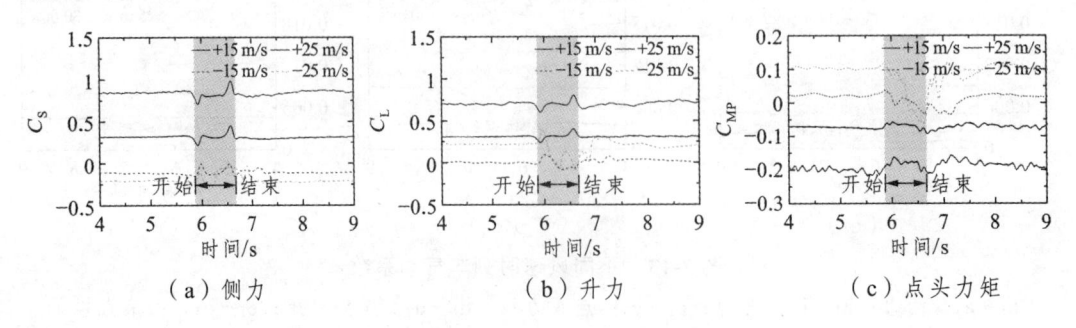

（a）侧力　　　　（b）升力　　　　（c）点头力矩

第 7 章 基于 CFD 模拟的汽车、列车交会气动干扰机理分析

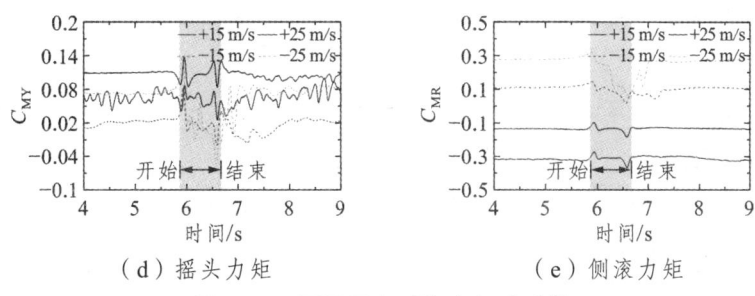

（d）摇头力矩　　　　　（e）侧滚力矩

图 7-14　不同风向时汽车气动系数

表 7-4　不同风向时汽车气动系数指标对比

系数	C'				ΔC			
	+15 m/s	+25 m/s	−15 m/s	−25 m/s	+15 m/s	+25 m/s	−15 m/s	−25 m/s
C_S	0.325	0.848	−0.117	−0.205	0.235	0.278	0.155	0.252
C_L	0.314	0.705	0.002	0.221	0.167	0.200	0.180	0.465
C_{MR}	−0.132	−0.315	0.115	0.283	0.087	0.093	0.127	0.262

表 7-5　不同风向时列车气动系数指标对比

系数	车厢	C'				ΔC			
		+15 m/s	+25 m/s	−15 m/s	−25 m/s	+15 m/s	+25 m/s	−15 m/s	−25 m/s
C_S	头车	−0.033	−0.067	0.075	0.147	0.022	0.074	0.007	0.012
	中间车	−0.012	0.014	0.025	0.065	0.019	0.057	0.004	0.007
	尾车	0.036	0.078	−0.015	−0.006	0.012	0.033	0.004	0.009
C_L	头车	0.004	0.036	−0.007	0.004	0.048	0.138	0.001	0.002
	中间车	0.014	0.04	0.014	0.043	0.023	0.072	0.002	0.003
	尾车	0.023	0.036	0.015	0.024	0.017	0.041	0.002	0.005
C_{MR}	头车	0.001	0.005	0.004	0.008	0.002	0.005	0	0
	中间车	0.004	0.014	0	0.001	0.001	0.004	0	0
	尾车	0.005	0.012	0	0	0.001	0.004	0	0

风速 15 m/s、25 m/s 作用下列车处于背风侧时，头车、中车和尾车的气动载荷均发生了显著突变，25 m/s 时头车 C_L 突变幅值高达 0.138（表 7-5）。与汽车气动性能截然不同的是，风速-15 m/s、-25 m/s 作用下列车位于迎风侧时，五分力系数并没有出现明显的突变，汽车风和侧风的叠加作用并没有对列车气动特性造成明显干扰，因此背风侧厢式货车的压力波对于迎风侧列车是微不足道的。此外，从 7.3.2 节中桥面压力分布特征也可以较好地解释汽车通过时对铁路侧周围桥面压力大小影响很弱。总体而言，迎风侧的厢式货车对列车气动力影响显著，而相比之下背风侧的汽车对列车气动力的影响几乎可以忽略不计，因而迎风侧汽车的气动干扰效应对列车气动载荷的影响很大，而汽车周围压力波对列车气动载荷的影响较小。

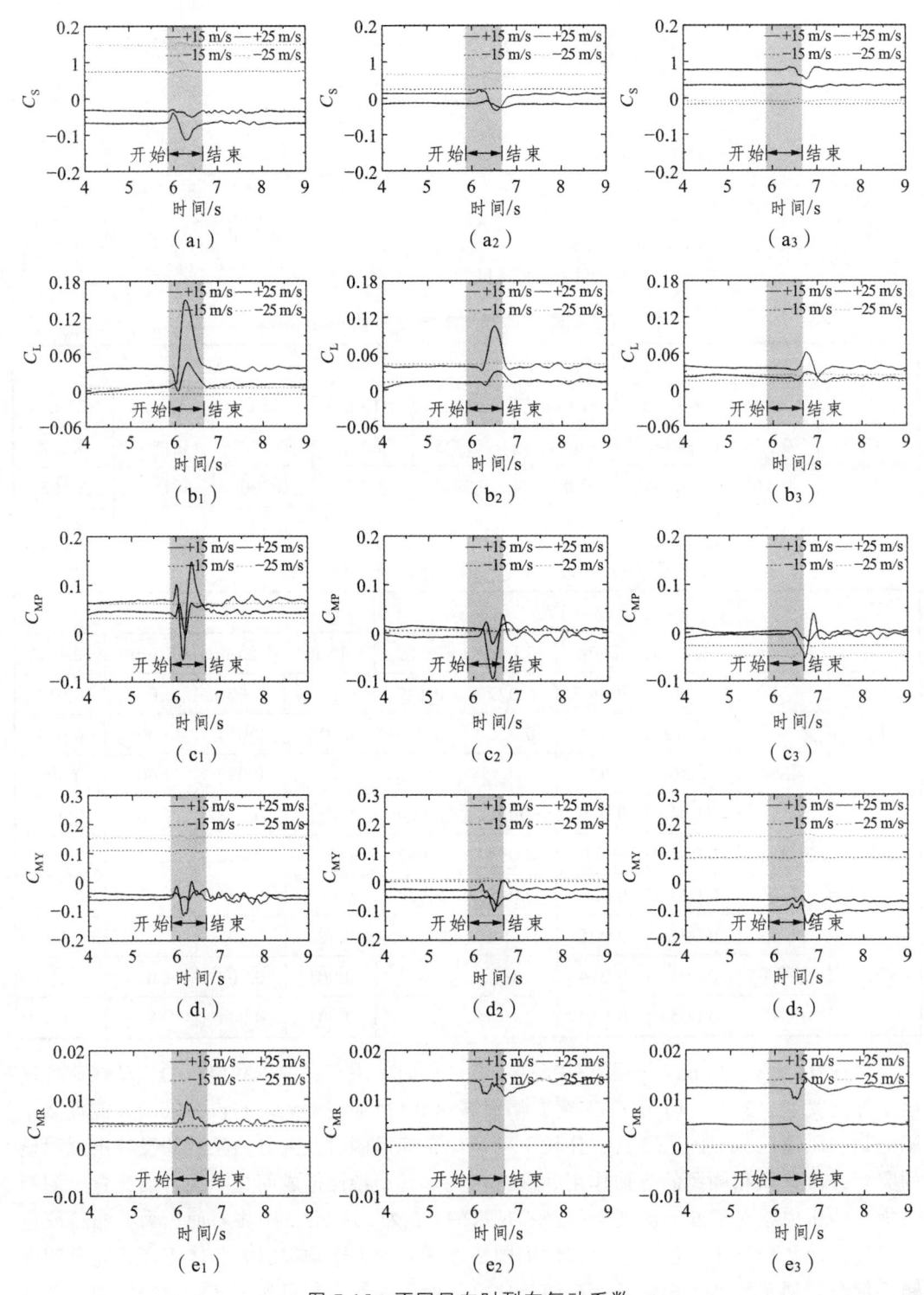

图 7-15 不同风向时列车气动系数

（$a_1 \sim a_3$：侧力；$b_1 \sim b_3$：升力；$c_1 \sim c_3$：点头力矩；$d_1 \sim d_3$：摇头力矩；$e_1 \sim e_3$：侧滚力矩）

7.3.3.3 车速的影响

为考察车速对汽车、列车交会时气动性能的影响及气动载荷的差异,对风速 25 m/s、车速 200/40 km/h、250/60 km/h、300/80 km/h 时的交会过程进行 CFD 模拟,气动系数的时程曲线如图 7-16、图 7-17 所示。3 种车速下汽车气动载荷受合成风向角的影响,C_S 值逐渐增大,分别为 0.754、0.771、0.848(表 7-6)。此外,25 m/s 侧风作用下汽车在交会前 C_{MP}、C_{MY} 就已经开始在一个恒定值附近小范围波动,正如 7.3.3.1 节讨论分析,此处是受车体周围湍流扰动的影响导致的,结合 7.3.1 节的流线分析可以发现,气流穿过钢防撞护栏后在下游公路车道上方形成明显的流速梯度,而混凝土防撞墙在公路车道侧又出现了一定数量的涡流,湍流分布规律比较复杂,这些因素使得气动系数的振荡幅值随着车速的增加越来越大。随着列车速度的增大,车体与空气的相对运动加剧,车头对空气的压缩作用增强,车尾的尾流效应也更加显著,因此交会时对汽车的气动干扰作用也在逐步加强,C_S 和 C_L 突变幅值分别达到 0.145、0.168、0.278 和 0.095、0.108、0.200(表 7-6)。交会后气动荷载大小仍与正常状态下有一定差距,由 7.3.2 节的车体表面压力分析可知(图 7-11,c_1),汽车在迎风侧与列车交会结束后有一个低压区作用在公路车道,因此列车通过后的尾流在耗散时仍对汽车气动载荷有显著影响。受列车尾迹的影响,交会之后汽车五分力系数也有一定程度的波动,C_S、C_L 和 C_{MR} 均表现得较为明显。

(a)侧力　　(b)升力　　(c)点头力矩

(d)摇头力矩　　(e)侧滚力矩

图 7-16　不同车速时汽车气动系数

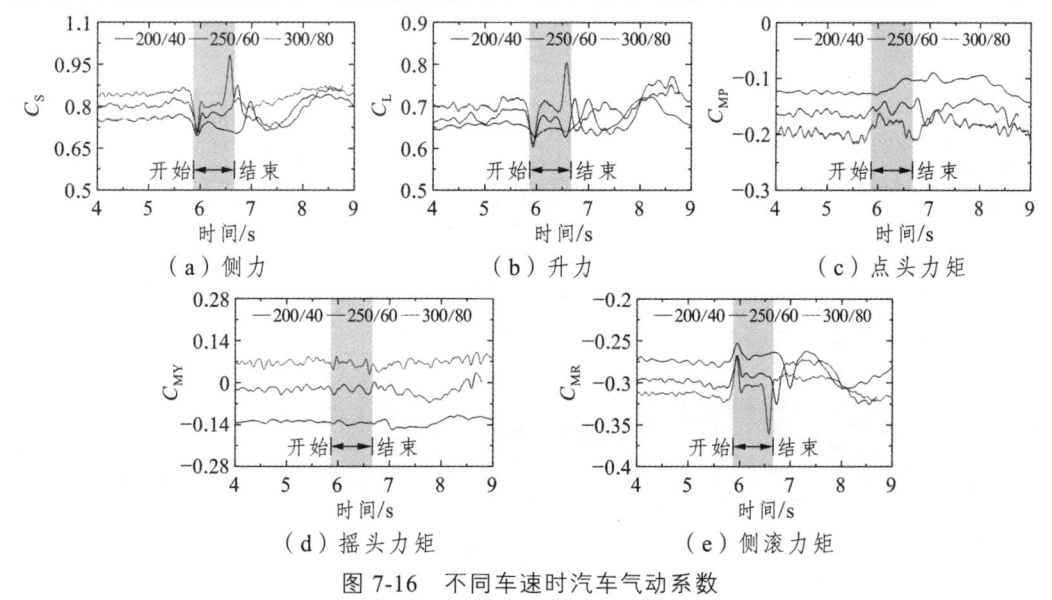

表 7-6　不同车速时汽车气动系数指标对比

系数	C'			ΔC		
	200/40 km/h	250/60 km/h	300/80 km/h	200/40 km/h	250/60 km/h	300/80 km/h
C_S	0.754	0.771	0.848	0.145	0.168	0.278
C_L	0.656	0.678	0.705	0.095	0.108	0.200
C_{MR}	−0.273	−0.297	−0.315	0.054	0.058	0.093

大跨度公路桥梁风-车-桥系统耦合振动分析理论及应用

在侧风沿列车车身绕流时，由于侧风与列车风的叠加，气流从迎风侧沿一定倾斜角度向背风侧流动，这直接造成图 7-17 中头车、中间车和尾车所受的气动载荷不同，可以发现头车 C_S 负向最大，分别为 -0.031、-0.055、-0.067，尾车 C_S 正向最大，分别为 0.066、0.072、0.078，而中间车则介于两者之间。列车气动载荷突变作用最剧烈的是 300 km/h 时的头车，根据表 7-7 中的统计结果，C_S、C_L 和 C_{MR} 突变幅值分别达到 0.074、0.138 和 0.005。交会完成后列车气动荷载仍有小幅波动并逐渐稳定至平均风荷载附近，由 7.3.2 节的车体表面压力分析可知（图 7-11，c_1），列车在背风侧与汽车交会结束后有一个低压区作用在列车下游，随着列车逐渐远离交会区域，车身周围压力和气动载荷才逐渐恢复至正常状态。

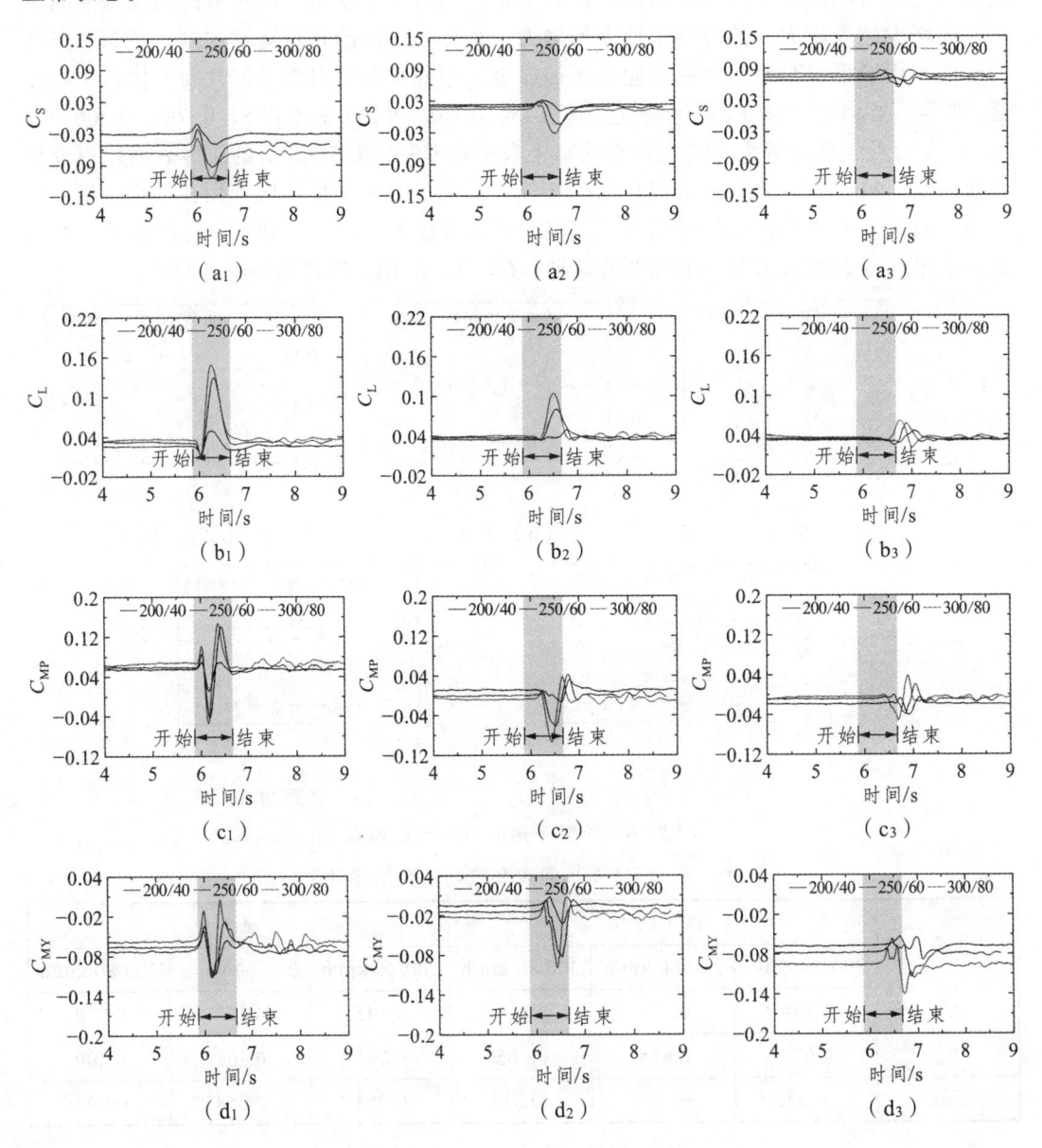

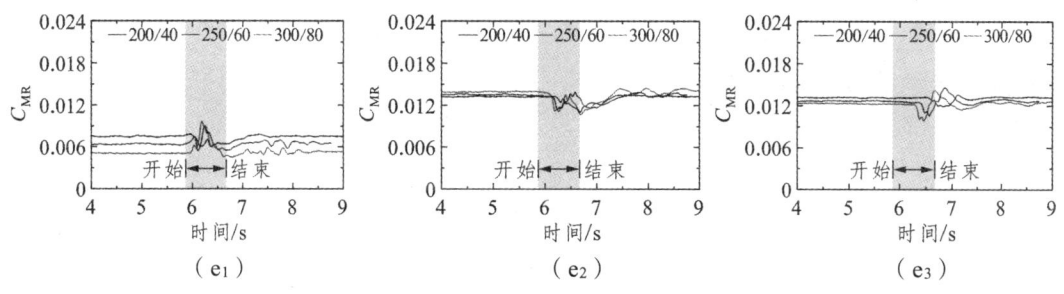

图 7-17 不同车速时列车气动系数

（a₁~a₃：侧力；b₁~b₃：升力；c₁~c₃：点头力矩；d₁~d₃：摇头力矩；e₁~e₃：侧滚力矩）

表 7-7 不同车速时列车气动系数指标对比

系数	车厢	C′ 200/40 km/h	C′ 250/60 km/h	C′ 300/80 km/h	ΔC 200/40 km/h	ΔC 250/60 km/h	ΔC 300/80 km/h
C_S	头车	−0.031	−0.055	−0.067	0.038	0.072	0.074
	中间车	0.022	0.014	0.014	0.02	0.044	0.057
	尾车	0.066	0.072	0.078	0.014	0.023	0.033
C_L	头车	0.026	0.032	0.036	0.035	0.12	0.138
	中间车	0.034	0.037	0.04	0.017	0.048	0.072
	尾车	0.033	0.035	0.036	0.018	0.032	0.041
C_{MR}	头车	0.007	0.006	0.005	0.002	0.004	0.005
	中间车	0.013	0.013	0.014	0.002	0.003	0.004
	尾车	0.013	0.013	0.012	0.002	0.004	0.004

7.3.3.4 车道的影响

为考察车道位置对汽车、列车交会时气动性能的影响及气动载荷的差异，对风速 25 m/s、汽车分别位于 1~3 车道行驶时的交会过程进行 CFD 模拟，汽车、列车分别以 80 km/h、300 km/h 设计速度进行计算，气动系数的时程曲线如图 7-18、图 7-19 所示。从汽车气动系数分布特点可以发现，汽车所受风荷载明显受车道位置影响，1~3 车道行驶时五分力系数均表现出明显的差异。对汽车侧向风荷载而言，1~3 车道 C_S 分别是 1.059、0.973、0.848（表 7-8），显然不考虑列车风影响时靠近上游车道的侧力更大。由于交会过程中列车风与侧风叠加作用的影响，C_S 和 C_L 突变幅值分别为 0.046、0.095、0.278 和 0.016、0.057、0.200（表 7-8），因而在距离列车线路最近的车道 3 行驶的汽车气动载荷突变效应最剧烈。不考虑列车风的情况下，车道 3 的厢式货车气动系数在交会前就有明显波动，而车道 1、2 则基本没有出现此类情况，因而这是由于距离车道 3 最近的混凝土防撞墙对湍流的阻挡作用导致的，结合 7.3.1 节的流线分析可以发现，气流穿过钢防撞护栏后在下游公路车道上方形成明显的流速梯度，而位于混凝土防撞墙侧边的公路车道 3 上方又出现了一定数量的涡流，湍流分布规律比较复杂。

(a)侧力　　　　　　　　(b)升力　　　　　　　　(c)点头力矩

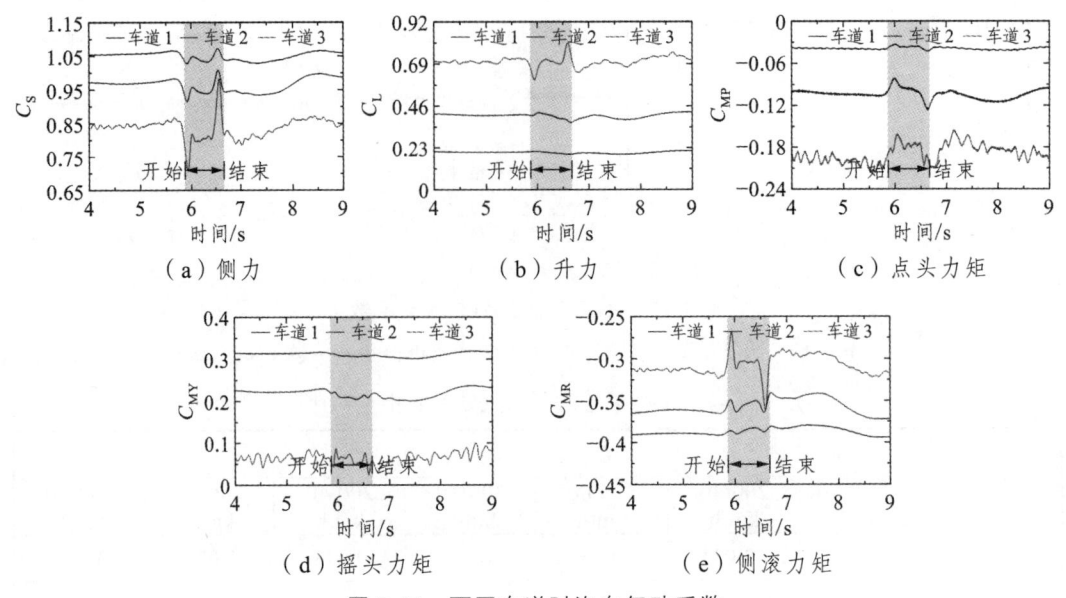

(d)摇头力矩　　　　　　　(e)侧滚力矩

图 7-18　不同车道时汽车气动系数

表 7-8　不同车道时汽车气动系数指标对比

系数	C'			ΔC		
	车道 1	车道 2	车道 3	车道 1	车道 2	车道 3
C_S	1.059	0.973	0.848	0.046	0.095	0.278
C_L	0.207	0.410	0.705	0.016	0.057	0.200
C_{MR}	−0.390	−0.362	−0.315	0.012	0.025	0.093

由于图 7-19 中列车的线路位置不变，因此交会前 3 个工况的计算结果非常接近。但是，交会过程中汽车的车道位置对列车风荷载的干扰程度明显不同。比较表 7-9 中统计结果可以发现，头车 C_S 和 C_L 突变幅值分别是 0.039、0.054、0.074 和 0.065、0.102、0.138，因而当汽车在距离铁路最近的车道 3 行驶时列车气动载荷突变效应最剧烈，所受气动干扰作用最强，交会开始和结束时风荷载的突增和突降对列车行车安全性、舒适性构成一定影响。随着厢式货车车道和列车线路横向距离变得更远，气动干扰作用也随之减弱。

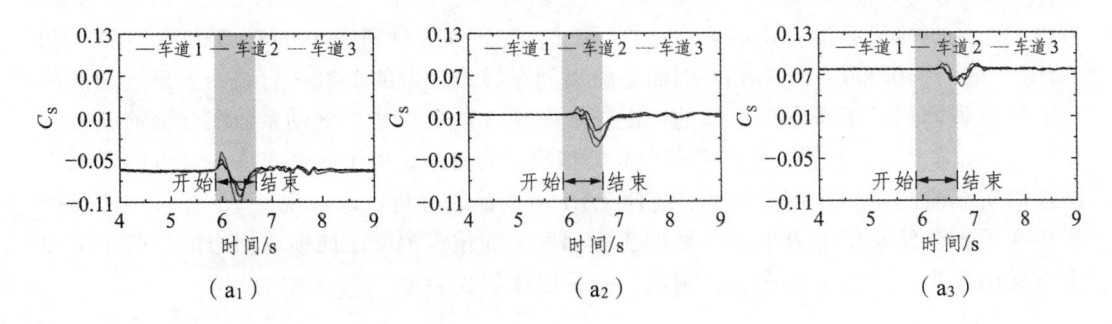

(a₁)　　　　　　　　　　(a₂)　　　　　　　　　　(a₃)

第 7 章 基于 CFD 模拟的汽车、列车交会气动干扰机理分析

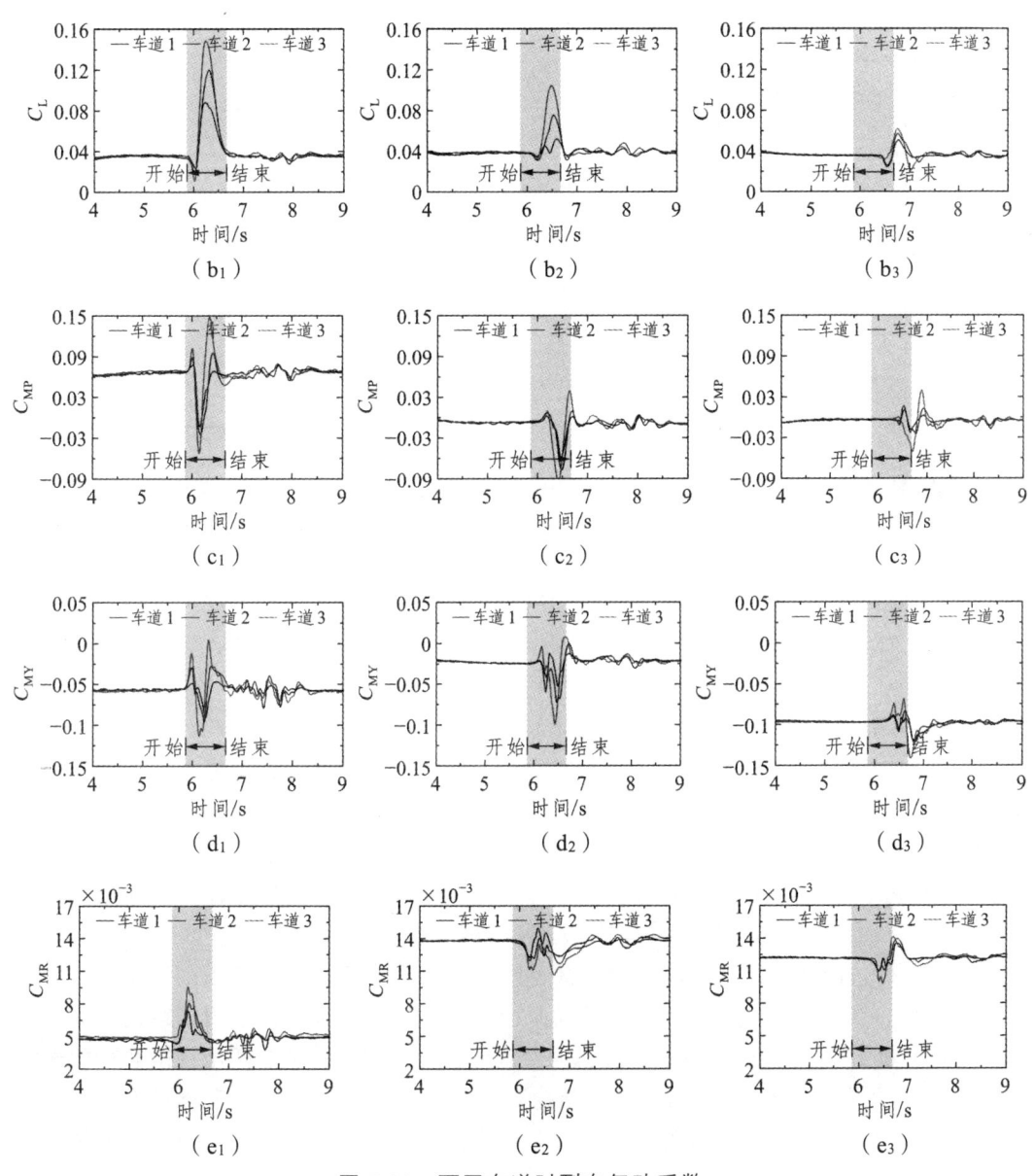

图 7-19 不同车道时列车气动系数

（a₁～a₃：侧力；b₁～b₃：升力；c₁～c₃：点头力矩；d₁～d₃：摇头力矩；e₁～e₃：侧滚力矩）

表 7-9 不同车道时列车气动系数指标对比

系数	车厢	C'			ΔC		
		车道1	车道2	车道3	车道1	车道2	车道3
C_S	头车	−0.066	−0.066	−0.067	0.039	0.054	0.074
	中间车	0.013	0.013	0.014	0.028	0.041	0.057
	尾车	0.077	0.077	0.078	0.021	0.025	0.033

续表

系数	车厢	C' 车道1	C' 车道2	C' 车道3	ΔC 车道1	ΔC 车道2	ΔC 车道3
C_L	头车	0.036	0.035	0.036	0.065	0.102	0.138
C_L	中间车	0.038	0.039	0.04	0.018	0.045	0.072
C_L	尾车	0.035	0.035	0.036	0.025	0.033	0.041
C_{MR}	头车	0.005	0.005	0.005	0.003	0.004	0.005
C_{MR}	中间车	0.014	0.014	0.014	0.003	0.003	0.004
C_{MR}	尾车	0.012	0.012	0.012	0.003	0.003	0.004

7.4 本章小结

本章采用大型商业流体软件 FLUENT 建立了汽车、列车在公铁平层两用桥上交会的 CFD 动态三维数值模型，通过与静态风洞试验和动模型试验结果对比，验证了模拟方法的适用性和 CFD 数值模型的准确性，阐明了汽车、列车交会过程中的气动干扰机理，揭示了流场结构、表面压力分布及其变化规律，评估了不同风速、风向、车速和车道下交会气动干扰作用对汽车、列车气动性能的影响。综合本章的研究内容，主要得到以下结论：

（1）通过与静态风洞试验和动模型试验的结果进行对比，验证了使用滑动网格技术和 RANS 方法、SST k-ω 的模型来模拟汽车、列车的交会过程是可行的，CFD 数值模型的网格数量和边界层数布置是合理的，且具有较好的准确性。

（2）栏杆、防撞墙、防眩屏障等桥面系附属结构显著改变了车辆周围流场进而影响了车辆自身的气动特性，在汽车/列车气动载荷计算时应当重视桥面系附属结构对流场的扰动作用。由于汽车/列车与侧风的气动耦合效应，大跨度公铁平层两用桥中通行的上游汽车/列车对下游的汽车/列车周围流场结构有明显干扰，且在一些特定场景下汽车与列车之间的气动干扰作用比较显著，在动力响应分析和行车安全评估时应当考虑公路与铁路交通之间的气动干扰。

（3）高速运行的列车会挤压前方空气并在车头附近形成高压区，车尾的突然离开又会在列车尾部周围区域形成分布形态复杂的尾流；侧风与运行列车的气动耦合作用改变了列车表面压力分布，同时又影响了头车、中间车和尾车的气动力，并在列车后方沿合成风向角方向的桥面处形成明显低压区。汽车后方沿合成风向角方向也存在低压区，但车头附近并没有形成明显高压区。

（4）交会过程中汽车的气动载荷突变作用受风向的影响最大，风速的影响次之，而车速的影响最小，车道的影响介于风速与车速之间；列车的气动载荷突变作用受风向的影响最大，风速的影响次之，而车道的影响最小，车速的影响介于风速与车道之间。列车头车正常运行时的气动载荷和交会时的气动突变幅值均要高于中间车和尾车，且随着风速、车速的增加以及横向间距的减小，差异性也越明显，这说明头车安全风险较高，应当重点关注。

7.5 本章参考文献

[1] BAKER C J. Ground vehicles in high cross winds part I: steady aerodynamic forces[J]. Journal of Fluids and Structures, 1991, 5(1): 69-90.

[2] BAKER C J. Ground vehicles in high cross winds part II: unsteady aerodynamic forces[J]. Journal of Fluids and Structures, 1991, 5(1): 91-111.

[3] CHELI F, CORRADI R, ROCCHI D, et al. Wind tunnel tests on train scale models to investigate the effect of infrastructure scenario[J]. Journal of Wind Engineering and Industrial Aerodynamics, 2010, 98: 353-362.

[4] 田红旗. 列车空气动力学[M]. 北京: 中国铁道出版社, 2007.

[5] LI Y, QIANG S, LIAO H, et al. Dynamics of wind-rail vehicle-bridge systems[J]. Journal of Wind Engineering & Industrial Aerodynamics, 2005, 93(6): 483-507.

[6] ALONSO E A, DÍAZ J J D C, RABANAL F P Á, et al. Performance analysis of wind fence models when used for truck protection under crosswind through numerical modeling[J]. Journal of Wind Engineering and Industrial Aerodynamics, 2017, 168: 20-31.

[7] SALATI L, SCHITO P, ROCCHI D, et al. Aerodynamic study on a heavy truck passing by a bridge pylon under crosswinds using CFD[J]. Journal of Bridge Engineering, 2018, 23(9): 4018065.1-4018065.14.

[8] WANG B, XU Y L, ZHU L D, et al. Determination of aerodynamic forces on stationary/moving vehicle-bridge deck system under crosswinds using computational fluid dynamics[J]. Engineering Applications of Computational Fluid Mechanics, 2013, 7(3): 355-368.

[9] CHEN J W, GAO G, ZHU C L. Detached-eddy simulation of flow around high-speed train on a bridge under cross winds[J]. Journal of Central South University, 2016, 23(10): 2735-2746.

[10] GALLAGHER M, MORDEN J, BAKER C, et al. Trains in crosswinds-comparison of full-scale on-train measurements, physical model tests and CFD calculations[J]. Journal of Wind Engineering and Industrial Aerodynamics, 2018, 175: 428-444.

[11] YAO Z Y, ZHANG N, CHEN X Z, et al. The effect of moving train on the aerodynamic performances of train-bridge system with a crosswind[J]. Engineering Applications of Computational Fluid Mechanics, 2020, 14(1): 222-235.

[12] ZOU S M, HE X H, WANG H F. Numerical investigation on the crosswind effects on a train running on a bridge[J]. Engineering Applications of Computational Fluid Mechanics, 2020, 14(1): 1458-1471.

[13] XIANG H Y, LI Y L, CHEN S R, et al. A wind tunnel test method on aerodynamic characteristics of moving vehicles under crosswinds[J]. Journal of Wind Engineering and Industrial Aerodynamics, 2017, 163: 15-23.

[14] XIANG H Y, HU H, ZHU J, et al. Protective effect of railway bridge wind barriers on moving trains: An experimental study[J]. Journal of Wind Engineering and Industrial Aerodynamics, 2022, 220: 104879.

第8章 风、浪和车流作用下沿海大跨度斜拉桥拉索疲劳寿命预测研究

8.1 引 言

近年来，随着沿海地区经济的快速发展和日益增长的交通需求，以及相应施工设计经验的累积，我国建设了一批大型跨海大桥。为了提高跨越能力，斜拉桥和悬索桥为跨海大桥的常用桥型。与内陆桥梁相比，除了满足交通运输的需要，沿海大跨度桥梁通常会面对更为恶劣的海洋环境（如季节性台风、洪水和海浪），形成了复杂的风-浪-车-桥耦合动力作用系统，增加了桥梁振动特性分析的难度。特别地，斜拉索作为斜拉桥的重要承重构件，具有刚度小、阻尼低、质量轻和跨度大等特点。在桥梁全寿命周期内，拉索始终处于高应力状态，并且承受来自随机车流、风和海浪等荷载的长期作用，容易产生疲劳损伤，严重时会影响斜拉桥的正常使用，危及桥梁结构的安全。因此，开展桥梁全寿命周期内斜拉索在风、浪等海洋环境荷载以及车流荷载共同作用下的疲劳可靠度研究对于保证沿海桥梁的安全运营和国民经济建设具有重要的意义。

本章基于前述章节中建立的风-浪-车-桥耦合振动数值模拟平台，采用疲劳线性累积损伤理论，研究了随机车流、风、浪荷载联合作用下大跨度沿海斜拉桥拉索的疲劳可靠度。分析结果可为沿海斜拉桥拉索系统的科学维护和安全预测评估提供参考。

8.2 随机荷载模拟

8.2.1 交通荷载模拟

由于公路桥梁的车流具有很强的随机性，采用实测统计数据建立随机车流概率模型是研究桥梁结构在车流作用下动力响应和疲劳可靠度的基本前提。本书基于动态称重（WIM）系统的数据，建立了沿海某大跨斜拉桥随机车流概率模型，该模型包含了车型、轴重和车道等重要参数。桥梁桥面为双向六车道。为了获取桥址处车流信息，我们对2014年5月1日—31日、7月1日—31日、11月1日—30日这3个时间段内车辆进行了统计分析。结果表明这3个时间段内的日均车流量、车型占有率、每个车型在不同车道上的占有率、车辆荷载概率分布等关键数据均基本一致，这3个时间段中任意时间段的车辆统计数据均能基本反映桥址处实际车辆的情况，其统计结果具有较强的可信度。因此，

本书仅列出了 2014 年 5 月 1 日—31 日这个时间段的车流数据，并将其用于建立相应车辆荷载模型以及生成随机车流模型。2014 年 5 月 1 日—31 日这个时间段内车辆统计情况如下：根据桥址处的 WIM 数据可知，从 2014 年 5 月 1 日—31 日，共计 31 天内，桥上通行车辆总数为 307200 辆，平均日通行量约为 9910 辆。根据车轴和车辆荷载，可将所有的通行车辆分为 5 类。这 5 类典型车型的通行量数据以及在每个车道上的占有率如表 8-1 所示。由表 8-1 可以看出，在车流样本中，2 轴车（V2）占比最大，达到了 56.29%，接着是 6 轴车（V6）和 5 轴车（V5），占比分别为 22.26%和 15.35%。剩余的 3 轴车（V3）和 4 轴车（V4）占比为 6.10%。由此可见，在所有的统计车辆中，重车（V5 和 V6）比例达到了 37.61%，而且大部分重车在慢车道上行驶。

表 8-1 车辆分类及车道占有率统计

车型	轴数与轴距/m	车道总占有率/%	单个车道占有率/% 慢车道	中间车道	快车道
V2（2 轴车）	5.0	56.29	19.76	31.18	5.35
V3（3 轴车）	4.0 3.0	2.90	1.50	1.29	0.11
V4（4 轴车）	3.3 6.6 1.3	3.20	1.81	1.24	0.15
V5（5 轴车）	3.2 6.9 1.6 1.3	15.35	8.80	6.22	0.34
V6（6 轴车）	2.9 1.5 6.9 1.3 1.3	22.26	13.18	8.79	0.28

除了车流量的统计以外，WIM 系统还对每种车型的轴重和总重进行了统计。大量公路桥梁车辆荷载统计研究表明[1,2]，高速公路车辆荷载呈现多峰分布特点，而运用常规的具有单峰分布特征的正态分布和非正态分布无法准确拟合车辆荷载的轴重和总重。基于此，本书运用高斯混合模型（GMM）来模拟车辆荷载的轴重和总重[3,4]。GMM 模型可表示为：

$$P\{w|\ a_i, \mu_i, \sigma_i^2\} = \sum_{i=1}^{M} a_i \cdot g(w|\ \mu_i, \sigma_i^2) = \sum_{i=1}^{M} a_i \cdot \frac{1}{\sqrt{2\pi}\sigma_i} \exp\left[-\frac{1}{2\sigma_i^2}(w-\mu_i)^2\right] \quad (8-1)$$

式中：w 为车辆荷载；a_i 为高斯混合分布的权重，a_i 应满足 $\sum_{i=1}^{M} a_i = 1$ 的条件；μ_i 和 σ_i 分别为第 i 个（$i=1\sim M$）高斯分布函数的均值和标准差。

表 8-2 列出了桥址处 5 种车型（V2~V5）对应车辆荷载概率分布参数拟合的情况。由表 8-2 可以看出，V2、V5 和 V6 车型的车辆荷载符合两参数高斯混合分布，V3 和 V4 车型的车辆荷载符合三参数高斯混合分布。另外，由于缺乏桥址处每一辆车车辆轴距的

第 8 章　风、浪和车流作用下沿海大跨度斜拉桥拉索疲劳寿命预测研究

详细统计数据，本书采用车辆轴距统计数据的平均值作为车辆的轴距，如表 8-1 所示。此外，车辆车轴的横向距离为 2 m。

表 8-2　车辆荷载统计与拟合参数

车辆类型	M_i	a_i	μ_i/kN	σ_i/kN
V2	1	0.26	56.4	8.9
	2	0.74	112.1	22.4
V3	1	0.52	318.6	74.2
	2	0.24	177.2	9.2
	3	0.24	704.9	167.2
V4	1	0.27	254.1	20.4
	2	0.22	334.4	93.7
	3	0.51	612.8	197.3
V5	1	0.23	281.7	49.6
	2	0.77	721.3	146.4
V6	1	0.19	315.7	63.6
	2	0.81	682.2	156.4

为了进行随机车流的模拟，基于 WIM 车流统计数据，采用 MATLAB 语言编制包含三参数（车型、车重、车道）的随机车流模拟程序，具体步骤如下：

（1）根据表 8-1，通过将车辆日通行总量乘以每种车型的车流量占比，计算得到每种车型的日通行量。

（2）对于每种车型，根据其相应的车辆总重和轴重的概率密度函数（GMM），通过蒙特卡罗方法进行抽样形成随机车重样本，并赋予该车型的每一辆车。

（3）最后，将上述得到的每种车型根据其对应的车道占比随机分配到每一个车道上。

根据上述随机车流的模拟步骤，图 8-1 给出了 2 h 内慢车道和中间车道上随机车流样本。如图 8-1 所示，每种车型用不同的图例来表示，每个点代表了一辆车，横轴表示车辆到达时间，纵轴表示每辆车的车辆总重。通过对比图 8-1（a）和（b）可知，慢车道和中间车道的车流特点有明显的差异：慢车道上出现重车（V5 和 V6 车型）的概率明显高于中间车道上出现重车的概率，而慢车道上出现轻车（V2～V4 车型）的概率明显低于中间车道上出现轻车的概率。为了进一步检验随机车流的准确性，本书对随机车流中每一种车型的车辆荷载、车速分布以及车道占有率进行了检验，结果发现这些关键参数在随机车流中的统计值与目标值均吻合得很好。限于篇幅，本书给出了 4 轴车和 6 轴车这两种车型车重和车速的模拟值与目标值的对比情况，如图 8-2 所示。其中，模拟值是随机车流中该车型相应参数的统计数据，目标值是根据 WIM 提供的车辆数据通过概率分布拟合得到的概率分布曲线。由图 8-2 可以看出，随机车流中 V2 和 V6 车型的车辆荷载

及车速分布与目标概率分布均吻合得很好。基于此，本书提出的随机车流程序可以准确地反映桥址处车流的真实情况。

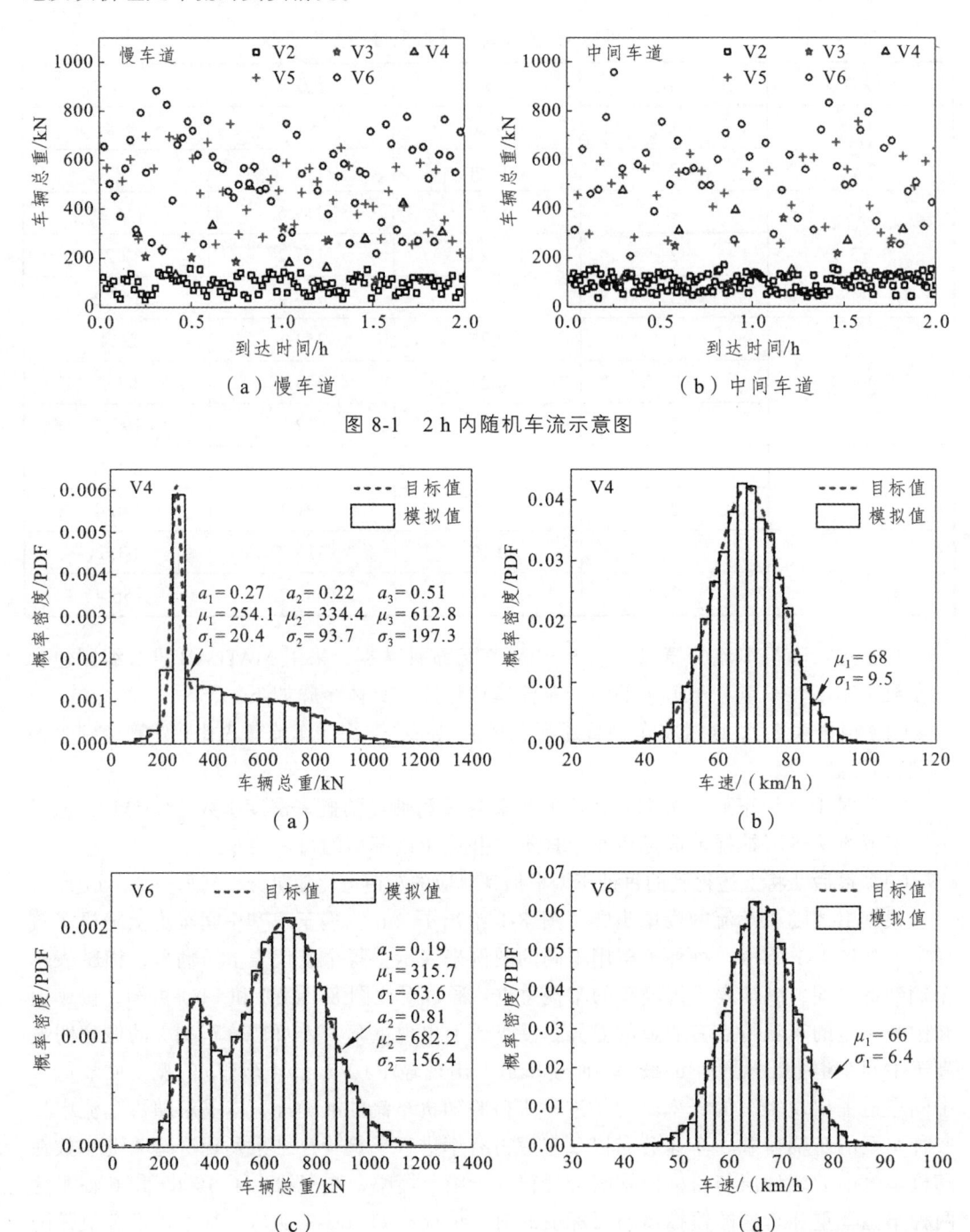

(a) 慢车道

(b) 中间车道

图 8-1 2 h 内随机车流示意图

(a)

(b)

(c)

(d)

图 8-2 随机车流中 V2 和 V6 车型车重和车速的概率分布与目标概率分布对比图

8.2.2 联合风、浪的模拟

为了研究桥址处联合风、浪的特性,本书对桥址处 1980 年—2012 年间实测得到的联合风、浪的 5 个要素进行分析。这 5 个要素分别为风速 V_w、风向 θ_w、波高 H_s、波浪的方向 θ_s,以及波浪的周期 T_p。其中,V_w 表示海平面 10 m 高度处 10 min 内的平均风速,θ_w 和 θ_s 表示以北为正(N)顺时针测量的角度。图 8-3 给出了桥址处风、浪要素实测值的联合分布。由图 8-3 可计算出数据对 (θ_w, θ_s)、(H_s, T_p) 以及 (V_w, H_s) 的线性相关系数分别为 0.6232、0.4769 和 0.6852,表明桥址处的风、浪要素之间存在较强的相关性。很显然,简单的线性相关系数无法全面地揭示风、浪要素之间复杂的相互关系。因此,本书拟采用 Copula 函数来模拟桥址处风、浪要素之间的联合概率密度。

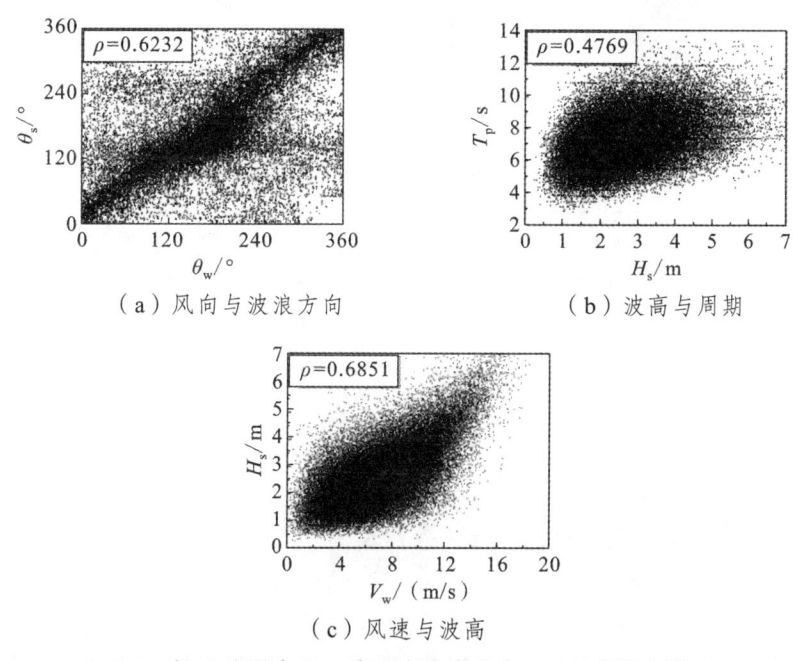

(a)风向与波浪方向

(b)波高与周期

(c)风速与波高

图 8-3 桥址处联合风、浪要素联合分布(ρ 为相关系数)

首先,为了更好地进行分析,需对采集的联合风、浪要素数据进行预处理。图 8-4(a)给出了桥址处的风玫瑰图,即风速沿 32 个不同方向的分布图。由图 8-4(a)可知,桥址处的主导风向(prevaling wind direction)在[135°, 180°]的扇形区域内,并且该区域的风速高于其他区域的风速。此外,桥址处的主导风向也基本与桥轴线垂直。基于此,本书仅将位于[135°, 180°]扇形区域内的风、浪要素单独提出再进行后续分析。另外,本书也研究了桥址处的风-浪偏角(wind-wave misalignment)θ_w-θ_s,如图 8-4(b)所示。在实际的海洋环境中,风向和波浪的方向不总是一致的,它们之间往往存在一个偏角,这就是风-浪偏角。有关研究表明[5],风-浪偏角的存在会影响处于风浪环境下土木结构的动力和疲劳特性。通过对图 8-4(b)所示的数据进行分析,桥址处的风-浪偏角的平均值为 2.43°,并且有 81%的风-浪偏角在±30°的扇形区域内。考虑到桥址处的风-浪偏角数值较小,对结构的动力特性和疲劳特性影响较小,本书不考虑风-浪偏角的影响,并选取 5 个联合风、浪要素中的 3 个(V_w、H_s 和 T_p)进行后续分析。

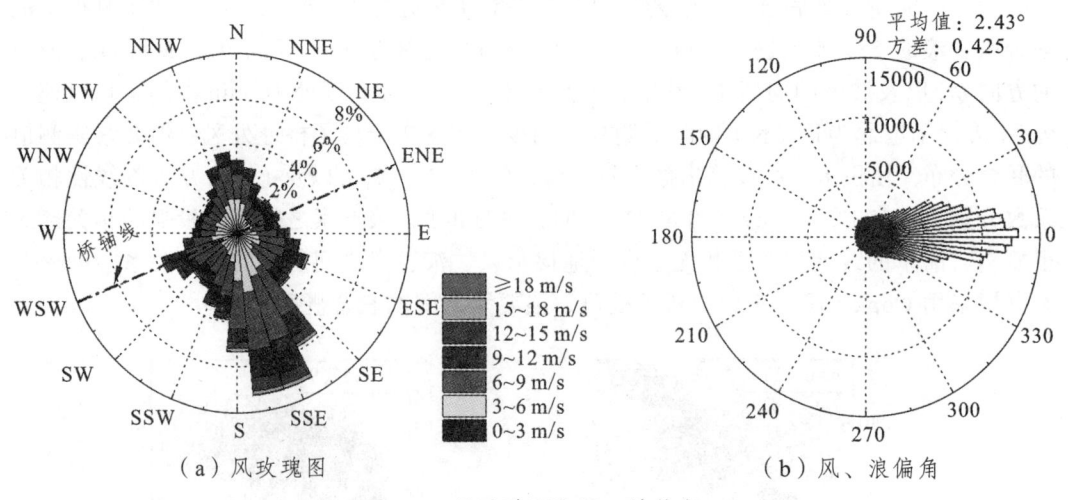

(a)风玫瑰图

(b)风、浪偏角

图 8-4 风玫瑰图和风、浪偏角

Copula 函数是一种构造联合分布函数的工具,具有不要求变量服从同类边缘分布、将相关关系与边缘分布分开考虑等优点[6]。近年来,Copula 函数被广泛用于金融和计算机领域,目前在土木工程领域的应用还相对较少。以二维变量为例,其联合分布函数 $H(x_1,x_2)$ 与 Copula 函数的关系可以表达为:

$$H(x_1,x_2)=C\big(F_1(x_1),F_2(x_2),\theta\big) \tag{8-2}$$

式中:$F_1(x_1)$ 和 $F_2(x_2)$ 为随机变量 x_1、x_2 的边缘分布函数;$C:[0,1]^2 \to [0,1]$ 为二维 Copula 函数;θ 为随机变量 x_1 和 x_2 的相关系数。

由式(8-2)可知,随机变量的边缘分布函数是构造 Copula 函数的先决条件。在事先不能确定风、浪要素(V_w、H_s、T_p)的概率密度分布之前,本书采用 3 种常用的概率密度函数,即威布尔分布、伽马分布和对数正态分布来进行拟合,并用极大似然值(maximum log-likelihood)来选取最佳的概率密度函数。经计算对比,风速 V_w 的概率密度符合威布尔分布,而波高 H_s 和波浪周期 T_p 的概率密度符合伽马分布。在得到风、浪各要素相应的概率密度分布函数之后,便可选取 Copula 函数进行联合概率分布的拟合。在众多 Copula 函数中,同时满足以下 2 个条件的 Copula 函数称为最优 Copula:①能准确描述 x_1、x_2 的边缘分布特性;②θ 能准确描述各随机变量间的相关性。目前,通常采用 AIC 准则来选取最优 Copula 函数[6]。本书选取 Gumbel、Gaussian、Frank 和 Clayton Copula 函数[6]来对风、浪各要素联合概率分布进行拟合。通过运用 AIC 准则最终确定了(V_w, H_s)的最优 Copula 为 Gumbel Copula,而(H_s, T_p)的最优 Copula 为 Gaussian Copula。为了验证 Copula 函数的拟合效果,图 8-5 对比了(V_w, H_s)和(H_s, T_p)的实测联合概率密度和由 Copula 函数得到的拟合概率密度。通过对比发现,Copula 函数拟合的效果很好。

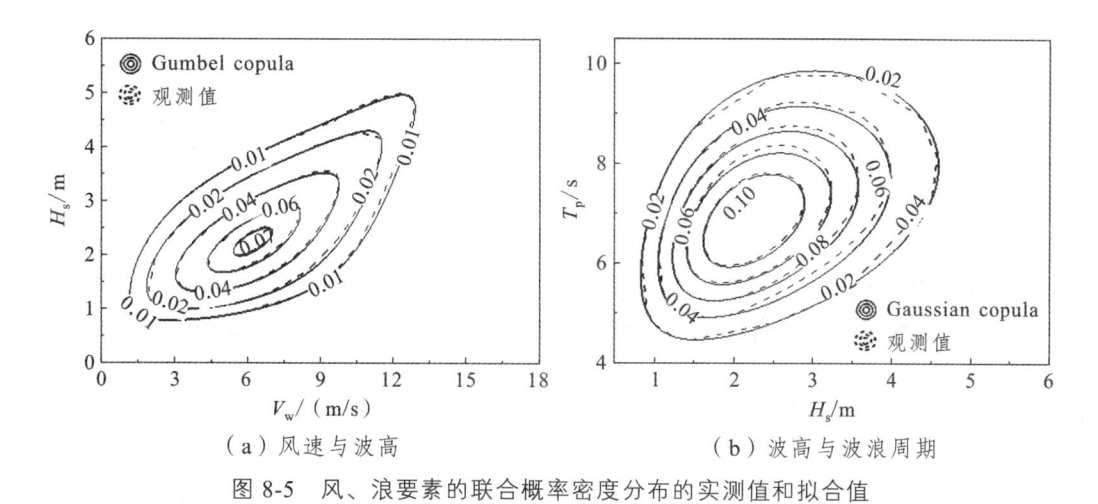

第 8 章 风、浪和车流作用下沿海大跨度斜拉桥拉索疲劳寿命预测研究

（a）风速与波高

（b）波高与波浪周期

图 8-5 风、浪要素的联合概率密度分布的实测值和拟合值

8.3 风-浪-车-桥耦合系统

通过前一节的分析，得到了桥址处车辆荷载以及联合风浪要素的概率模型，为沿海桥梁动力和疲劳分析提供了荷载输入。风-浪-车-桥耦合系统的建立，详见本书第 5 章，本节不再详述。

8.4 斜拉索疲劳可靠度分析模型

8.4.1 斜拉索疲劳损伤模型

工程中常用 Miner 线性疲劳累积损伤理论（简称 Miner 准则）和 S-N 曲线来评估和预测结构重要构件细节的疲劳损伤。S-N 曲线规定了名义应力和疲劳寿命（即疲劳破坏时的应力循环次数）的对应关系。不同的规范，如美国 AASHTO 规范[7]和欧洲 Eurocode 3[8]规范，针对不同的疲劳细节提供了不同的 S-N 曲线，可表示为：

$$S = (A/N)^{1/m} \tag{8-3}$$

式中：S 为应力幅；N 为疲劳寿命；A 和 m 是与应力比、加载方式、材料、构造细节等有关的常数。目前对拉索钢丝 S-N 的疲劳损伤模型有很多，本书采用的斜拉索 S-N 曲线为[9]：

$$\begin{cases} \lg N = 14.36 - 3.5 \lg S; & S > 200 \text{ MPa} \\ \lg N = 37.187 - 13.423 \lg S; & S \leqslant 200 \text{ MPa} \end{cases} \tag{8-4}$$

在等幅应力作用下，可以直接运用 S-N 曲线来计算结构疲劳破坏时的循环次数。而对于沿海大跨斜拉桥，作用在桥梁结构上的车辆和联合风浪荷载具有随机性，因此结构关键构件的疲劳损伤通常是由变幅应力循环所引起的，为此通常引入 Miner 准则来计入变幅应力的影响。该理论认为，总疲劳损伤是由变幅应力循环 S_{ri} 造成疲劳损伤的线性叠加，可表达为：

$$D_a = \sum_i \frac{n_i}{N_i} \tag{8-5}$$

式中：D_a 为累积疲劳损伤；n_i 为应力幅 S_{ri} 所对应的循环次数；N_i 为应力幅 S_{ri} 作用下的疲劳寿命；S_{ri} 为应力谱中第 i 个应力幅。根据 Miner 准则，等效应力幅可以表示为：

$$S_e = \left(\sum_i \frac{n_i}{n_t} \cdot S_{ri}^m\right)^{1/m} \tag{8-6}$$

式中：S_e 为等效应力幅；$n_t = \sum_i n_i$ 为应力谱中应力幅循环次数。Suh 等[10]的研究表明，由于斜拉索在运营使用期内始终处于高（拉）应力状态，高拉应力均值会降低斜拉索的疲劳寿命。本书采用 Goodman 方程通过引入修正系数的办法来考虑平均拉应力对拉索疲劳寿命的影响，经修正后的等效应力幅可以表示为：

$$S_{re} = \left(\sum_i \frac{n_i}{n_t} \cdot (k_e S_{ri})^m\right)^{1/m} \tag{8-7}$$

式中：S_{re} 为考虑拉索平均应力后修正的等效应力幅；$k_e = 1/(1 - S_m/S_b)$ 为修正系数，其中 S_m 为平均应力，S_b 为材料强度极限。

8.4.2 疲劳极限状态方程

在结构的全寿命周期内，在随机荷载的持续作用下，随着应力循环次数的不断增加，结构构件内部疲劳损伤 D 单调增加。当疲劳损伤达到 1 时，便认为发生了疲劳破坏。为了保证结构构件的疲劳可靠度满足既定要求，通常需要定义基于概率方法的疲劳极限状态方程（limit state function）来预测疲劳可靠度。需要注意的是式（8-7）仅给出了在一辆车和联合风浪荷载同时作用下引起的疲劳损伤。实际上，考虑到车辆荷载和联合风浪荷载的随机特性，S_{re} 也是一个随机变量。除此之外，平均日交通量（ADTT）作为一个重要的参数也应包含在疲劳极限状态方程中。基于上述分析，疲劳极限状态方程可以表述为：

$$g(\boldsymbol{X}) = D_\Delta - \sum_{i=1}^n D_i(\boldsymbol{X}) = D_\Delta - \sum_{i=1}^n (365 \cdot D) \tag{8-8}$$

式中：D_Δ 为临界损伤；D_i 为结构疲劳寿命周期内第 i 年的疲劳损伤；n 为结构的设计年限；D 为等效日疲劳累积损伤。由式（8-8）可见，疲劳极限状态方程最重要的参数是日等效疲劳累积损伤 D，可由日通行车辆与同时作用在桥梁结构上的联合风浪荷载共同作用下引起的疲劳损伤累加而成：

第 8 章 风、浪和车流作用下沿海大跨度斜拉桥拉索疲劳寿命预测研究

$$\begin{cases} D = \sum_{j=1}^{N_{\text{ADTT}}} \dfrac{n_{j,t}}{10^{(14.36-3.5\lg S_{j,\text{re}}^m)}}; & S_{j,\text{re}}^m > 200\ \text{MPa} \\ D = \sum_{j=1}^{N_{\text{ADTT}}} \dfrac{n_{j,t}}{10^{(37.187-13.423\lg S_{j,\text{re}}^m)}}; & S_{j,\text{re}}^m \leqslant 200\ \text{MPa} \end{cases} \quad (8\text{-}9)$$

式中：N_{ADTT} 为平均日交通量；j 为第 j 辆车；$S_{j,\text{re}}$ 为由第 j 辆车和同时作用在桥梁结构上的联合风浪共同作用下引起的等效应力幅，可由式（8-7）计算得到；$n_{j,t}$ 为 $S_{j,\text{re}}$ 对应的应力循环。对于斜拉索，临界损伤 D_Δ 可认为服从均值为 1.0、标准差为 0.3 的对数正态分布[11]。

8.5 工程实例

8.5.1 工程概况及分析参数

以某沿海大跨斜拉桥为工程背景进行研究。该桥跨径布置为 60 m + 176 m + 700 m + 176 m + 60 m，为 5 孔连续半漂浮体系的双塔双索面斜拉桥，主跨和次边跨为闭口流线型钢箱梁，边跨为预应力混凝土箱梁。桥面距静水面的高度为 45.0 m，H 形桥塔的高度为 186 m。全桥共设置拉索 88 对，斜拉索采用 7 mm 直径的镀锌松弛钢丝，抗拉强度不小于 1670 MPa。桥型布置和拉索编号如图 8-6（a）所示。

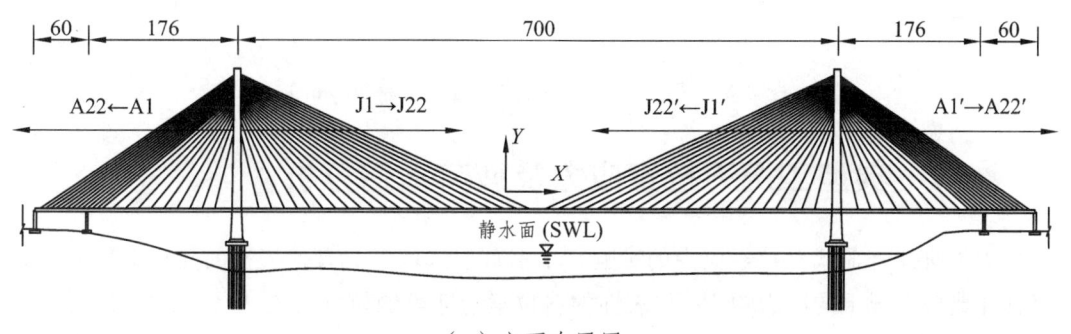

（a）立面布置图

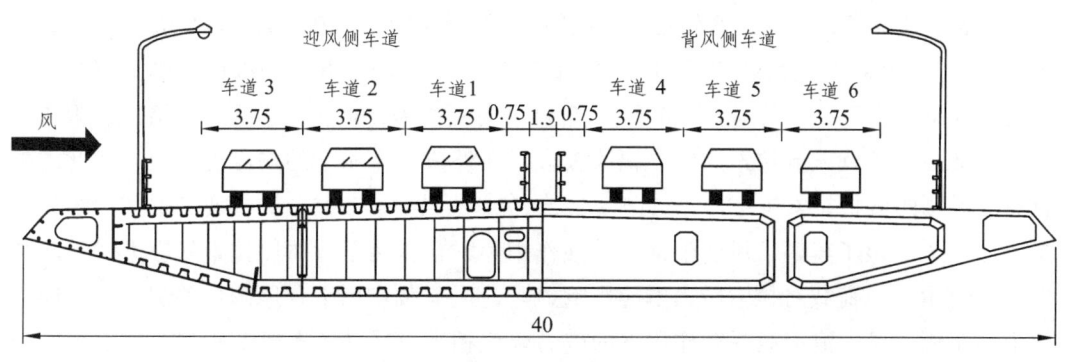

（b）主梁断面图

(c) 桥塔和桩基

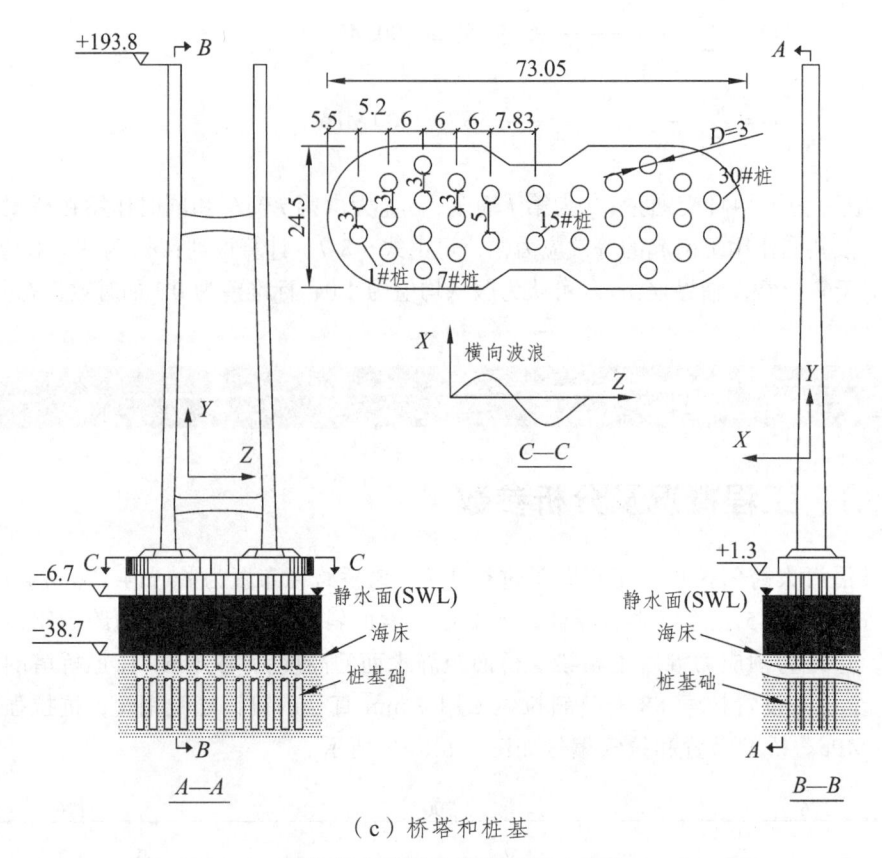

图 8-6 某沿海大跨斜拉桥布置图（单位：m）

8.5.2 典型工况下拉索应力及疲劳损伤分析

为了研究外荷载对拉索应力的影响，本书首先选取了具有代表性的几根斜拉索，研究其在典型工况下的应力响应。代表性的斜拉索为迎风侧拉索 A1、A11、A22、J1、J11、J22 和背风侧拉索 A1*、A11*、A22*、J1*、J11*、J22*，其中，字母 A 表示岸侧拉索，字母 J 表示江侧拉索。风、浪荷载工况设置如下：风速 V_w = 20 m/s，波高 H_s = 4.7 m，波浪周期 T_p = 7.0 s。车辆荷载假设如下：车流假设为一般繁忙，并由 10 t 的 2 轴卡车组成，且均布在 6 个车道上，车速为 20 m/s，车辆纵向距离为 100 m，车队的初始位置距离桥头 100 m。由于背风侧拉索的应力幅值较大，在外荷载作用下的响应更剧烈，因此本书仅就背风侧的 6 根拉索（A1*、A11*、A22*、J1*、J11*、J22*）进行疲劳损伤的统计分析。图 8-7 给出了车辆、风、浪荷载单独作用和联合作用下背风侧拉索的应力时程。如图 8-7 所示，风荷载对拉索应力响应影响显著，风荷载作用下背风侧各关键拉索的应力幅值与车辆、风、浪荷载联合作用下的应力幅值相当。另外，车辆荷载仅改变应力响应的均值，而对应力响应的脉动分量没有影响，且对不同拉索的应力响应影响不同。比如，

第8章 风、浪和车流作用下沿海大跨度斜拉桥拉索疲劳寿命预测研究

车辆荷载对岸侧短索 A1* 的应力响应均值没有影响，而对岸侧的长索 A11*、A22* 和江侧拉索 J1*、J11* 和 J22* 的应力响应均值有显著的影响。另外，与车辆荷载和风荷载相比，波浪荷载对斜拉索的应力响应几乎没有影响。这是由于该斜拉桥的桩基基础刚度很大，波浪荷载作用下引起的桥梁基础的振动传到桥梁上部结构时已经很小，因此对拉索的应力响应很小。

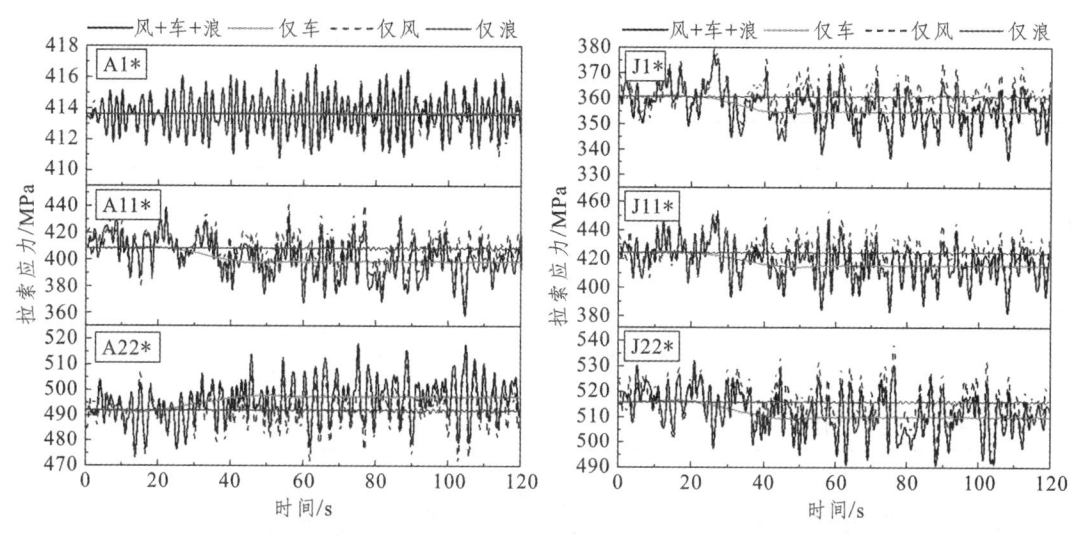

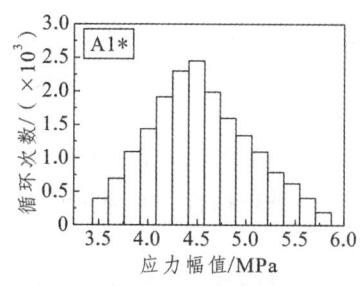

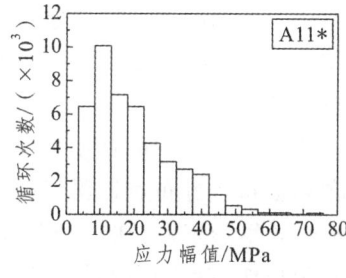

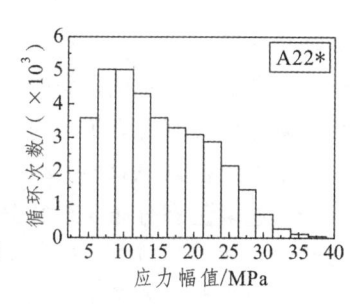

图 8-7 车辆、风、浪荷载单独作用和联合作用下背风侧关键拉索应力时程（单位：MPa）

为了统计桥梁拉索在车辆、风、浪荷载共同作用下的应力幅值及对应的循环次数，采用 MATLAB 软件编制雨流计数法程序对图 8-7 中各索的应力时程（已换算为 1 天）进行统计，并画出了拉索应力幅值的分布图，揭示拉索应力幅值与循环次数的相互关系，如图 8-8 所示。由图 8-8 可知，岸侧拉索 A1* 的应力幅值在 6 根拉索里面最小，且循环次数也最少，表明拉索 A1* 的疲劳可靠度较高。而中间拉索 A11* 和 J11* 的应力幅比其他拉索的应力幅都大，且循环次数也较多，说明拉索 A11* 和拉索 J11* 的疲劳可靠度较低。此外，表 8-3 给出了背风侧 6 根拉索的疲劳损伤（已换算为 1 天）。由表 8-3 可知，拉索 A11* 和拉索 J11* 的疲劳损伤最大。

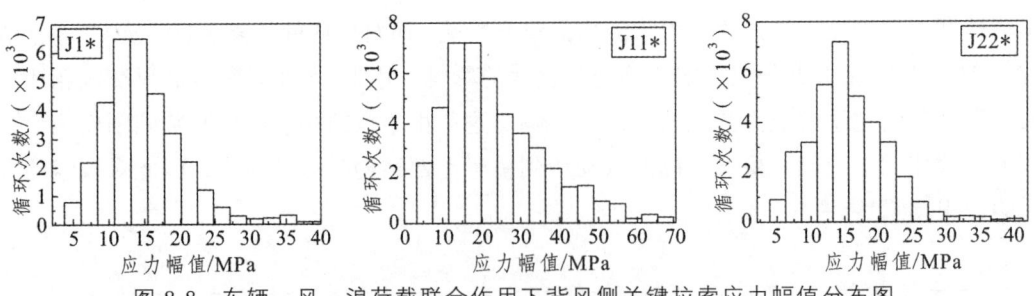

图 8-8 车辆、风、浪荷载联合作用下背风侧关键拉索应力幅值分布图

表 8-3 背风侧关键拉索日累积疲劳损伤

拉索编号	日累积疲劳损伤
A1*	1.8274×10^{-10}
A11*	2.3201×10^{-6}
A22*	5.2420×10^{-8}
J1*	1.1111×10^{-8}
J11*	1.0564×10^{-6}
J22*	3.8386×10^{-8}

8.5.3 随机车辆、风、浪荷载下拉索的疲劳寿命预测

上节讨论了在确定工况下背风侧关键拉索的疲劳应力和疲劳损伤。为了预测随机车流、风、浪荷载联合作用下拉索的疲劳寿命，需首先研究拉索日累积疲劳损伤 D 的概率分布，然后再依据极限状态方程来计算拉索的疲劳可靠度和疲劳寿命。本书通过蒙特卡罗的方法来拟合拉索日累积疲劳损伤的概率分布，具体步骤如下：

（1）生成随机车流和联合风浪荷载，并将其作为外部激励作用在桥梁结构上。通过自编的风-浪-车-桥程序，计算得出拉索应力时程。采用雨流计数法得到拉索应力谱，并进一步利用式（8-9）得到拉索日疲劳累积损伤。

（2）通过蒙特卡罗方法，重复（1）的步骤，生成足够多的拉索日累积疲劳损伤样本，并对其进行参数拟合，得到拉索日疲劳累积损伤的概率分布模型。

（3）在（2）的基础上，利用式（8-8）给出的极限状态方程，采用蒙特卡罗的方法预测随机车辆、风、浪荷载联合作用下拉索的疲劳可靠度和疲劳寿命。由于中国现有公路桥梁规范尚无针对拉索疲劳破坏的可靠性指标规定，本书参照文献 [11]，在计算斜拉索疲劳寿命时按照安全等级为一级取可靠度指标 $\beta = 3.5$。

本书以拉索 A11*为例，给出了拉索 A11*的日累积疲劳损伤的样本和拟合曲线。本书分别选取正态分布、对数分布和威布尔分布对日累积疲劳损伤进行拟合，并通过极大似然法对比发现威布尔分布的拟合效果最好，如图 8-9 所示。

在得到背风侧关键拉索日累积损伤疲劳分布参数之后，利用极限状态方程可以预测

第 8 章 风、浪和车流作用下沿海大跨度斜拉桥拉索疲劳寿命预测研究

各拉索的疲劳寿命。表 8-4 给出了背风侧关键拉索在随机车流、风、浪荷载作用下的疲劳寿命。由表 8-4 可知，拉索 A11*的疲劳寿命最短，为 121 年，拉索 A1*的疲劳寿命最长，为 220 年。

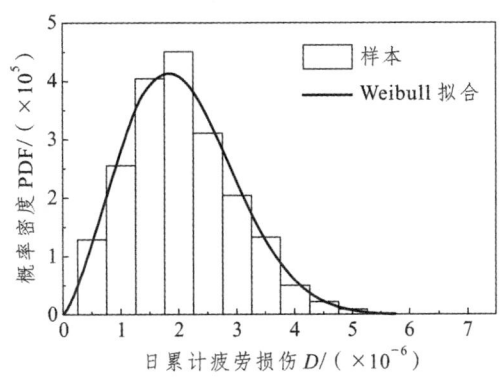

图 8-9 拉索 A11*日累积疲劳损伤分布及威布尔曲线拟合

表 8-4 背风侧关键拉索疲劳寿命预测

拉索编号	拉索疲劳寿命/年
A1*	220
A11*	121
A22*	164
J1*	182
J11*	145
J22*	175

8.6 本章小结

本章利用风-浪-车-桥数值模拟平台，提出了沿海大跨斜拉桥拉索在随机车流、风和波浪荷载共同作用下拉索应力谱的计算方法和步骤，并基于线性累积损伤理论建立了斜拉桥拉索疲劳可靠度的计算模型。最后以一座沿海大跨斜拉桥为例，结合桥址处的实测数据，预测了拉索在随机车流、风和波浪荷载联合作用下拉索的疲劳寿命。得到以下结论：

（1）车辆荷载主要影响拉索的应力响应均值，风荷载主要影响拉索的应力响应的脉动部分，而波浪荷载对拉索的应力响应影响非常小，可以忽略。

（2）在随机车辆、风和波浪荷载共同作用下，拉索的日累积疲劳损伤符合威布尔分布，并且岸侧拉索的中间索 A11*和江侧拉索的中间索 J11*的疲劳寿命最低，分别为 121 年和 145 年。

（3）在研究过程中，由于桥址处风-浪偏角并不明显，因此并未考虑风-浪偏角对斜拉索疲劳寿命的影响。对于风-浪偏角较为显著的情况，应基于 Copula 理论建立风浪的 5 个要素的联合概率模型，并将考虑风-浪偏角后的风、浪荷载施加到桥梁结构上，进而研究风-浪偏角对斜拉索疲劳寿命的影响。此外，由于缺乏桥址处车辆轴距的详细统计数据（仅有均值），在进行随机车流模拟以及风-车-桥计算分析时，未能进一步考虑车辆轴距的影响。未来将对车辆轴距的概率分布及其对风-车-桥系统的影响做进一步研究。

8.7 本章参考文献

[1] 韩万水. 风-汽车-桥梁系统空间耦合振动研究[D]. 上海：同济大学，2006.

[2] 院素静. 公路车-桥耦合典型车辆运动方程的建立及软件设计[D]. 西安：长安大学，2012.

[3] ZHU J, ZHANG W, WU M X. Evaluation of ride comfort and driving safety for moving vehicles on slender coastal bridges[J]. Journal of Vibration and Acoustics, 2018, 140: 051012.

[4] ZHU J, ZHANG W. Probabilistic fatigue damage assessment of coastal slender bridges under coupled dynamic loads[J]. Engineering Structures, 2018, 166: 274-285.

[5] WEI K, ARWADE S R, MYERS A T, et al. Directional effects on the reliability of non-axisymmetric support structures for offshore wind turbines under extreme wind and wave loadings[J]. Engineering Structures, 2016, 106: 68-79.

[6] 涂志斌，黄铭枫，楼文娟. 风浪耦合作用下桥塔-基础体系的极限荷载效应[J]. 浙江大学学报（工学版），2016, 50: 813-821.

[7] American Association of State Highway and Transportation Officials. AASHTO LRFD Bridge Design Specifications[S]. Washington, DC: American Association of State Highway and Transportation Officials, 2020.

[8] Comité Européen de Normalisation. Eurocode 1: Actions on structures, Part 2: Traffic loads on bridges: EN 1991-2[S]. Brussels: Comité Européen de Normalisation, 2003.

[9] 郑万山，唐光武，郑罡，等. 苏通大桥斜拉索拉弯疲劳试验研究[J]. 公路交通技术，2010, 4: 73-76.

[10] SUH J I, CHANG S P. Experimental study on fatigue behaviour of wire ropes[J]. International Journal of Fatigue, 2000, 22: 339-347.

[11] 李岩. 大跨度斜拉桥风-车-桥动力响应及拉索疲劳可靠性研究[D]. 哈尔滨：哈尔滨工业大学，2008.

第 9 章 基于动态贝叶斯网络的正交异性钢桥面板疲劳损伤评估

目前，对受到疲劳损伤的正交异性钢桥面板（Orthotropic Steel Deck, OSD）的健康监测主要依赖于确定性物理模型以及现场检测和监测。然而，由于模型简化、模型参数统计不准确、测量误差等原因，存在各种偶然的和认知的不确定性。本研究利用动态贝叶斯网络（Dyanmic Bayesian Network, DBN），在考虑相关不确定性的同时，通过将物理模型与现场检测相结合，提出了一种用于 OSD 疲劳损伤诊断和预测的概率模型。DBN 适用于各领域不确定性下的表示和推理，所提出的框架旨在完成两项相互依存的任务：①诊断：跟踪随时间变化的变量（即裂纹增长）并校准随时间变化的变量（即几何参数和裂纹形状系数乘数）；②预测：预测未来的裂纹增长。粒子滤波器（Particular Filter, PF）被用作贝叶斯推理算法，适用于已建立的非高斯 DBN，该 DBN 由各种分布类型的连续变量以及它们之间的非线性条件依赖关系组成。此外，还建立了一个高斯过程（Gaussian Process, GP）代理模型，以关联物理模型（OSD）在输入疲劳车辆荷载和模型参数下的输出应力响应，并进一步将其作为 DBN 模型中的条件概率分布（Conditional Probability Distribution, CPD）来实现。最后，以疲劳车辆荷载作用下 OSD 上疲劳裂纹增长的数值示例说明了所提框架的有效性。

9.1 引言

土木基础设施在其生命周期运营中受到连续恒定或变化的应力循环而持续恶化和疲劳损伤积累。近几十年来，预测与健康管理（Prognostics and Health Management, PHM）已经成为一种流行的跨学科工程方法，通过整合各种技术，如传感、可靠性、机器学习、失效物理学和统计学，提供故障的早期预警。一个有效的 PHM 预期能够完成两个相互依赖的任务[1]：①诊断：识别和确定原因与结果之间的关系；②预测：评估时变系统性能以及预测系统未来的行为和健康状态。目前的预测方法主要可以分为两类：基于物理的方法和数据驱动的方法。最近，将物理模型的输出与数据驱动方法相融合的混合预测方法被认为更可靠和准确，引起了越来越多的关注。

另一方面，构建有效的 PHM 的一个关键步骤是根据算法的适用性、系统特性和数据特征选择合适的算法[1-3]。为此，提出了很多算法，每种算法都具有其适用性和局限性[1]。特别是贝叶斯网络（Bayesian Network, BN）已经被广泛应用于 PHM 中的诊断和预测，用于在不确定性下的表示、推理和学习。BN 是一个有向无环图（Directed Acyclic Graph,

DAG）模型，使用一组节点（或顶点）和边（或弧）对一组随机变量进行联合概率分布的可视化的表示。在 BN 中，每个节点表示一个随机变量，边表示节点之间的条件依赖关系。BN 不仅支持不同类型的随机变量（离散或连续）的多种分布，还能整合多种信息来源，如实验室数据、结构运营状态数据、可靠性数据、专家意见以及物理模型和经验模型[4]。BN 通过贝叶斯推理更新，当任何子节点传来新数据时，BN 都会通过贝叶斯推理进行更新，从而减少状态变量的不确定性。为了跟踪时变系统健康状态的演变，静态 BN 可以很容易地扩展为动态贝叶斯网络（DBN）。DBN 由一系列离散时间步骤（BNs）组成，相邻 BN 中的变量之间通过附加边连接。DBN 的一阶马尔可夫假设表明，当前时间步的 BN 仅取决于前一时间步的 BN。

动态贝叶斯网络（DBN）具有评估随时间演变的系统状态的能力，因此特别适用于对受到各种不确定因素（如材料特性、环境条件）影响的劣化结构进行建模，无论是在材料、构件、系统还是系统构成的网络层面。Straub[5]提出了一种基于 DBN 的框架，用于在给定检测结果下对疲劳裂纹进行概率预测。后来，Zhu 和 Collette[6]通过使用一种新颖的迭代离散化算法，在建模精度和效率方面对 Straub 模型进行了改进。Ma 等人[7]通过将 BN 与原位荷载试验相结合，预测了受腐蚀破坏桥梁的剩余强度。最近，Li 等人[4]提出了一个使用 DBN 对飞机部件进行概率健康诊断和预测的框架，并将粒子滤波算法用于对非线性和非高斯混合 DBN 的推理。随后，Li 和 Mahadevan[8]开发了一种快速推理算法，可将原来复杂的多层连续变量 DBN 转换为等效的简单双层 DBN。除了在结构构件层面的应用外，越来越多的人还致力于将当前的 BN/DBN 方法扩展到结构系统和系统构成的网络层[9-14]。例如，Mahadevan 等人[10]提出了一种基于 BN 的方法来开展结构系统可靠性的评估，该方法根据构件劣化极限状态考虑了多个故障序列和构件故障之间的相关性。随后，Luque 和 Straub[11]提出了一种基于 DBN 的数值框架，用于预测劣化结构系统的疲劳可靠性，其中不同构件性能劣化之间的依赖关系通过层次模型（Hierarchical Model, HM）进行建模。按照类似的思路，基于 DBN 的框架整合了物理模型和检测结果，用于评估受腐蚀的混凝土桥梁的系统可靠性[9, 15]。

尽管 BN/DBN 在受疲劳和腐蚀影响的劣化结构建模方面有很多应用，但针对受车辆荷载影响的正交异性钢桥面（OSD）的疲劳损伤诊断和预测的研究却非常有限。OSD 已被广泛应用于大跨度桥梁的主梁结构中。作为桥梁上部结构，OSD 含有大量复杂的焊接接头，在直接车辆荷载的反复作用下非常容易发生疲劳破坏。因此亟须及时跟踪其损伤状态的演变，以便为决策者提供维护策略。

本章针对承受循环车辆荷载的正交异性钢桥面，提出了基于 DBN 的疲劳损伤诊断和预测框架，其目的在于：①诊断：跟踪与时间相关的变量（即疲劳裂纹扩展）并校准与时间无关（或确定性）的变量（即板厚和裂纹形状系数的调控因子）；②预测：预测未来裂纹的增长。本章的结构如下：首先，介绍了 DBN 中的诊断和预测，包括粒子滤波器作为推理算法的实现。其次，结合各种不确定性来源，建立了疲劳裂纹扩展的 DBN 模型。作为构建 DBN 模型的关键步骤，需要在输入车辆荷载和模型参数的条件下，计算关

第 9 章　基于动态贝叶斯网络的正交异性钢桥面板疲劳损伤评估

键焊接接头输出应力响应的条件概率分布（CPD）。为了构建 CPD，建立了一个高斯过程（GP）代理模型，并随后在 DBN 中实现。最后，以循环车辆荷载作用下正交异性钢桥面疲劳裂纹生长的数值示例验证了所提框架的可行性。

9.2　DBN 的诊断和预测

图 9-1 显示了一般劣化过程的 DBN 表示方法，其中系统的状态变量随时间变化，测量数据通过在每个时间步长进行现场实测获得。系统状态的演化可以表示为：

$$X_t = f(X_{t-1}, v_{t-1}) \tag{9-1}$$

式中，$X_t \in R^m$ 表示时间步长为 t 的状态变量；f 是状态 X_{t-1} 的非线性函数；$v_{t-1} \in R^m$ 表示状态函数中的噪声向量；$Z_t \in R^m$ 表示通过测量函数获得的测量结果。

$$Z_t = h(X_t, n_t) \tag{9-2}$$

式中：$n_t \in R^m$ 是测量噪声矢量；h 是描述测量过程的非线性函数。

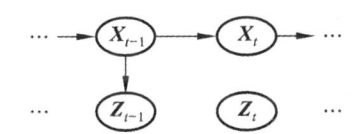

图 9-1　DBN 表示一般劣化过程

为了跟踪图 9-1 中 X_t 和 Z_t 的演变，贝叶斯推理需要完成以下两项任务：①前向传播，即根据前一时间步的系统状态 X_{t-1} 和相邻网络之间的 CPD 预测当前时间步的系统状态 X_t；②逆向推理，即更新网络的联合分布。在本研究中，预测和诊断的定义为：

（1）预测：纯粹前向传播推理的时间步骤，在没有观测数据或所有观测数据都是针对根节点时发生；

（2）诊断：涉及前向传播和逆向推理的时间步骤，仅在观测到任何子节点时发生，即每当获得测量结果时发生。

为了完成上述两项相互依存的任务，学者们开发了精确推理算法和近似推理算法，但这两种算法都有各自的局限性。精确推理算法（如卡尔曼滤波器）只适用于状态函数（式 9-1）或测量函数（式 9-2）为线性的特定情况。为了跟踪非线性系统，人们开发了几种基于滤波器的近似算法，包括扩展卡尔曼滤波器、无迹卡尔曼滤波器、粒子滤波器（PF）和基于网格的近似滤波器[16]。在这些滤波器中，粒子滤波器（PF）是一种基于蒙特卡罗（采样）的通用 DBN 推理方法。PF 也被称为"适者生存"，即权重高的粒子容易被复制，权重低的粒子容易被丢弃[8]。与其他算法相比，PF 的一个优势是它可以处理各种拓扑或 CPD 格式的离散和连续 DBN。因此，本研究采用具有灵活性的 PF 作为 DBN 的贝叶斯推理。下面将简要介绍 PF 及其在 DBN 中的应用。

9.2.1 粒子滤波器（PF）

粒子滤波是一种基于蒙特卡罗模拟的非线性滤波方法，其核心思想是用随机采样的粒子表达后验密度函数。序列重要性采样（Sequential Importance Sampling, SIS）是最常用的后验算法。假设时间步长为 t，$p(X_{0:t}|Z_{1:t})$ 的全联合后验分布可以通过一组加权粒子 $\{x_{0:t}^i, \omega_t^i\}_{t=1}^N$ 近似得到：

$$p(x_{0:t}|z_{1:t}) \approx \sum_{i=1}^{N} \omega_t^i \delta_{x_{0:t}^i} \tag{9-3}$$

式中：小写字母 x 代表粒子，上标 i 代表第 i 个粒子，下标 t 代表时间步长 t；ω_t^i 是 x_t^i 的权重；$\delta_{x_{0:t}^i}$ 是 $x_{0:t}^i$ 的三角函数；N 是粒子数。

时间步长为 t 的新状态 X_t 的第 i 个粒子，记为 x_t^i，是从以当前状态 $X_{0:t-1}^i$ 和观测结果 $Z_{1:t}$ 为参数的建议分布中采样得到的。

$$X_t^i \sim q(X_t|X_{0:t-1}^i, Z_{1:t}) \tag{9-4}$$

时间步长 t 时的权重 ω_t^i，可递归计算[17]。

$$\omega_t^i \propto \omega_{t-1}^i \frac{p(Z_t|X_t^i)p(X_t^i|X_{t-1}^i)}{q(X_t^i|X_{t-1}^i, Z_t)} \tag{9-5}$$

注意初始状态 X_0^i 是从状态变量的联合先验分布中采样得到的，初始权重 $\omega_0^i = 1/N$。

SIS 的一个常见问题是粒子退化现象，即经过多次迭代（式 9-4 和式 9-5）后，只有少数粒子具有重要权重，而其余粒子的权重可以忽略不计。这将影响计算效率，因为这需要花费大量的计算量来更新对后验分布贡献微乎其微的粒子。退化问题可以通过重新取样来解决。重采样的基本思想是剔除权重小的粒子，集中权重大的粒子。重新采样过程包括从式（9-3）所示的离散近似值中重新采样（替换）N 次，生成一组新的等权重 N 个粒子。新采样的粒子具有与旧粒子相同的后验分布。带有重采样的 PF 也被称为带有重采样的序列重要性采样（Sequential Importance Sampling with Resampling, SIR）。在 SIR 中，采用先验（或过渡）分布作为建议分布。

$$q(X_t|X_{0:t-1}^i, Z_{1:t}) = p(X_t|X_{t-1}^i) \tag{9-6}$$

因此，式（9-4）和式（9-5）可以化为：

$$X_t^i \sim p(X_t|X_{t-1}^i) \tag{9-7}$$

$$\omega_t^i \propto p(Z_t|X_t^i) \tag{9-8}$$

第9章 基于动态贝叶斯网络的正交异性钢桥面板疲劳损伤评估

需要注意的是,重采样过程是在每个时间步计算完式(9-7)和式(9-8)后进行的,在此过程中会生成新的粒子,相关权重重置为 1/N。

虽然式(9-6)中的先验分布并不是最优的分布,但 SIR 算法的实现直观而简单,只需从先验分布 $p(X_t | X_{t-1}^i)$ 中采样并评估似然函数 $p(Z_t | X_t^i)$ 即可。然而,上述重采样策略带来了新的粒子贫化问题:权重较大的粒子被复制,权重较小的粒子被丢弃,这导致新采样粒子的多样性丧失。这是由于重采样过程是根据式(9-3)所示的离散分布而不是连续分布进行的。减少采样贫化的一个潜在解决方案是在重新采样阶段用连续近似值取代式(9-3)中的离散近似值。这种改进的 SIR 滤波器就是所谓的正则化粒子滤波器(Regularized Particle Filter, RPF)算法。因此,式(9-3)可修改为:

$$p(X_{0:t} | Z_{1:t}) \approx \sum_{i=1}^{N} \omega_t^i \kappa \delta_{x_{0:t}^i} \tag{9-9}$$

式中:κ 是一个核函数。在所有粒子权重相同的情况下,Epanechnikov 核是最优核[18]。

总之,对于前向传播和逆向推理的诊断步骤,PF 采用 SIR 算法,根据式(9-7)和式(9-8)更新粒子权重,然后根据式(9-9)重新采样生成新粒子。然而,对于纯粹前向传播的预报步骤只需要式(9-7)。复杂 DBN 的 PF 实现过程将在下节中进行介绍。

9.2.2 PF 在 DBN 中的实现

在 DBN 中实现 PF 算法涉及两个难题。首先,除了与时间相关的动态节点外,还存在与时间无关的静态节点,这些节点由所有时间步共享,如图 9-2(a)所示的静态节点 θ,这违反了 DBN 的前提假设,即每个时间步都有一个独立 BN。这一难题可以通过在 DBN 中引入额外的相同静态节点 θ 来解决。如图 9-2(b)所示,相邻两个 BN 之间从 θ_{t-1} 指向 θ_t 的箭头表示确定关系 $\theta_{t-1} = \theta_t$。额外的相同静态节点不会带来额外的计算量,但它满足了每个时间步长都有一个 BN 的要求,并确保每个时间步长共享相同的静态节点。

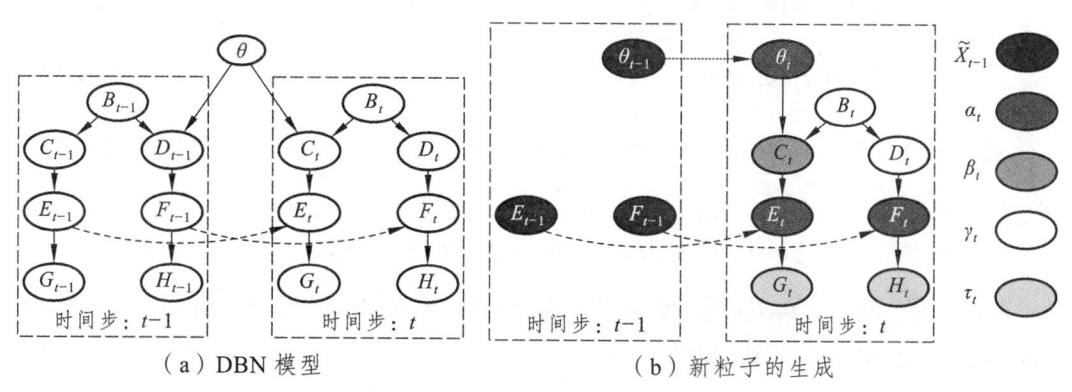

(a)DBN 模型 (b)新粒子的生成

图 9-2 粒子滤波器在典型 DBN 中的应用

另一个挑战与一些动态节点的状态有关。这些动态节点在当前时间步中的状态不仅取决于它们在前一时间步中的状态，还取决于当前时间步中的其他一些节点。例如，如图 9-2（a）所示，动态节点 E 和 F 都面临这一挑战。具体来说，节点 E_t 依赖于 E_{t-1} 和 C_t，节点 F_t 依赖于 F_{t-1} 和 D_t。因此，C_t（D_t）必须在 E_t（F_t）之前采样，这表明在执行式（9-7）之前，应确定 X_t 中每个状态变量的父节点。为了计算式（9-7），状态变量被分为以下 5 组：

（1）第一组用 $\tilde{X}_{t-1}$ 表示，包含时间步长 $t-1$ 时 BN 中的所有节点，这些节点是时间步长 t 时 BN 中状态变量的父节点。因此，式（9-7）变为 $X_t^i \sim p\left(X_t | \tilde{X}_{t-1}^i\right)$。如图 9-2（a）所示，只有节点 θ_{t-1}、E_{t-1} 和 F_{t-1} 的箭头指向 X_t 中的节点，因此 $\tilde{X}_{t-1} = \{\theta_{t-1}, E_{t-1}, F_{t-1}\}$。

（2）第二组用 α_t 表示，包含时间步长为 t 的 BN 中的子节点。α_t 的采样基于前一个 BN。根据图 9-2（a），$\alpha_t = \{\theta_t, E_t, F_t\}$。

（3）第三组用 β_t 表示，包含 α_t 的中间节点，即 β_t 中的节点既有 α_t 中的父节点，也有 α_t 中的子节点。根据图 9-2（a），$\beta_t = \{C_t\}$。

（4）第四组用 γ_t 表示，包含时间步长为 t 的 BN 中 α_t 或 β_t 的父节点。γ_t 的分布由 $p(\gamma_t)$ 给出。α_t 和 β_t 的采样是通过 $p\left(\alpha_t, \beta_t | \tilde{X}_{t-1}^i, \gamma_t^i\right)$ 基于 $\tilde{X}_{t-1}$ 和 γ_t 进行的。根据图 9-2（a），$\gamma_t = \{B_t, D_t\}$。

（5）第五组用 τ_t 表示，包含时间步长为 t 的 BN 中 α_t 或 β_t 的后代节点。因此，τ_t 的采样是通过 $p\left(\tau_t | \alpha_t^i, \beta_t^i\right)$ 基于 α_t 或 β_t 进行的。根据图 9-2（a），$\tau_t = \{G_t, H_t\}$。

对节点进行分类后，时间步长为 t 的状态变量可表示为 $X_t = \{\alpha_t, \beta_t, \gamma_t, \tau_t\}$，式（9-7）中 X_t^i 的取样是按以下顺序进行的：

$$\gamma_t^i \sim p(\gamma) \tag{9-10}$$

$$\alpha_t^i, \beta_t^i \sim p\left(\alpha_t, \beta_t | \tilde{X}_{t-1}^i, \gamma_t^i\right) \tag{9-11}$$

$$\tau_t^i \sim p\left(\tau_t | \alpha_t^i, \beta_t^i\right) \tag{9-12}$$

按照上述步骤，以图 9-2（b）中的 DBN 为例，根据 $\tilde{X}_{t-1} = \left\{\theta_{t-1}^i, E_{t-1}^i, F_{t-1}^i\right\}$ 生成新粒子 $X_t^i = \left\{\theta_t^i, B_t^i, C_t^i, D_t^i, E_t^i, F_t^i, G_t^i, H_t^i\right\}$ 的过程如下：

（1）首先，基于 $p(\gamma_t) = p(B_t, D_t) = p(B_t) p(D_t | B_t)$ 生成新粒子 $\gamma_t^i = \left\{B_t^i, D_t^i\right\}$；

（2）其次，基于 $p\left(\alpha_t, \beta_t | \tilde{X}_{t-1}^i, \gamma_t^i\right) = p\left(\theta_t | \theta_{t-1}^i\right) p\left(C_t | \theta_t^i, B_t^i\right) p\left(E_t | E_{t-1}^i, C_t^i\right) p\left(F_t | F_{t-1}^i, D_t^i\right)$ 生成新粒子 $\alpha_t^i = \left\{\theta_t^i, E_t^i, F_t^i\right\}$ 和 $\beta_t^i = \left\{C_t^i\right\}$；

（3）最后，基于 $p\left(\tau_t | \alpha_t^i, \beta_t^i\right) = p\left(G_t | E_t^i\right) p\left(H_t | F_t^i\right)$ 生成新粒子 $\tau_t^i = \left\{G_t^i, H_t^i\right\}$。

9.3 DBN 在正交异性钢桥面板裂纹扩展上的应用

疲劳寿命通常采用传统的 S-N 方法或基于断裂力学的方法进行预测。S-N 法采用疲劳损伤累积作为裂纹发生可能性的指标。与 S-N 方法不同的是，基于断裂力学的方法能够预测裂纹尺寸的演变，这更适合评估裂纹对结构疲劳性能的影响，尤其是在有裂纹测量数据的情况下。目前已提出了多种基于断裂力学的疲劳裂纹增长模型来预测长裂纹的扩展，如 Paris 定律[19]、修正的 Paris 定律[20]和 Wheeler 模型[21]。这些模型需要确定应力强度因子，而应力强度因子通常由有限元分析（Finite Element Analysis, FEA）计算得出，可分为两类：①直接从能够更新随时间变化的裂纹几何形状的有限元分析中计算应力强度因子；②在不考虑裂纹几何形状的情况下，使用有限元分析中裂纹处的名义应力计算应力强度因子。前一种方法需要对裂纹位置进行复杂的网格划分，并重建有限元分析模型，以便更新裂纹几何形状，计算成本比后一种方法高。

为了提高计算效率，本研究采用了后一种方法来建立基于 DBN 的疲劳裂纹增长模型。通过 DBN，可以将各种不确定性源以及检测结果纳入其中，下面将对此进行介绍。

9.3.1 不确定性来源

9.3.1.1 有限元模型和代理模型的不确定性

图 9-3 显示了在 ANSYS 中使用具有详细几何形状的 shell63 单元建立的 18 m 长正交异性钢桥面板（OSD）有限元分析模型。利用五轴疲劳车辆模型模拟加载条件，有限元模型两端固定以模拟边界条件。如图 9-4 所示，五轴疲劳车辆模型的确定是建立在桥上动态称重系统（Weight-in-Motion, WIM）测量数据[22]的基础上的，能反映桥上的具体交通状况。在有限元分析模型中，假设 7 个几何参数为随机变量，分别对应于 OSD 不同板件的厚度，如表 9-1 所示，记为 $T_1 \sim T_7$。所有 7 个几何参数都有确定但未知的真实值，这带来了认知上的不确定性。认知不确定性是由于缺乏数据或知识造成的，这种不确定性是可以减少的。本书提出的基于贝叶斯推理的疲劳损伤诊断和预测模型旨在减少其不确定性。

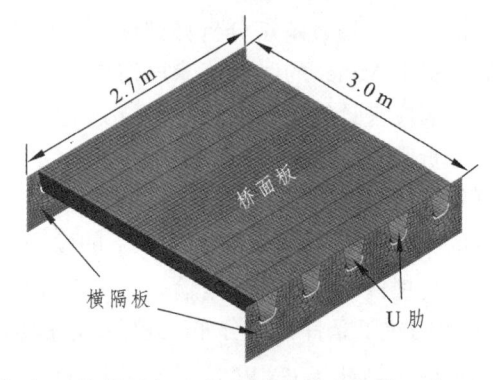

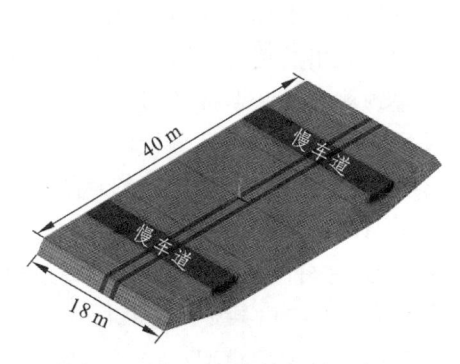

（a）18 m 长正交异性钢桥面板　　（b）两块横隔板之间的慢车道的建模细节

图 9-3 有限元模型

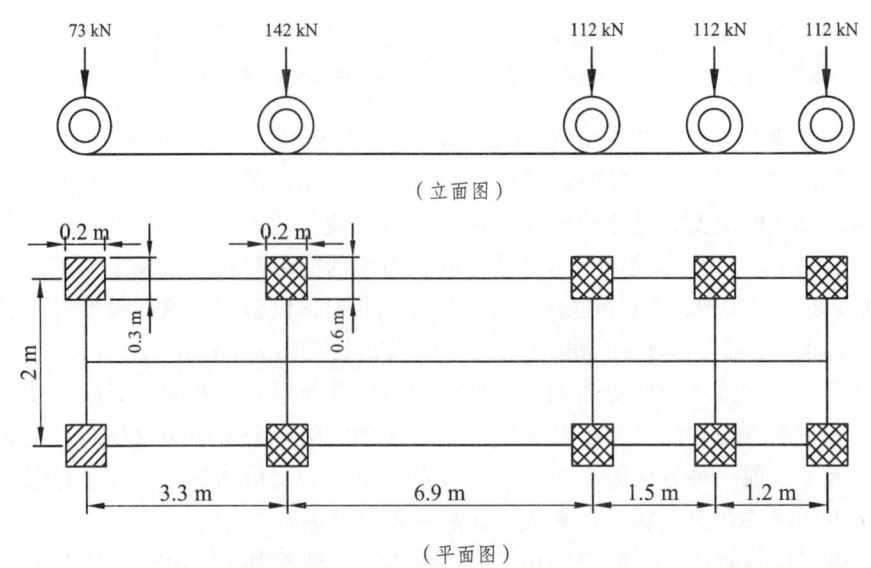

图 9-4 车辆总重为 550 kN 的疲劳车荷载模型

表 9-1 有限元分析模型的几何变量

几何变量	板的类型	名义厚度/（×10⁻³ m）
T_1	U 肋	8
T_2	桥面板（慢车道）	18
T_3	桥面板（快车道或中车道）	16
T_4	横隔板	14
T_5	底板[①]（类型 1）	16
T_6	底板（类型 2）	12
T_7	底板加劲肋	6

注：①底板由两种不同厚度的板组成，因此此处用"类型 1"和"类型 2"加以区分。

将 7 个几何参数 $T_1 \sim T_7$ 和疲劳车辆荷载（Gross Vehicle Weight, GVW）作为有限元分析的输入，通过瞬态分析得到疲劳车通过桥面板过程中关键焊缝处的应力时间历程。随后，根据 Miner 的线性疲劳损伤累积理论[23]，利用计算出的疲劳车通过时关键焊缝处的应力响应来计算等效名义疲劳应力幅 ΔS。由于概率预测和贝叶斯推理都需要大量的有限元分析，因此建立了一个高斯过程（GP）代理模型[24]来替代有限元分析模型，以提高计算效率。GP 模型的训练样本是通过反复运行具有足够数量输入参数组合的有限元分析获得的。训练成功后，在给定输入下的预测输出 ΔS 遵循高斯分布，即 $\Delta S \sim N(\mu_{GP}, \sigma_{GP}^2)$，这表示代理模型在计算给定输入时的等效应力范围的不确定性。事实上，GP 代理模型在 DBN 中构建了条件概率分布（CPD），即 $p(\Delta S | T_i, \text{GVW})(i = 1 \sim 7)$，其中 7 个几何参数 $T_1 \sim T_7$ 和疲劳车辆荷载 GVW 是等效应力范围 ΔS 的父节点。GP 代理模型将在"高斯过程回归"一节中进行介绍。

9.3.1.2 裂纹扩展模型的不确定性

作者之前的研究[25]表明，慢车道下 U 肋对接焊缝是最关键的焊接部位，在疲劳车辆荷载作用下，疲劳裂纹很可能在此萌生和扩展。根据现场调查[26]，在 U 肋对接焊缝处观察到的典型疲劳裂纹起始于多个位置，即底板、斜腹板和底板与斜腹板相接的转角区域。在本研究中，假设疲劳裂纹起始于最大应力位置，即 U 肋底板的中点，并沿着对接焊缝扩展，如图 9-6（b）所示。因此，选择这个最大应力位置来演示所提出的疲劳损伤诊断和预测框架。此外，考虑到所选的裂纹起始位置在疲劳车辆荷载作用下主要承受拉应力，为了便于说明，本研究假定采用 I 型单轴裂纹[4]。因此，一个时间步长内的应力强度因子范围可计算为：

$$\Delta K = 1.2F\Delta S\sqrt{\pi a^0} \tag{9-13}$$

式中：ΔS 是前面讨论过的等效应力幅；a^0 是当前时间步中的初始裂纹长度；$1.2F$ 是裂纹形状系数；F 用于引入形状系数的不确定性。

然后根据 Paris 定律，利用计算出的 ΔK 来计算每个时间步长的长裂纹增长 Δa。

$$\frac{da}{dN} = C\Delta K^m \tag{9-14}$$

式中：C 和 m 是实验得出的 Paris 常数，根据 BS 7910[27]的建议采用 $C = 1.2\times10^{-9}$ 和 $m = 3.0$；在本研究中，C 和 m 被视为常数，但也可视为未知真实值的随机变量，并根据需要纳入 DBN 模型以进行校准；$da/dN = \Delta a$ 表示一个时间步长内的裂纹生长速率，用于计算当前时间步长后的裂纹长度 $a = a_0 + \Delta a$。

9.3.1.3 荷载不确定性和裂纹长度不确定性

在本研究中疲劳车辆荷载和裂纹长度都是可测量的，疲劳车辆荷载模型可通过 WIM 系统建立，裂纹长度数据可通过对结构件的现场监测获得。因此，疲劳车辆荷载和裂纹长度的不确定性都与测量误差有关，一般假定测量误差遵循零均值高斯分布，即 $\varepsilon_{GVW} \sim N(0, \sigma^2_{GVW})$ 和 $\varepsilon_a \sim N(0, \sigma^2_a)$，下标 GVW 表示疲劳车辆荷载，下标 a 表示裂纹长度。除了与测量误差有关的不确定性源外，另一个不确定性源与数据稀疏性有关。数据稀疏性带来的不确定性是由于在实际中很少能获得每个时间步的疲劳车辆荷载观测数据和裂纹长度数据。关于观察到的疲劳车辆荷载数据和观察到的裂纹长度数据的可用时间步长的选择，将在"诊断和预测结果及讨论"一节中讨论。

9.3.2 DBN 模型的构建

根据前面介绍的裂纹扩展模型及其相关的不同种类的不确定性,建立了基于 DBN 的裂纹扩展模型,如图 9-5 所示。在 DBN 模型中,所有基本变量(确定性变量或随机变量)都由节点表示,节点之间的箭头代表它们的条件概率密度函数（CPD）或确定性函数关系。DBN 由 3 种节点构成：①带实线的椭圆节点表示连续随机变量，指向它的箭头代表

CPD；②三角形节点（或功能节点）表示确定性变量，指向它的箭头代表确定性函数；③矩形节点表示观测变量，即疲劳车辆荷载和裂纹长度，指向它的箭头代表 CPD。此外，每个 BN 切片内采用实心箭头，相邻两个 BN 的节点之间采用虚线箭头连接。图 9-5 中的符号汇总于表 9-2。需要注意的是，在 DBN 中，7 个几何属性应分别用 7 个节点来表示，为方便说明，我们将它们表示为一个节点 θ。值得一提的是，图 9-5 中的每个时间步是指一次疲劳车辆通过，其中等效疲劳应力幅 ΔS 和相应的循环次数 n 用于预测当前时间步之后的疲劳裂纹长度。初步的有限元分析结果表明，循环次数 n 保持不变，为 $n=9$。因此采用式（9-14）计算当前时间步的裂纹增长时，取 $n=9$。当 n 在输入 θ 和 GVW 下变化时，可使用高斯分类器预测 n 的分布，这与下一节讨论的 ΔS 的 GP 代理模型类似。

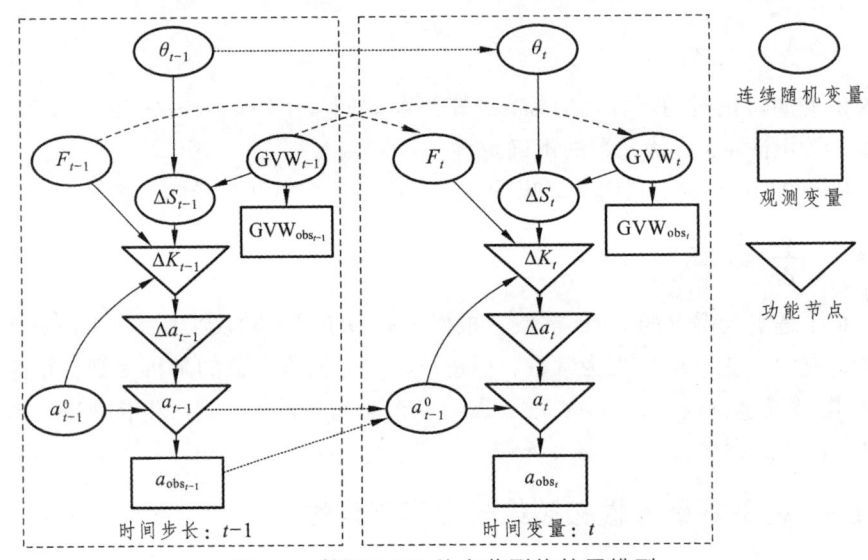

图 9-5 基于 DBN 的疲劳裂纹扩展模型

表 9-2 基于 DBN 的疲劳裂纹扩展模型中的参数

符号	参数
GVW	疲劳车辆荷载
GVW_{obs}	疲劳车辆荷载观测值
ΔS	等效应力幅
a^0	当前时间步长前的裂纹长度
F	裂纹形状系数乘数
ΔK	应力强度因子范围
Δa	当前时间步长内的裂纹增长
a	当前时间步长后的裂纹长度
a_{obs}	裂纹长度观测值
θ	几何特性

第 9 章 基于动态贝叶斯网络的正交异性钢桥面板疲劳损伤评估

在任一时间步中,首先为每个 BN 中的所有根节点分配先验分布,然后再进行不确定性传播或贝叶斯推理。除了第一个时间步骤的先验分布是预定义的,其他时间步骤 t 的 BN 的先验分布都是根据相邻两个 BN 之间的状态转换函数,通过传播时间步骤 $t-1$ 的前一个 BN 的后验分布计算出来的。根节点的先验分布和状态转换函数将在"诊断和预测结果及讨论"一节中讨论。

9.4 高斯过程回归

如前几节所述,构建基于 DBN 的疲劳裂纹扩展模型的一个关键步骤是通过 GP 代理模型获得 CPD,即 $\Delta S \sim N(\mu_{GP}, \sigma_{GP}^2)$。本节将简要介绍高斯过程回归(Gaussian Process Regression, GPR)。

高斯过程回归采用高斯过程作为先验来表示变量间的联合概率分布。假设训练数据集 $D = \{(y_i, X_i) | i = 1, 2, 3, \cdots, m\}$ 由具有 d 维特征空间的 m 个样本组成,对于任意一组输入点 $X = \{x_1, x_2, \cdots, x_m\}^T$($m \times d$ 矩阵),相应的观测输出 $y = \{y_1, y_2, \cdots, y_m\}^T$($m \times 1$ 向量)假定遵循多元高斯分布。GP 完全由其均值函数和协方差函数确定,其中函数 $y = f(x)$ 可写成 $f(x) \sim GP(m(x), k(x, x'))$。均值函数 $m(x)$ 表示函数的中心倾向,通常被视为零,协方差函数 $k(x, x')$ 表示函数的形状和结构信息。考虑到观测数据存在误差或噪声,假定系统的观测输出(用 y 表示)与真实输出(用 $f(x)$ 表示)之间的关系为:

$$y = f(x) + \varepsilon \tag{9-15}$$

式中:引入噪声项 ε 是用来表示数值结果中的误差或实验数据中的噪声,假定其为独立同分布的高斯分布,即 $\varepsilon \sim N(0, \sigma_n^2)$,$\sigma_n^2$ 为方差。根据式(9-15),似然方程为:

$$p(y|f) = N(y|f, \sigma_n^2 I) \tag{9-16}$$

式中:$f = \{f(x_1), f(x_2), \cdots, f(x_m)\}^T$,$I$ 表示 $m \times m$ 的单位矩阵。边际分布 $p(f)$ 是一个零均值高斯过程,其协方差由格拉姆矩阵(Gram matrix)K 决定[24]。

$$p(f) = N(f|0, K) \tag{9-17}$$

式中:$K_{ij} = k(x_i, x_j)$。由于似然方程(式 9-16)和先验(式 9-17)都遵循高斯分布,边际分布 $p(y)$ 可以写成:

$$p(y) = \int p(y|f) p(f) df = N(f|0, K_y) \tag{9-18}$$

式中:$K_y = K + \sigma_n^2 I$。

GP 的基本假设是任何一组输出都遵循多元高斯分布,如式(9-18)所定义。相应地,目标输入向量 x_* 的预测向量 y_* 和训练输入向量 x 的观察向量 y 的联合概率分布可以表示为:

$$\begin{bmatrix} y \\ y_* \end{bmatrix} = \left(\begin{bmatrix} f \\ f_* \end{bmatrix} + \begin{bmatrix} \varepsilon \\ \varepsilon_* \end{bmatrix} \right) \sim N \left(0, \begin{bmatrix} K_y & k_* \\ k_*^T & k_{**} + \sigma_n^2 \end{bmatrix} \right) \quad (9\text{-}19)$$

式中：$y_* = f(x_*)$ 是目标输入向量 x_* 的隐函数，ε_* 是相应的噪声项；$k_* = [k(x_*, x_1), \cdots, k(x_*, x_m)]^T$；$k_{**} = k(x_*, x_*)$。根据高斯条件，预测分布 $p(y_*|y)$ 也是一个高斯过程，其均值和协方差由以下公式给出。

$$m(x_*) = k_*^T K_y^{-1} y \quad (9\text{-}20)$$

$$\sigma^2(x_*) = k_{**} - k_*^T K_y^{-1} k_* + \sigma_n^2 \quad (9\text{-}21)$$

如前所述，协方差函数（或核函数）包含了 GP 模型的所有泛化特性，例如：①它指定了我们希望学习的隐函数的先验值，如平滑度；②它还衡量了数据点之间的相似性，即测试样本点附近的训练样本点对该测试样本点的预测具有参考价值[28]。文献中提供了多种类型的协方差函数。为了更好地捕捉数据的各种特征，本研究使用了一组基于自动相关性判定（ARD）的协方差函数来构建 GP 回归模型，如表 9-3 所示[24]。ARD 是指为每个输入特征包含一个单独的长度尺度，这可以为 GP 回归提供更大的灵活性。长度尺度还反映了不同输入变量的相对重要性，长度尺度小的输入变量对预测结果的影响更大。协方差函数通常由所谓的超参数定义，用 Θ 表示，表 9-3 也列出了这些超参数。在表 9-3 中，l_q（$q = 1 \sim d$）是所有维度的长度尺度，σ_f^2 是（无噪声）信号的方差，σ_n^2 是噪声方差，α 是尺度参数。超参数可以通过基于训练数据的最大似然估计来确定。

$$\log p(y|\Theta) = -\frac{1}{2} y^T K_y^{-1} y - \frac{1}{2} \log |K_y^{-1}| - \frac{d}{2} \log(2\pi) \quad (9\text{-}22)$$

式中：d 是输入变量的维度；$K_y = K + \sigma_n^2 I, K_{ij} = k(x_i, x_j)$（见表 9-3）。

与其他学习机（如人工神经网络和支持向量机）相比，GP 模型的一个优势是可以定量提供与预测相关的不确定性[24]，如式（9-20）和式（9-21）所述。GP 代理模型的不确定性已在上一节"不确定性来源"中讨论过。因此，GP 代理模型的预测不确定性可在 DBN 中传播，用于疲劳诊断和预测。

表 9-3 基于自动相关性判定（ARD）的协方差函数

基于 ARD 的协方差函数	公式①	超参数（Θ）
ARD 平方指数（ARD-SE）	$K(x_i, x_j|\Theta) = \sigma_f^2 \exp\left(-\frac{1}{2}r^2\right)$	$\{\sigma_f^2, l_1, l_2, \cdots, l_d, \sigma_n^2\}$
ARD 有理二次（ARD-RQ）	$K(x_i, x_j|\Theta) = \sigma_f^2 \left(1 + \frac{1}{2\alpha}r^2\right)^{-\alpha}$	$\{\sigma_f^2, l_1, l_2, \cdots, l_d, \sigma_n^2, \alpha\}$
ARD-Matérn3②	$K(x_i, x_j|\Theta) = \sigma_f^2 (1 + \sqrt{3}r) \exp(-\sqrt{3}r)$	$\{\sigma_f^2, l_1, l_2, \cdots, l_d, \sigma_n^2\}$
ARD-Matérn5③	$K(x_i, x_j|\Theta) = \sigma_f^2 \left(1 + \sqrt{5}r + \frac{5}{3}r^2\right) \exp(-\sqrt{5}r)$	$\{\sigma_f^2, l_1, l_2, \cdots, l_d, \sigma_n^2\}$

注：①核函数中的 r 表示为 $r = \sqrt{\sum_{q=1}^{d}\left[(x_{iq} - x_{jq})^2 / l_q^2\right]}$；②Matérn3 表示自由度 $v = 3/2$ 的 Matérn 内核；

③Matérn5 表示自由度 $v = 5/2$ 的 Matérn 内核。

9.5 数值示例

本节通过一个在循环疲劳车辆荷载作用下正交异性钢桥面板（OSD）上裂纹生长的数值示例，验证所提出的基于 DBN 的疲劳损伤预测和诊断框架的有效性。首先介绍了 GP 代理模型，然后是诊断和预测结果及讨论。

9.5.1 GP 代理模型

OSD 和疲劳车辆荷载模型在"有限元模型和代理模型的不确定性"一节中进行了解释。表 9-1 提供了 7 个几何变量的真实值（或名义值）。

构建 GP 代理模型的步骤如下：

（1）首先，生成 7 个几何变量和疲劳车辆荷载的 160 个组合，构成设计域内均匀分布的输入荷载样本。每个输入参数的可能范围为其名义值，变化率为 ±25%。

（2）其次，对每种加载组合进行瞬态分析，计算应力响应，并利用 Miner 准则将应力响应进一步转换为等效疲劳应力幅 ΔS。图 9-6（a）给出了 U 肋底板中点（即疲劳裂纹起始位置）的应力时间历程，采用的是输入参数的名义值（车速 $V = 20$ m/s）。图 9-6（b）显示了荷载情况和疲劳裂纹位置。注意到在有限元分析中，相应的循环次数保持不变，即 $n = 9$。因此，n 是常数，包含在 DBN 的功能节点 Δa 中，而输出响应 ΔS 则被视为 DBN 中的随机变量。

（3）最后，将有限元分析得到的 160 个样本分成两部分：前 120 个样本（75%）用于训练，其余 40 个样本（25%）用于测试。训练样本用于构建预测 GP 代理模型，测试样本用于验证和确定最合适的协方差函数。

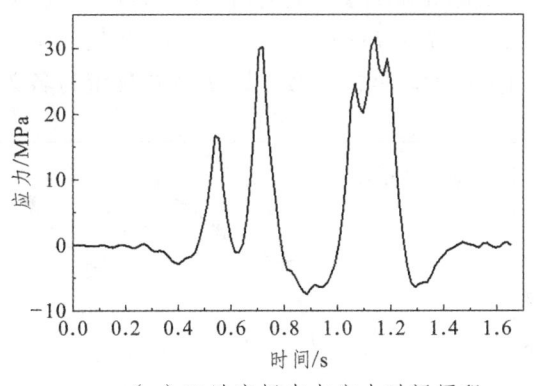

（a）U 肋底板中点应力时间历程　　（b）荷载情况和疲劳裂纹位置

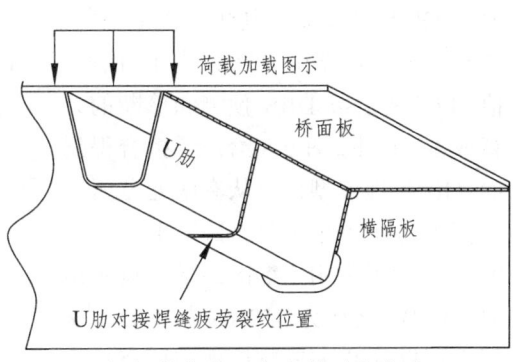

图 9-6　U 肋底板中点应力时间历程及荷载情况和疲劳裂纹位置示意图

为了定量评估所提出的协方差函数的性能，采用均方根误差（RMSE）作为性能指标[28]。RMSE 用于衡量 GP 代理模型预测值与有限元分析结果（观测值）之间的误差，RMSE 越小通常表示预测性能越好。

$$\text{RMSE} = \sqrt{\frac{\sum_{i=1}^{N_0}(y_i - \hat{y}_i)^2}{N_0}} \qquad (9\text{-}23)$$

式中:y_i 和 $\hat{y}_i$($i = 1 \sim N_0$)分别为第 i 个观测值和预测输出值,N_0 为预测数据的数量。

Rasmussen 和 Nickisch[29]开发的 GPML 工具箱用于在 MATLAB 中建立 GP 代理模型。表 9-4 列出了所提出的 4 个基于 ARD 的核所对应的误差度量。可以看出,ARD-Matérn3 核的性能优于其他 3 个核,因为它的 RMSE 是所有协方差函数中最低的。因此,我们选择 ARD-Matérn3 核进行后续分析。

表 9-4 不同协方差函数的性能评估

协方差函数	RMSE/MPa
ARD-SE	0.6817
ARD-RQ	0.4724
ARD-Matérn3	0.4676
ARD-Matérn5	0.4948

并非所有输入参数[即 T_i($i = 1 \sim 7$)和 GVW]对输出等效疲劳应力幅 ΔS 和由此产生的裂纹增长都同样重要。长度尺度可用于评估每个输入参数对输出 ΔS 不确定性的影响,长度尺度越小,影响越大。图 9-7 显示了所有输入变量的特征长度尺度的自然对数值。可以看出,疲劳车辆荷载(GVW)、U 肋厚度(T_1)和位于慢车道上的桥面板厚度(T_2)的特征长度尺度的自然对数值远小于其他 5 个参数,表明它们对输出 ΔS 的影响更大。敏感性分析结果表明,只考虑 GVW、T_1 和 T_2 的随机性,同时将 $T_3 \sim T_7$ 确定为名义值的 GP 代理模型,其预测性能与将 GVW 和所有 $T_1 \sim T_7$ 视为随机变量的 GP 代理模型非常相似(差异在 1.5% 以内)。因此,可以将灵敏度较低的参数,即 $T_3 \sim T_7$ 确定为名义值,以节省后续 DBN 预测和诊断的计算成本。此外,图 9-8 给出了拟合得到的 GP 代理模型以及从有限元分析中计算出的训练样本和测试样本。在图 9-8 中,为了采用三维图的形式展示结果,GVW 被视为 550 kN 的常数。从图中可以看出 GP 响应面与所有样本都很接近,最大差异小于 1.6%,这表明采用 ARD-Matérn3 核的 GP 代理模型很好地捕捉到了输出响应 ΔS 的非线性特征。

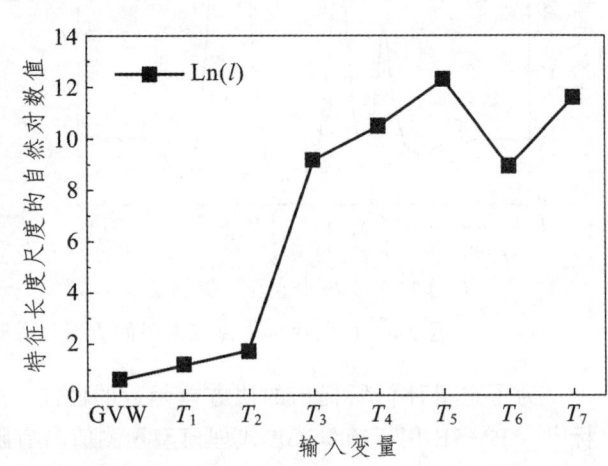

图 9-7 输入变量的特征长度尺度的自然对数

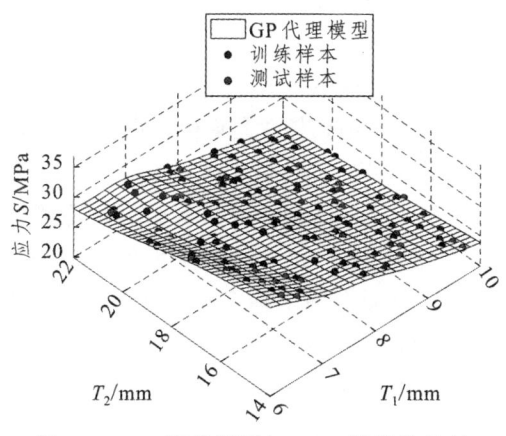

第 9 章 基于动态贝叶斯网络的正交异性钢桥面板疲劳损伤评估

图 9-8 GP 代理模型与 FEA 结果的比较

9.5.2 诊断和预测结果及讨论

所提出的基于 DBN 的疲劳损伤诊断和预测框架的主要目的是跟踪 12000 步以内的疲劳裂纹扩展，并校准两个几何参数 T_1 和 T_2 以及裂纹形状因子乘数 F 的真实值。如前所述，在进行贝叶斯推断之前，首先需要定义根节点和状态转换的先验分布。在本研究中，假设根节点的先验分布为 $T_{1,t=1} \sim U(0.006, 0.009)$，$T_{2,t=1} \sim U(0.014, 0.020)$，$F_{t=1} \sim N(0.8, 0.08^2)$，$a_{t=1}^0 \sim N(0.001, 0.0001^2)$ 和 $GVW_{t=1} \sim N(550, 20^2)$。图 9-5 给出了当前时间步长 t 时的初始裂纹长度，它取决于前一时间步长 a_{t-1} 和前一时间步长的测量值 $a_{\text{obs}_{t-1}}$（如果有）。因此 a_t^0 定义为：如果没有测量 a_t，则为 $a_t^0 = a_{t-1}$，如果测量了 a_t，则 $a_t^0 = a_{\text{obs}_{t-1}} + N(0, \sigma_a^2)$。另外，本研究假设 t 时疲劳车辆荷载的过渡函数为 $p(GVW_t | GVW_{t-1}) = GVW_{t-1} + N(0, 20^2)$。

如前所述，在所提出的 DBN 中，观察到的疲劳车辆荷载和裂纹长度数据的可以根据需要进行更新。换句话说，在所提出的 DBN 中，观察到的疲劳车辆荷载和裂纹长度数据可以在所有时间步、无时间步或稀疏（有限）时间步上都可用，具体取决于实际中观察到的数据的可用性。在本研究中，疲劳车辆荷载是根据 WIM 系统统计出来的数据确定的，并假定该统计结果能够在相对较长的时间段内反映特定地点的交通状况。因此，观测到的疲劳车辆荷载数据假定在前 6000 个时间步长内可用，并遵循高斯分布，即 $GVW_t \sim N(550, 202)$（$t = 1 \sim 6000$）。如有必要，所提出的 DBN 能够处理其他分布形式的 GVW。超过 6000 个时间步的观测 GVW 也可根据需要融入 DBN 模型中。同样地，在工程实践中，裂纹长度数据并不是在每个时间步都是可用的。为便于说明，假设在 5 个特定时间步长（即 $t = 2000$、4000、5600、7200 和 8400）都有裂纹检测数据。

所有观测数据都是基于图 9-5 中的 DBN 使用假定真实值（名义值）计算得出的数据。表 9-1 列出了 $T_1 \sim T_7$ 的名义值，F 的名义值为 0.75，a_1^0 的名义值为 0.01。还需注意的是，观测到的裂纹长度是在真实裂纹长度的基础上加上测量噪声（零均值高斯噪声）计算得出的，即 $a_{\text{obs}} \sim N(a, \sigma_a^2)$。此外，本研究选择的粒子数为 $N = 1.5 \times 10^4$，整体计算时间约为 6.6 h。基于这些预定义的先验分布、过渡函数以及假定观测值的诊断和预测结果如图 9-9 ~ 图 9-12 所示，具体讨论如下：

图 9-9（a）显示了 T_1 在每个时间步的诊断和预测。由于 T_1 对应力和疲劳裂纹生长具有较高的灵敏度，因此在时间步长 $t = 2000$ 时对裂纹长度进行第一次检测后，T_1 的不确定性就大大降低了。在时间步长 $t = 8400$ 时进行第五次检测后，T_1 的最终后验分布为 $T_1 \sim N(0.00803, 0.0002^2)$。记 T_1 的先验分布为 $U(0.0006, 0.0009)$，真实平均值为 0.0008。因此，预测 T_1 的后验均值非常接近其真实值，相关的标准偏差也显著减小。此外，图 9-9（b）还显示了 T_1 在每个检测时间步长的后验分布。与图 9-9（a）类似，在对裂纹长度进行 5 次检测后，也可以观察到后验平均值非常接近真实值，且变化较小。

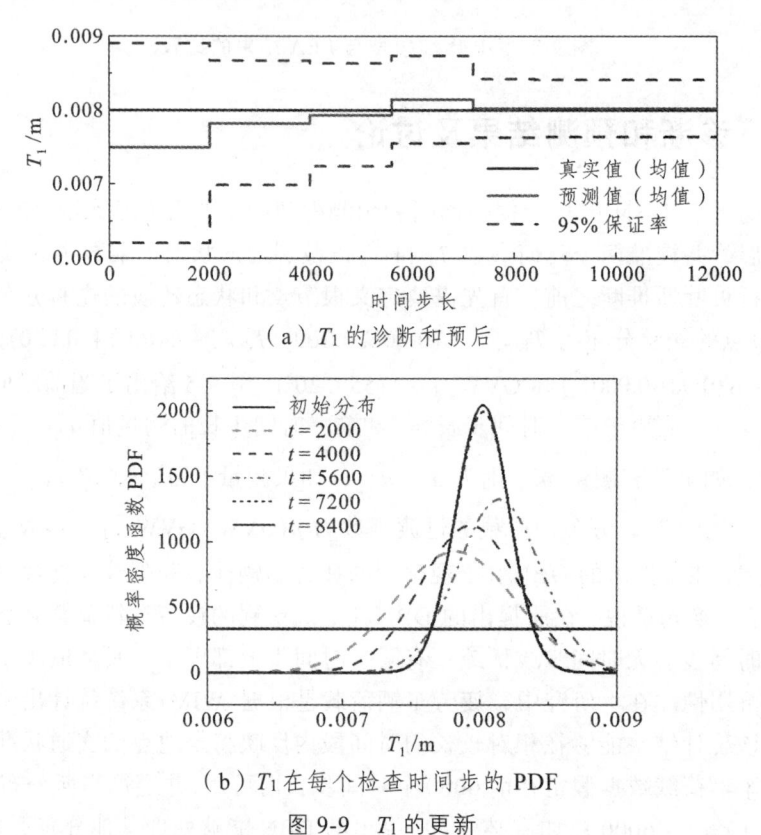

（a）T_1 的诊断和预后

（b）T_1 在每个检查时间步的 PDF

图 9-9 T_1 的更新

值得注意的是，由于以下两个原因，T_1 的分布只在观测到裂纹长度数据的时间步中更新。首先，如图 9-5 中的状态函数 $T_{1,t} = T_{1,t-1}$（T_1 位于静态节点 θ 中）所示，在预测步中只进行传播，不会改变 T_1 的分布。其次，观测到的疲劳车辆荷载数据 GVW_{obs} 无法更新 T_1 的分布，因为节点 GVW_{obs} 与 T_1 无关，这是由 D 分离规则决定的[30]。D 分离是由于 GVW_{obs} 和 T_1 之间的轨迹具有 V 型结构，即 $GVW_{obs} \to \cdots \to a_{obs} \leftarrow \cdots \leftarrow T_1$。与 T_1 类似，节点 GVW_{obs} 与节点 T_2 或节点 F 之间的轨迹也具有 V 型结构，因此，T_2 和 F 也只能在观测到裂纹长度数据的时间步长时更新。

第9章 基于动态贝叶斯网络的正交异性钢桥面板疲劳损伤评估

同样，图9-10（a）和（b）分别描述了针对 T_2 的诊断和预测以及 T_2 的后验PDF。如图9-10（a）所示，在时间步长 $t = 2000$ 的第一次检查中，T_2 的不确定性显著降低。根据图9-10（b），第五次裂纹长度检测后得到的最终后验分布为 $T_2 \sim N(0.01803, 0.00037^2)$，表明后验均值与真实均值 0.018 非常接近，且变化较小。

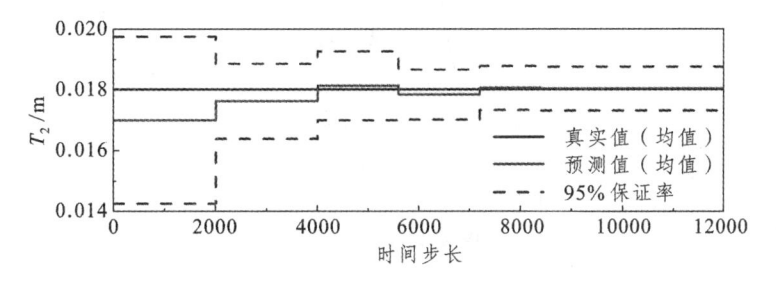

（a）T_2 的诊断及预测

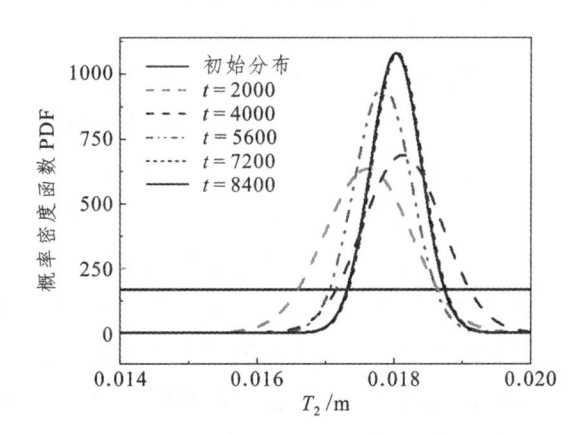

（b）T_2 在每个检查时间步的PDF

图9-10 T_2 的更新

除几何参数 T_1 和 T_2 外，本研究还对裂纹形状系数的乘数进行了诊断和预测，结果如图9-11（a）和（b）所示。F 的先验分布为 $N(0.8, 0.08^2)$，真实平均值为 0.75。根据图9-11（b），F 的后验分布为 $N(0.7509, 0.024^2)$，表明经过诊断和预测，后验均值非常接近真实均值，先验分布的标准偏差减少了 70.0%。

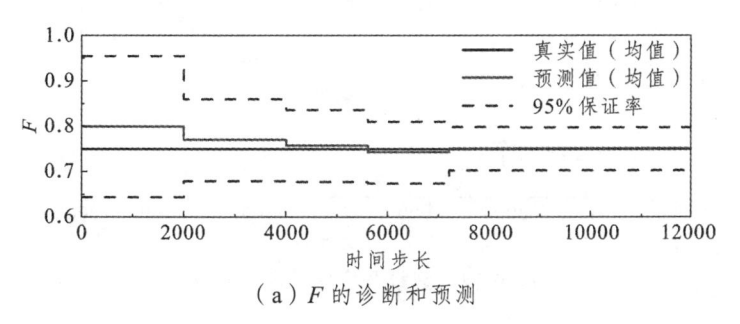

（a）F 的诊断和预测

（b）F 在每个检查时间步的 PDF

图 9-11　F 的更新

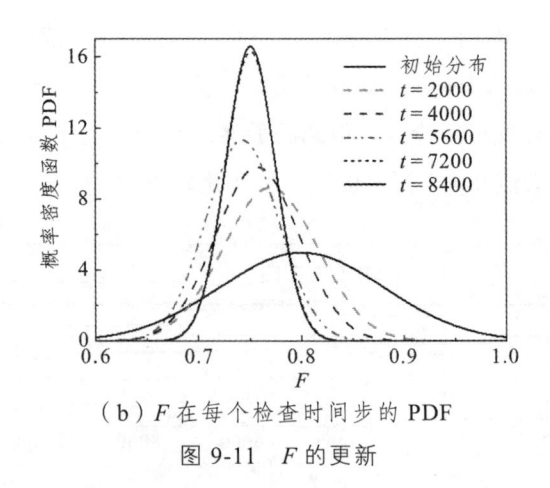

最后，裂纹长度的诊断和预测结果如图 9-12 所示。可以看出，由于不确定性的传播，裂纹长度的不确定性首先在每个检测间隔内逐渐累积，然后在每次检测时减小为测量误差。还可以看到，与其他检测区间相比，第一个检测区间的裂纹长度不确定度累积量最高（范围最宽）。此外，在第一个检测区间内，预测平均值也偏离真实值。这是因为几何参数 T_1、T_2 和乘数 F 的不确定性较大，如图 9-9 ~ 图 9-11 所示。但在第一次检测后，裂纹长度的预测平均值与真实值吻合得很好，而且与第一次检测相比，预测的不确定性在随后的检测区间内的累积速度要慢得多。不确定性积累速度慢、不确定性小的原因有以下两点：①通过使用检测结果进行诊断，T_1、T_2 和 F 的不确定性减小了，相应的后验值接近真值，如图 9-9 ~ 图 9-11 所示；②只要有观测到的裂纹长度，就会在下一个时间步中用它来构造初始裂纹长度的先验分布，并假定测量误差为 $a_{t+1} \sim N(a_{obs}, \sigma_a^2)$。在时间步长 $t = 8400$ 时进行第五次检测后，不再进行下一步检测，$t = 8400$ 之后的时间步长将成为纯粹的不确定性传播的预测步骤。尽管如此，由于在时间步长 $t = [2000, 8400]$ 期间经历了五次诊断，T_1、T_2 和 F 相关的不确定性显著减少，因此累积率很慢，预测的平均值与真实平均值吻合得很好。

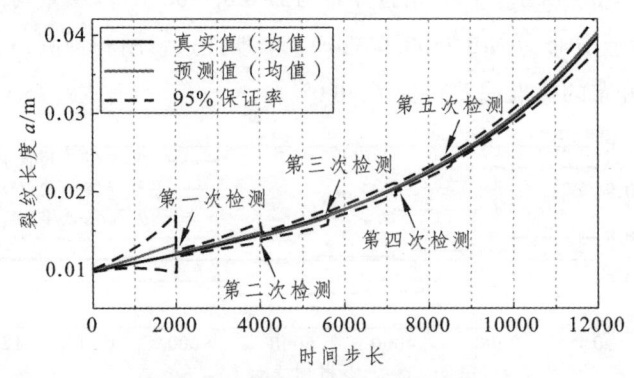

图 9-12　裂纹长度的诊断与预测

9.6 本章小结

作为大跨度桥梁的重要组成部分之一，正交异性钢桥面板（OSD）经常因受到车辆荷载的反复作用而遭受严重的疲劳损伤累积。由于各种不确定性的存在，该损伤累积过程具有随机性，这可能会影响对现有损伤的诊断和对未来健康状况的预测。本研究提出了一种基于动态贝叶斯网络（DBN）模型，用于疲劳车辆荷载反复作用下 OSD 的疲劳损伤诊断和预测。粒子滤波器（PF）用于对已建立的任意拓扑非高斯 DBN 进行贝叶斯推理。粒子滤波器是一种基于样本的推理算法，特别适用于包含不同分布类型的离散变量和连续变量 DBN 模型的贝叶斯推理。此外，本研究还建立了一个高斯过程（GP）代理模型，将物理模型输出的应力响应与输入的疲劳车辆荷载和模型参数相关联。同时，有限元分析模型、GP 代理模型、裂纹生长模型以及疲劳车辆荷载和裂纹长度检测中涉及的各种不确定性也被纳入 DBN 模型中。最后，以 OSD 上疲劳裂纹扩展的数值示例说明了所提出的框架的有效性。结果表明，所提出的框架能够实现以下目的：①诊断：跟踪与时间相关的变量（即裂纹增长）并校准与时间无关的变量（即几何参数和裂纹形状系数乘数）；②预测：预测未来的裂纹增长。

9.7 本章参考文献

[1] LEE J, WU F, ZHAO W, et al. Prognostics and health management design for rotary machinery systems-Reviews, methodology and applications[J]. Mechanical Systems and Signal Processing, 2014, 42: 314-334.

[2] VICHARE N M, PECHT M G. Prognostics and health management of electronics[J]. IEEE Transactions on Components and Packaging Technologies, 2006, 29: 222-229.

[3] KIM N H, CHOI J H, AN D. Prognostics and health management of engineering systems: an introduction[M]. Zurich: Springer International Publishing Switzerland, 2016.

[4] LI C, MAHADEVAN S, LING Y, et al. Dynamic Bayesian network for aircraft wing health monitoring digital twin[J]. AIAA Journal, 2017, 55: 930-941.

[5] STRAUB D. Stochastic modeling of deterioration processes through dynamic bayesian networks[J]. Journal of Engineering Mechanics, 2009, 135: 1089-1099.

[6] ZHU J, COLLETTE M. A dynamic discretization method for reliability inference in Dynamic Bayesian Networks[J]. Reliability Engineering & System Safety, 2015, 138: 242-252.

[7] MA Y, WANG L, ZHANG J, et al. Bridge remaining strength prediction integrated with Bayesian network and in situ load testing[J]. Journal of Bridge Engineering, 2014, 19: 1-11.

[8] LI C, MAHADEVAN S. Efficient approximate inference in Bayesian networks with continuous variables[J]. Reliability Engineering & System Safety, 2018, 169: 269-280.

[9] QIN J, FABER M H. Risk management of large RC structures within spatial information system[J]. Computer-Aided Civil and Infrastructure Engineering, 2012, 27: 385-405.

[10] MAHADEVAN S, ZHANG R, SMITH N. Bayesian networks for system reliability reassessment[J]. Structural Safety, 2001, 23: 231-251.

[11] LUQUE J, STRAUB D. Reliability analysis and updating of deteriorating systems with dynamic Bayesian networks[J]. Structural Safety, 2016, 62: 34-46.

[12] KOSGODAGAN-DALLA TORRE A, YEUNG T G, MORALES-NÁPOLES O, et al. A two-dimension dynamic Bayesian network for large-scale degradation modeling with an application to a bridges network[J]. Computer-Aided Civil and Infrastructure Engineering, 2017, 32: 641-656.

[13] ŠPAČKOVÁ O, STRAUB D. Dynamic Bayesian network for probabilistic modeling of tunnel excavation processes[J]. Computer-Aided Civil and Infrastructure Engineering, 2013, 28: 1-21.

[14] SPEROTTO A, MOLINA J L, TORRESAN S, et al. Reviewing Bayesian networks potentials for climate change impacts assessment and management: A multi-risk perspective[J]. Journal of Environmental Management, 2017, 202: 320-331.

[15] SCHNEIDER R, FISCHER J, BÜGLER M, et al. Assessing and updating the reliability of concrete bridges subjected to spatial deterioration-Principles and software implementation[J]. Structural Concrete, 2015, 16: 356-365.

[16] ARULAMPALAM M S, MASKELL S, GORDON N, et al. A tutorial on particle filters for online nonlinear/non-Gaussian Bayesian tracking[J]. IEEE Transactions on Signal Processing, 2002, 50: 174-188.

[17] MURPHY K P. Dynamic Bayesian networks: representation, inference and learning[D]. Berkeley: University of California, 2002.

[18] MUSSO C, OUDJANE N, LEGLAND F. Improving regularised particle filters[M]// ARNAUD D, NANDO D F, NEIL G. Sequential Monte Carlo Methods in Practice. New York: Springer, 2001: 247-271.

[19] PARIS P, ERDOGAN F. A Critical analysis of crack propagation laws[J]. Journal of Fluids Engineering, 1963, 85: 528-533.

[20] DONAHUE R J, CLARK H M, ATANMO P, et al. Crack opening displacement and the rate of fatigue crack growth[J]. International Journal of Fracture Mechanics, 1972, 8: 209-219.

[21] YUEN B K C, TAHERI F. Proposed modifications to the Wheeler retardation model for multiple overloading fatigue life prediction[J]. International Journal of Fatigue, 2006, 28: 1803-1819.

[22] LAMAN J A, NOWAK A S. Fatigue-load models for girder bridges[J]. Journal of Structural Engineering, 1996, 122: 726-733.

[23] MINER M A. Cumulative damage in fatigue[J]. Journal of Applied Mechanics-Transactions of the ASME, 1945, 12: 159-164.

[24] RASMUSSEN C E, WILLIAMS C K I. Gaussian processes for machine learning[M]. Boston: MIT Press, 2006.

[25] ZHU J, ZHANG W. Probabilistic fatigue damage assessment of coastal slender bridges under coupled dynamic loads[J]. Engineering Structures, 2018, 166: 274-285.

[26] WAI-FAH C, LIAN D. Bridge engineering handbook, construction and maintenance[M]. 2nd ed. Boca Raton: CRC Press, 2014.

[27] British Standards Institution. Guide to methods for assessing the acceptability of flaws in metallic structures: BS 7910[S]. 3rd ed. London: British Standards Institution, 2013.

[28] ZHANG C, WEI H, ZHAO X, et al. A Gaussian process regression based hybrid approach for short-term wind speed prediction[J]. Energy Conversion And Management, 2016, 126: 1084-1092.

[29] RASMUSSEN C E, NICKISCH H. Gaussian processes for machine learning (GPML) toolbox[J]. Journal of Machine Learning Research, 2010, 11: 3011-3015.

[30] PEARL J. Probabilistic reasoning in intelligent systems: networks of plausible inference[M]. San Francisco: Morgan kaufmann, 1988.

第10章 强环境腐蚀作用下钢桥面典型焊缝疲劳劣化特征研究

10.1 引言

耐候钢用于桥梁不仅能降低建设期间成本和维护成本,还带来了环境效益,因此经常用于国内外大型跨海桥梁的建设。与此同时,正交异性钢桥面板具有轻质、高强等突出优点,是包括耐候钢桥在内的大跨度钢桥的首选桥面板结构。尽管耐候钢桥具有优良的抗腐蚀性能,在海洋等强腐蚀环境下,耐候钢桥仍然可能面临腐蚀破坏的风险。特别地,对于滨海耐候钢桥,重载车辆荷载与强腐蚀环境的耦合作用会加速钢桥服役性能恶化,引起焊缝抗疲劳性能的显著退化,严重影响钢桥的使用性能与服役安全。

腐蚀和疲劳的共同作用比两种作用的简单叠加更具破坏性,目前的知识还不足以解决从局部腐蚀开裂到裂纹扩展的可靠物理基础寿命评估,在进行寿命预测时需要进行简化和假设[1]。由于腐蚀疲劳过程的复杂性,通常将其划分为不同阶段和状态。Zhang等[2]将腐蚀疲劳分为3个阶段,即腐蚀驱动扩展、腐蚀与疲劳竞争和疲劳驱动扩展。

车辆经过桥面时,焊缝处会产生应力响应,车辆在桥面的不同位置对焊缝应力的影响不同,且同一辆车在同一位置对焊缝方向不同点的应力也不相同。在桥梁运营过程中,会有不同的车辆经过桥面,其轴重、轴距、轴数和横向位置等都存在随机性。现有研究表明,焊缝疲劳失效源于多点裂纹开裂,裂纹在生长过程中存在融合现象。对于顶板-纵肋焊缝,其焊趾和焊根都存在裂纹,且裂纹尖端和边缘都会导致结构失效,因此需要考虑在随机车辆作用下多源裂纹融合开裂和多重失效路径的情况。

基于此,本章在 Zhang 等[2]的研究基础上,引入随机变量,完善并建立了基于概率的腐蚀疲劳三阶段模型。以某滨海大跨度斜拉桥为工程背景,建立了多尺度有限元模型,结合实测交通数据建立了随机交通模型。最后基于子集模拟方法,给出了焊缝的腐蚀疲劳可靠度演化。

10.2 腐蚀疲劳三阶段模型

10.2.1 腐蚀疲劳裂纹萌生阶段

在大型土木工程基础设施中,观察到坑蚀对疲劳裂纹萌生的影响明显大于腐蚀引起的厚度均匀损失[3]。因此坑蚀被认为是裂纹萌生的主要驱动力,而疲劳作用加速了这一

第10章 强环境腐蚀作用下钢桥面典型焊缝疲劳劣化特征研究

过程[3,4]。对于土木工程基础设施，通常采用毫米和亚毫米级别的尺寸定义技术裂纹起裂（裂纹萌生），包括位错运动、裂纹成核和微裂纹起裂[5]。而物理裂纹起裂以微米为单位，只包括位错运动和裂纹成核，占总疲劳寿命的5%[6]。预测裂纹萌生寿命时，隐含地考虑物理裂纹和技术裂纹起裂之间的微裂纹非线性扩展。参考ISO 9224[7]的坑蚀公式和IIW[8]中的 S-N 曲线，采用求和假设来预测裂纹萌生，见式（10-1）。

$$D_{in} = D_{cor} + D_{fat} = \frac{a_p}{a_0} + \sum \frac{N_i}{[N_i]} \quad (10-1)$$

式中：D_{in} 为损伤指标，当 $D_{in}=1$ 时，表示裂纹萌生结束；D_{cor} 和 D_{fat} 分别为腐蚀损伤和疲劳损伤；a_0 为等效初始裂纹尺寸；a_p 为坑蚀深度；N_i 和 $[N_i]$ 分别为应力幅 $\Delta\sigma_i$ 下的加载循环次数和容许循环次数。

参考ISO 9224[7]采用指数线性模型描述合金腐蚀速率，见式（10-2）。

$$a_{loss} = \gamma t^\theta \quad (10-2)$$

式中：a_{loss} 为钢材厚度的年损失量；γ 为第一年腐蚀速率；θ 为腐蚀指数。

ISO 9223[9]给出了两种对腐蚀等级分类的方法，分别依据腐蚀试验和环境数据进行分类，并给出了4种标准金属计算首年腐蚀速率的方法，其中碳钢首年腐蚀速率的计算方法见式（10-3）。

$$\begin{cases} \gamma = 1.77 \cdot P_d^{0.52} \cdot \exp(0.020 \cdot RH + f_{St}) + 0.102 \cdot S_d^{0.62} \cdot \exp(0.033 \cdot RH + 0.040 \cdot T) \\ f_{St} = 0.15(T-10) \quad T \leqslant 10\,^\circ\text{C} \\ f_{St} = -0.054(T-10) \quad T > 10\,^\circ\text{C} \end{cases} \quad (10-3)$$

式中：γ 为第一年腐蚀速率；T 为全年平均温度；P_d 为 SO_2 全年平均沉积率；RH 为全年平均湿度；S_d 为 Cl 离子全年平均沉积率。

Zhang 等[10]通过试验研究了典型耐候钢和高性能钢在海洋环境下的腐蚀性能，在中性盐雾干/湿交替腐蚀试验下，耐候钢和高性能钢发生了不同程度的均匀腐蚀，同时钢材表面产生了不同程度的蚀坑。如图10-1所示，通过回归分析，得到坑蚀深度为均匀腐蚀深度的2.256倍。同时腐蚀指数 θ 为 0.4015 和 0.4187，偏保守考虑，本章选择 0.4187。

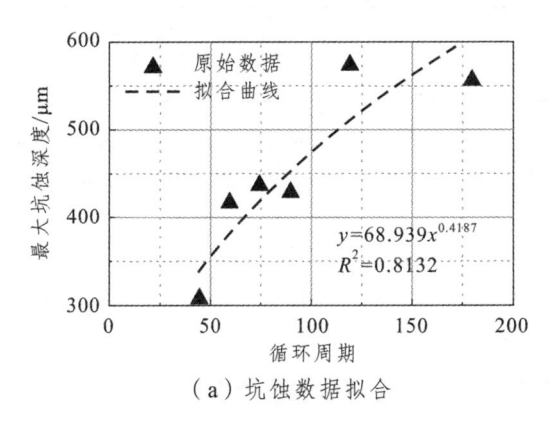

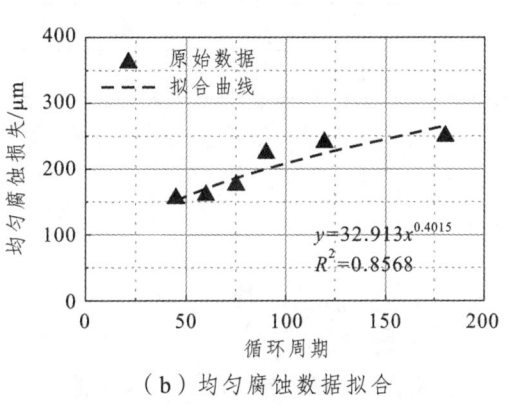

（a）坑蚀数据拟合　　（b）均匀腐蚀数据拟合

（c）坑蚀和均匀腐蚀的比值

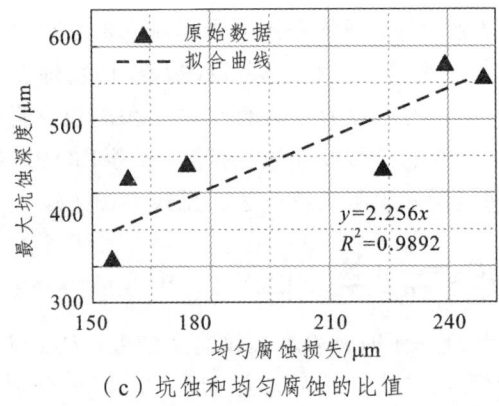

图 10-1 腐蚀数据拟合曲线

根据上述坑蚀和均匀腐蚀的关系，将式（10-2）改写为坑蚀公式，见式（10-4）。

$$a_p = 2.256\gamma t^\theta \tag{10-4}$$

在线性损伤力学中，很难区分裂纹萌生和裂纹扩展阶段。Baptista 等[11]强调裂纹萌生阶段在总疲劳寿命中所占比例变化巨大，范围从 1%到 50%不等。同样，Dong 等[12]强调很难准确定义焊接接头裂纹萌生阶段，保守地将裂纹萌生寿命假设为总疲劳寿命的 40%。参考之前大量桥梁焊接接头试验[10, 13, 14]，发现技术裂纹起裂寿命占总疲劳寿命的 45%~60%。参考 Feng 等[13]对焊接接头的疲劳试验，得到裂纹萌生寿命和裂纹扩展寿命，表 10-1 展示了部分试验结果。因此，本章偏保守考虑，假设裂纹萌生阶段占总疲劳寿命的 45%。

表 10-1 疲劳试件加载次数

编号	应力幅/MPa	裂纹萌生循环次数/（×10³）	裂纹扩展循环次数/（×10³）
AW1	154	233	404
AW2	153	451	393
AW3	148	318	379
AW4	142	288	344
平均值	149	323	372

因此，在确定裂纹萌生寿命时，容许循环次数$[N_i]$的折减系数为 0.45。根据式（10-1），坑蚀深度a_p可由式（10-4）评估，而等效初始裂纹尺寸a_0由恒幅疲劳极限和应力强度因子幅门槛值决定，见式（10-5）[15]。

$$a_0 = \frac{1}{\pi}\left(\frac{\Delta K_{th}}{\Delta \sigma_f}\right)^2 \tag{10-5}$$

式中：$\Delta\sigma_f$为恒幅疲劳极限，由 S-N 曲线 10^8 次循环点对应疲劳强度决定。

10.2.2 腐蚀疲劳裂纹扩展阶段

当裂纹尺寸超过等效初始裂纹尺寸时,利用断裂力学可以有效地模拟疲劳裂纹扩展[16, 17]。Austen 和 McIntyre[18]的研究指出,腐蚀和疲劳在裂纹扩展过程中存在竞争关系,当腐蚀扩展速率超过疲劳扩展速度时,即使出现技术裂纹的萌生,腐蚀作用也倾向于主导裂纹的扩展。腐蚀和疲劳共同作用下的裂纹扩展表达式见式(10-6)。

$$\left(\frac{\mathrm{d}a}{\mathrm{d}t}\right)_{\mathrm{CF}} = \max\left\{\left(\frac{\mathrm{d}a}{\mathrm{d}t}\right)_{\mathrm{cor}}, \left(\frac{\mathrm{d}a}{\mathrm{d}t}\right)_{\mathrm{fat}}\right\} \tag{10-6}$$

式中:a 为裂纹尺寸;t 为时间;下标 cor 和 fat 分别表示腐蚀效应和疲劳效应。

BS 7910[19]建议将腐蚀条件下的裂纹扩展系数 C 与非腐蚀环境相比增加两倍。本章采用更加精细的计算方法,根据环境腐蚀程度调整裂纹扩展系数。参考 ISO 9223[9],环境腐蚀性通过钢材第一年的腐蚀损伤来量化。因此引入环境影响因子 I_{cor} 来考虑通过增加腐蚀性来加速裂纹扩展的问题,见式(10-7)。

$$\begin{cases} \left(\dfrac{\mathrm{d}a}{\mathrm{d}t}\right)_{\mathrm{fat}}^{*} = I_{\mathrm{cor}} \cdot \left(\dfrac{\mathrm{d}a}{\mathrm{d}t}\right)_{\mathrm{fat}} \\ I_{\mathrm{cor}} = 1 + 2 \cdot \dfrac{\gamma}{\gamma_0} \end{cases} \tag{10-7}$$

式中:$\left(\dfrac{\mathrm{d}a}{\mathrm{d}t}\right)_{\mathrm{fat}}^{*}$ 为环境影响因子作用后的疲劳裂纹扩展速率;γ 为碳钢第一年腐蚀厚度损失;γ_0 为 C5 腐蚀环境中的 γ 基准值,根据 ISO 9223[9]确定为 200 μm/a。

疲劳裂纹扩展速率参考 BS 7910[19]中修正的 Paris 法则进行改写并预测,见式(10-8)。

$$\left(\frac{\mathrm{d}a}{\mathrm{d}t}\right)_{\mathrm{fat}} = \frac{\mathrm{d}N}{\mathrm{d}t} \cdot \left(\frac{\mathrm{d}a}{\mathrm{d}N}\right)_{\mathrm{fat}} = \frac{\mathrm{d}N}{\mathrm{d}t} \cdot C \cdot \left(\frac{\Delta K - \Delta K_{\mathrm{th}}}{1-R}\right)^m \tag{10-8}$$

式中:$\mathrm{d}N/\mathrm{d}t$ 为平均日均车流量 ADT 反映的加载频率。

对裂纹从初始尺寸到临界尺寸的深度和半宽分别积分,求解疲劳寿命。积分近似为一系列较小的裂纹尺寸增量离散步骤,本章裂纹深度和半宽的增量步限值分别为 0.1 mm 和 1 mm。积分表达式见式(10-9)。

$$\begin{cases} a_t = \sum_{i=0}^{n_t}\left[C \cdot \left(\dfrac{\Delta K_{\mathrm{a}} - \Delta K_{\mathrm{th}}}{1-R}\right)^m\right] \cdot \Delta N_i \\ c_t = \sum_{i=0}^{n_t}\left[C \cdot \left(\dfrac{\Delta K_{\mathrm{c}} - \Delta K_{\mathrm{th}}}{1-R}\right)^m\right] \cdot \Delta N_i \end{cases} \tag{10-9}$$

式中:a_t 和 c_t 分别为 t 时刻的裂纹深度和半宽;n_t 是离散求解的步数;ΔN_i 为第 i 步循环次数增量,满足裂纹尺寸增量极限要求。

裂纹尖端和边缘处的应力强度因子幅可以用式（10-10）表示。

$$\begin{cases} \Delta K_a = \Delta\sigma \cdot Y_a(a,c) \cdot \sqrt{\pi a} \\ \Delta K_c = \Delta\sigma \cdot Y_c(a,c) \cdot \sqrt{\pi a} \end{cases} \quad (10\text{-}10)$$

式中：a 和 c 分别是裂纹深度和半宽；$\Delta\sigma$ 为应力幅；Y_a 和 Y_c 分别为裂纹尖端和边缘的几何修正系数。

虽然 BS 7910[19]给出了关于焊缝结构的几何修正系数计算方法，但其计算成本较高，且适用性较差。因此，Heng 等[20]利用 ANSYS 建立焊接接头的局部有限元模型，计算大量不同裂纹尺寸的应力强度因子幅，并对数据集进行了高斯过程回归模型（GPR）训练，形成数据集。本章参考 GPR 模型数据，快速求解应力强度因子幅。

由式（10-10）可知，对于相同构造细节、相同裂纹形状的应力强度因子幅与应力幅成正比。本章的裂纹形状也采用半椭圆裂纹模型，含有裂纹尖端和裂纹边缘两个自由度。在式（10-10）的基础上，应力强度因子幅的计算可以进一步简化，不同裂纹深度和半宽组合下的单位应力强度因子幅，见式（10-11）。

$$\bar{K}_i = Y_i(a,c)\sqrt{\pi a} \quad (10\text{-}11)$$

式中：$\bar{K}_i$ 为单位应力幅下的应力强度因子幅。

通过 GPR 模型就可以得到不同裂纹深度和半宽下的单位应力强度因子幅，代入此时的应力幅，即可得到应力强度因子幅。这样可以极大减少计算成本，同时也能满足计算精度要求。

图 10-2 展示了腐蚀疲劳三阶段的演化示意图。

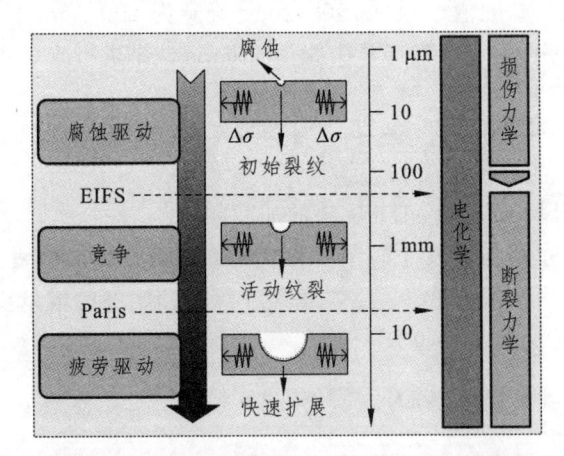

图 10-2 腐蚀疲劳裂纹三阶段演化示意图

10.2.3 腐蚀疲劳模型相关参数

本章的工程背景地点为宁波，地处于中国东海附近，属于亚热带海洋性气候。根据

第 10 章　强环境腐蚀作用下钢桥面典型焊缝疲劳劣化特征研究

ISO 9223[9]标准和孙辉等[21]的研究，宁波属于 C4 腐蚀环境。表 10-2 给出了腐蚀环境的关键参数，由式（10-3）和（10-4）计算坑蚀速率。

表 10-2　腐蚀环境关键参数

T/°C	RH/%	P_d/（mg/m² · d）	S_d/（mg/m² · d）
16.4	81	7.2	57.5

疲劳参数具有很大的不确定性，结合概率建模，表征腐蚀疲劳过程中的不确定性，将腐蚀疲劳三阶段模型扩展为概率腐蚀疲劳模型。表 10-3 展示了概率腐蚀疲劳模型中的关键参数分布，随机变量采用对数正态分布[15]。

表 10-3　概率腐蚀疲劳模型中疲劳关键参数分布

变量	C	ΔK_{th}	$\Delta \sigma_c$	r_0	m
含义	裂纹扩展系数	应力强度因子门槛值	疲劳强度等级	初始裂纹深宽比	裂纹扩展指数
单位	—	N/mm$^{3/2}$	MPa	—	—
类型	对数正态分布	对数正态分布	对数正态分布	对数正态分布	常数
均值 μ	3.3×10^{-13}	85.85	134.52	0.62	3
标准差 σ	1.6×10^{-13}	12.88	19.35	0.25	
参考文献	[22]	[19, 23]	[8, 24]	[25]	[19]

根据文献[22]建立裂纹扩展系数的均值和标准差，分别为 3.3×10^{-13} 和 1.6×10^{-13}。给定变异系数 $COV(C)$ 和设计值 $x_d(C)$，根据 μ-2σ 原则，计算平均值 $\mu(C)$ 和标准差 $\sigma(C)$，见式（10-12）和式（10-13）。对数分布下的均值 $\mu_{\log}(C)$ 和标准差 $\sigma_{\log}(C)$ 用式（10-14）和式（10-15）表示。

$$\mu(C) = e^{\mu_{\log}(C) + 0.5 \cdot \sigma_{\log}(C)} \tag{10-12}$$

$$\sigma(C) = \sqrt{\left(e^{\sigma_{\log}^2(C)} - 1\right) \cdot \left(e^{2\mu_{\log}(C) + \sigma_{\log}^2(C)}\right)} \tag{10-13}$$

$$\mu_{\log}(C) = \log(x_d(C)) - 2\sigma_{\log}(C) \tag{10-14}$$

$$\sigma_{\log}(C) = \sqrt{\log(COV(C)^2 + 1)} \tag{10-15}$$

参考 BS 7910[19]中规定裂纹扩展指数 $m = 3$，此外应力强度因子幅门槛值设计值为 63 N/mm$^{3/2}$，文献[23]中规定应力强度因子幅门槛值的变异系数为 0.15。服从对数正态分布，计算原理与裂纹扩展系数 C 相同，由此可以得到应力强度因子幅门槛值的均值和标准差为 85.85 N/mm$^{3/2}$ 和 12.88 N/mm$^{3/2}$。参考 Kountouris 等[25]推荐的初始裂纹尺寸深宽比，均值和标准差分别为 0.62 和 0.25。

IIW[8]中规定焊缝的热点应力疲劳强度等级为 100 MPa，参考 Wöhler 方程[26]，疲劳强度等级 $\Delta\sigma_c$ 的应力-寿命曲线表达式见式（10-16）。

$$\Delta\sigma_c^n \times N = A \tag{10-16}$$

给定疲劳强度等级的设计值 $x_{\Delta\sigma_c}^d$，参考 Guo 等[24]提及常数 A 的变异系数为 0.45，则在对数分布下常数 A 的标准差可以表示为式（10-17）。

$$\sigma_{\log}(A) = \sqrt{\log\left(1 + COV(\Delta\sigma_c)^2\right)} \tag{10-17}$$

将方程（10-17）转化为对数形式：$n \times \log \Delta\sigma_c + \log N = \log A$。通常利用 $N = 200$ 万次循环时的特征疲劳强度 $x_d(\Delta\sigma_c)$ 计算对数下常数 A 的特征值，见式（10-18）。

$$x_d(\log A) = n \times \log\left(x_d(\Delta\sigma_c)\right) + \log\left(2 \times 10^6\right) \tag{10-18}$$

因此，$\Delta\sigma_c$ 在对数下的均值 $\mu_{\log}(\Delta\sigma_c)$ 和标准差 $\sigma_{\log}(\Delta\sigma_c)$ 可用式（10-19）~式（10-21）计算。

$$\mu_{\log}(A) = x_d(\log A) + 2 \times \sigma_{\log}(A) \tag{10-19}$$

$$\mu_{\log}(\Delta\sigma_c) = 1/n \times \left[\mu_{\log}(A) - \log\left(2 \times 10^6\right)\right] \tag{10-20}$$

$$\sigma_{\log}(\Delta\sigma_c) = 1/n \times \mu_{\log}(A) \tag{10-21}$$

将式（10-20）和式（10-21）转化成正态分布形式：

$$\mu(\Delta\sigma_c) = e^{\mu_{\log}(\Delta\sigma_c) + 0.5 \cdot \sigma_{\log}(\Delta\sigma_c)} \tag{10-22}$$

$$\sigma(\Delta\sigma_c) = \sqrt{\left(e^{\sigma_{\log}^2(\Delta\sigma_c)} - 1\right) \cdot \left(e^{2\mu_{\log}(\Delta\sigma_c) + \sigma_{\log}^2(\Delta\sigma_c)}\right)} \tag{10-23}$$

由此计算得到疲劳强度等级的均值和标准差为 134.52 MPa 和 19.35 MPa。根据上述关键疲劳参数的均值和标准差，得到图 10-3 所示关键参数的概率分布图。

根据应力强度因子幅门槛值和疲劳强度等级的分布，由式（10-5）可以得到初始裂纹尺寸的分布，如图 10-4 所示。在进行断裂力学分析时，需要规定最小初始裂纹尺寸[15, 27]。然而各个研究提出了不同的最小初始裂纹尺寸，如 Moan 等[28]提出的 0.38 mm，USAF[27]推荐 0.254 mm，Broek[29]、Mikulski 和 Lassen[30]推荐 0.1 mm。本章采用的最小初始裂纹尺寸为 0.15 mm[31]。同时选择初始裂纹尺寸的上限为 1.5 mm，防止出现数值奇点。图 10-4 的结果表明，0.15~1.5 mm 之间的初始裂纹尺寸涵盖了绝大部分分布，约为 93.6%。这证明了分析的可靠性，并适用于广泛的初始裂纹尺寸情况，从而保证研究全面评估。

第10章 强环境腐蚀作用下钢桥面典型焊缝疲劳劣化特征研究

(a) 裂纹扩展系数

(b) 应力强度因子幅门槛值

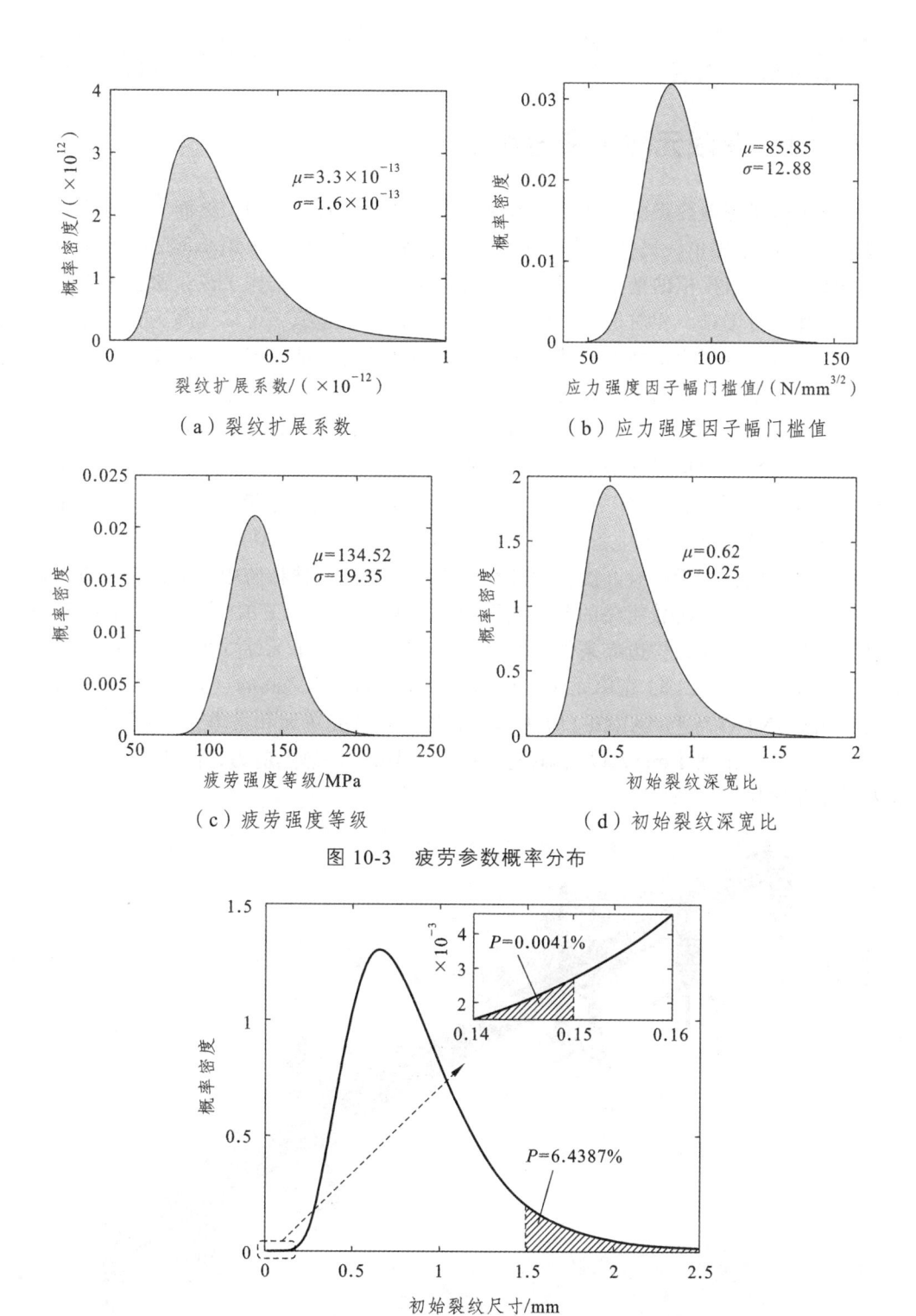

(c) 疲劳强度等级

(d) 初始裂纹深宽比

图 10-3 疲劳参数概率分布

图 10-4 初始裂纹尺寸的概率密度分布

10.3 概率腐蚀疲劳相关模型

10.3.1 有限元建模和分析

为分析桥梁焊缝热点应力特征，需要建立全结构有限元模型。然而，针对桥梁这种大型土木工程，采用单一尺度结构往往难以较好地模拟其行为。采用小尺度壳单元建模，可以提高结构数值模拟的精度，但是对于桥梁这种大型工程结构来说，这会带来巨大的计算成本和运行困难。相对地，采用大尺度梁、杆单元建模，可以提高运算速度，但是会降低目标位置数值模拟精度，甚至无法捕捉局部结构特征。因此，需要建立一个能够同时兼顾结构整体和局部细节的有限元模型。

采用多尺度有限元模型可以很好地解决这个问题，在感兴趣的位置处采用壳单元、实体单元，以精确模拟局部细节；对于结构其他位置，可以采用梁单元、杆单元来粗略建模。已有大量研究表明[32,33]，多尺度有限元模型非常适用于模拟复杂结构的性能。

本章采用 ANSYS[34]商业有限元软件建立多尺度有限元模型，图 10-5 展示了全桥模型。正交异性钢桥面板具有高度相似性和对称性，因此，选择跨中作为代表。整个模型包含以下 3 个部分：①较粗略的部分使用 BEAM4 梁单元、LINK8 杆单元，建立桥梁整体结构以此模拟整体结构边界条件；②使用 SHELL63 壳单元建立焊缝附近的精细化局部模型；③使用 SHELL63 壳单元建立整体模型和局部模型之间的过渡区子模型。采用接触对单元 CONTA175 和 TARGE170 来耦合分界面处的壳单元和梁单元。在子模型中，壳单元尺寸逐渐细化到 1 mm，以精确模拟焊趾、焊根处的热点应力，图 10-6 展示了子模型和精细化区域。

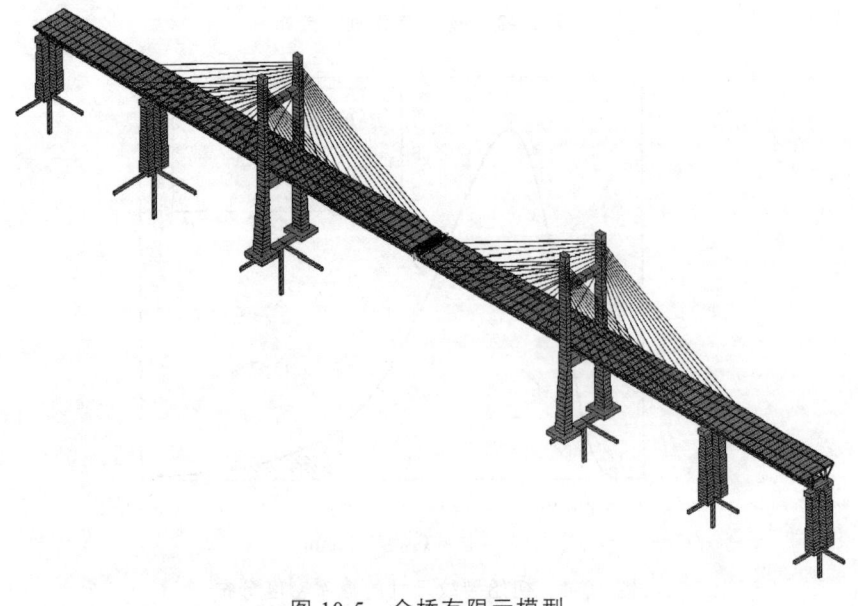

图 10-5 全桥有限元模型

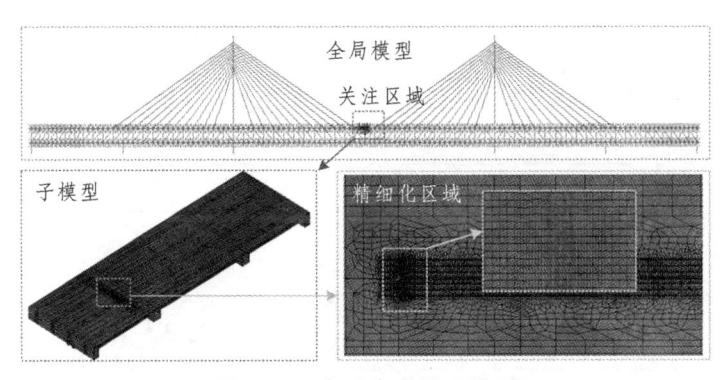

图 10-6 多尺度有限元模型

10.3.2 随机交通模型

本章所选桥梁位于港口处，每天承载着巨大的车流量，其中货车的比例极高，且以多轴集装箱车为主。采用了 Peng 等[35]基于收费站 WIM 系统实测的交通数据，该数据包括车辆类型、数量、轴重及车流量等信息。本章研究的桥梁是双向六车道（包括两个应急车道），而文献［35］中的数据是双向四车道（两个中车道和两个快车道）。偏保守考虑，将文献［35］中车流量大的一侧的重车道数据应用于本章桥梁的车道 1 和车道 2，而车道 3 与慢车道数据相同。因此，本章的日均车流量（ADT）为 6500，对应于精细化区域一侧车道的车流量。

车辆在车道内行驶时，会出现左右偏移的情况，对结构疲劳评价也会产生重要影响。欧洲规范[36]提出了一种车轮横向位置分布模型，车辆中心被视为一个随机变量，离散分布在车道宽度上，在车道中心的密度最高，如图 10-7 所示。

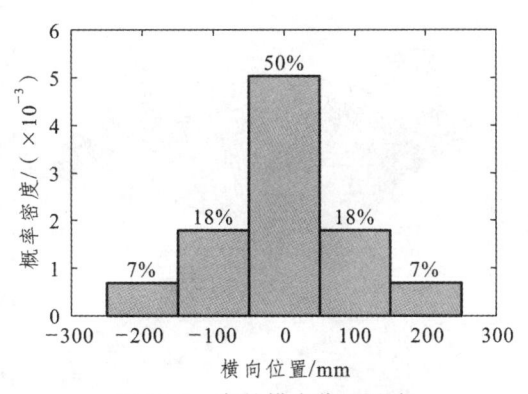

图 10-7 车轮横向位置分布

基于车辆的车型、轴重、轴距和横向位置等信息，轮距参考 AASHTO[37]规定的 1.8 m。可以采用基于抽样的方式构建随机车模型，如图 10-8 所示（图中快、中和慢分别对应于车道 1、车道 2 和车道 3）。该模型考虑了不同变量之间的条件概率，首先对车型进行采样，确定车轴数、轴距、轴重、车道占用的概率分布。然后，基于车道占用率和车道内位置共同确定车辆在横向方向的准确位置。本章采用拉丁超立方抽样方法[38]，以提高样本的均匀性，共生成10万个随机车样本。

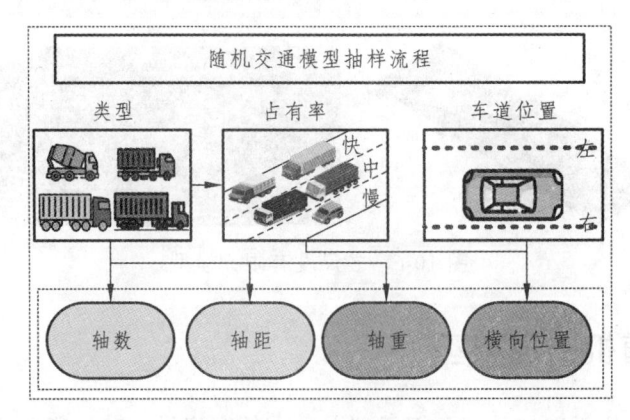

图 10-8 随机车抽样流程

首先在子模型桥面上施加单位节点力，得到单位节点力下焊缝的离散应力响应，随后进行二次插值，并构建插值密度为 4 mm 的影响面矩阵。在构建影响面矩阵时，还需要考虑铺装层的 45°扩散效应（铺装层厚度 80 mm）。基于卷积函数计算，可以生成单个车轮的应力影响面。图 10-9 展示了在 JTG[39]标准疲劳车下的单个车轮的影响面，轮胎在桥面作用的尺寸的长和宽分别为 600 mm 和 200 mm。可以看出，在单个轮胎的作用下，顶板和纵肋连接焊缝的横向影响范围约为 2 m，纵向影响范围约为 2.8 m。在焊缝位置的正上方，应力幅达到最大峰值，约为 –30.5 MPa；在焊缝附近，应力幅呈现左右和上下对称；而在远离焊缝的位置，应力幅很小，对整个应力幅历史影响可以忽略不计。

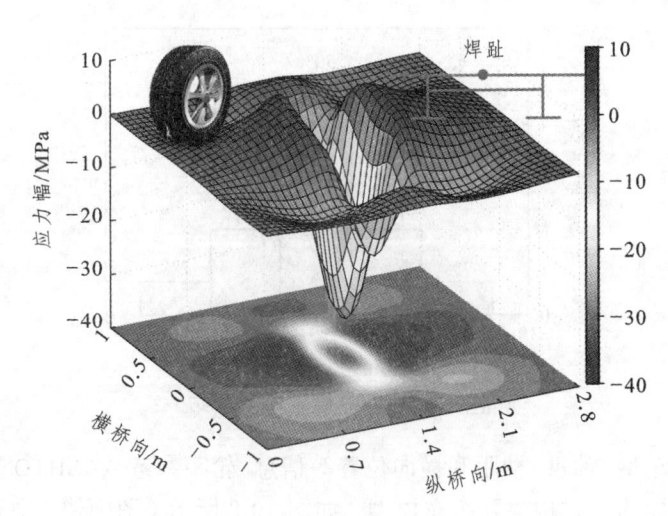

图 10-9 应力影响面

将多个轮胎的应力幅进行合成，得到单车过桥的应力历史，如图 10-10 所示。结果

第 10 章　强环境腐蚀作用下钢桥面典型焊缝疲劳劣化特征研究

表明，焊缝的应力历史主要与轴数和轴重有关，最大应力约为 13 MPa，最小应力约为 −30 MPa。图中 4 个波峰分别对应 4 个车轴在焊缝正上方引起的应力响应。此外，焊根的最大应力幅略大于焊趾的最大应力幅。

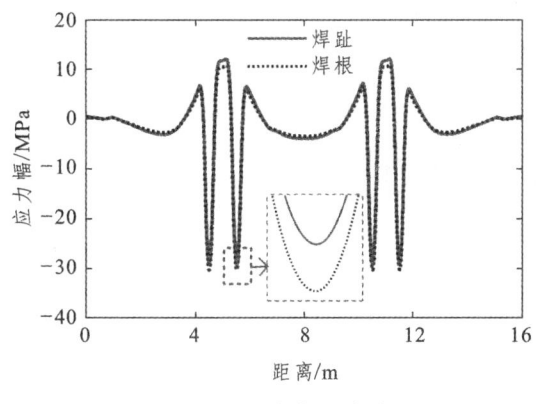

图 10-10　应力影响线

基于上述方法和推导结果，由随机车得到应力影响面，进而得到应力历史，最后采用雨流计数法可进一步求解疲劳应力谱，如图 10-11 所示。

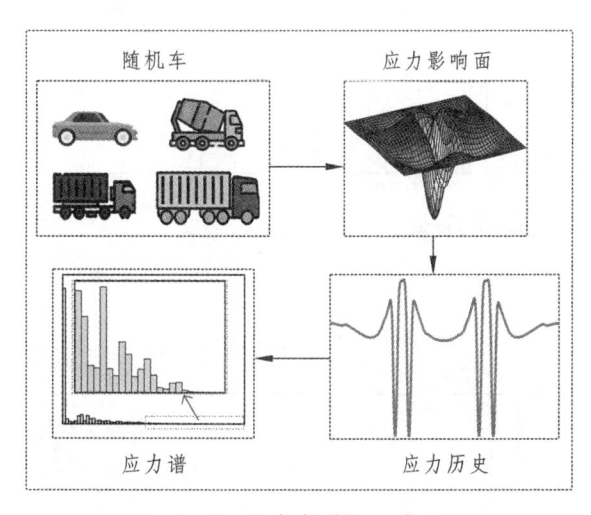

图 10-11　应力谱推导流程

图 10-12 显示了在四分之一位置和中间位置处的焊趾和焊根的应力谱，其中等效应力幅 $\Delta\sigma_{eq}$ 是由疲劳强度为 100 MPa 的三线性 S-N 曲线推导得到。焊趾四分之一和中间位置的等效应力幅为 37 MPa 和 37.5 MPa；焊根四分之一和中间位置的等效应力幅分别为 37.3 MPa 和 38 MPa。可以看出，焊趾和焊根大部分应力幅都非常小，这也符合只有少部分车辆经过焊趾和焊根的正上方。此外，在应力幅为 40 ~ 80 MPa 时，焊根的应力幅稍大于焊趾的应力幅，正是这部分应力幅的差异，导致焊根的等效应力幅稍大于焊趾。对比

焊根的四分之一和中间位置，中间位置的高应力幅区域（60~80 MPa）的频数较多，导致此处的等效应力幅较大；对比焊趾的四分之一和中间位置，在40~80 MPa处，中间位置的应力幅频数明显大于四分之一位置。

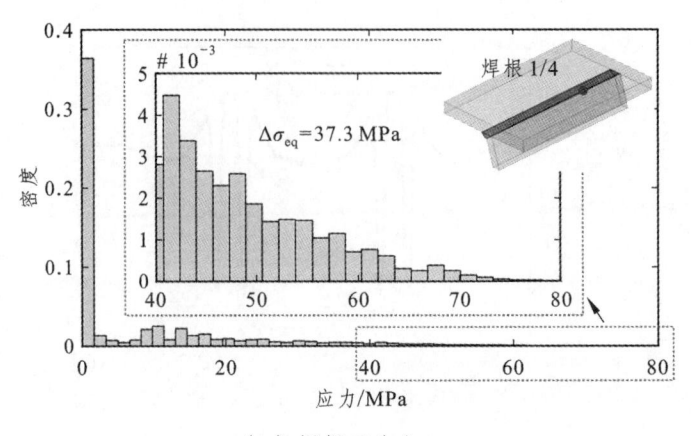

（a）焊根四分之一

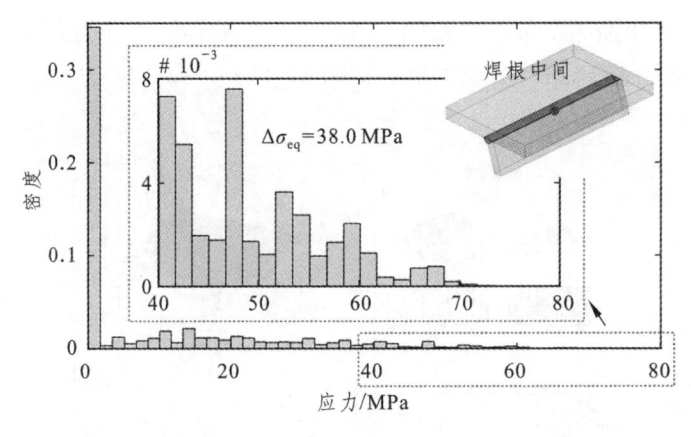

（b）焊根中间

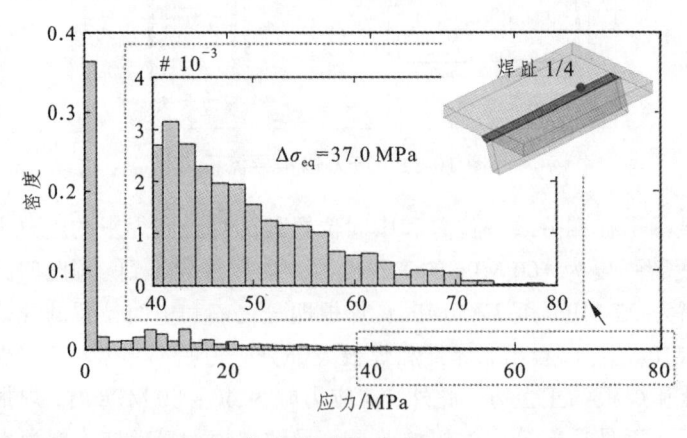

（c）焊趾四分之一

第 10 章　强环境腐蚀作用下钢桥面典型焊缝疲劳劣化特征研究

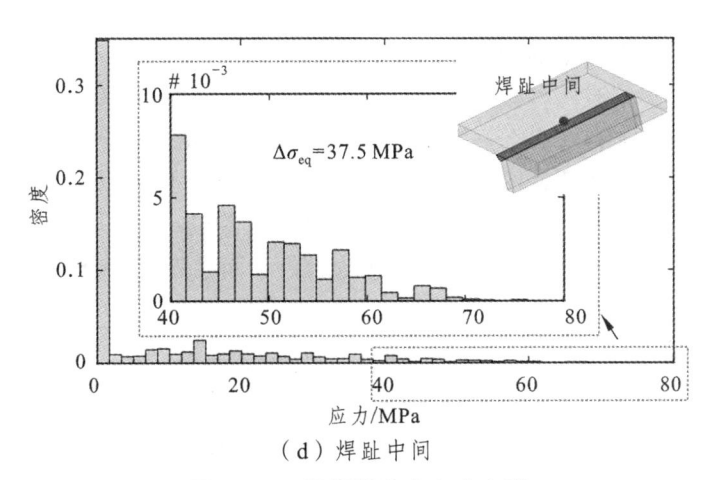

（d）焊趾中间

图 10-12　沿焊缝处多点应力谱

10.3.3　多裂纹串联模型

焊接过程中的加热、冷却及填充材料的熔化，会导致材料的不均匀性，这在焊接接头的热影响区中引入了初始缺陷[40,41]，这些缺陷往往会成为焊缝的潜在初始裂纹缺陷。在焊接接头裂纹扩展中，疲劳裂纹起源于不同位置的初始缺陷[42,43]。随后，这些裂纹扩展，并合并形成更大的、技术上可识别的裂纹[44,45]。此后，由于裂纹的扩展并达到板件厚度，导致焊缝失效。本章考虑多裂纹失效模型，如图 10-13 所示。采用文献 [44] 中提出的规则来模拟裂纹合并。两个相邻裂纹融合前，不发生相互作用，一旦相邻两个裂纹重叠，立即重新描述裂纹尺寸。合并后形成的裂纹的深度等于两个裂纹中深度较大值，表面宽度等于它们之间最外端的距离。偏保守考虑，合并后的裂纹的应力强度因子门槛值等于合并前两个裂纹应力强度因子门槛值的较小值，且合并后的裂纹处于第二、三阶段。根据文献 [46] 中提及的初始缺陷分布，考虑到本章所研究桥梁的焊缝长度为 2.8 m，所以初始缺陷 N_{IF} 为 55 个，即焊趾和焊根各 55 个初始缺陷。

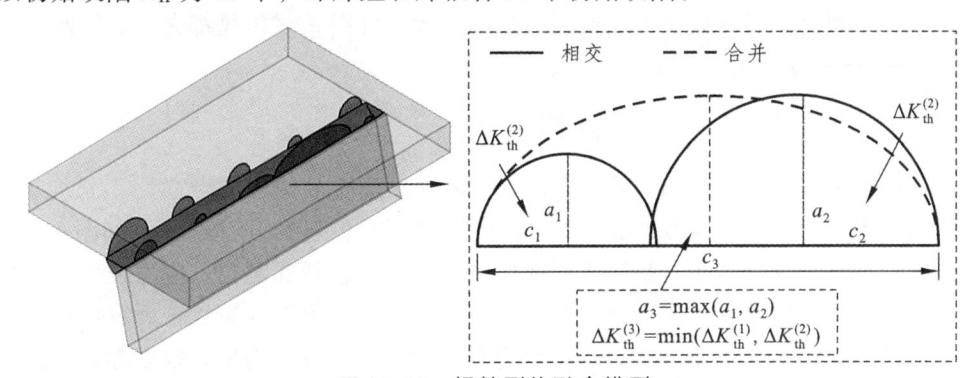

图 10-13　焊缝裂纹融合模型

桥梁作为一个大型土木工程结构，由众多构件组成，考虑所有构件状态的组合会使得系统分析变得非常困难。因此，本章选取一条最不利位置焊缝作为整个桥梁结构的状态。为简化考虑，选取典型的跨中节段，并在跨中部分选取了最不利位置的焊缝作为本研究的系统状态。焊缝有两种失效模型，即焊根到顶板开裂和焊趾到顶板开裂，同时沿焊趾和焊根方向上可能存在多个开裂部位。本章采用 Daniel 系统[47]的框架，该方法将焊缝的失效轨迹简化为失效评估图，如图 10-14 所示。将焊趾和焊根的所有初始缺陷等效为一个串联系统。同时，每个初始缺陷包括裂纹深度和裂纹半宽，当裂纹深度超过 16 mm 或裂纹半宽超过 200 mm 时，裂纹将被认定为失效，而且任何一个裂纹失效都会导致整个串联系统失效。

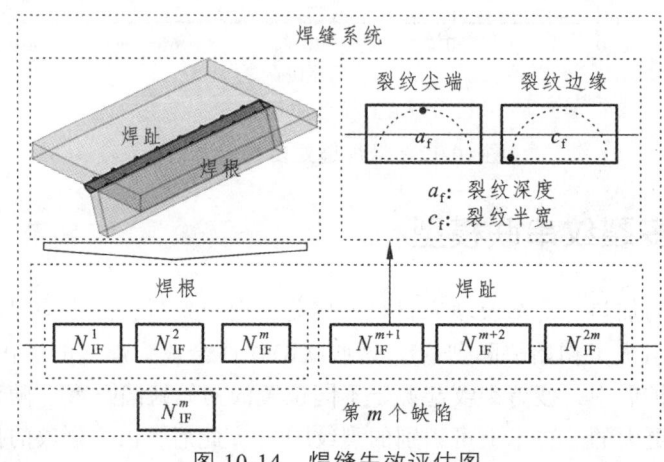

图 10-14 焊缝失效评估图

因此，该框架可以使用式（10-24）计算焊缝的失效概率。

$$P_{f,RD} = 1 - \prod_{i=1}^{N_{IF}} \left(1 - P_{f,wt}^{(i)}\right) \cdot \prod_{j=N_{IF}+1}^{2N_{IF}} \left(1 - P_{f,wr}^{(j)}\right) \quad (10\text{-}24)$$

式中：$P_{f,RD}$ 为焊缝的失效概率；$P_{f,wt}$ 代表焊趾第 i 个缺陷的失效概率；$P_{f,wr}$ 代表焊根第 j 个缺陷的失效概率。

此外，当裂纹扩展到裂纹尖端或裂纹边缘临界尺寸时，该裂纹都失效。因此，可以通过式（10-25）确定其失效概率。

$$P_{f,wt} \text{或} P_{f,wr} = 1 - P(a < a_f) \cdot P(c < c_f) \quad (10\text{-}25)$$

式中：a_f 和 c_f 分别为裂纹尖端的临界深度尺寸和裂纹边缘处的临界半宽。

根据上述相关模型和参数，可以得到基于概率的腐蚀疲劳三阶段流程，如图 10-15 所示。首先，对整个焊缝的初始缺陷进行随机参数抽样，包括深宽比、应力强度因子幅门槛值、裂纹扩展系数以及疲劳强度等级。对于单个样本，焊缝的裂纹扩展系数相同。然后，根据 GPR 模型和式（10-5）计算得到等效初始裂纹尺寸。随后，根据等效裂纹深度判断此时处于哪个阶段。若裂纹深度小于等效初始裂纹深度，则裂纹处于第一阶段；若裂纹深度大于等效初始裂纹尺寸，且坑蚀速率大于裂纹扩展速率，则裂纹处于第二阶段，否则处于第三阶段。根据线性损伤公式、电化学公式及断裂力学，计算当前增量步的裂纹尺寸，并判断是否有裂纹处于融合阶段。如果存在重合裂纹，则进入融合子函数，对裂纹的尺寸、位置和相关参数进行更新并返回，具体融合方法见图 10-13。最后，判断该样本的裂纹尺寸是否超过临界尺寸。如果裂纹尺寸超过临界尺寸，则终止循环，否则继续循环直至超过临界尺寸。

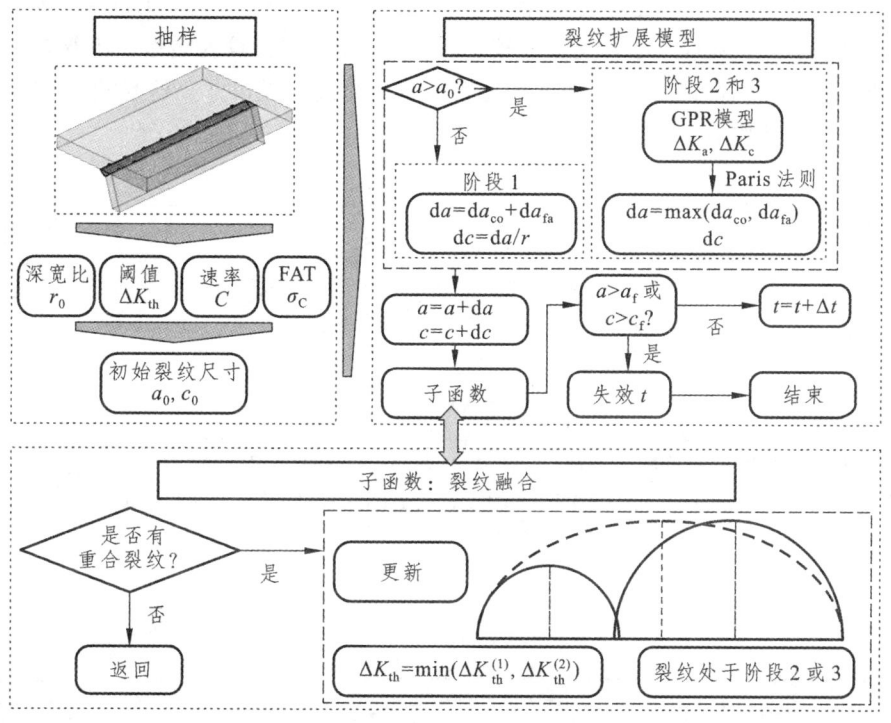

图 10-15 概率腐蚀疲劳模型求解流程

10.4 基于概率腐蚀疲劳模型的可靠度分析

10.4.1 典型裂纹扩展和失效模式

本节初步探讨了通用的腐蚀疲劳裂纹扩展模式和焊缝失效模式。为便于说明，图 10-16 给出了代表性样本的腐蚀疲劳裂纹扩展轨迹图，包括焊缝趾部和焊缝根部的裂纹。图 10-16 的结果显示了焊根和焊趾的多个部位裂纹萌生，小裂纹融合成集簇裂纹，其尺寸明显超过同一时间的其他裂纹。随着裂纹扩展，主裂纹最终会与较小的裂纹合并，最终达到桥面板临界尺寸，导致结构破坏。特别地，对于焊根而言，裂纹在 112.8 年出现首次合并，此时裂纹深度约为 11 mm。之后，裂纹深度迅速增长到 16 mm，在 113.8 年时成为贯穿桥面板厚度的裂纹。这说明后期裂纹扩展速度明显加快，短时间内达到临界尺寸。同时，从图 10-16（a）和图 10-16（b）可以看出，焊根裂纹的疲劳寿命明显短于焊趾裂纹。这可能是由于焊根的应力幅比焊趾的应力幅大，导致裂纹扩展速度更快。

本节还进一步研究了由焊趾裂纹和焊根裂纹引起的腐蚀疲劳破坏模式的比例，如图 10-17 所示。在所有试样中，焊根诱发的破坏裂纹占 68.9%，显著高于焊趾诱发的破坏裂纹（占 31.1%）。这表明焊根在焊缝结构中的腐蚀疲劳失效中占主导地位。这一发现也与 Ya 等[48]的疲劳实验结果相似，即焊缝更倾向于从焊根开裂。

根据 IIW[8]中的建议，计算裂纹深度在 2.3%、50%（中位数）和 97.7%存活率下的设计曲线，如图 10-18 所示。在裂纹深度较小时，3 条曲线增长较为缓慢，随着裂纹深度的增加，曲线逐渐变得陡峭，裂纹深度快速增加直至超过临界尺寸，这与图 10-16 所显示的裂纹扩展方式相吻合。

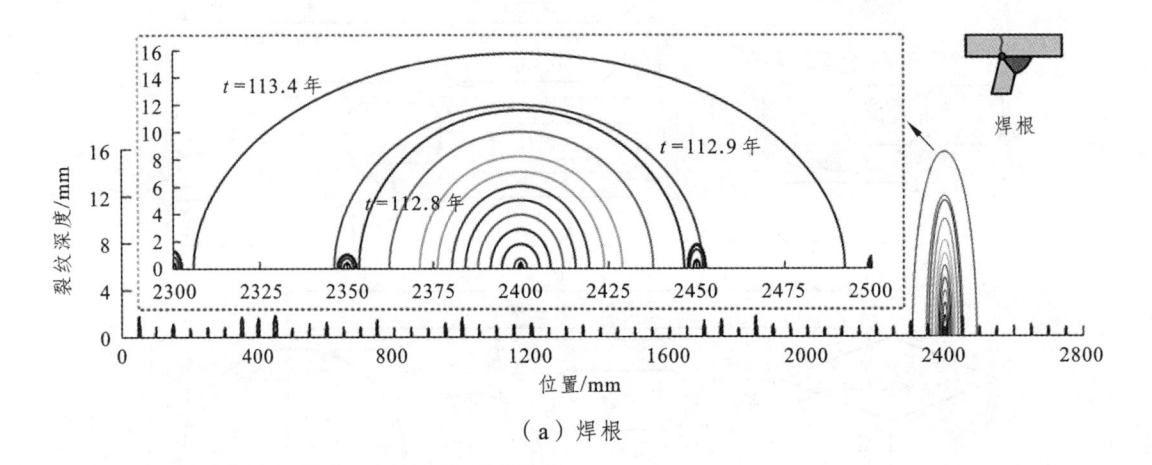

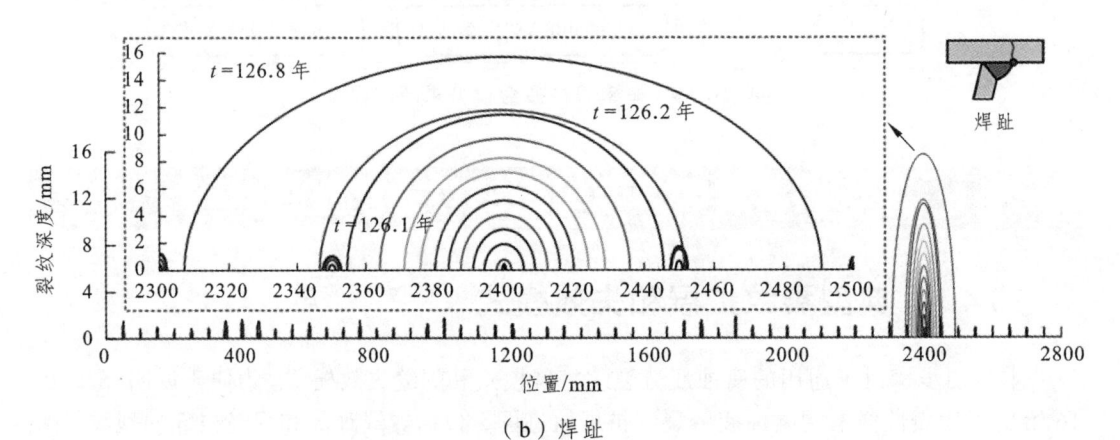

（a）焊根

（b）焊趾

图 10-16 典型腐蚀疲劳裂纹演化示意图

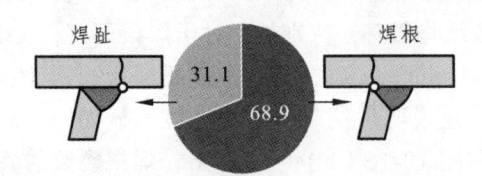

图 10-17 失效模式比例（单位：%）

第10章 强环境腐蚀作用下钢桥面典型焊缝疲劳劣化特征研究

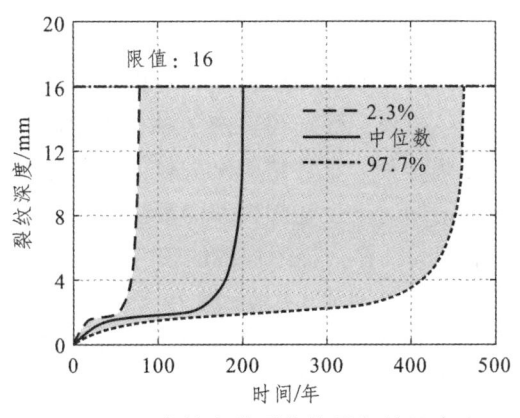

图 10-18 腐蚀疲劳裂纹扩展与使用寿命

10.4.2 结构可靠度评估

蒙特卡罗模拟(MC)在计算失效概率方面被广泛应用,因其具有广泛的适用性、灵活性以及高效和准确的特点,特别在结构的失效概率分析中,已成为复杂系统分析的重要工具。然而,蒙特卡罗模拟的显著缺点是需要大量的随机抽样来获得精确结果,以及需要非常多的迭代次数才能达到误差范围,导致计算时间长和成本高。为了解决小失效概率工程问题,Au 等[49, 50]提出了子集模拟方法,该方法可以有效估计小概率事件,从而减少计算成本。子集模拟法的核心思想是通过选择合适的中间失效事件,将小概率问题转化为一系列较大的条件概率的乘积,从而可以用更少的计算工作量来估计响应的统计值。

在使用子集模拟进行焊缝腐蚀疲劳可靠度预测时,需要考虑子集模拟的样本容量。显然,当样本量越大时,计算结果越精确,但同时也会增加相应的计算量。为了权衡计算效率和计算准确性之间的关系,进行了样本敏感性分析,对样本容量大小的可靠性进行误差测试。图 10-19 给出了焊缝在 15 年、25 年和 35 年的可靠度,样本容量为 1400 ~ 3000(增量为 200),误差定义为两个相邻样本容量之间的可靠度差异。结果表明,当子集模拟样本容量在 2600 以上时,此时的误差范围在 3%以下。偏安全考虑,本章决定将子集模拟的样本容量设置为 3000。

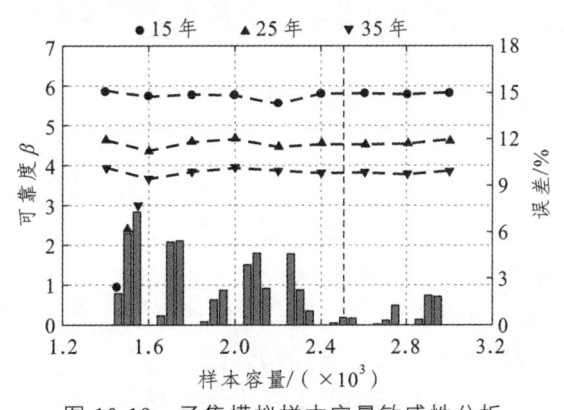

图 10-19 子集模拟样本容量敏感性分析

根据前面所述，焊缝在腐蚀疲劳劣化过程中存在两种失效模式，即焊根开裂和焊趾开裂。基于上述两种模型，结合多裂纹串联模型，可以计算焊缝的腐蚀疲劳失效概率及可靠度。图 10-20 分别给出了焊根、焊趾和焊缝 3 条可靠度曲线。在计算焊根的可靠度时，假设焊缝曲线只发生在焊根处，在评估焊趾失效模式时也是如此。对于焊缝的可靠度进行分析时，假设焊缝缺陷同时发生在焊根和焊趾。

在本研究中，采用可靠度为 2 作为描述焊缝的参考使用寿命，此时对应于 2.3%的存活率。当只考虑焊根失效或焊趾失效时，对应的使用寿命为 81 年和 101 年，这表明只考虑焊根失效时，使用寿命明显小于只考虑焊趾的使用寿命，并且焊根与焊缝的使用寿命（79 年）相近。由此可见，焊缝的腐蚀疲劳寿命主要受焊根控制，这进一步强化了之前的讨论。当可靠度为 6 时，焊根、焊趾和焊缝的使用寿命接近。从曲线走势来看，焊根和焊缝在可靠度较低时，与焊趾的走势相近；当可靠度较高时，焊根和焊缝的曲线走势明显更加陡峭。

值得注意的是，本研究假设在焊缝的趾部和根部的初始缺陷条件相同。然而在实际应用中，初始缺陷的分布很大程度上取决于焊接工艺，这需要采用更加详细的初始缺陷分布数据进行精细化研究。

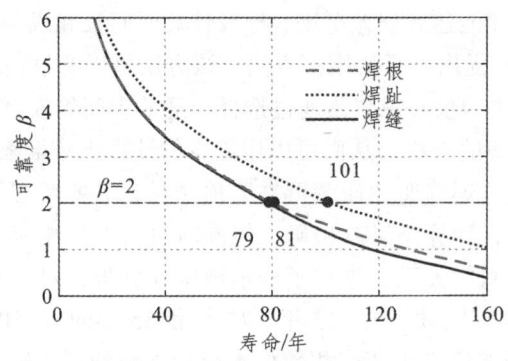

图 10-20 不同失效模式下的可靠度

10.5 本章小结

本章开展了重型卡车荷载与强环境腐蚀耦合作用下耐候钢桥典型焊缝（顶板-纵肋接头）腐蚀疲劳化特征研究。首先，结合 S-N 曲线、断裂力学和坑蚀模型，优化腐蚀疲劳三阶段模型，并考虑了腐蚀作用对疲劳的促进作用。其次，以滨海某大跨度斜拉桥为工程背景，建立了多尺度有限元模型、随机交通模型，并将疲劳概率参数引入腐蚀疲劳模型以考虑不确定因素对焊缝劣化的影响。本章主要研究结论如下：

（1）采用 ANSYS 建立了斜拉桥多尺度有限元模型，并分析了顶板-纵肋处焊缝的应力响应，结合随机交通模型得到其应力谱。研究过程中发现，当轮胎处于焊缝正上方时，应力达到峰值，随着作用力逐渐远离焊缝，应力逐渐减小至 0。

（2）通过研究腐蚀疲劳裂纹扩展轨迹图，发现初期裂纹扩展较慢，随着裂纹扩展，主裂纹逐渐与小裂纹合并，且扩展速度越来越快，短时间内达到临界尺寸。比较焊趾和焊根裂纹，焊根裂纹的疲劳寿命明显短于焊趾裂纹。

（3）耐候钢桥中顶板-纵肋连接处焊缝的腐蚀疲劳失效主要表现在趾部开裂和根部开裂。在给定条件下，68.9%的开裂源于焊根，而焊趾失效模式占31.1%。对比焊趾、焊根和焊缝的可靠度，发现焊根可靠度更接近于焊缝。以上都说明了焊根对焊缝的开裂占主导影响。

10.6 本章参考文献

[1] LARROSA N O, AKID R, AINSWORTH R A. Corrosion-fatigue: a review of damage tolerance models[J]. International Materials Reviews, 2018, 63(5): 283-308.

[2] ZHANG Y, ZHENG K, HENG J, et al. Corrosion-fatigue evaluation of uncoated weathering steel bridges[J]. Applied Sciences, 2019, 9(17): 3461.

[3] KONDO Y. Prediction of fatigue crack initiation life based on pit growth[J]. Corrosion, 1989, 45(1): 7-11.

[4] HAHIN C. Effects of corrosion and fatigue on the load-carrying capacity of structural and reinforcing steel[R]. Illinois: Bureau of Materials and Physical Research, 1994.

[5] RADAJ D, SONSINO C M, FRICKE W. Fatigue assessment of welded joints by local approaches[M]. London: Woodhead Publishing, 2006.

[6] MIEDLAR P C, BERENS A P, GUNDERSON A, et al. Analysis and support initiative for structural technology (ASIST) delivery order 0016: USAF damage tolerant design handbook: guidelines for the analysis and design of damage tolerant aircraft structures[R]. Dayton: University of Dayton Research Institute, 2002.

[7] International Standardization Organization. Corrosion of metals and alloys-corrosion of atmospheres-guiding values for the corrosivity categories: ISO 9224[S]. Geneva: International Standardization Organization, 2012.

[8] HOBBACHER A. Recommendations for fatigue design of welded joints and components[M]. Berlin: Springer, 2016.

[9] International Standardization Organization. Corrosion of metals and alloys-corrosion of atmospheres-classification, determination and estimation: ISO 9223[S]. Geneva: International Standardization Organization, 2012.

[10] ZHANG Y, ZHENG K, ZHU J, et al. Research on corrosion and fatigue performance of weathering steel and High-Performance steel for bridges[J]. Construction and Building Materials, 2021, 289: 123108.

[11] BAPTISTA C, REIS A, NUSSBAUMER A. Probabilistic SN curves for constant and variable amplitude[J]. International Journal of Fatigue, 2017, 101: 312-327.

[12] DONG Y, GARBATOV Y, GUEDES SOARES C. Fatigue crack initiation assessment of welded joints accounting for residual stress[J]. Fatigue & Fracture of Engineering Materials & Structures, 2018, 41(8): 1823-1837.

[13] FENG X, ZHENG K, HENG J, et al. Fatigue performance of rib-to-deck joints in orthotropic steel deck with PWHT[J]. Journal of Constructional Steel Research, 2022, 196: 107420.

[14] SRIRAMAN M R, PIDAPARTI R M. Crack initiation life of materials under combined pitting corrosion and cyclic loading[J]. Journal of Materials Engineering and Performance, 2010, 19(1): 7-12.

[15] LIU Y, MAHADEVAN S. Probabilistic fatigue life prediction using an equivalent initial flaw size distribution[J]. International Journal of Fatigue, 2009, 31(3): 476-487.

[16] POLAK J, LIŠKUTÍAN P. Nucleation and short crack growth in fatigued polycrystalline copper[J]. Fatigue & Fracture of Engineering Materials & Structures, 1990, 13(2): 119-133.

[17] VAŠEK A, POLÁK J, OBRTLÍAK K. Fatigue damage in two-step loading of 316L steel II. Short crack growth[J]. Fatigue & Fracture of Engineering Materials & Structures, 1996, 19(2-3): 157-163.

[18] AUSTEN I M, MCINTYRE P. Corrosion fatigue of high-strength steel in low-pressure hydrogen gas[J]. Metal Science, 1979, 13(7): 420-428.

[19] British Standards Institution. Guide on methods for assessing the acceptability of flaws in metallic structures: BS 7910 [S]. London: British Standard Institution, 2015.

[20] HENG J, ZHOU Z, ZOU Y, et al. GPR-assisted evaluation of probabilistic fatigue crack growth in rib-to-deck joints in orthotropic steel decks considering mixed failure models[J]. Engineering Structures, 2022, 252: 113688.

[21] 孙辉, 郑凯锋, 张宇. 钢材腐蚀性环境分级研究[J]. 四川建筑, 2021, 41(4): 218-222, 225.

[22] HENG J, ZHENG K, FENG X, et al. Machine Learning-Assisted probabilistic fatigue evaluation of Rib-to-Deck joints in orthotropic steel decks[J]. Engineering Structures, 2022, 265: 114496.

[23] WALBRIDGE S. A probabilistic study of fatigue in post-weld treated tubular bridge structures[D]. Lausanne: École Polytechnique Fédérale de Lausanne, 2005.

[24] GUO T, FRANGOPOL D M, CHEN Y. Fatigue reliability assessment of steel bridge details integrating weigh-in-motion data and probabilistic finite element analysis[J]. Computers & Structures, 2012, 112: 245-257.

[25] KOUNTOURIS I S, BAKER M J. Defect Assessment: Analysis of the Dimensions of Defects Detected Buy Magnetic Particle Inspection in an Offshore Structure[M]. London: Imperial College of Science and Technology Department of Civil Engineering, 1988.

[26] PARK C H, NOWAK A S. Lifetime reliability model for steel girder bridges[M]// PARAG D. Safety of bridges. London: Thomas Telford Publishing, 2011: 189-202.

[27] United States Department of Defense. Department of Defense Standard Practice: Aircraft Structural Integrity Program (ASIP): MIL-STD-1530D[S]. Washington DC: United States Department of Defense, 2016.

[28] MOAN T, VARDAL O T, HELLEVIG N C, et al. Initial crack depth and POD values inferred from in-service observations of cracks in North Sea jackets[J]. Journal of Offshore Mechanics and Arctic Engineering, 2000, 122(3): 157-162.

[29] BROEK D. Elementary engineering fracture mechanics[M]. New York: Springer Science & Business Media, 2012.

[30] MIKULSKI Z, LASSEN T. Fatigue crack initiation and subsequent crack growth in fillet welded steel joints[J]. International Journal of Fatigue, 2019, 120: 303-318.

[31] MALJAARS J, VROUWENVELDER A. Probabilistic fatigue life updating accounting for inspections of multiple critical locations[J]. International Journal of Fatigue, 2014, 68: 24-37.

[32] WANG F Y, XU Y L, QU W L. Mixed-dimensional finite element coupling for structural multi-scale simulation[J]. Finite Elements in Analysis and Design, 2014, 92(12): 12-25.

[33] LI Z X, ZHOU T Q, CHAN T H T, et al. Multi-scale numerical analysis on dynamic response and local damage in long-span bridges[J]. Engineering Structures, 2007, 29(7): 1507-1524.

[34] ANSYS Incorporated. ANSYS Mechanical APDL Element Reference[EB/OL]. http://www.ansys.com/.

[35] PENG X, WANG K, YANG Q, et al. Fatigue load model of orthotropic steel deck for port highway in China[J]. Frontiers in Materials, 2023, 10: 1115632.

[36] Comité Européen de Normalisation. Eurocode 1: Actions on structures, Part 2: Traffic loads on bridges: EN 1991-2[S]. Brussels: Comité Européen de Normalisation, 2003.

[37] American Association of State Highway and Transportation Officials. AASHTO LRFD Bridge Design Specifications[S]. 6th ed. Washington, DC: American Association of State Highway and Transportation Officials, 2012.

[38] BUCHER C. Computational analysis of randomness in structural mechanics[M]. Boca Raton: CRC Press, 2009.

[39] 中交公路规划设计院有限公司. 公路钢结构桥梁设计规范: JTG D64—2015[S]. 北京: 人民交通出版社, 2015.

[40] FRICKE W. Fatigue analysis of welded joints: state of development[J]. Marine structures, 2003, 16(3): 185-200.

[41] SHEN F, ZHAO B, LI L, et al. Fatigue damage evolution and lifetime prediction of welded joints with the consideration of residual stresses and porosity[J]. International Journal of Fatigue, 2017, 103: 272-279.

[42] HUANG Y, YE X, HU B, et al. Equivalent crack size model for pre-corrosion fatigue life prediction of aluminum alloy 7075-T6[J]. International Journal of Fatigue, 2016, 88: 217-226.

[43] XU S. Estimating the effects of corrosion pits on the fatigue life of steel plate based on the 3D profile[J]. International Journal of Fatigue, 2015, 72: 27-41.

[44] VAN DER WALDE K, HILLBERRY B M. Initiation and shape development of corrosion-nucleated fatigue cracking[J]. International Journal of Fatigue, 2007, 29(7): 1269-1281.

[45] VAN DER WALDE K, HILLBERRY B M. Characterization of pitting damage and prediction of remaining fatigue life[J]. International Journal of Fatigue, 2008, 30(1): 106-118.

[46] JACKSON D A, DOCTOR S R, SCHUSTER G, et al. Developing a generalized flaw distribution for reactor pressure vessels[J]. Nuclear engineering and design, 2001, 208(2): 123-131.

[47] GOLLWITZER S, RACKWITZ R. On the reliability of Daniels systems[J]. Structural Safety, 1990, 7(2-4): 229-243.

[48] YA S, YAMADA K, ISHIKAWA T. Fatigue evaluation of rib-to-deck welded joints of orthotropic steel bridge deck[J]. Journal of Bridge Engineering, 2011, 16(4): 492-499.

[49] AU S, BECK J L. Estimation of small failure probabilities in high dimensions by subset simulation[J]. Probabilistic engineering mechanics, 2001, 16(4): 263-277.

[50] AU S, BECK J L. Subset simulation and its application to seismic risk based on dynamic analysis[J]. Journal of Engineering Mechanics, 2003, 129(8): 901-917.

第 11 章 风-汽车-列车-桥梁系统高效数值算法及行车安全研究

11.1 引言

由于大跨公铁两用桥通常建造在风多发地区，因此准确且高效地评估风荷载作用下汽车、列车过桥时的动力响应特性，确保桥梁在风、汽车和列车的激励下的安全性和功能性具有十分重要的意义。然而，目前对桥梁、汽车和列车 3 个子系统之间的耦合动力学进行充分的量化具有一定的挑战性，因为这比传统的公路桥梁或铁路桥梁中的车桥耦合问题更复杂。本章在前两章的基础上，建立了风-汽车-列车-桥梁耦合系统动力分析模型。为了提高计算效率，同时保持足够的精度，针对所建立的含有大量自由度、多个子系统的复杂动力模型——WRVTB 系统，引入域分解技术，提出了一种高效数值求解方法，即 SMTS 算法，并对 SMTS 算法的计算精度、求解效率进行了讨论。利用建立的 WRVTB 耦合振动分析框架和提出的 SMTS 算法对系统动力响应及汽车、列车的运行安全进行了研究。

11.2 SMTS 算法原理

与汽车-桥梁（VB）或列车-桥梁（TB）系统相比，WRVTB 系统通常包含更大数量的自由度（DOF），这使得 WRVTB 耦合系统动力分析需要面临的一个重要问题是计算资源的需求巨大。许多研究人员在高效数值算法方面做了一些尝试和探索，相关研究成果对高效和准确地评估汽车-桥梁或列车-桥梁系统相互作用起到一定推动作用。模态叠加法（MSM）[1]和直接刚度法（DSM）[2]是已有研究中对外部载荷作用下汽车-桥梁（VB）或列车-桥梁（TB）系统动力分析最常用的两种方法。一些研究中的 MSM 方法往往只采用有限数量的模态，这样的处理方式可能无法捕捉 VB 或 TB 系统的局部动力学行为和高频振动[3,4]。与 MSM 相比，DSM 计算结果更准确，但由于考虑了全部模态，因此需要较高的计算成本[2]。

通常情况下，车桥耦合分析中整个系统域都采用单一时间步长（STS），对于复杂的动力系统使用该方法需要大量的计算时间来求解。最近，多时间步长（MTS）方法被提出并用于有效地解决具有不同主频的复杂动态系统，且不影响数值解的准确性。MTS 方法将结构域划分为几个具有不同时间步长的较小子域，这为在解决复杂动态系统时节省

大跨度公路桥梁风-车-桥系统耦合振动分析理论及应用

计算成本提供了另外一种思路。MTS 方法最早由 Hughes 等[5]以及 Belytschko 和 Mullen[6]提出，并在隐式-显式有限元瞬态非线性动力分析的网格划分中得到应用。此后，MTS 方法成功应用于许多其他领域，如弹性动力学问题、非线性结构动力学问题、分子动力学问题和近场动力学问题[7-10]。Zhu 等[11]将 MTS 算法引入列车-桥梁系统的耦合动力学分析，其中列车-桥梁系统分为列车子系统和桥梁子系统，通过现场实测数据验证了 MTS 算法能够在保持精度合理的同时大大提高计算效率。随后，Jin 等[12]应用 MTS 算法分析列车-桥梁系统，其中列车子域和桥梁子域分别由 Zhai 算法和 Newmark-β 算法进行积分。结果表明，采用 MTS 算法后计算时间仅为传统 STS 算法的 5%。需要指出的是，上述研究仅给出了 MTS 算法求解列车-桥梁的有效性，而 MTS 算法对耦合 WRVTB 系统，即在包含多个子系统的复杂系统动力分析中的有效性尚未得到探索。

如前所述，STS 算法在以往的研究和工程应用中是最经常被采用的，即对整个结构域使用同一种时间步长的积分方法[13]，但是对于包含具有不同空间和时间尺度的多个子系统的 WRVTB 系统而言，应用 STS 算法并不是十分合理。这是因为使用粗时间步长不能捕获高频子系统即列车和汽车子系统的动态响应，而低频子系统即桥梁子系统并不需要精细的时间步长[14]。MTS 算法利用区域分解技术将复杂系统划分为若干子系统，并允许为每个子系统单独定制时间步长。因此，实现了动态分析的计算精度和求解效率最优化。此外，需要指出的是，当前大多数研究中的 MTS 算法通常仅采用两种不同的时间步长，这适用于仅包含两个子系统的复杂系统[15]。鉴于此，本研究提出了一种基于 MTS 算法开发的可扩展多时间步长（SMTS）算法，该算法允许包含更多个子系统的 WRVTB 系统使用不同的时间步长，如图 11-1 所示。MTS 和 SMTS 算法的原理在图 11-2、11-3 中给出，其中 Δt_r、Δt_t 和 Δt_b 分别表示汽车、列车和桥梁子系统的时间步长。如图 11-2、图 11-3 所示，SMTS 算法比 MTS 算法更灵活，因为 SMTS 算法允许为汽车、列车和桥梁子系统单独定制任意尺寸的时间步长，这有助于进一步提高 WRVTB 耦合系统动力响应分析的效率。此外，需要指出的是，MTS 算法和 SMTS 算法的一个重要假设是每个子系统的加速度、速度和位移在其各自的时间步长内呈线性变化。为了使线性假设引起的误差降低到可接受的水平并确保分析结果的准确性，时间步长应该足够小。

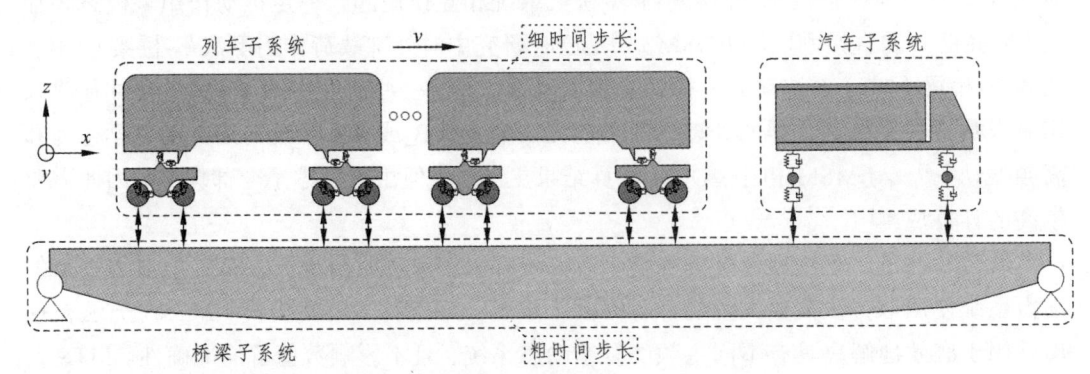

图 11-1　WRVTB 系统划分方式示意图

图 11-2　MTS 算法原理

图 11-3　SMTS 算法原理

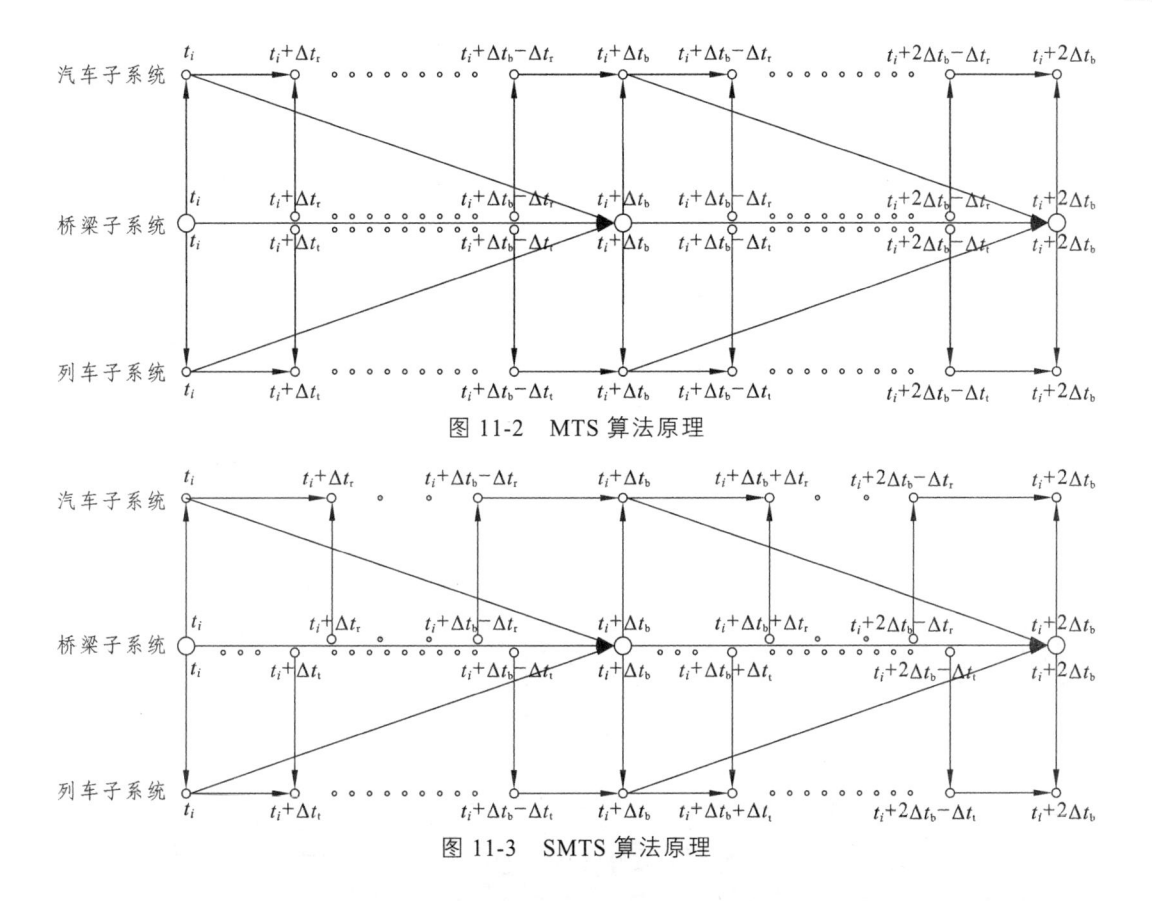

11.3　SMTS 算法求解流程

图 11-4 给出了采用 SMTS 算法进行 WRVTB 耦合系统动力响应分析的计算流程，该流程包括 5 个步骤。在进行 WRVTB 耦合系统动力响应分析之前，首先定义汽车子系统（Δt_r）、列车子系统（Δt_t）和桥梁子系统（Δt_b）的时间步长：

$$\begin{cases} \Delta t_r = TSR_r \mathrm{d}t \\ \Delta t_t = TSR_t \mathrm{d}t \\ \Delta t_b = TSR_b \mathrm{d}t \end{cases} \quad (11\text{-}1)$$

式中：$\mathrm{d}t$ 是单位时间步长；TSR_r、TSR_t 和 TSR_b 定义为汽车、列车和桥梁子系统的时间步长与 $\mathrm{d}t$ 的比值，取正整数。显然，在 SMTS 算法中 Δt_r、Δt_t 和 Δt_b 三者之间不一定需要满足整数倍关系，而图 11-3 中仅给出一种特定关系进行解释说明。SMTS 算法的详细计算流程如下：

第 1 步：建立汽车、列车和桥梁子系统的数值模型，并获得初始质量、刚度和阻尼系数矩阵。

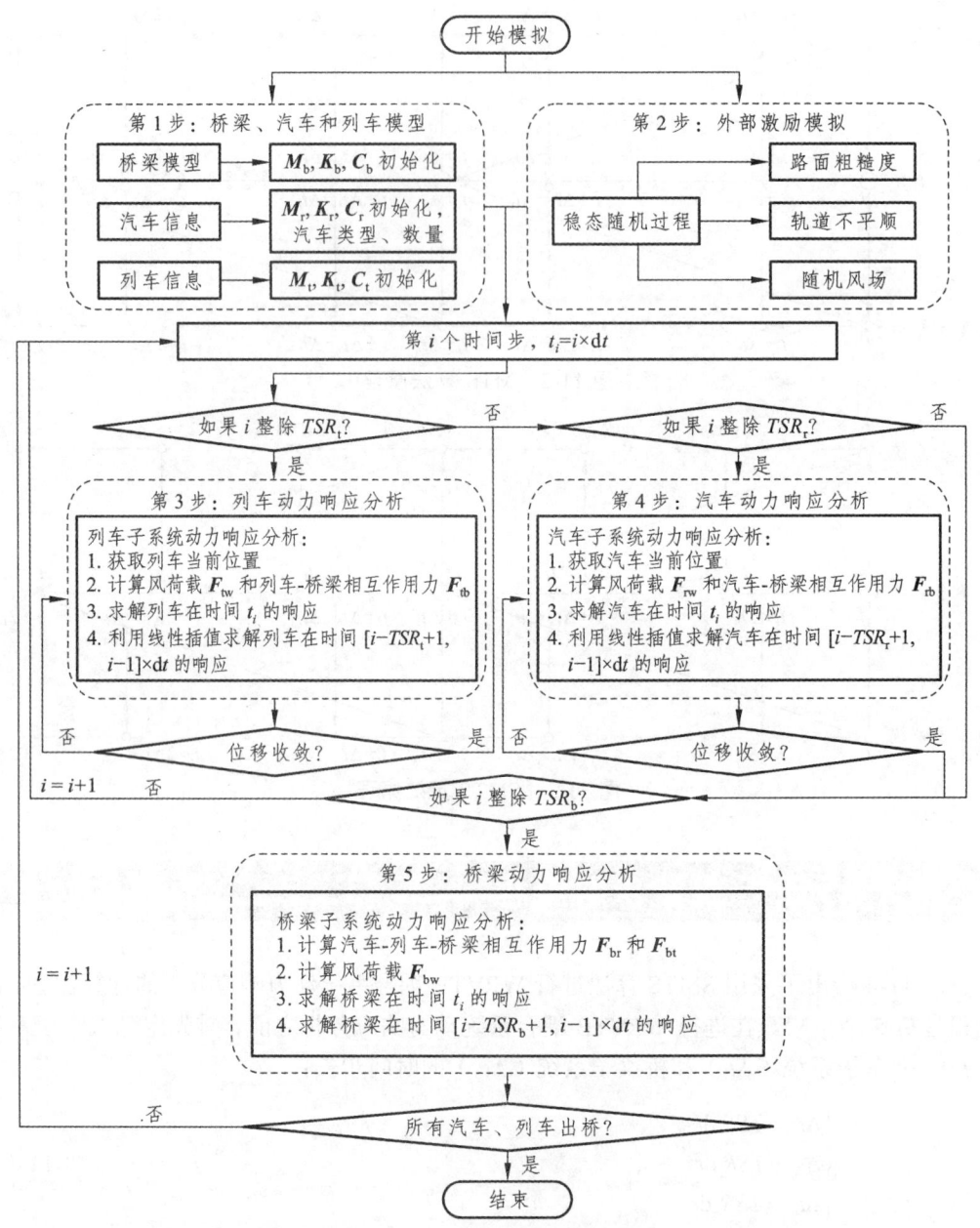

大跨度公路桥梁风-车-桥系统耦合振动分析理论及应用

```
                          开始模拟
          ┌──────────────────┴──────────────────┐
          ▼                                      ▼
 第1步：桥梁、汽车和列车模型              第2步：外部激励模拟
 ┌─────────────────────────────┐      ┌────────────────────────────┐
 │ 桥梁模型 → M_b,K_b,C_b 初始化│      │              → 路面粗糙度  │
 │ 汽车信息 → M_r,K_r,C_r 初始化,│      │ 稳态随机过程 → 轨道不平顺  │
 │            汽车类型、数量    │      │              → 随机风场    │
 │ 列车信息 → M_t,K_t,C_t 初始化│      │                            │
 └─────────────────────────────┘      └────────────────────────────┘
                          │
                          ▼
                第 i 个时间步，t_i = i×dt
          ┌──────────────┴──────────────┐
          ▼                              ▼
   如果 i 整除 TSR_t？ 否          如果 i 整除 TSR_r？ 否
          │是                              │是
          ▼                              ▼
 第3步：列车动力响应分析           第4步：汽车动力响应分析
 ┌─────────────────────────┐     ┌─────────────────────────┐
 │ 列车子系统动力响应分析： │     │ 汽车子系统动力响应分析： │
 │ 1. 获取列车当前位置       │     │ 1. 获取汽车当前位置       │
 │ 2. 计算风荷载 F_tw 和列车-│     │ 2. 计算风荷载 F_rw 和汽车-│
 │    桥梁相互作用力 F_tb    │     │    桥梁相互作用力 F_rb    │
 │ 3. 求解列车在时间 t_i 的响应│    │ 3. 求解汽车在时间 t_i 的响应│
 │ 4. 利用线性插值求解列车在 │     │ 4. 利用线性插值求解汽车在 │
 │   时间 [i-TSR_t+1,i-1]×dt│     │   时间 [i-TSR_r+1,i-1]×dt│
 │   的响应                  │     │   的响应                  │
 └─────────────────────────┘     └─────────────────────────┘
       否      位移收敛？ 是            否    位移收敛？ 是
  i=i+1                                          
                    如果 i 整除 TSR_b？
                          │是
                          ▼
              第5步：桥梁动力响应分析
         ┌─────────────────────────────────┐
         │ 桥梁子系统动力响应分析：         │
         │ 1. 计算汽车-列车-桥梁相互作用力  │
         │    F_br 和 F_bt                  │
         │ 2. 计算风荷载 F_bw               │
         │ 3. 求解桥梁在时间 t_i 的响应     │
         │ 4. 求解桥梁在时间                │
         │    [i-TSR_b+1,i-1]×dt 的响应     │
         └─────────────────────────────────┘
  i=i+1                     │
                    所有汽车、列车出桥？
                          │是
                          ▼
                          结束
```

图 11-4 SMTS 算法求解流程

第 2 步：模拟 WRVTB 系统的激励源，包括随机风场、路面粗糙度、轨道不平顺，将其作为 WRVTB 系统的外部激励输入。

第 3 步：如果 i 整除 TSR_t，则进行列车子系统动力响应分析。在该时间步中，采用 Newmark-β 逐步积分法求解列车子系统的动力响应，并进行分离迭代以满足列车子系统和桥梁子系统之间的收敛准则。列车子系统在 $t_i = i×dt$ 时刻的振动方程可以写成：

第 11 章　风-汽车-列车-桥梁系统高效数值算法及行车安全研究

$$M_t \ddot{X}_t^i + C_t \dot{X}_t^i + K_t X_t^i = F_{tb}^i + F_{tw}^i \tag{11-2}$$

式中：F_{tb}^i 为列车和桥梁之间的相互作用力；F_{tw}^i 为作用在列车上的风载荷。通过在区间 $[(i-TSR_t) \times dt, i \times dt]$ 进行线性插值，得到第 $i-TSR_t+1$ 和 $i-1$ 个时间步之间列车子系统的加速度、速度和位移：

$$\begin{aligned}
\ddot{X}_t^{i-TSR_t+m} &= \left(1 - \frac{m}{TSR_t}\right) \ddot{X}_t^{i-TSR_t} + \left(\frac{m}{TSR_t}\right) \ddot{X}_t^i \\
\dot{X}_t^{i-TSR_t+m} &= \left(1 - \frac{m}{TSR_t}\right) \dot{X}_t^{i-TSR_t} + \left(\frac{m}{TSR_t}\right) \dot{X}_t^i \\
X_t^{i-TSR_t+m} &= \left(1 - \frac{m}{TSR_t}\right) X_t^{i-TSR_t} + \left(\frac{m}{TSR_t}\right) X_t^i
\end{aligned} \tag{11-3}$$

式中：$m = 1, 2, \cdots, TSR_t - 1$。

第 4 步：如果 i 整除 TSR_r，则进行汽车子系统动力响应分析。注意，汽车子系统和列车子系统的动力分析是独立进行的，因为汽车子系的时间步长（Δt_r）可能不同于列车子系统（Δt_t）。在 $t_i = i \times dt$ 时刻，汽车子系统的振动方程可以写成：

$$M_r \ddot{X}_r^i + C_r \dot{X}_r^i + K_r X_r^i = F_{rb}^i + F_{rw}^i \tag{11-4}$$

式中：F_{rb}^i 为汽车和桥梁之间的相互作用力；F_{rw}^i 为作用在汽车上的风载荷。汽车子系统在第 $i-TSR_r+1$ 和 $i-1$ 个时间步之间的加速度、速度和位移通过在区间 $[(i-TSR_r) \times dt, i \times dt]$ 线性插值得到，不再赘述。

第 5 步：如果 i 整除 TSR_b，则进行桥梁子系统动力响应分析，并假设汽车子系统、列车子系统和桥梁子系统之间的相互作用力在当前时间步 Δt_b 内保持不变，可写为：

$$\begin{cases} F_{br}^i \approx F_{br}^{i-TSR_b} \\ F_{bt}^i \approx F_{bt}^{i-TSR_b} \\ F_{bw}^i \approx F_{bw}^{i-TSR_b} \end{cases} \tag{11-5}$$

桥梁子系统在时间 $t_i = i \times dt$ 时刻的振动方程可以写成：

$$M_b \ddot{X}_b^i + C_b \dot{X}_b^i + K_b X_b^i = F_{br}^i + F_{bt}^i + F_{bw}^i \tag{11-6}$$

式中：F_{br}^i、F_{bt}^i 和 F_{bw}^i 分别代表第 i 时间步内的车桥相互作用力、轮轨相互作用力和桥梁风荷载。通过在区间 $[(i-TSR_b) \times dt, i \times dt]$ 之间进行线性插值，得出第 $i-TSR_b+1$ 和 $i-1$ 时间步之间桥梁子系统的加速度、速度和位移，为简洁起见，此处不再赘述。

如前所述，力向量 F_{tb}^i、F_{tw}^i、F_{rb}^i、F_{rw}^i、F_{bt}^i、F_{br}^i 和 F_{bw}^i 与当前振动状态相关，且在每个时间步开始时未知。根据 3 个子系统之间位移协调和相互作用力的耦合关系，使用分离迭代法分别独立求解 3 个子系统的方程，然后通过平衡迭代获得当前步的解。重复步骤 3~5，直到最终完成动力响应分析。

11.4 数值算例

选择厢式货车和CRH3高速列车作为代表性的汽车和列车进行动力响应分析，CRH3高速列车由8节车厢组成，编组形式为4M4T（M＋T＋M＋T＋T＋M＋T＋T），其中M代表动车，T代表拖车。模拟时假设厢式货车和列车分别以80 km/h和300 km/h的速度沿同一方向运行，列车在线路4而厢式货车在车道1，厢式货车和列车通过桥梁的时段分别为0~48.97 s和17.19~32.10 s。

为WRVTB系统的每个子系统选择合适的时间步长对于确保数值模拟的准确性非常重要。根据Clough和Penzien的研究[16]，时间步长应不超过无阻尼结构上限频率对应周期的1/10。对于WRVTB系统，在选择适当的时间步长时应考虑两个因素，即施加外部激励的变化率和结构的主频。WRVTB系统的外部激励主要包括风荷载、路面粗糙度和轨道不平顺，三者频率通常小于1000 Hz[17]。鉴于此，表11-1中给出了14个具有不同时间步长策略的算例。工况1~3采用STS算法进行WRVTB系统动力响应分析，整个WRVTB系统的时间步长分别设置为0.0001 s、0.0002 s和0.0003 s。工况4~9中采用MTS算法，其中汽车和列车子系统设置0.0001 s的精细时间步长，而桥梁子系统设置0.005 s至0.02 s的粗略时间步长。在工况10~14中采用SMTS算法，其中汽车子系统设置的时间步长从0.0003 s到0.005 s不等，列车子系统采用时间步长为0.0001 s到0.0003 s不等，桥梁子系统的时间步长保持0.001 s不变。工况1~14中每个子系统的时间步长是基于两个考虑选择的，即比较STS、MTS和SMTS算法的性能，并强调所提出的SMTS算法在灵活性方面的优势，这将在随后详细阐述。值得注意的是，工况1被视为本节算例中的基准工况，下面将详细讨论14种工况的模拟结果。

表11-1 STS、MTS和SMTS算法工况设置

工况号	算法	时间步长/s		
		汽车	列车	桥梁
1	STS	0.0001	0.0001	0.0001
2	STS	0.0002	0.0002	0.0002
3	STS	0.0003	0.0003	0.0003
4	MTS	0.0001	0.0001	0.0005
5	MTS	0.0001	0.0001	0.0010
6	MTS	0.0001	0.0001	0.0020
7	MTS	0.0001	0.0001	0.0050
8	MTS	0.0001	0.0001	0.0100
9	MTS	0.0001	0.0001	0.0200
10	SMTS	0.0003	0.0001	0.0010

续表

工况号	算法	时间步长/s 汽车	时间步长/s 列车	时间步长/s 桥梁
11	SMTS	0.0020	0.0001	0.0010
12	SMTS	0.0050	0.0001	0.0010
13	SMTS	0.0003	0.0002	0.0010
14	SMTS	0.0020	0.0003	0.0010

11.4.1 STS 算法数值模拟结果

首先，采用的 STS 算法（工况 1~3）进行 WRVTB 耦合系统动力响应分析，一共讨论了 6 个动力响应指标，即桥梁跨中的垂向位移和加速度响应、列车和汽车的垂向接触力、车体的垂向加速度响应，如图 11-5~图 11-10 所示。从图 11-5 中可以得到，当计算至 t = 24.64 s，即列车在桥梁跨中对汽车超车时，工况 2 和工况 3 桥梁跨中的垂向位移比工况 1 分别减小 0.037%、增大 0.246%。值得注意的是，初步结果表明，当 STS 算法中的时间步长大于 0.0004 s 时，分析结果不收敛。类似地，当模拟至 t = 24.64 s，即列车在桥梁跨中对汽车超车时，工况 2 和工况 3 中桥梁跨中的垂向加速度比工况 1 分别降低 6.739%、提高 4.543%，见图 11-6。图 11-7 显示了列车在桥梁上运行的垂向接触力时程。根据图 11-7 计算，当列车在桥梁跨中对汽车超车时，工况 2 和工况 3 下列车第一节车厢第一个车轮的垂向接触力比工况 1 分别增大 0.293%、减小 0.738%。对于汽车，在 t = 24.64 s 时，工况 2 和工况 3 中第一个车轮垂向接触力分别比工况 1 减小 0.730%、0.470%，见图 11-8。图 11-9、11-10 分别显示列车第一节车厢和汽车车体的垂向加速度，可以清楚地观察到，工况 2 和工况 3 不能很好地捕获高频振动，尽管各个动力响应指标的时程曲线总体趋势能够很好地预测。总之，可以得出结论，0.0002 s（工况 2）和 0.0003 s（工况 3）的时间步长通常可以捕捉 WRVTB 系统的动力响应总体趋势，但这两个时间步长无法捕捉振动的高频部分。相反，使用 0.0001 s 时间步长的工况 1 可以很好地捕获 WRVTB 系统的高频振动，因此在后续分析中可以作为基准工况。

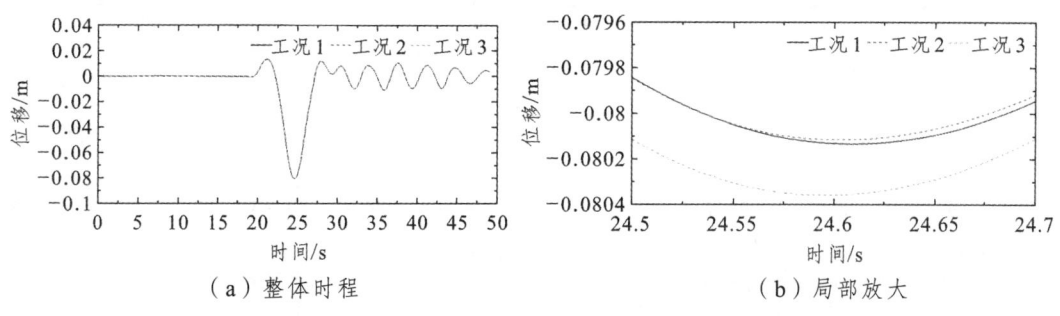

(a) 整体时程

(b) 局部放大

图 11-5 桥梁跨中垂向位移

（a）整体时程　　　　　　　　　（b）局部放大

图 11-6　桥梁跨中垂向加速度

（a）整体时程　　　　　　　　　（b）局部放大

图 11-7　列车第一节车厢第一个车轮的垂向接触力

（a）整体时程　　　　　　　　　（b）局部放大

图 11-8　汽车第一个车轮的垂向接触力

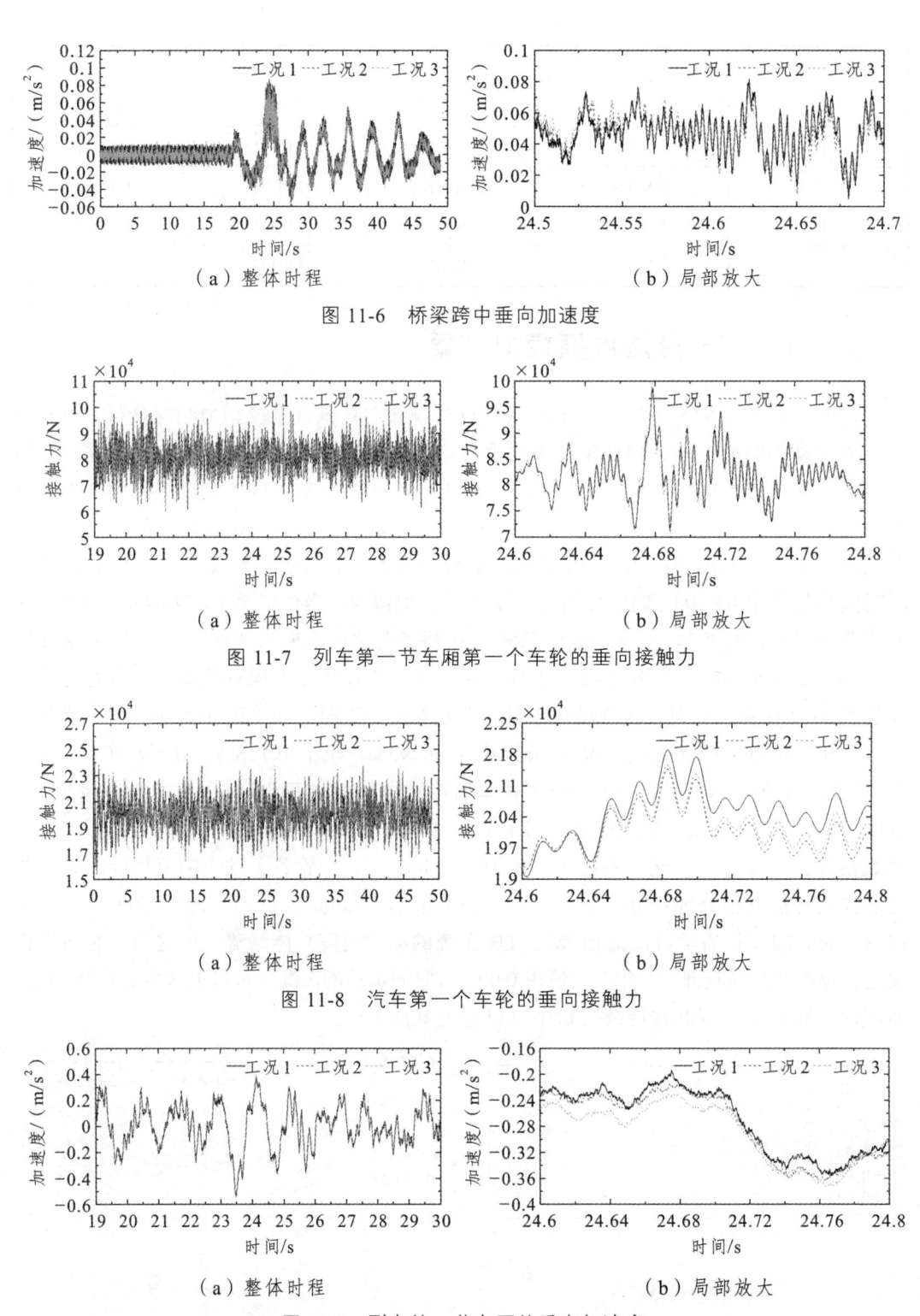

（a）整体时程　　　　　　　　　（b）局部放大

图 11-9　列车第一节车厢的垂向加速度

(a) 整体时程 　　　　　　　　　(b) 局部放大

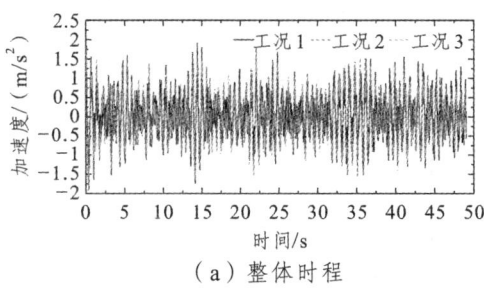

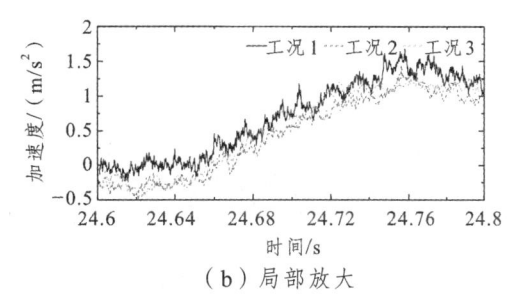

图 11-10　汽车车体的垂向加速度

11.4.2　MTS 算法数值模拟结果

本小节讨论具有不同时间步长策略的 MTS 算法的数值模拟结果，即工况 4~9，见图 11-11~图 11-16。本小节讨论的动态指标与前一小节相同。此外，选择工况 4~9 中计算至 $t=24.64$ s，列车在桥梁跨中对汽车超车时，对所有 6 个动力指标的值与基准工况（工况 1）进行比较。如图 11-11 所示，在工况 4~9 中，桥梁跨中的垂直位移能够较好的捕捉。具体而言，工况 4~9 与基准工况（工况 1）之间的误差分别仅为 0.331%、0.311%、0.256%、0.413%、0.187%和 1.241%。图 11-13、图 11-14 表示列车和汽车的垂向接触力，工况 4~9 中列车垂向接触力和基准工况的误差小于 0.312%，而汽车的垂向接触力误差在 0.409%以内。同样，工况 4~9 和基准工况相比，列车第一节车厢和汽车车体的垂向加速度在 24.76 s 时与基准工况的误差均小于 3.676%，见图 11-15、图 11-16。总之，可以得出结论，具有较小 TSR_b（即粗时间步长与细时间步长之比）的 MTS 算法可以很好地捕捉 WRVTB 系统的动力响应，尤其是局部动力行为。在本研究中，小于 20 的 TSR_b（工况 5~6）足够小，可以有效计算 WRVTB 系统的精确动态响应。

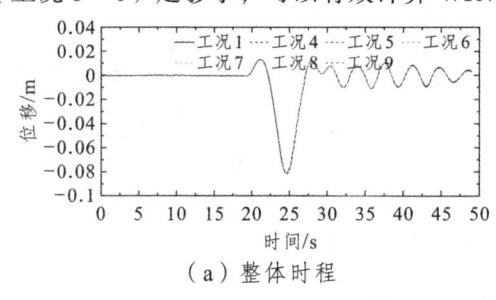

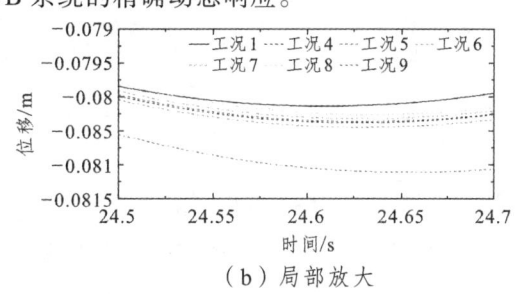

(a) 整体时程 　　　　　　　　　(b) 局部放大

图 11-11　桥梁跨中垂向位移

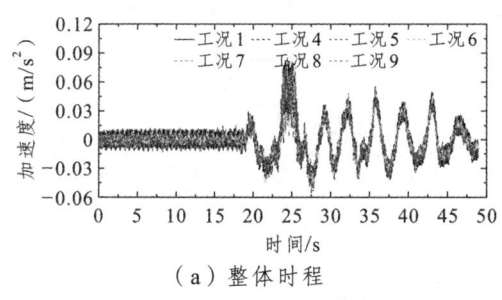

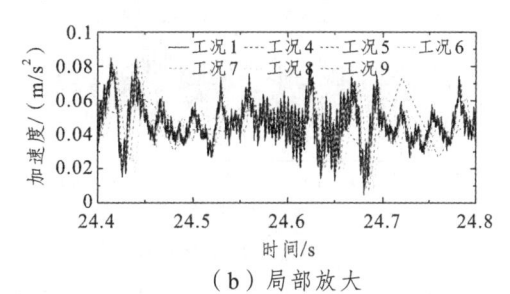

(a) 整体时程 　　　　　　　　　(b) 局部放大

图 11-12　桥梁跨中垂向加速度

（a）整体时程　　　　　　　　　　（b）局部放大

图 11-13　列车第一节车厢第一个车轮的垂向接触力

（a）整体时程　　　　　　　　　　（b）局部放大

图 11-14　汽车第一个车轮的垂向接触力

（a）整体时程　　　　　　　　　　（b）局部放大

图 11-15　列车第一节车厢的垂向加速度

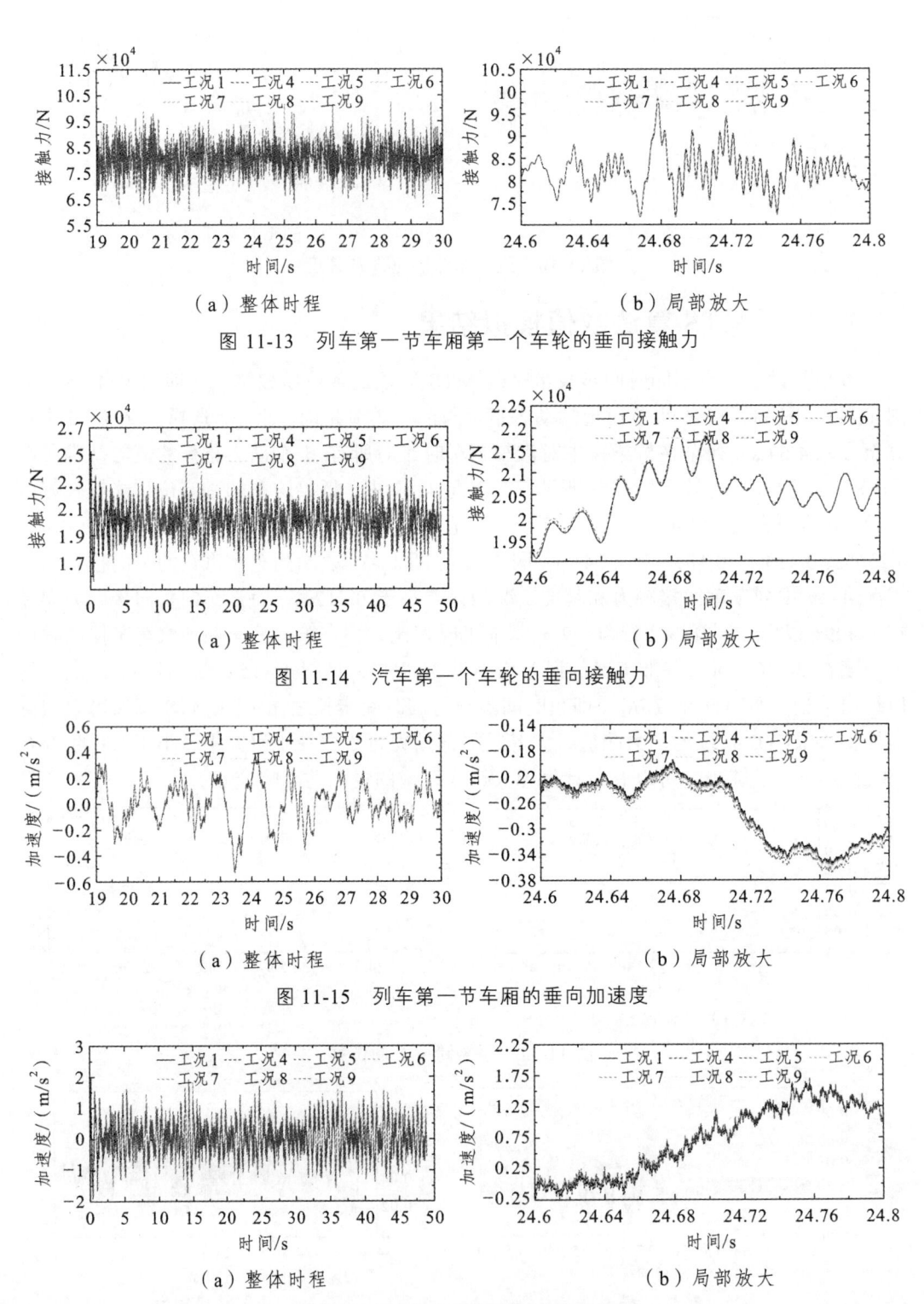

（a）整体时程　　　　　　　　　　（b）局部放大

图 11-16　汽车车体的垂向加速度

11.4.3 SMTS 算法数值模拟结果

本小节讨论具有不同时间步长策略的 SMTS 算法的数值模拟结果（工况 10~14），即允许在汽车、列车和桥梁子系统中使用不同的时间步长，见图 11-17~图 11-22。本小节讨论的动力指标与前两小节相同。从图 11-17 可以计算得到，工况 10~14 中桥梁跨中的位移响应分别比基准工况（工况 1）增大 0.355%、0.354%、0.352%、0.346%和 0.341%。图 11-19、图 11-20 绘制了列车和汽车的垂向接触力，工况 10~14 列车垂向接触力与基准工况中的误差分别为 0.012%、0.0120%、0.01%、-0.182%和-0.944%（正值表示大于基准工况，反之亦然）。类似地，工况 10~14 和基准工况之间的汽车垂向接触力误差分别为 0.143%、-0.095%、0.672%、0.142%和-0.109%。此外，如图 11-21、图 11-22 所示，在工况 10~14 中，列车和汽车子系统的垂向加速度响应的局部动力行为和高频部分都能够很好地捕捉。总之，上述讨论表明，SMTS 算法也能很好地捕获 WRVTB 系统的高频振动。

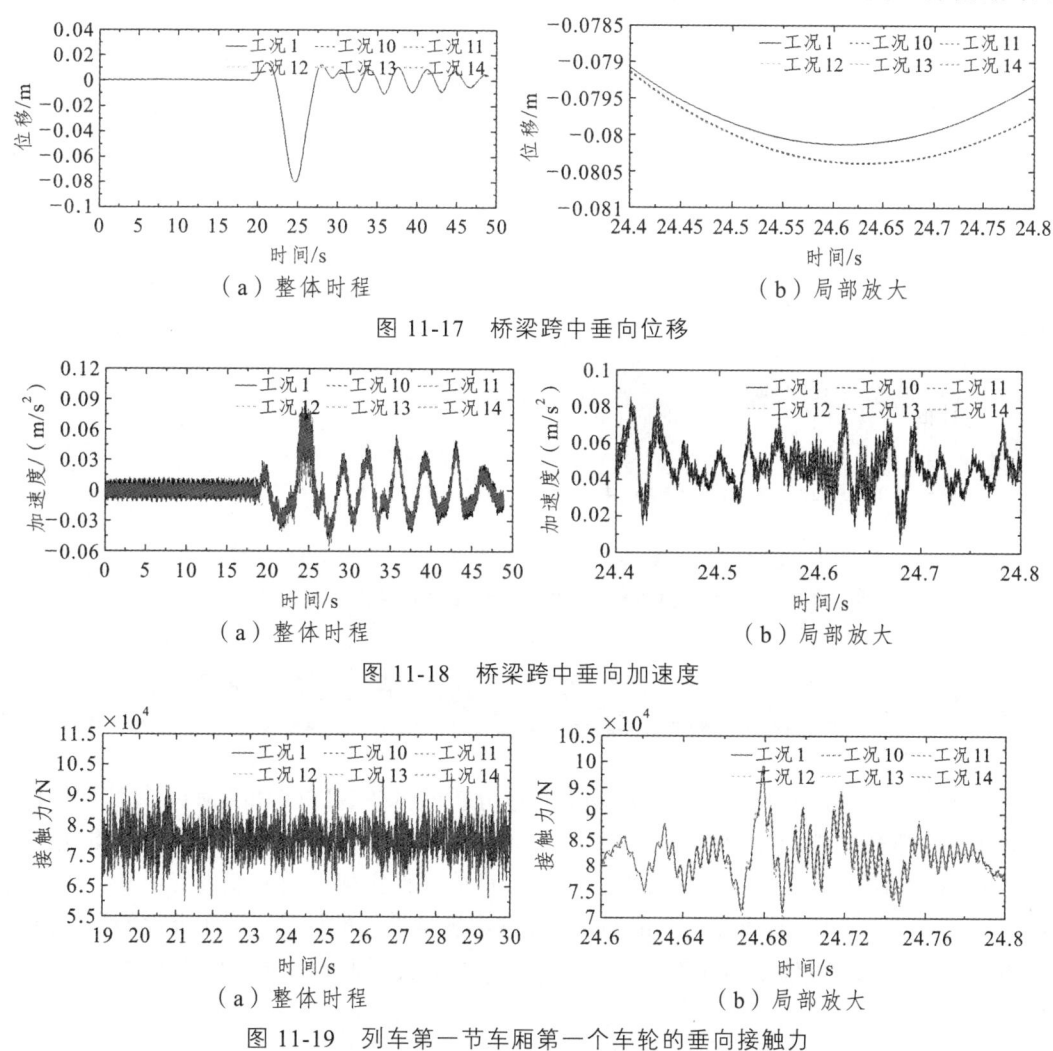

（a）整体时程　（b）局部放大

图 11-17　桥梁跨中垂向位移

（a）整体时程　（b）局部放大

图 11-18　桥梁跨中垂向加速度

（a）整体时程　（b）局部放大

图 11-19　列车第一节车厢第一个车轮的垂向接触力

（a）整体时程　　　　　　　　　　　　（b）局部放大

图 11-20　汽车第一个车轮的垂向接触力

（a）整体时程　　　　　　　　　　　　（b）局部放大

图 11-21　列车第一节车厢的垂向加速度

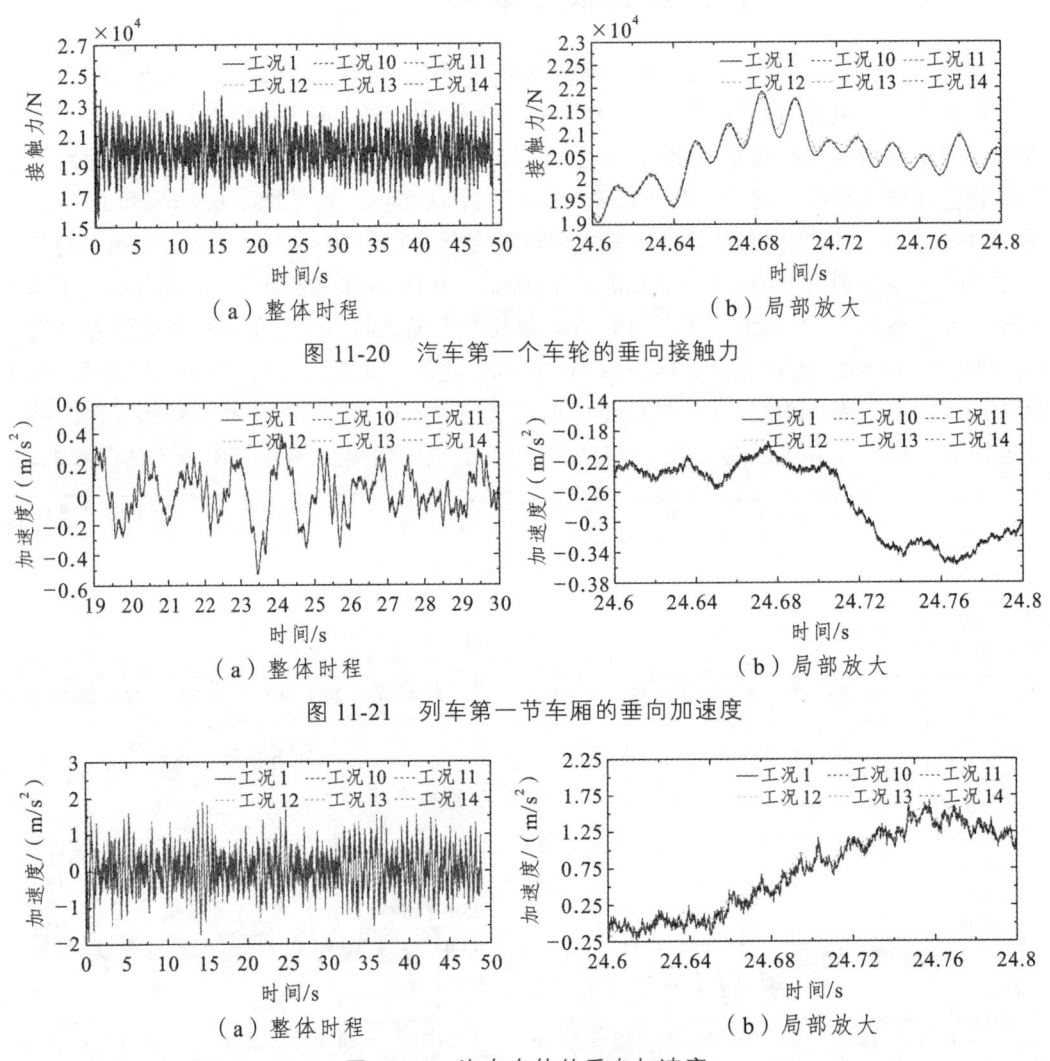

（a）整体时程　　　　　　　　　　　　（b）局部放大

图 11-22　汽车车体的垂向加速度

11.5　计算精度与求解效率

为了定量评估用于 WRVTB 系统动力响应分析的 STS、MTS 和 SMTS 算法的性能，采用了 4 个常用的性能评价指标，即平均误差（ME）、平均绝对误差（MAE）、均方根误差（RMSE）和计算时间缩减（CTR）。前 3 个性能评价指标被用来衡量工况 2~14 与基准工况（工况 1）之间的动态响应偏差，指标越小表示更好的性能。第四个性能评价指标计算了工况 2~14 中节省的计算时间与工况 1 中总计算时间的比值，CTR 越大表示效率越高，定义如下：

第11章 风-汽车 列车-桥梁系统高效数值算法及行车安全研究

$$\mathrm{ME} = \frac{\sum_{i=1}^{N-1}\left(\frac{1}{2}\right)^{\alpha_i^j}\left(\frac{\left|X_i^j - X_i^1\right| + \left|X_{i+1}^j - X_{i+1}^1\right|}{2}\right)\Delta t}{\sum_{i=1}^{N-1}\left(\frac{1}{2}\right)^{\beta_i^1}\left(\frac{\left|X_{i+1}^1 + X_i^1\right|}{2}\right)\Delta t} \times 100\% \quad (11\text{-}7)$$

$$\mathrm{MAE} = \frac{1}{N}\sum_{i=1}^{N}\left|X_i^j - X_i^1\right| \quad (11\text{-}8)$$

$$\mathrm{RMSE} = \sqrt{\frac{\sum_{i=1}^{N}\left(X_i^j - X_i^1\right)^2}{N}} \quad (11\text{-}9)$$

$$\mathrm{CTR} = \frac{(T_1 - T_j)}{T_1} \times 100\% \quad (11\text{-}10)$$

式中：X_i^j（$j = 2 \sim 13$）和 X_i^1 表示第 j 个工况和工况1（基准工况）在 i 时刻的动力响应值；N 表示总时间步数；α_i^j 表示第 j 个工况和工况1的响应时程在 $[i, i+1] \times \Delta t$ 内是否相交，相交时 $\alpha_i^j = 1$，否则 $\alpha_i^j = 0$；β_i^1 表示工况1的响应时程与时间轴在 $[i, i+1] \times \Delta t$ 内是否相交，相交时 $\beta_i^1 = 1$，否则 $\beta_i^1 = 0$；T_1 和 T_j 表示工况1和第 j 个工况的计算时间。

表 11-2 ~ 表 11-4 中总结了利用 STS（工况 2 ~ 3）、MTS（工况 4 ~ 9）和 SMTS（工况 10 ~ 14）算法计算的 WRVTB 系统6个动态指标（表示为 DI1 ~ DI6）的 ME、MAE、RMSE 和 CTR。为了更好地说明，工况 2 ~ 14 的 ME、MAE、RMSE 在图 11-23 ~ 图 11-25 给出。

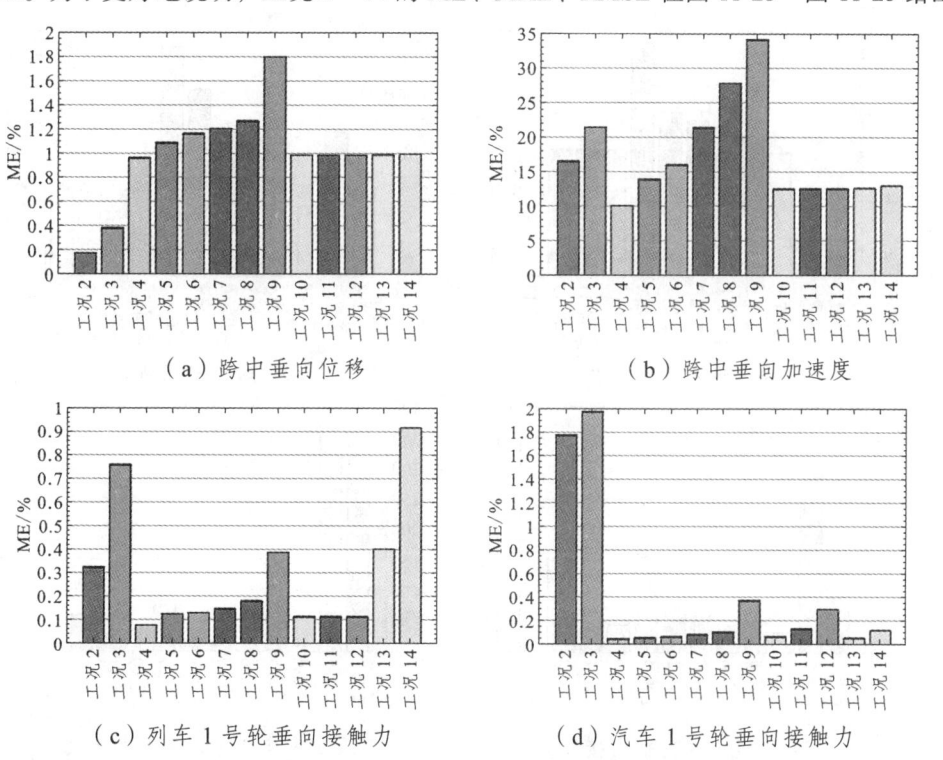

(a) 跨中垂向位移

(b) 跨中垂向加速度

(c) 列车1号轮垂向接触力

(d) 汽车1号轮垂向接触力

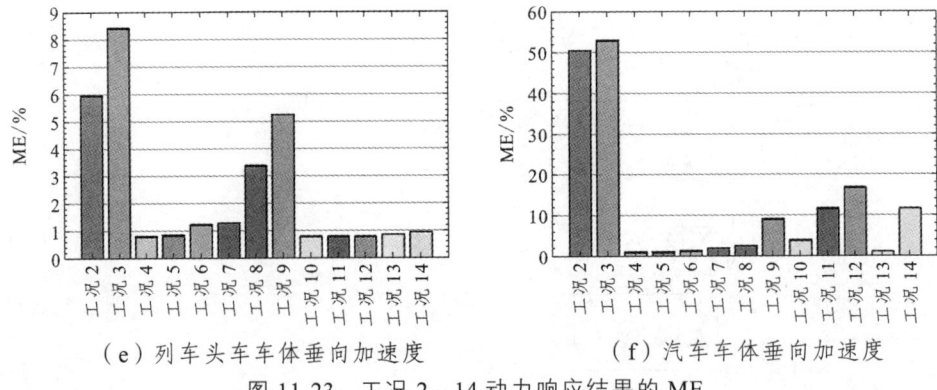

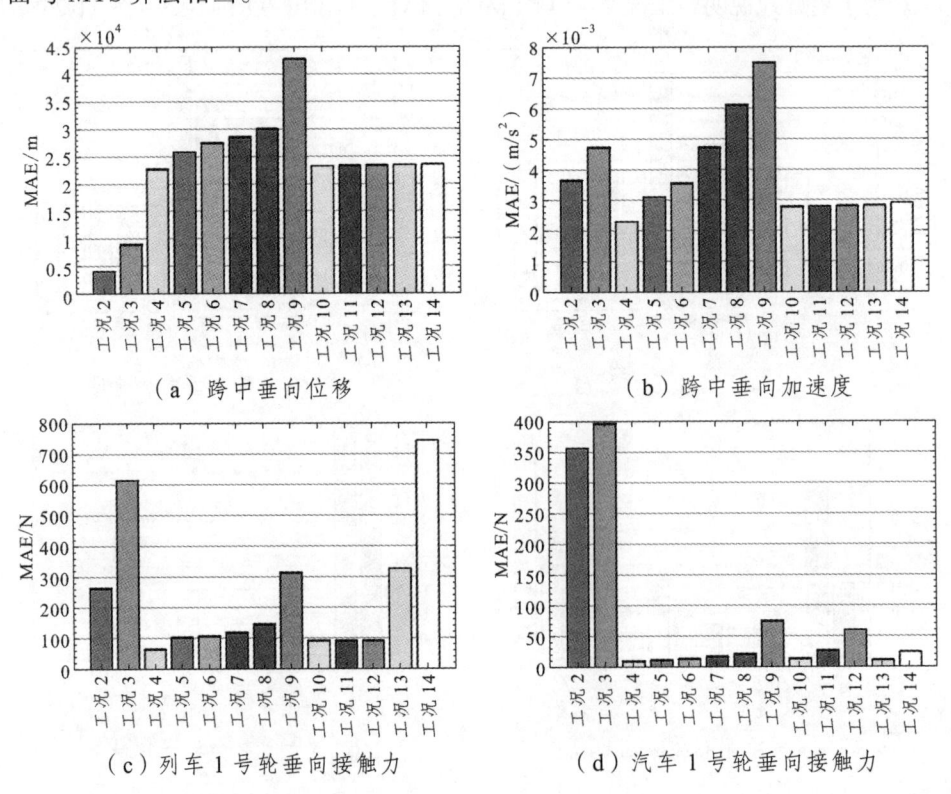

(e) 列车头车车体垂向加速度　　　　　(f) 汽车车体垂向加速度

图 11-23　工况 2～14 动力响应结果的 ME

从表 11-2、11-3、11-4 中可以看出，比较工况 2、工况 4 和工况 10 的 ME 可以证明 MTS 和 SMTS 算法都优于 STS 算法。工况 4 和工况 10 的 CTR 是工况 2 的两倍以上，而工况 4 和工况 10 的动态指标 DI2～DI6 比工况 2 小得多。工况 1、工况 2、工况 4 中的动态指标 DI1 都非常小并且具有相同的数量级，这一发现也适用于 MAE 和 RMSE。因此，与 STS 算法相比，MTS 和 SMTS 算法能够获得更好的精度和效率。从表 11-2～表 11-4 中还可以看出，MTS 算法（工况 4～9）的 CTR 在 74.68%～87.50% 之间，而 SMTS 算法（工况 10～14）的 CTR 在 80.59%～88.60% 之间。此外，MTS 算法和 SMTS 算法的 ME、MAE、RMSE 基本都同一数量级，因此，所提出的 SMTS 算法在总体精度和计算效率方面与 MTS 算法相当。

(a) 跨中垂向位移　　　　　(b) 跨中垂向加速度

(c) 列车 1 号轮垂向接触力　　　　　(d) 汽车 1 号轮垂向接触力

(e) 列车头车车体垂向加速度　　　　(f) 汽车车体垂向加速度

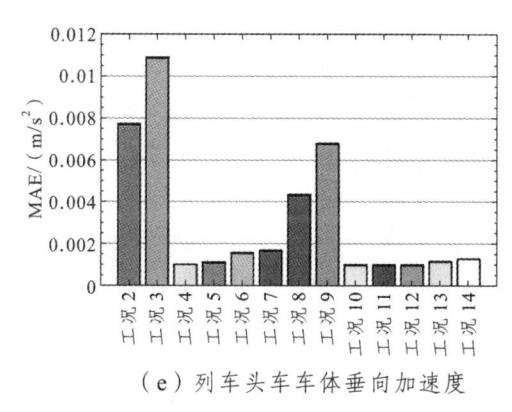

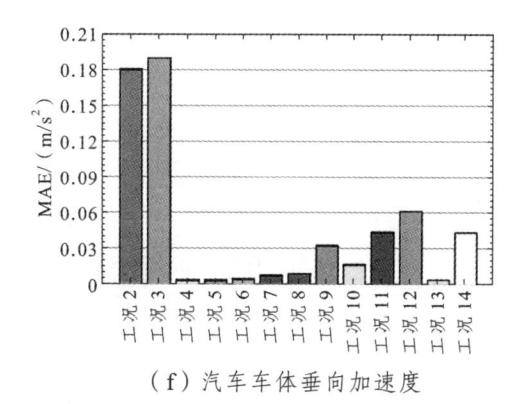

图 11-24　工况 2~14 动力响应结果的 MAE

与 MTS 算法相比，所提出的 SMTS 算法的主要优势在于它能够为汽车、列车和桥梁子系统单独定制任意尺寸的时间步长，这有助于进一步提高 WRVTB 系统的动力分析效率。为了更好地说明 SMTS 算法的灵活性，采用图 11-23 所示工况 4~12 的 ME 进行对比说明。首先讨论采用 MTS 算法的工况 4~9，需要关注的是在工况 4~9 中，只有桥梁子系统的时间步长不同，从 0.0005 s 增加到 0.02 s，而汽车和列车子系统的时步长保持不变，为 0.0001 s，如图 11-23（b）所示，随着桥梁子系统时间步长的增加，跨中垂直加速度（DI2）的 ME 从 10.08%增加到 34.08%，显然桥梁动力响应的精度有很大损失，但汽车和列车子系统的精度没有受到太大影响。具体而言，列车子系统 DI3 和 DI5 的 ME 在 0.08%~0.39%[图 11-23（c）]和 0.82%~5.26%[图 11-23（e）]之间变化，而汽车子系统 DI4 和 DI6 的 ME 在 0.05%~0.37%[图 11-23（d）]和 1.09%~9.18%[11-23（f）]之间变化。同样，研究发现，汽车（或列车）子系统的时间步长仅对汽车（或火车）子系统本身的精度有显著影响。以工况 10~12 为例，其中汽车子系统的时间步长从 0.0003 s 调整到 0.005 s，而列车和桥梁子系统的时间步长保持不变为 0.0001 s。很明显，汽车子系统 DI6 的 ME 在 4.01%~16.81%之间变化[图 11-23（f）]，列车子系统 DI3 和 DI5 的 ME 在 0.11%~0.92%[11-23（c）]和 0.80%~0.96%[图 11-23（e）]之间变化，桥梁子系统 DI1 和 DI2 的 ME 在 0.99%~1.00%[图 11-23（a）]和 12.47%~13.01%[图 11-23（b）]之间变化。

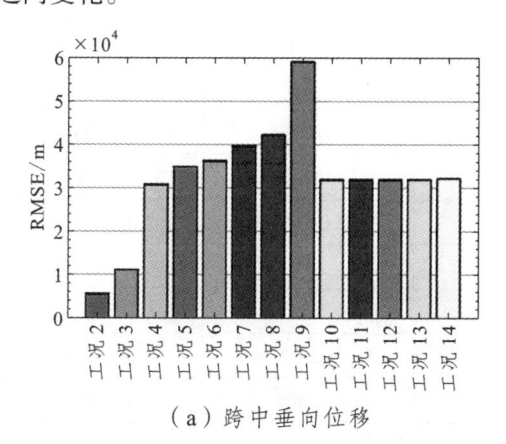

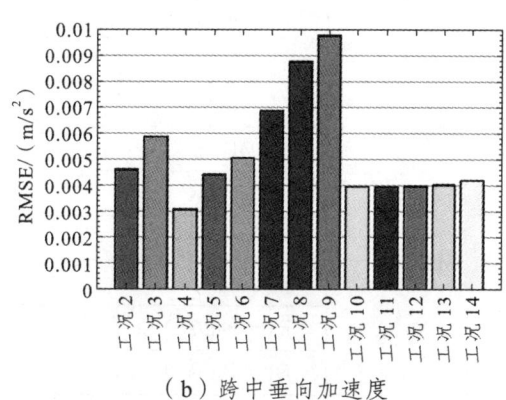

(a) 跨中垂向位移　　　　(b) 跨中垂向加速度

(c) 列车 1 号轮垂向接触力

(d) 汽车 1 号轮垂向接触力

(e) 列车头车车体垂向加速度

(f) 汽车车体垂向加速度

图 11-25 工况 2~14 动力响应结果的 RMSE

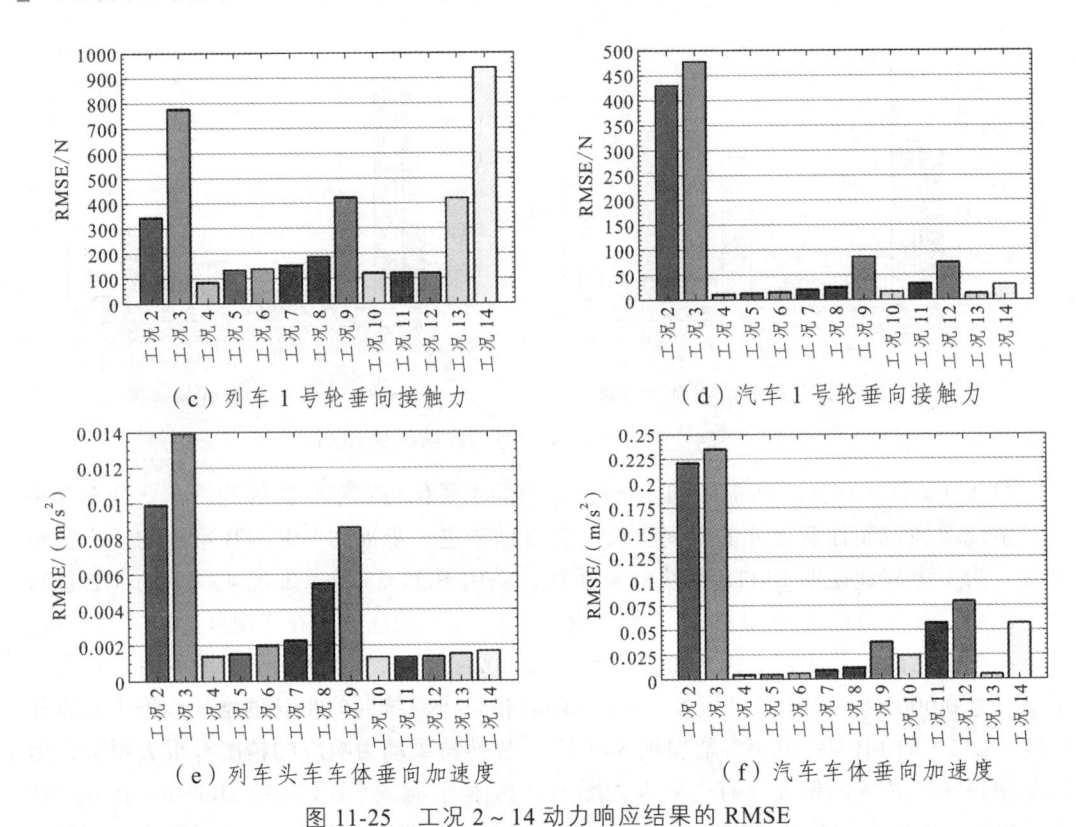

表 11-2 STS 算法计算结果的 ME、MAE、RMSE 和 CTR

性能指标	响应类型	工况号 1	工况号 2	工况号 3
CTR	T/s	5.40×10^5	3.40×10^5	2.30×10^5
	CTR/%	—	36.41	57.67
ME	DI1/%	—	0.17	0.38
	DI2/%	—	16.47	21.42
	DI3/%	—	0.33	0.76
	DI4/%	—	1.78	1.97
	DI5/%	—	5.96	8.4
	DI6/%	—	50.45	53.01
MAE	DI1/m	—	0.00004	0.00009
	DI2/(m/s^2)	—	0.00366	0.00473
	DI3/N	—	263	612
	DI4/N	—	356	395
	DI5/(m/s^2)	—	0.0077	0.0109
	DI6/(m/s^2)	—	0.1804	0.1896

第 11 章 风-汽车-列车-桥梁系统高效数值算法及行车安全研究

续表

性能指标	响应类型	工况号 1	工况号 2	工况号 3
RMSE	DI1/m	—	0.0001	0.0001
	DI2/(m/s^2)	—	0.0046	0.0059
	DI3/N	—	342	776
	DI4/N	—	430	478
	DI5/(m/s^2)	—	0.0099	0.0139
	DI6/(m/s^2)	—	0.2204	0.2344

注：T 表示总计算时间；CTR 表示计算时间降低率；DI1 表示跨中垂向位移；DI2 表示跨中垂向加速度；DI3 表示列车 1 号轮垂向接触力；DI4 表示汽车 1 号轮垂向接触力；DI5 表示列车头车车体垂向加速度；DI6 表示汽车车体垂向加速度。

表 11-3 MTS 算法计算结果的 ME、MAE、RMSE 和 CTR

性能指标	响应类型	工况号 4	工况号 5	工况号 6	工况号 7	工况号 8	工况号 9
CTR	T/s	1.40×10^5	1.10×10^5	8.30×10^4	7.50×10^4	7.20×10^4	6.80×10^4
	CTR/%	74.68	79.3	84.64	86.1	86.64	87.5
ME	DI1/%	0.96	1.09	1.16	1.21	1.26	1.8
	DI2/%	10.08	13.85	15.94	21.36	27.78	34.08
	DI3/%	0.08	0.13	0.13	0.15	0.18	0.39
	DI4/%	0.05	0.05	0.06	0.08	0.11	0.37
	DI5/%	0.82	0.87	1.22	1.31	3.37	5.26
	DI6/%	1.09	1.2	1.42	2.11	2.63	9.18
MAE	DI1/m	0.00023	0.00026	0.00028	0.00029	0.0003	0.00043
	DI2/(m/s^2)	0.00231	0.0031	0.00355	0.00472	0.00611	0.00748
	DI3/N	63	102	106	118	145	314
	DI4/N	9	11	13	16	21	75
	DI5/(m/s^2)	0.0011	0.0011	0.0016	0.0017	0.0044	0.0068
	DI6/(m/s^2)	0.0039	0.0042	0.005	0.0075	0.0094	0.0327
RMSE	DI1/m	0.0003	0.0004	0.0004	0.0004	0.0004	0.0006
	DI2/(m/s^2)	0.0031	0.0044	0.0051	0.0069	0.0088	0.0098
	DI3/N	84	135	140	154	188	423
	DI4/N	11	13	16	20	26	87
	DI5/(m/s^2)	0.0014	0.0015	0.002	0.0022	0.0055	0.0086
	DI6/(m/s^2)	0.0048	0.0053	0.0063	0.0092	0.0119	0.0377

表 11-4 SMTS 算法计算结果的 ME、MAE、RMSE 和 CTR

性能指标	响应类型	工况号 10	11	12	13	14
CTR	T/s	1.10×10^5	9.80×10^4	9.40×10^4	8.50×10^4	6.20×10^4
	CTR/%	80.59	81.9	82.68	84.25	88.6
ME	DI1/%	0.99	0.99	0.99	0.99	1
	DI2/%	12.47	12.48	12.52	12.62	13.01
	DI3/%	0.11	0.11	0.11	0.4	0.92
	DI4/%	0.07	0.13	0.3	0.05	0.12
	DI5/%	0.8	0.8	0.8	0.87	0.96
	DI6/%	4.01	11.76	16.81	1.2	11.77
MAE	DI1/m	0.00023	0.00023	0.00023	0.00023	0.00024
	DI2/(m/s^2)	0.00279	0.0028	0.0028	0.00283	0.00291
	DI3/N	92	92	92	326	742
	DI4/N	14	26	60	11	25
	DI5/(m/s^2)	0.001	0.001	0.001	0.0012	0.0013
	DI6/(m/s^2)	0.017	0.0439	0.0614	0.0043	0.044
RMSE	DI1/m	0.0003	0.0003	0.0003	0.0003	0.0003
	DI2/(m/s^2)	0.004	0.004	0.004	0.004	0.0042
	DI3/N	122	122	122	422	942
	DI4/N	17	34	75	14	32
	DI5/(m/s^2)	0.0013	0.0014	0.0014	0.0015	0.0017
	DI6/(m/s^2)	0.0242	0.0573	0.0794	0.0054	0.0573

综上所述，WRVTB 系统各子系统的时间步长主要对该子系统自身的动态响应精度有显著影响，而时间步长调整对其他两个子系统的影响并不显著。这一发现表明，当采用 SMTS 算法时，可以将精细的时间步长分配给感兴趣的子系统，而可以将相对粗略的时间步长指定给其余的子系统。因此，以低计算成本保证了感兴趣子系统的计算精度。以工况 5（MTS 算法）和工况 14（SMTS 算法）为例，其中感兴趣的桥梁子系统被分配了 0.001 s 的精细时间步长，而工况 14 中的汽车和列车子系统的时间步长比工况 5 中的时间步长粗。从表 11-3 和表 11-4 可以看出，在工况 5 和工况 14 中，桥子系统的 DI1 和 DI2 的 ME 几乎相同，而采用 SMTS 算法后，CTR 达到了 44.9%。从工况 2～14 的 ME 中得出的上述发现也适用于 MAE（图 11-24）和 RMSE（图 11-25），为简洁起见，不再详细介绍。因此，根据表 11-1 可知，在工况 13 中，即汽车子系统时间步长小于 0.0003 s、列车子系统时间步长小于 0.0002 s、桥梁子系统时间步长小于 0.001 s 的情况下各子系统可以得到比较精确的结果，同时计算效率也较高。

11.6 汽车、列车运行评价指标

11.6.1 汽车运行评价指标

基于 CFD 数值模拟结果，通过一系列动态响应指标对侧风和交会突变风载作用下的汽车、列车运行安全性做进一步的定量分析。公路车辆行车安全性是一个相对复杂的问题，这与许多因素比如悬架设计、路面状况、外部环境激励及驾驶员行为等密切相关。Baker[18]提出了一种汽车事故评定方法，在汽车受到突然侧风作用的 0.5 s 内，迎风侧任意车轮与路面接触力为零，就会导致侧翻事故；汽车侧向位移超过 0.5 m，就会导致侧滑事故；当汽车偏转角位移超过 0.2 rad，就会导致偏转事故。显然，以上判定方法偏于保守，因为该方法首先假设驾驶员在 0.5 s 内不做出任何反馈；其次，汽车受到的风荷载为突然侧向阵风；然后，汽车在 0.5 s 内的气动系数是恒定的。此外，轴重较轻的汽车在高速行驶时可能会出现轮胎瞬时脱空的现象，因此，是否发生侧翻事故存在一定的概率。

本章主要考虑两种类型的公路车辆事故：侧滚和侧滑。Liu 等[19]提出了公路车辆侧滚安全准则（RSC），Chen 等[20]将其修正为更保守的公路车辆侧滚安全评估指标。本研究采用无量纲 RSC 表征汽车侧翻的风险程度：

$$\text{RSC} = \min\left(\left|\frac{\sum_{i=1}^{m} F_{\text{v}li} + F_{\text{v}ri}}{\sum_{i=1}^{m} F_{\text{v}li} - F_{\text{v}ri}}\right|\right) \geqslant 1.2 \quad (11\text{-}11)$$

式中：$F_{\text{v}li}$ 和 $F_{\text{v}ri}$ 分别定义为公路车辆的第 i 个车轴的左轮和右轮的垂向接触力；m 定义为公路车辆的车轴数量。根据 RSC 评估指标规定，如果 RSC<1.2，则可以认为公路车辆此时会发生侧翻。当车轮与桥面之间的横向接触力超过公路车辆所能承受的极限侧滑阻力时，公路车辆将面临侧滑风险。侧滑阻力定义为：

$$F_{\text{SR}} = \mu_{\text{s}}(F_{\text{v}li} + F_{\text{v}ri}) - (F_{\text{h}li} + F_{\text{h}ri}) \quad (11\text{-}12)$$

式中：$F_{\text{h}li}$ 和 $F_{\text{h}ri}$ 分别定义为公路车辆的第 i 个车轴的左轮和右轮的横向接触力。对于在干燥或潮湿路面上行驶的公路车辆，轮胎的摩擦系数可以取 0.7、0.5。根据侧滑阻力推导，侧滑安全指标 SSC 可定义为[20]：

$$\text{SSC} = \frac{\overline{F}_{\text{SR}} - 1.645\sigma_{\text{SR}}}{0.2\mu_{\text{s}} G_{\text{a}}} \geqslant 1 \quad (11\text{-}13)$$

式中：$\overline{F}_{\text{SR}}$ 和 σ_{SR} 分别为侧滑阻力的平均值和均方根；G_{a} 表示作用于公路车辆最轻车轴的重力。

11.6.2 列车运行评价指标

高速列车的运行平稳性可以采用车体质心加速度大小和 Sperling 指标来评价。如果是要分析车体振动的幅度，可以采用车体加速度指标；如果是要分析车体振动加速度的频率和幅度对乘客舒适度的影响，可以采用 Sperling 指标。《高速铁路设计规范》(TB 10621—2014) 中采用下列规定[21]：

$$\begin{cases} a_h \leqslant 0.10g & (\text{半峰值，横向}) \\ a_v \leqslant 0.13g & (\text{半峰值，垂向}) \end{cases} \quad (11\text{-}14)$$

式中：a_h、a_v 指车体横向、垂向加速度；g 指重力加速度。

列车轮对脱轨是研究列车运行安全需重点考虑的问题之一，掉轨、爬上脱轨和跳上脱轨等是脱轨问题的基本形式。列车运行时可能会存在轮缘随着车轮滚动而逐渐爬上轨头导致脱轨的现象，此类情况是最为常见的列车脱轨失效形式，也是轨道交通领域研究的热点之一。车轮滚动时由于瞬间受到很大的冲击作用而使车轮突然跳到轨道上的现象称之为跳上脱轨。此外，列车运行时可能会出现轮对与轨道之间的垂向力小于车轮静载作用的现象，称之为轮重减载现象。轮重减载率过大容易引发横向力作用下车轮脱轨，本研究采用脱轨系数和轮重减载率评估高速列车的安全性能。脱轨系数定义为作用于车轮的横向力 Q_i 与垂向力 P_i 的比值，根据规范 TB 10621—2014 规定[21]，高速列车脱轨系数限值为：

$$Q_i / P_i \leqslant 0.8 \quad (11\text{-}15)$$

轮重减载率定义为车轮静轮重 P、车轮垂向力 P_i 之间的差值与车轮静轮重 P 之比，根据规范 TB 10621—2014 规定[21]，高速列车轮重减载率限值为：

$$(P - P_i) / P \leqslant 0.6 \quad (11\text{-}16)$$

11.7 WRVTB 系统动力响应及行车安全分析

11.7.1 风速和气动干扰的影响

为研究风速对汽车、列车交会过程中动力响应和安全性的影响，对车道 3 的汽车和线路 4 的列车交会过程进行计算，运行速度分别是 80 km/h 和 300 km/h，风速以 15 m/s、20 m/s、25 m/s 逐级递增，本节图中阴影部分的 46.15～46.93 s 指汽车车头开始进入列车车头至汽车尾部离开列车尾部的整个过程。从图 11-26 中可以看出，驾驶员行为对风致行车安全具有比较重要的影响，侧风作用下车轮转向角在 0 rad 附近波动，对应的车体侧滑位移也在车道中线附近一定范围内变化，随着风速的增加，车轮转向角和车体侧滑位移波动范围明显增大，说明发生事故的风险在增加，驾驶员需要不断调整方向盘以保持

第11章 风-汽车-列车-桥梁系统高效数值算法及行车安全研究

汽车行驶的平稳性。相比于非交会状态，车轮转向角和车体侧滑位移在交会气动干扰作用下的波动幅度略有增大，以 25 m/s 风速时的车辆转向角为例，遭遇交会气动干扰之后 47.59 s 对应的峰值由 0.076 rad 增大至 0.085 rad；对于车体侧滑位移，遭遇交会气动干扰之后 47.91 s 对应的峰值由 −0.053 m 增大至 −0.086 m，且车辆转向角和车体侧滑位移明显未超过 0.2 rad 和 0.5 m 的安全限值。

在交会气动干扰开始作用时，根据汽车坐标系可知，图 11-27（a）中汽车车体横向加速度出现沿逆风方向的变化趋势，46.23 s 时对应的响应值由 −0.249 m/s^2、−0.090 m/s^2、0.462 m/s^2 分别负向增大至 −0.546 m/s^2、−0.458 m/s^2、0.042 m/s^2；在交会即将结束时，车体横向加速度出现沿顺风方向的突然变化，46.87 s 时对应的响应值由 −0.780 m/s^2、−1.510 m/s^2、−2.627 m/s^2 分别正向减小至 −0.349 m/s^2、−1.056 m/s^2、−2.142 m/s^2。对于图 11-27（b）中的车体垂向加速度而言，受风速和气动干扰作用的影响不大。图 11-28 中给出汽车 3 号轮的横向、垂向接触力，从计算结果来看，横向接触力随风速的增加波动范围不断增大，说明风速对汽车横向接触力有决定性作用。而对于垂向接触力，波动范围并没有显著增加。此外，考虑气动干扰效应时，汽车 3 号轮的横向、垂向接触力在交会处均没有明显的突增，始终与无交会气动干扰时基本一致。

在有、无交会气动干扰 2 种情形下，表 11-5 中汽车的侧翻和侧滑安全指标比较接近，考虑交会气动干扰时，汽车的侧翻和侧滑安全指标有所增加，以风速 25 m/s 为例，侧翻安全指标由 1.293 增大至 1.336，侧滑安全指标由 1.391 增大至 1.458，增幅分别为 3.33%、4.82%，且侧翻和侧滑安全指标均未超限。根据第 7.3.2 节的桥面压力分布情况和第 7.3.3.1 节的气动系数分析可知，交会开始时列车产生的气动干扰作用与汽车所受的侧向风荷载是相互抵消的关系；而交会结束时列车产生的气动干扰作用与汽车所受的侧向风荷载是相互叠加关系，但由于列车离开时车道 3 上方存在低压区作用，汽车侧向风荷载在交会完成后仍有一段时间低于交会前的大小，所以这种叠加作用并没有导致汽车安全指标更不利。

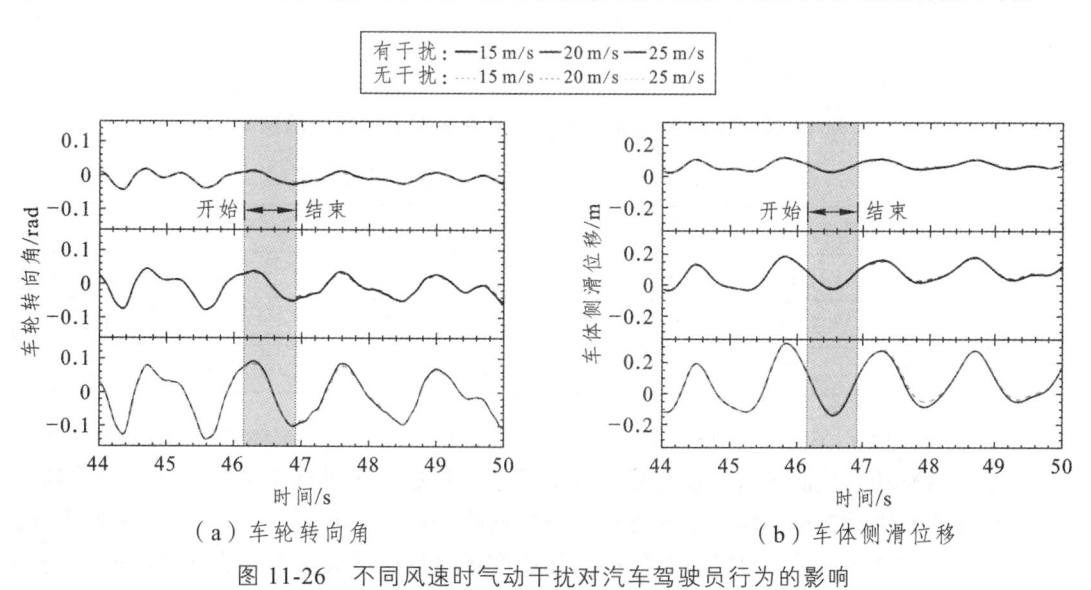

图 11-26 不同风速时气动干扰对汽车驾驶员行为的影响

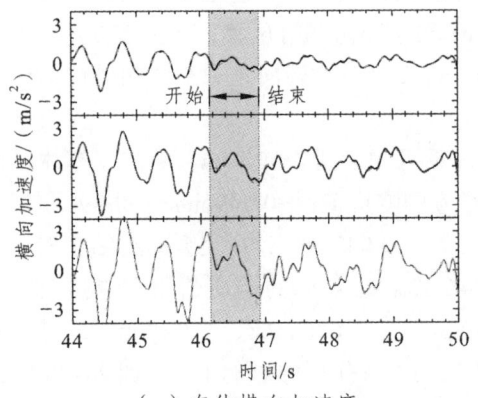

有干扰: —— 15 m/s —— 20 m/s —— 25 m/s
无干扰: ······ 15 m/s ······ 20 m/s ······ 25 m/s

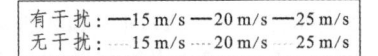

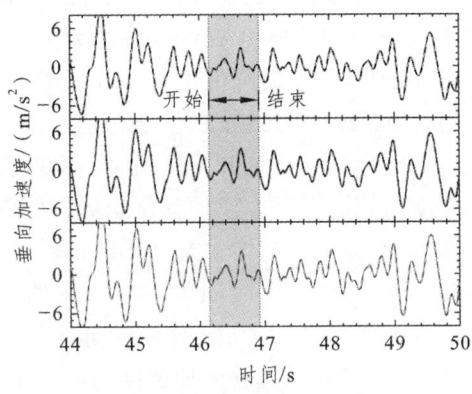

(a) 车体横向加速度

(b) 车体垂向加速度

图 11-27 不同风速时气动干扰对汽车加速度的影响

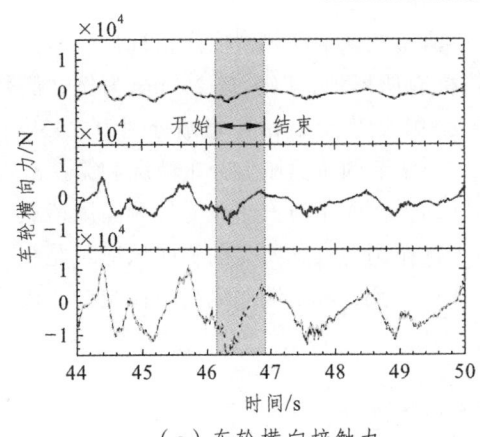

有干扰: —— 15 m/s —— 20 m/s —— 25 m/s
无干扰: ······ 15 m/s ······ 20 m/s ······ 25 m/s

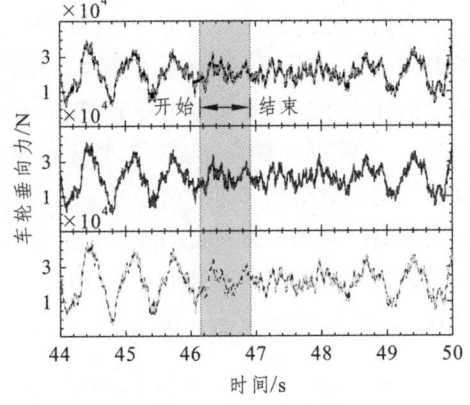

(a) 车轮横向接触力

(b) 车轮垂向接触力

图 11-28 不同风速时气动干扰对汽车车轮作用力的影响

表 11-5 不同风速时气动干扰对汽车安全性的影响

评估指标	有干扰			无干扰		
	15 m/s	20 m/s	25 m/s	15 m/s	20 m/s	25 m/s
侧翻安全指标	3.574	1.695	1.336	3.507	1.667	1.293
侧滑安全指标	2.228	1.913	1.458	2.199	1.88	1.391

从图 11-29（a）中可以发现，在气动干扰作用之前，列车头车车体横向加速度在 0 m/s^2 附近小范围波动，且低于列车运行平稳性的限值。根据列车坐标系定义可知，当受到气动干扰突然作用时，车体横向加速度沿逆风方向出现第一个谷值，以 25 m/s 风速为例，谷值大小为 -0.275 m/s^2；此后，车体横向加速度正向急剧增大至大小为 0.395 m/s^2 的峰

第11章 风-汽车-列车-桥梁系统高效数值算法及行车安全研究

值,随后迅速回落并随着汽车的远离逐渐趋于稳定。此外,图11-29(b)中头车车体垂向加速度与横向加速度变化规律有一定的相似性,在交会处也存在一定程度突变。

(a)车体横向加速度 (b)车体垂向加速度

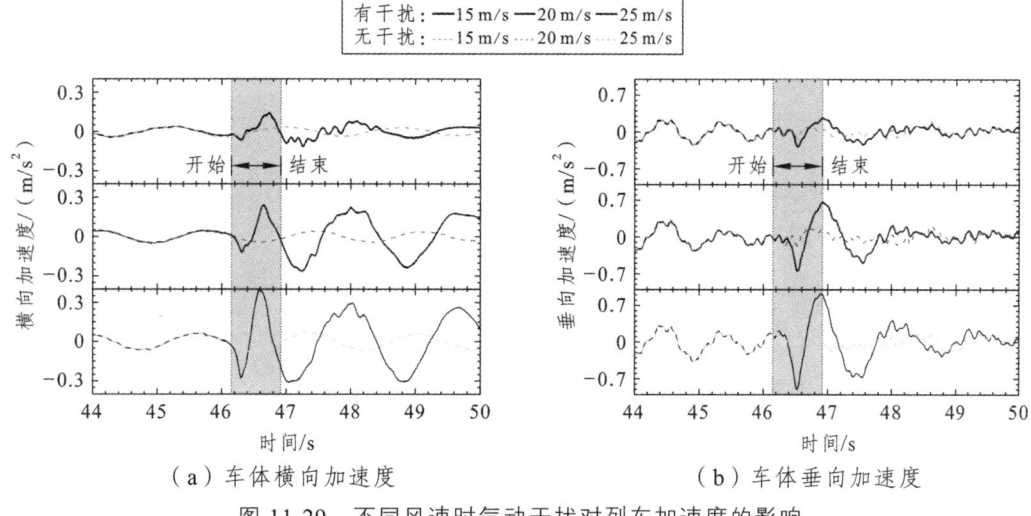

图11-29 不同风速时气动干扰对列车加速度的影响

整体来看,图11-30(a)中3号轮的轮轨横向力绝对值有随风速逐渐减小的趋势,而4号轮的轮轨横向力有增大的趋势。当列车突然受到气动干扰作用时,迎风侧3号轮的横向接触力绝对值先减小后增大,而背风侧4号轮的横向接触力先增大后减小,且4号轮增加幅度大于3号轮减小的幅度。以3号轮为例,当列车受到交会气动干扰作用时,48.05 s对应的响应值由-2385 N、-2270 N、-2179 N增大至-3332 N、-3406 N、-4274 N。由此可见,交会气动干扰作用将会显著降低列车发生事故的临界风速。对于图11-31中的轮轨垂向力而言,与轮轨横向力表现出类似的特征,即迎风侧3号轮的轮轨垂向力逐渐减小,而背风侧4号轮的轮轨垂向力有所增大,显然,侧风作用使得列车迎风侧车轮的轮重减载率有所增大。

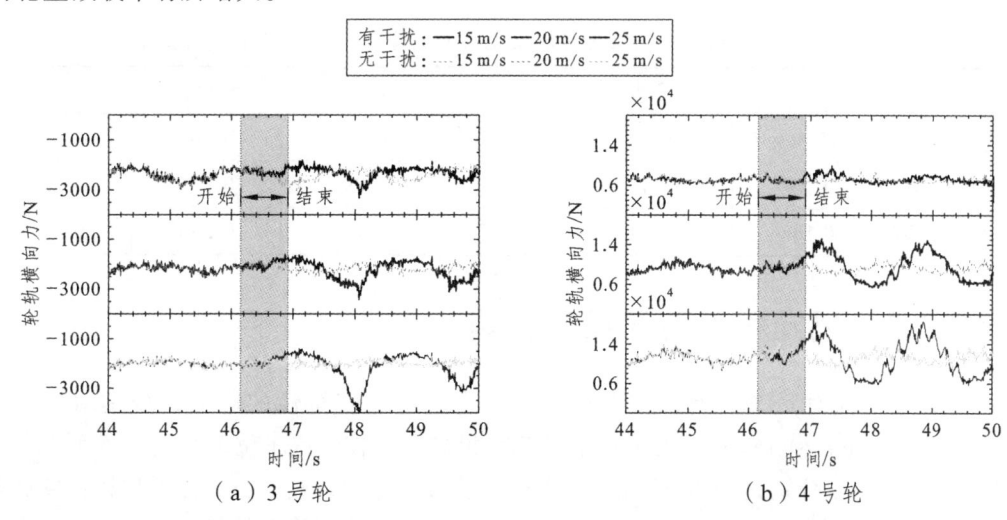

(a)3号轮 (b)4号轮

图11-30 不同风速时气动干扰对列车横向轮轨作用力的影响

257

有干扰：——15 m/s ——20 m/s ——25 m/s
无干扰：······15 m/s ······20 m/s ······25 m/s

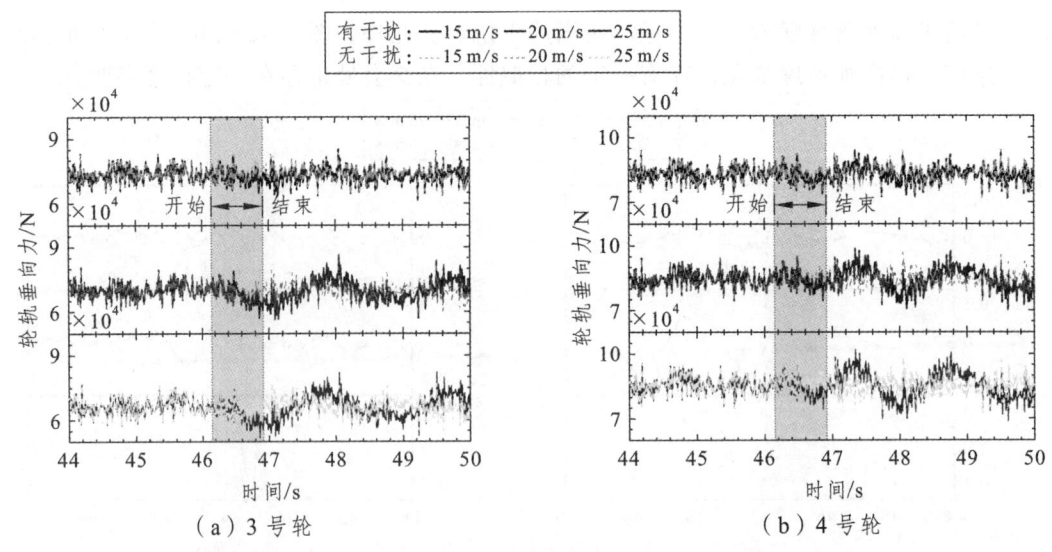

(a) 3 号轮　　　　　　　　　(b) 4 号轮

图 11-31　不同风速时气动干扰对列车垂向轮轨作用力的影响

根据计算结果，3 号轮、4 号轮安全指标相对更不利，因此表 11-6 中着重分析了这两个车轮的安全指标。对比表 11-6 中的统计结果可知，侧向风速的提高显著增大了列车的脱轨系数和轮重减载率，无气动干扰作用时，脱轨系数分别达到 0.093、0.125、0.153，呈逐渐递增的特点，说明风速是影响列车行车安全的重要指标，且风速越大列车行车危险性越高。由于交会处轮轨作用力均发生了突变，因此气动干扰也对列车运行安全产生了显著的影响，且随着风速增加，气动干扰效应越来越强，轮重减载率也从 0.157、0.206、0.266 分别增大至 0.188、0.279、0.327，增幅分别为 19.75%、35.44%、22.93%，但列车安全指标仍有一定冗余。以上分析表明，侧风下交会气动干扰对列车安全指标的不利作用非常显著，在研究侧风下高速运行列车的动力行为时，由交会引起的气动载荷变化不可忽略。

表 11-6　不同风速时气动干扰对列车安全性的影响

评估指标	有干扰			无干扰		
	15 m/s	20 m/s	25 m/s	15 m/s	20 m/s	25 m/s
脱轨系数	0.108	0.168	0.202	0.093	0.125	0.153
轮重减载率	0.188	0.279	0.327	0.157	0.206	0.266

11.7.2　风向和气动干扰的影响

为研究风向对汽车、列车交会过程中动力响应和安全性的影响，分别对风速为 −15 m/s、−25 m/s 和 15 m/s、25 m/s 的计算结果进行比较，汽车位于车道 3 而列车位于线路 4，运行速度分别是 80 km/h 和 300 km/h。图 11-32 中驾驶员行为受平均风荷载影响较大，在遭遇交会气动干扰之前，−15 m/s、−25 m/s 风速时汽车始终在比较靠近行车道

第 11 章　风-汽车 列车-桥梁系统高效数值算法及行车安全研究

中线的位置行驶，且车轮转向角和车体侧滑位移的波动范围显著小于汽车在迎风侧行驶时；根据第 7.3.3.2 节的分析结果，由于 −15 m/s、−25 m/s 风速时汽车风荷载突变幅度较大，所以车轮转向角和车体侧滑位移受到的气动干扰作用比较强。以 25 m/s 风速为例，在交会气动干扰作用下，47.16 s 时对应车轮转向角从 −0.006 rad 增大至 0.010 rad，47.38 s 时对应车体侧滑位移从 0.048 m 减小至 0.011 m，列车离开且尾流消失之后，汽车行驶才逐渐趋于稳定，且车辆转向角和车体侧滑位移远未达到 0.2 rad 和 0.5 m 的安全限值。事实上，交会气动干扰突然作用时驾驶员需要一定反应时间才能对其产生的影响做出反馈，车轮转向角和车体侧滑位移在交会气动干扰和驾驶员主动操作的共同作用下趋于稳定。

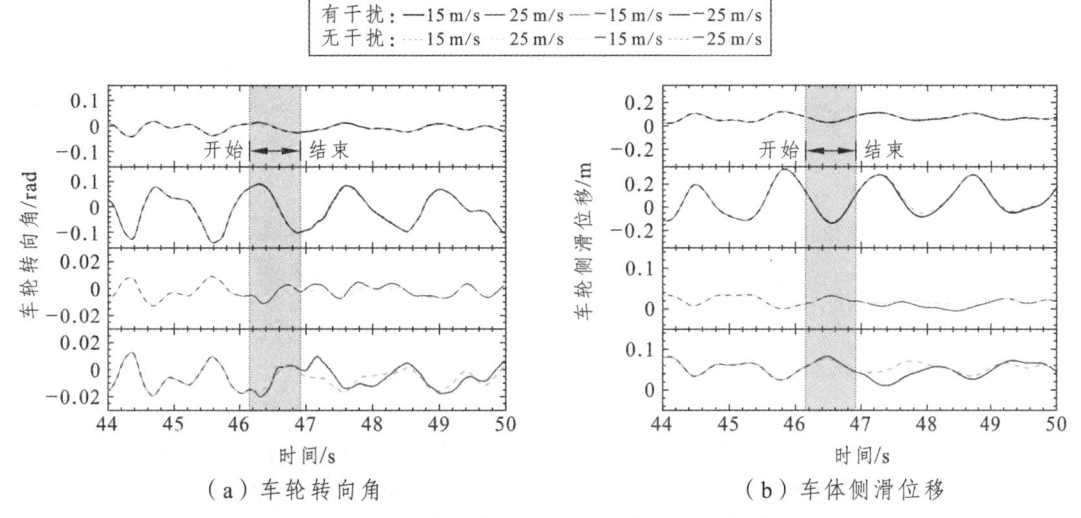

（a）车轮转向角　　　　（b）车体侧滑位移

图 11-32　不同风向时气动干扰对汽车驾驶员行为的影响

在遭遇交会气动干扰之前，由于汽车在背风侧行驶时受到的平均风荷载较小，因而图 11-33（a）中横向加速度时程的波动范围明显小于在迎风侧行驶时，且未超过列车运行平稳性的限值。与迎风侧行驶所不同的是，受列车风与侧风的合成风向角影响，交会结束后横向加速度时程仍存在一定差异，以 25 m/s 风速为例，在交会气动干扰作用下，47.21 s 时对应横向加速度从 −0.346 m/s² 增大至 0.789 m/s²，46.64 s 时对应垂向加速度从 3.136 m/s² 增大至 3.880 m/s²。此外，图 11-34（a）中由背风侧变换至迎风侧的 3 号车轮横向接触力显著减小，但交会气动干扰造成的差异更明显，尤其是 25 m/s 风速时，47.97 s 对应的横向接触力由 2068 N 增大至 2869 N。对于垂向接触力而言，整体略向下平移，且交会气动干扰也造成了一定程度的偏差。

与汽车在迎风侧行驶有所不同，考虑交会气动干扰时，表 11-7 中 −15 m/s、−25 m/s 风速作用时汽车的侧翻和侧滑安全指标是更加危险的，定量来看，侧翻安全指标从 7.658、3.157 减小至 6.841、3.073，降幅分别为 10.67%、2.66%；侧滑安全指标由 2.487、2.095 减小至 2.478、2.071，降幅分别为 0.36%、1.15%。以上结果说明当汽车在背风侧行驶时，侧风和列车风耦合形成的交会气动干扰对汽车的行车安全性和乘客的舒适性均会带来不利影响，同时也表明未考虑交会气动干扰效应得到的分析结果是偏安全的，且并不能很好地预测侧翻和侧滑事故。

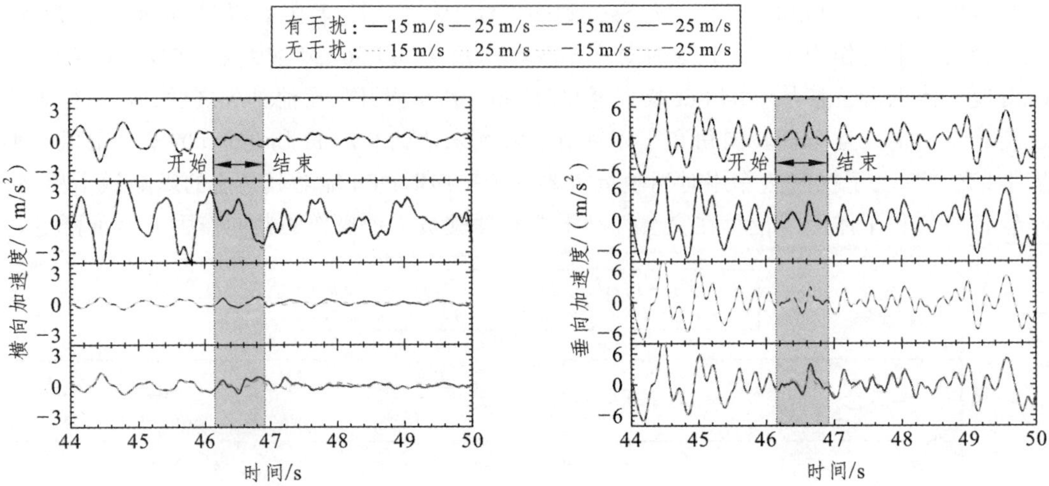

（a）车体横向加速度　　　　　　　　（b）车体垂向加速度

图 11-33　不同风向时气动干扰对汽车加速度的影响

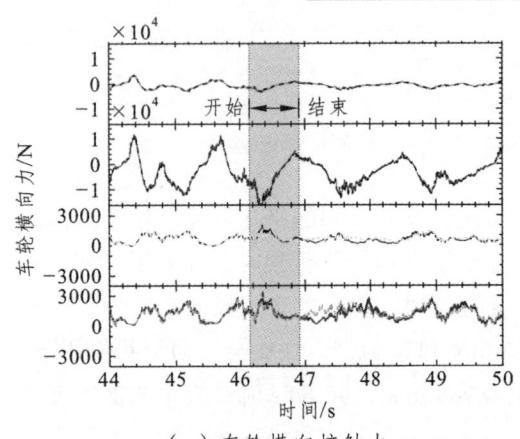

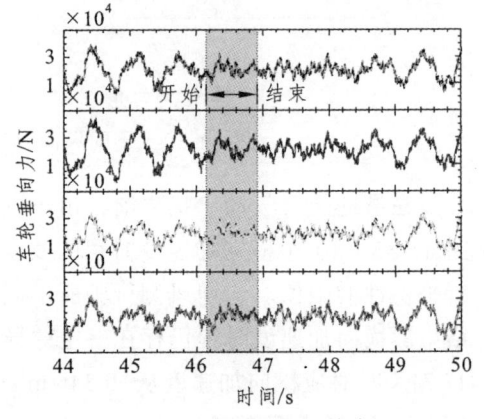

（a）车轮横向接触力　　　　　　　　（b）车轮垂向接触力

图 11-34　不同风向时气动干扰对汽车车轮作用力的影响

表 11-7　不同风向时气动干扰对汽车安全性的影响

评估指标	有干扰				无干扰			
	15 m/s	25 m/s	−15 m/s	−25 m/s	15 m/s	25 m/s	−15 m/s	−25 m/s
侧翻安全指标	3.574	1.336	6.841	3.073	3.507	1.293	7.658	3.157
侧滑安全指标	2.228	1.458	2.478	2.071	2.199	1.391	2.487	2.095

第 11 章 风-汽车-列车-桥梁系统高效数值算法及行车安全研究

从图 11-35 中的加速度时程中可以看到，列车车体横向加速度虽然也经历了突变，但是明显不如背风侧运行时剧烈，以风速 −25 m/s 为例，气动干扰作用下 46.49 s 对应的横向加速度响应由 −0.052 m/s² 增大至 −0.132 m/s²。而经过对比车体垂向加速度后可以发现，气动干扰作用对列车竖向响应的影响非常小，竖向加速度时程曲线很近似。显然，列车在迎风侧运行时受气动干扰作用的影响明显弱于背风侧。

整体来看，图 11-36 中 3 号轮、4 号轮从迎风侧和背风侧转换至背风侧和迎风侧，轮对横向力也改由 3 号轮主要承担，进而 3 号轮的轮轨横向力增大而 4 号轮的轮轨横向力减小。由于列车在迎风侧运行时在侧向受到的平均风荷载较大，所以轮轨横向力随着风的脉动方向而波动，以风速 −25 m/s 时最为明显。此外，作用于车身的侧向风荷载的偏心矩也使得轮轨横垂向力产生了类似的变化过程，如图 11-37 所示。根据第 7.3.3.2 节的结果可知，头车气动载荷突变作用非常有限，因而交会处的轮轨作用力没有明显的突增。

（a）车体横向加速度　　（b）车体垂向加速度

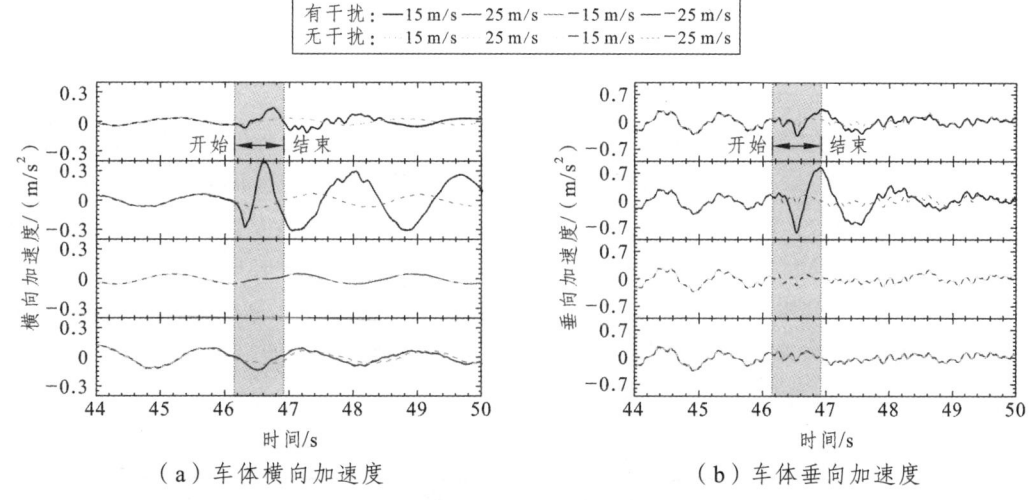

图 11-35　不同风速时气动干扰对列车加速度的影响

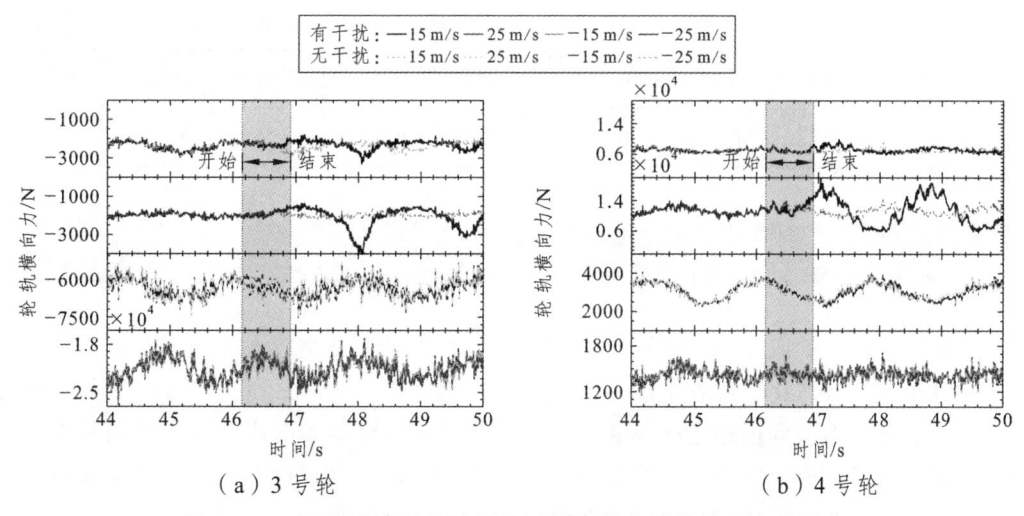

（a）3 号轮　　（b）4 号轮

图 11-36　不同风速时气动干扰对列车横向轮轨作用力的影响

有干扰：—15 m/s —25 m/s —-15 m/s —-25 m/s
无干扰：15 m/s 25 m/s -15 m/s -25 m/s

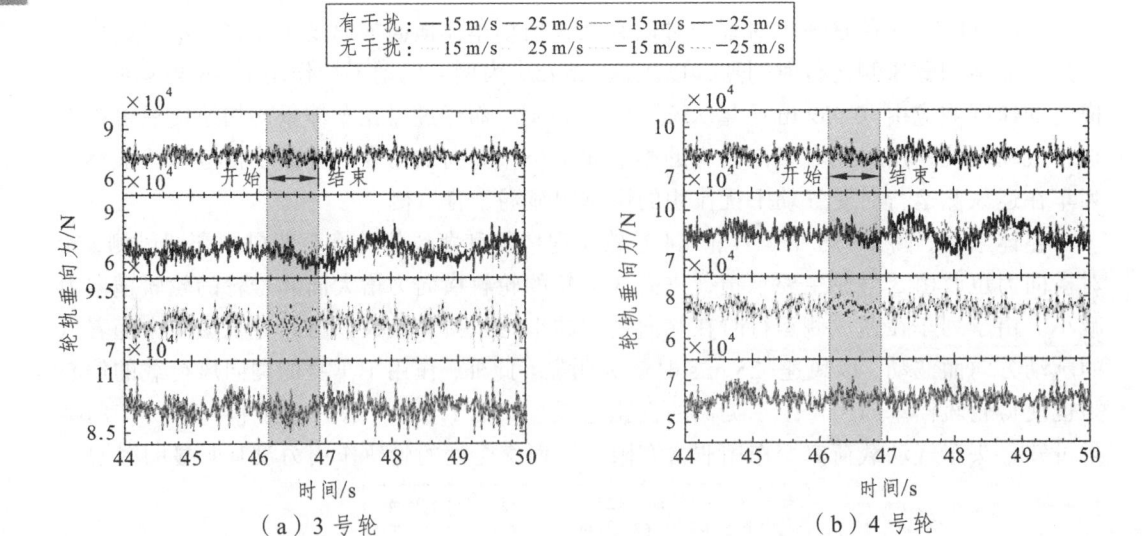

(a) 3号轮　　　　　　　　　(b) 4号轮

图 11-37　不同风速时气动干扰对列车垂向轮轨作用力的影响

由于车身的侧向风荷载正负方向的改变，表 11-8 中风速-15 m/s、-25 m/s 的统计结果分别基于 3 号轮、4 号轮。在考虑交会气动干扰之后，脱轨系数从 0.121、0.293 分别增大至 0.122、0.297，增幅分别为 0.83%、1.37%；轮重减载率从 0.159、0.324 分别增大至 0.161、0.333，增幅分别为 1.26%、2.78%，但列车安全指标未超限。以上分析说明列车在迎风侧运行时基本不受到汽车风作用的影响，同时也说明风向是交会场景下影响列车运行安全的重要因素，对于不同风向角条件下交会气动干扰可能带来的行车安全风险，仍需要进一步开展研究。

表 11-8　不同风向时气动干扰对列车安全性的影响

评估指标	有干扰				无干扰			
	15 m/s	25 m/s	-15 m/s	-25 m/s	15 m/s	25 m/s	-15 m/s	-25 m/s
脱轨系数	0.108	0.202	0.122	0.297	0.093	0.153	0.121	0.293
轮重减载率	0.188	0.327	0.161	0.333	0.157	0.266	0.159	0.324

11.8　本章小结

本章基于建立的风-汽车-列车-桥梁耦合系统提出了一种高效 SMTS 算法，对 SMTS 算法的原理和 WRVTB 耦合系统动力响应求解流程进行了阐释，讨论了 SMTS 算法的计算精度、求解效率。利用建立的 WRVTB 耦合振动分析框架和提出的 SMTS 算法对系统动力响应进行了研究，并分析了交会气动干扰作用、风速和风向对汽车、列车运行安全性的影响。综合本章的研究内容，主要得到以下结论：

（1）为提高计算效率，同时保持足够的精度，针对所建立的含有大量自由度、多个子系统的复杂动力耦合系统，引入域分解技术，提出了一种高效 SMTS 算法，并对 SMTS 算法的原理进行了阐释，详细探讨了基于 SMTS 算法的 WRVTB 耦合系统动力响应求解流程。

（2）通过 14 个数值算例和 4 个性能评价指标对 STS、MTS、SMTS 算法的数值精度和计算效率进行了评价，并着重对 SMTS 算法的优势进行了探讨。研究发现 WRVTB 系统中各子系统的时间步长主要对该子系统自身的动态响应精度有显著影响，而时间步长调整对其他两个子系统的影响并不显著。

（3）所提出的 SMTS 算法能够更灵活地将精细的时间步长分配给感兴趣的子系统，将相对粗略的时间步长指定给其余的子系统，从而以低计算成本保证了感兴趣的子系统的计算精度。本章提出的 SMTS 算法将作为后续研究的基础，后续研究中在提高计算效率的同时也确保了各子系统动力响应计算结果的准确性。

（4）通过引入侧翻、侧滑和偏转安全指标对汽车驾驶员行为和行驶安全性进行评估，同时引入最大加速度、脱轨系数和轮重减载率对列车运行平稳性和安全性进行评估。风速和风向对汽车、列车动力响应和安全指标影响显著，风速显著增大了汽车、列车的车体加速度，且对横向的影响强于垂向；同时，风速也显著增大了汽车车轮转向角、车体侧滑位移、侧翻安全指标、侧滑安全指标和列车的轮轨作用力、脱轨系数、轮重减载率。

（5）汽车在侧风上游行驶时，交会气动干扰对列车的影响非常显著，列车平稳性和安全性指标明显更不利，而此时汽车安全指标略有改善；列车在侧风上游运行时，交会气动干扰对汽车的影响比较明显，汽车行驶危险性有所提高，而此时列车安全指标略有恶化。本章研究结论对降低大跨桥梁服役时的风致行车事故风险具有比较重要的理论意义和实用价值。

11.9 本章参考文献

[1] JIN Z B, LI G Q, PEI S L, et al. Vehicle-induced random vibration of railway bridges: a spectral approach[J]. International Journal of Rail Transportation, 2017, 5(4): 191-212.

[2] YANG S C, HWANG S H. Train-track-bridge interaction by coupling direct stiffness method and mode superposition method[J]. Journal of Bridge Engineering, 2016, 21(10): 04016058.

[3] BIONDI B, MUSCOLINO G, SOFI A. A substructure approach for the dynamic analysis of train-track-bridge system[J]. Computers & Structures, 2005, 83(28/30): 2271-2281.

[4] KONG X, WU D J, CAI C S, et al. New strategy of substructure method to model long-span hybrid cable-stayed bridges under vehicle-induced vibration[J]. Engineering Structures, 2012, 34: 421-435.

[5] HUGHES T, PISTER K S, TAYLOR R L. Implicit-explicit finite elements in nonlinear transient analysis[J]. Journal of Applied Mechanics-Transactions of the ASME, 1978, 45(1): 159-182.

[6] BELYTSCHKO T, MULLEN R. Stability of explicit-implicit mesh partitions in time integration[J]. International Journal for Numerical Methods in Engineering, 1978(12): 1575-1586.

[7] KARIMI, S, NAKSHATRALA, K B. On multi-time-step monolithic coupling algorithms for elastodynamics[J]. Journal Of Computational Physics, 2014(273): 671-705.

[8] PRAKASH A, TACIROGLU E, HJELMSTAD K D. Computationally efficient multi-time-step method for partitioned time integration of highly nonlinear structural dynamics[J]. Computers & Structures, 2014, 133(3): 51-63.

[9] WAISMAN H, FISH J. A space-time multilevel method for molecular dynamics simulations[J]. Computer Methods in Applied Mechanics and Engineering, 2006, 195(44-47): 6542-6559.

[10] LINDSAY P, PARKS M L, PRAKASH A. Enabling fast, stable and accurate peridynamic computations using multi-time-step integration[J]. Computer Methods in Applied Mechanics and Engineering, 2016, 306(7): 382-405.

[11] ZHU Z H, WEI G, WANG L D, et al. An efficient multi-time-step method for train-track-bridge interaction[J]. Computers & Structures, 2018, 196(2): 36-48.

[12] JIN Z B, HU C C, PEI S L, et al. An integrated explicit-implicit algorithm for vehicle-rail-bridge dynamic simulations[J]. Journal of Rail and Rapid Transit, 2018, 232(6): 1895-1913.

[13] ZHU J, ZHANG W, WU M X. Coupled dynamic analysis of the vehicle-bridge-wind-wave system[J]. Journal of Bridge Engineering, 2018, 23(8): 4018054.1-4018054.17.

[14] COMBESCURE A, GRAVOUIL A. A numerical scheme to couple subdomains with different time-steps for predominantly linear transient analysis[J]. Computer Methods in Applied Mechanics and Engineering, 2002, 191(11/12): 1129-1157.

[15] ZHU Z H, WEI G, WANG L D, et al. An efficient multi-time-step method for train-track-bridge interaction[J]. Computers & Structures, 2018, 196(2): 36-48.

[16] CLOUGH R W, PENZIEN J, GRIFFIN D S. Dynamics of structures[M]. Berkeley: Mc Graw-Hill, 1993, 738: 0070113947.

[17] YANG Y B, WU Y S. A versatile element for analyzing vehicle-bridge interaction response[J]. Engineering Structures, 2001, 23: 452-469.

[18] BAKER C J. The quantification of accident risk for road vehicles in cross winds[J]. Journal of Wind Engineering and Industrial Aerodynamics, 1994, 52(1-3): 93-107.

[19] LIU P. Analysis, detection and early warning control of dynamic rollover of heavy freight vehicles[D]. Montreal: Concordia University, 1999.

[20] CHEN N, LI Y L, WANG B, et al. Effects of wind barrier on the safety of vehicles driven on bridges[J]. Journal of Wind Engineering and Industrial Aerodynamics, 2015,143: 113-127.

[21] 铁道第三勘察设计院集团有限公司,中铁第四勘察设计院集团有限公司. 高速铁路设计规范: TB 10621—2014 [S]. 北京: 中国铁道出版社, 2014.

第 12 章 大跨度公路悬索桥涡振条件下驾驶员全身振动研究

12.1 引言

随着推进"一带一路"建设、长江经济带发展等战略部署的深入推进，以及四川藏区高速公路和铁路等战略性交通基础设施建设的深入开展，未来我国将涌现一批大跨度悬索桥，如目前在建的狮子洋大桥（主跨 2180 m）、张靖皋长江大桥（主跨 2300 m）等。涡振是大跨度悬索桥主梁的风致振动灾害之一，国内外已经有数十座桥梁观测到涡振现象[1-5]。2020 年 4 月—5 月，我国武汉鹦鹉洲长江大桥、广东虎门大桥、浙江舟山西堠门大桥 3 座悬索桥接连突发大幅涡振，引发社会舆论强烈关注。基于此，许多学者在近年间针对桥梁涡振开展了研究。Zhao[6]等对虎门大桥的涡振进行了现场监测，根据实测数据分析了涡振发生的原因并提出了抑制措施；Ge[7]等采用现场实测、数值模拟和风洞试验方法，系统研究了虎门大桥的涡振机理并提出了相应的气动控制和阻尼控制措施；Hwang[8]等研究了一座悬索桥发生高阶涡振的原因。已有的研究和工程实践表明，桥梁涡振一般不会引起结构的强度破坏，显著加剧构件疲劳的可能性也很小，但由涡振引起的大幅振动会显著影响桥上驾乘人员和工作人员的人体振动舒适度。例如，大带东桥在通车前发生了涡振，当时桥上工作人员感觉非常不舒适[9]。

当大跨度悬索桥主梁发生竖弯涡振时，桥面呈现周期性的简谐振动并形成凹凸起伏的曲线，从而影响桥上驾乘人员的人体振动舒适度。对于桥上驾乘人员，桥面的振动首先通过车-桥耦合相互作用传递至车体，车体振动进一步通过坐垫、靠背和脚地板等支撑面传递至人体，因此行驶在发生涡振桥面上的车辆驾乘人员实际感受到的振动与桥面振动相比有很大的差异。这表明：大跨度悬索桥涡振条件下风、桥、车相互耦合作用模拟是明确驾驶员的人体全身振动状态和开展人体振动舒适度研究的基本前提和途径。

通过调研国内外相关文献发现，目前少有研究关注涡振这一特殊的风致振动下桥梁与车辆子系统的时频域振动特征、驾乘人员的全身振动状态和人体振动舒适度。鉴于此，本章基于传统的风-车-桥耦合振动分析理论，通过引入简谐涡激力模型模拟桥梁的涡振，利用 ANSYS 和 MATLAB 混合编程技术建立了大跨度公路悬索桥涡振条件下的风-车-桥耦合振动模型，并进一步提出了基于国际标准评价法 ISO 2631-1:1997（E）[10]的人体全身振动的评价方法，包含舒适度和晕动症的评价两个方面。以某大跨度公路悬索桥为背景，采用舒适度和晕动症两个指标评价了典型小轿车通过发生涡振的桥梁时驾驶员的全身振动状态。此外，本章重点探讨了路面粗糙度、涡振振幅和涡振频率对驾驶员舒适度和晕动症指

第 12 章 大跨度公路悬索桥涡振条件下驾驶员全身振动研究

标的影响规律。在此基础上,开展了基于晕动症指标的大跨度悬索桥涡振限值的研究。本章的研究成果对于大跨度悬索桥涡振性能评估和涡振限值的确定具有一定的指导意义。

12.2 驾驶员全身振动分析框架

本章提出的大跨度公路悬索桥涡振条件下驾驶员全身振动分析框架主要由 4 个部分构成,如图 12-1 所示。首先是主梁涡激力的模拟(第 1 部分):建立桥梁的有限元模型,分析桥梁结构动力特性,在此基础上,对于关心的涡振模态和涡振振幅,采用简谐涡激力模型模拟桥梁主梁的涡激力。其次,基于得到的主梁涡激力,开展风-车-桥耦合振动分析,获取大跨度悬索桥涡振条件下桥梁和车辆子系统的动力响应(第 2 部分)。然后,对桥梁和车辆子系统的动力响应进行频谱分析(第 3 部分)。最后,考虑到驾驶员的舒适度和晕动症可能直接影响其驾驶行为,进而影响驾驶安全,将基于舒适度和晕动症两个指标,开展涡振条件下驾驶员全身振动的评价,并探究路面粗糙度、涡振振幅和涡振频率对全身振动的影响规律(第 4 部分)。

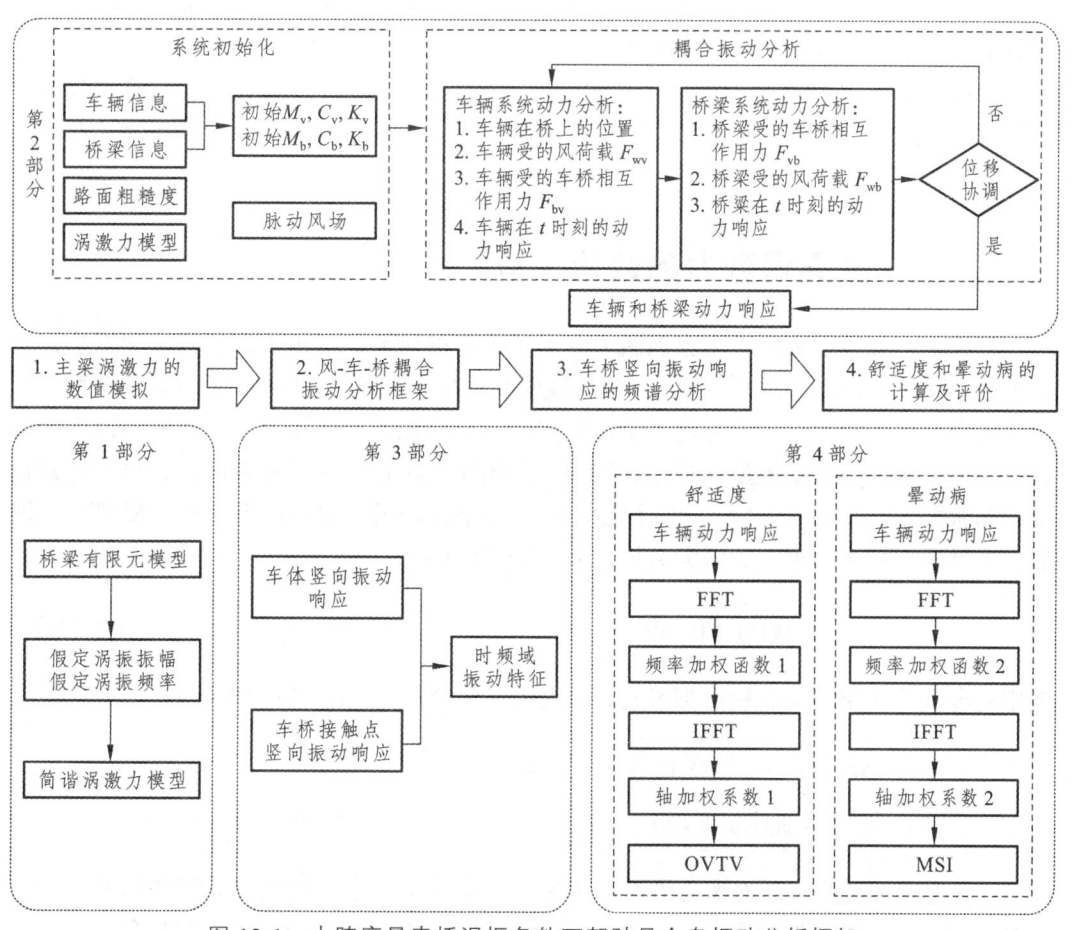

图 12-1 大跨度悬索桥涡振条件下驾驶员全身振动分析框架

12.2.1 考虑桥梁涡振的风-车-桥耦合振动分析框架

通过在传统的风-车-桥运动方程中引入主梁涡激力模型,建立了涡振条件下风-车-桥运动方程[11, 12]:

$$M_b\ddot{u}_b + C_b\dot{u}_b + K_b u_b = F_{wb} + F_{vb} \tag{12-1}$$

$$M_v\ddot{u}_v + C_v\dot{u}_v + K_v u_v = F_{wv} + F_{bv} \tag{12-2}$$

式中:M、C、K 分别表示质量矩阵、阻尼矩阵和刚度矩阵;$\ddot{u}$、$\dot{u}$、u 分别表示加速度、速度和位移向量;下标 b 表示桥梁子系统,下标 v 表示车辆子系统,下标 w 表示风荷载;F_{vb}、F_{bv} 表示车-桥系统间的相互作用力;F_{wv} 表示作用在车辆上的风荷载,常基于脉动风场通过准静态方法求解,其中,脉动风场可通过实测获得或根据风洞试验得到的涡振风速通过理论谱生成;F_{wb} 是关于主梁涡激力的参数。本书采用分离迭代方法求解上述的风-车-桥耦合振动方程。具体而言,在每一积分步,桥梁系统受到涡激力和车桥相互作用力,车辆系统受到风荷载和车桥相互作用力,两个系统之间根据力学平衡和位移协调关系,通过分离迭代进行耦合振动分析。特别地,针对车辆系统而言,车桥相互作用力不仅源于桥梁振动(由涡激力和车桥相互作用力导致的振动),还源于路面粗糙度。

目前,风-车-桥耦合振动的理论和实践均得到了长足发展,并通过风洞试验和现场试验得到了广泛验证[11-15],其求解过程已经十分完善,不再赘述。本章着重介绍式(12-1)中的参数 F_{wb} 的模拟,即主梁涡激力的模拟。

12.2.2 主梁涡激力的数值模拟

近年来,许多学者针对主梁涡激力开展了大量的研究,提出了许多理论和方法,建立了数十种关于涡激力的理论模型,包括经验线性模型、简谐力模型、升力振子模型等。但是至今,仍然没有一个模型能够全面地解释涡激共振现象。这是由于涡激振动十分复杂,用一个统一的数学模型来描述涡激力十分困难。不过,可以确定的是,对于等幅稳定的涡激振动,气动力的输入是简谐稳定的。本书采用最简单的简谐涡激力模型[16],即假设主梁发生第 n 阶模态的涡激共振,F_{wb} 可表示为:

$$F_{wb} = \int_0^L \varphi_n(x) \cdot P(t) \cdot dx \tag{12-3}$$

式中:$\varphi_n(x)$ 为主梁第 n 阶模态振型;L 为主梁展向全长;$P(t)$ 为简谐涡激力。

$$\begin{aligned}P(t) &= \frac{1}{2} \cdot \rho \cdot U^2 \cdot D \cdot \tilde{C}_L \cdot \sin(\omega_n \cdot t + \theta) \\ &= a \cdot \sin(\omega_n \cdot t + \theta)\end{aligned} \tag{12-4}$$

式中:ρ 为空气密度;U 为来流风速;D 为主梁横风向尺寸;$\tilde{C}_L$ 为气动升力系数,与主梁外形有关,是斯托罗哈数 S_t 的函数;ω_n 为主梁第 n 阶固有频率;θ 为相位角。

第 12 章 大跨度公路悬索桥涡振条件下驾驶员全身振动研究

通过风洞实验或数值模拟可以确定式（12-4）中与主梁相关的气动系数。由于本研究不针对涡振的机理开展研究，而是重点关注发生假定模态和振幅的涡振下的桥上驾驶员的全身振动状态。因此，基于事先假定的涡振模态和振幅，可通过反算的方式来求得式（12-4）中的系数 a。

$$a = A_1 / A_0 \qquad (12\text{-}5)$$

式中：A_1 为事先假定（已知）的主梁竖向位移振幅；A_0 为通过数值计算得到的单位涡激力作用下主梁的竖向位移振幅。

A_0 的具体计算如下：①首先，假定要研究的涡振振幅 A_1 和涡振频率 ω_n；②其次，令 $a=1$，相位角 $\theta=0$，将上述参数代入式（12-4）计算单位涡激力；③再次，将单位涡激力代入式（12-3）和式（12-1），进行单位涡激力作用下桥梁的动力响应分析，由此得到桥梁振动稳定后主梁的竖向位移振幅 A_0。通过上述计算，可求得 a；④根据求得的 a，可进一步计算主梁发生假定涡振振幅和模态的涡激力 F_{wb}，并进行涡振条件下的风-车-桥耦合振动分析。值得说明的是，作者已通过鹦鹉洲大桥实测数据对本模拟方法进行验证[17]，结果表明本模拟方法能有效模拟桥梁的涡激振动。

12.2.3 车辆模型

通常将车辆抽象为由车体、车轴和车轮等刚体相互之间通过阻尼器和弹性元件连接的模型。假定车轮与桥面始终接触，车辆悬挂系统和车轮具有的弹性被抽象为弹性元件，悬挂系统和车轮具有的能量耗散能力被抽象为阻尼器，并假定车辆质量分布于各刚体的质心。

以图 12-2 所示的两轴四轮整车为例，整个车辆可以分为 5 个刚体：1 个车体和 4 个车轮。车体考虑竖向位移 Z_v、侧向位移 Y_v、侧翻位移 ϕ_v、横摆位移 φ_v 和俯仰位移 θ_v，共计 5 个自由度；每一个车轮考虑竖向位移 Z_{si} 和横向位移 Y_{si}，共 2 个自由度。

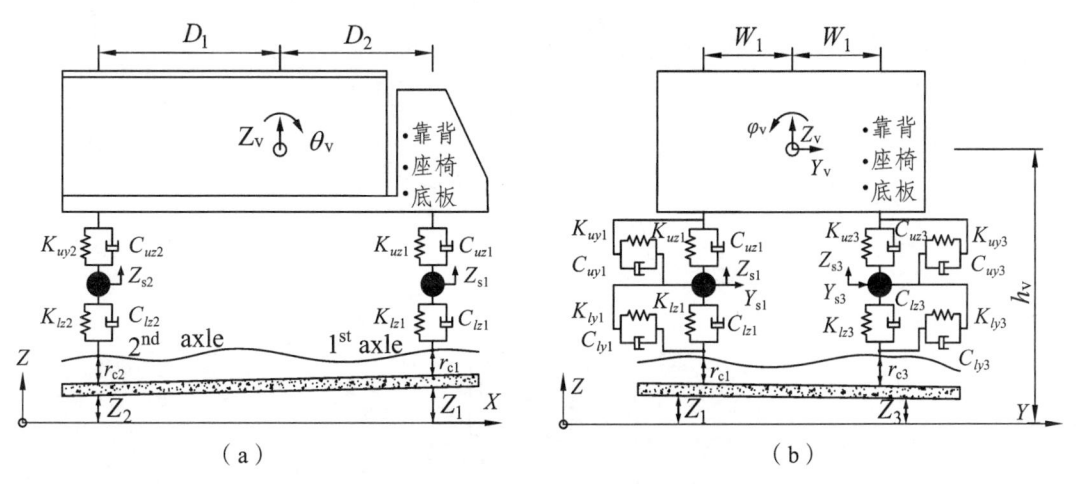

图 12-2 两轴车辆动力学模型

确定车辆模型后即可根据达朗贝尔原理或虚功原理建立车辆的运动方程,由于篇幅限制,详细的车辆运动方程推导和图 12-2 中各参数的具体含义和取值,可参见相关文献[12, 18]。

12.3 人体全身振动评价方法

人体处于不同姿势(如端坐、站立或平躺)时,当其支撑面发生振动时,支撑面的振动会传递到人体,从而引起人体的全身振动。全身振动会影响人体的舒适度、感知、健康以及晕动症。本书广泛调研了国内外针对全身振动的相关研究[19-23],发现国内外学者在对人体受到的全身振动进行评价时,一般以加速度作为评价的基础,同时考虑加速度的幅值、频率、方向、持时对人体敏感程度的影响。特别地,对于加速度频率的影响,国内外的学者一致认为:加速度的高频成分(0.5~80 Hz)会显著影响人体的舒适度,而加速度中的低频成分(0~0.5 Hz)会显著影响人体的晕动症。鉴于此,本书将在车桥动力响应频谱分析的基础上,采用国际标准评价法 ISO 2631-1:1997(E)(以下简称 ISO 2631 标准)中对于人体全身振动的评价方法,重点围绕舒适度和晕动症这两个重要的指标开展大跨度悬索桥涡振条件下驾驶员全身振动的研究。ISO 2631 标准经过了国际标准化组织不断的修改和完善,目前已广泛应用于人体舒适度和晕动症的分析[21, 22, 24]。

12.3.1 舒适度指标

ISO 2631 标准指出,对于处于坐姿的驾驶员,12 个轴向参数(振动分量)就可以相当完备地代表人体的受振程度,如图 12-3 所示。

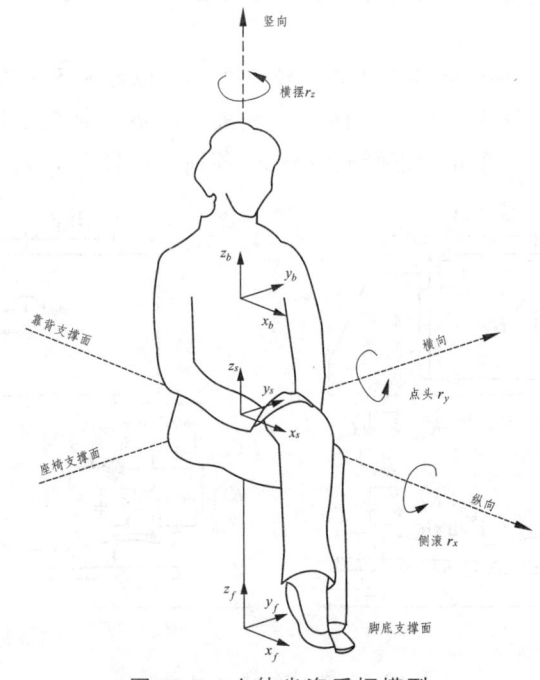

图 12-3 人体坐姿受振模型

第 12 章 大跨度公路悬索桥涡振条件下驾驶员全身振动研究

此外,考虑到人体对所受振动的方向和频率的敏感程度不同,ISO 2631 标准做了如下规定:为了考虑不同频率的振动对人体舒适度的影响,规定了各轴向振动的频率加权函数,从而对各轴向的加速度时程曲线进行"滤波"(或调频)。相应的调频函数如图 12-4 所示,图中:

(1) W_k 表示座椅支承面的 z_s 方向、脚的 x_f、y_f 和 z_f 方向的频率加权函数;
(2) W_d 表示座椅支承面的 x_s 和 y_s 方向、靠背的 y_b 和 z_b 方向的频率加权函数;
(3) W_c 表示靠背的 x_b 方向的频率加权函数;
(4) W_e 表示座椅支承面的 r_x、r_y 和 r_z 方向的频率加权函数;
(5) W_f 是用于计算晕动症指标的频率加权函数,将在下文进行介绍。

需要说明的是,对于驾驶员而言,由于车辆行驶方向和摇头方向的振动对于舒适度指标的影响很小,因此本书最终仅考虑传递到驾驶员身上的 z_s、y_f、z_f、y_s、y_b、z_b、r_x、r_y 共 8 个方向的振动。

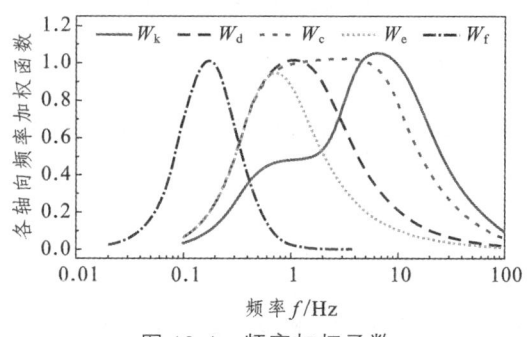

图 12-4 频率加权函数

此外,不同位置、不同方向的振动对人体舒适度也有不同影响。对此,ISO 2631 标准又规定了各方向振动分量的轴加权系数,如表 12-1 所示。

表 12-1 各方向振动分量的轴加权系数

轴加权系数	取值	支撑面	方向
M_{zs}	1.00	座椅	竖向
M_{ys}	1.00	座椅	横向
M_{ry}	0.40	座椅	点头
M_{rx}	0.20	座椅	侧滚
M_{zb}	0.40	靠背	竖向
M_{yb}	0.50	靠背	横向
M_{zf}	0.40	脚底	竖向
M_{yf}	0.25	脚底	横向

大跨度公路桥梁风-车-桥系统耦合振动分析理论及应用

虽然 ISO 2631 标准规定了需要对人体感受到的各向加速度时程曲线进行调频，但是标准中没有推荐具体的频率加权加速度时程的计算方法。因此，本书提出了一种快速傅里叶变换（Fast Fourier Transform, FFT）的方法来计算频率加权加速度时程，具体如下：假设有一个随时间变化的信号 $x(t)$，该信号包含了 N 个值（即 $x(t) = x(i)$, $i = 1, 2, \cdots, N$），通过离散傅里叶变换（Discrete Fourier Transform, DFT）可以得到原信号 $x(t)$ 的频谱图，即原信号 $x(t)$ 在不同频率上的分布（幅值 X）：

$$X(r) = \sum_{k=0}^{N-1} x(k) \omega_N^{rk} \tag{12-6}$$

式中：$\omega_N = e^{-2\pi r/N}$，$r = 0, 1, \cdots, N-1$。

实数信号变换的结果 $X(r)$ 是一组复数，里面一半数据和另一半是共轭的，即意味着 N 点 DFT，只有 $N/2$ 的数据是含有有用信息的。为了对 $X(r)$ 进行频率加权，需将 $X(r)$ 的实部和虚部同时乘以相应的频率加权函数 $W(r)$（详见图 12-4）：

$$X'(r) = X(r) \cdot W(r) \tag{12-7}$$

经过频率加权后的信号 $X'(r)$ 通过逆傅里叶变换后可以得到频率加权后的时间信号 $x'(j)$：

$$x'(j) = \frac{1}{N} \sum_{r=0}^{N-1} X'(r) \omega_N^{-jr} \tag{12-8}$$

式中：$j = 0, 1, \cdots, N-1$。这也叫 DFT 的逆变换式，实际的含义就是 $x'(j)$ 表示成 $X'(r)$ 为系数的不同频率分量的和。

舒适度指标计算分为以下 5 个主要步骤：

（1）首先，通过本书提出的风-车-桥耦合振动分析模型得到不同工况下车辆各个方向的加速度时程，并由此获得驾驶员各方向加速度时程。需要注意的是，车辆行驶方向和摇头方向的振动对于舒适度指标的影响很小，因此本书仅考虑传递到驾驶员身上的 8 个方向的加速度时程 $a_{ij}(t)$，具体为：

$$a_{zs} = a_{zb} = a_{zf} = \ddot{Z}_v \tag{12-9}$$

$$a_{ys} = a_{yb} = a_{yf} = \ddot{Y}_v \tag{12-10}$$

$$a_{ry} = \ddot{\theta}_v \cdot d_s \tag{12-11}$$

$$a_{rx} = \ddot{\varphi}_v \cdot y_s + \frac{1}{2} \ddot{\varphi}_v \cdot h_s \tag{12-12}$$

式中：驾驶员各方向加速度时程 a 的下标含义已在解释图 12-3 和图 12-4 时进行了介绍；$\ddot{Z}_v$、$\ddot{Y}_v$、$\ddot{\theta}_v$ 和 $\ddot{\varphi}_v$ 分别为车体质心的竖向、横向、点头和侧滚加速度；d_s、y_s 和 h_s 分别为车体质心与驾驶员座椅之间的纵向、横向和竖向距离。对于本书选取的小轿车，$d_s = 0.9$ m、$y_s = 0.9$ m、$h_s = 0.3$ m。

第 12 章 大跨度公路悬索桥涡振条件下驾驶员全身振动研究

（2）其次，对于每一个 $a_{ij}(t)$，通过上述的快速傅里叶卷积方法得到频率加权加速度时程 $a_{w\text{-}ij}(t)$。

（3）再次，计算加权后加速度时程 $a_{w\text{-}ij}(t)$ 的 2 次均方根值 RMS_{ij}。

$$RMS_{ij} = \left\{ \frac{1}{T} \int_0^T \left[a_{w\text{-}ij}(t) \right]^2 \mathrm{d}t \right\}^{1/2} \qquad (12\text{-}13)$$

式中：T 为加速度时程的总时长。

（4）然后，结合各方向振动分量的轴加权系数进行加权求和，就可以得到总的加权加速度均方根值 OVTV（Overall Vibration Total Value）：

$$\mathrm{OVTV} = \left\{ \sum \left(M_{ij} RMS_{ij} \right)^2 \right\}^{1/2} \qquad (12\text{-}14)$$

式中：下标 ij 的含义同式（12-9）~式（12-12）。

（5）最后，得到总的加权加速度均方根值 OVTV 后，结合表 12-2 对各个舒适度等级的划分，即可得到驾驶员的舒适度等级。其中，表 12-2 的取值源自 ISO 2631-1:1997（E）标准[10]，且该标准中的相关参数取值依据主要是 Griffin 的人体振动舒适度试验结果[25]。

表 12-2　舒适度指标 OVTV 与人主观感受之间的关系

OVTV/（m/s²）	舒适性程度
<0.315	感觉不到不舒适
0.315~0.630	有点不舒适
0.500~1.000	相当不舒适
0.800~1.600	不舒适
1.250~2.500	非常不舒适
>2.000	极不舒适

12.3.2　晕动症指标

对于晕动症起主要作用的是竖向、点头、侧滚 3 个方向的加速度。因此，对于端坐于车内的驾驶员，进行晕动症分析时采用的加速度包括 a_{zs}、a_{zf}、a_{zb}、a_{rx} 和 a_{ry}。此外，与舒适度指标计算方法类似，为了考虑不同频率的振动对人体晕动症的影响，ISO 2631 标准采用唯一的频率加权函数 W_f（见图 12-4）对上述 5 个方向的加速度进行调频处理。此外，对于不同位置、不同方向的振动对人体晕动症的影响，ISO 2631 标准认为是相同的，即各轴向振动分量的加权系数均取为 1。

由此，晕动症指标的计算步骤如下：

（1）同舒适度指标计算方法中的步骤（1）。

（2）其次，对于（1）中选定的用于进行晕动症分析的每一个加速度时程 $a_{ij}(t)$，通过快速傅里叶卷积方法得到频率加权加速度时程 $a_{w\text{-}ij}(t)$。

（3）再次，计算其晕动症剂量值 MSDV（Motion Sickness Dose Value）。MSDV 的单位为 m/s$^{5/2}$，计算公式如下：

$$\mathrm{MSDV}_{ij} = \left\{\int_0^T \left[a_{w-ij}(t)\right]^2 \mathrm{d}t\right\}^{1/2} \tag{12-15}$$

当加速度时程 $a_{w-ij}(t)$ 为连续且呈现等幅周期性变化时，可以先求得 $a_{w-ij}(t)$ 的均方根值 RMS_{ij}，然后再由简化公式（12-16）计算晕动症剂量值 MSDV。

$$\mathrm{MSDV}_{ij} = RMS_{ij} T^{1/2} \tag{12-16}$$

（4）接着，根据（3）中求出的晕动症剂量值，就可以得到综合考虑不同轴向加速度贡献（加权系数均取 1）的总的晕动症剂量值 MSDV_T：

$$\mathrm{MSDV}_T = \left\{\sum \left(\mathrm{MSDV}_{ij}\right)^2\right\}^{1/2} \tag{12-17}$$

式中：下标 ij 表示 z_s、z_f、z_b、r_x 和 r_y 共 5 个轴向振动分量。

（5）最后，基于得到的总的晕动症剂量值 MSDV_T，进一步计算晕动症指标 MSI（Motion Sickness Incidence）。晕动症指标 MSI 表示在总的晕动症剂量值 MSDV_T 影响下，人群中发生呕吐的占比。晕动症指标 MSI 的计算公式如下：

$$\mathrm{MSI} = K_m \mathrm{MSDV}_T \tag{12-18}$$

式中：K_m 为常数，对于由成年男性和女性组成的群体，ISO 2631 标准推荐采用 $K_m = 1/3$。注意，通过式（12-18）计算得到的 MSI 是以百分比的形式呈现的。

根据晕动症指标 MSI，同时结合表 12-3 对各个晕动症等级的划分，即可得到驾驶员的晕动症等级。同样，表 12-3 中的取值出自 ISO 2631-1:1997（E）标准[10]。

表 12-3　晕动症指标 MSI 与人主观感受之间的关系

MSI	舒适性程度
0.00	非常舒适
0.25	舒适
0.50	既非舒适，也非不舒适
0.75	不舒适
1.00	极不舒适

12.4　实例分析

12.4.1　桥梁概况

本节以在建的某大跨度公路悬索桥为背景开展涡振条件下驾驶员全身振动的研究。该桥为单跨悬索桥，主梁为闭口流线型钢箱梁，全桥设两根主缆，桥面宽 31.5 m。主跨跨径为 1760 m，矢高 195.5 m，矢跨比为 1/9，主缆跨度布置为 580 m + 1760 m + 580 m。总体布置与主梁断面分别如图 12-5 和图 12-6 所示。

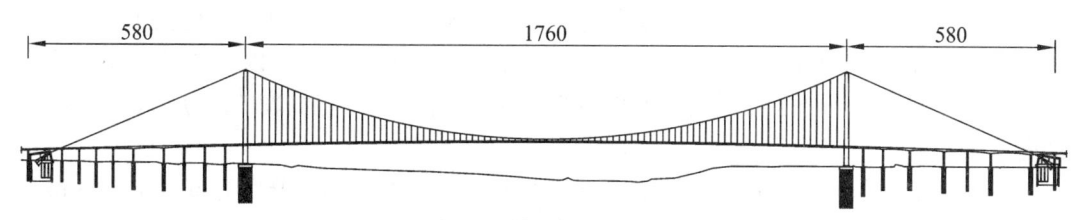

图 12-5　桥梁总体布置图（单位：m）

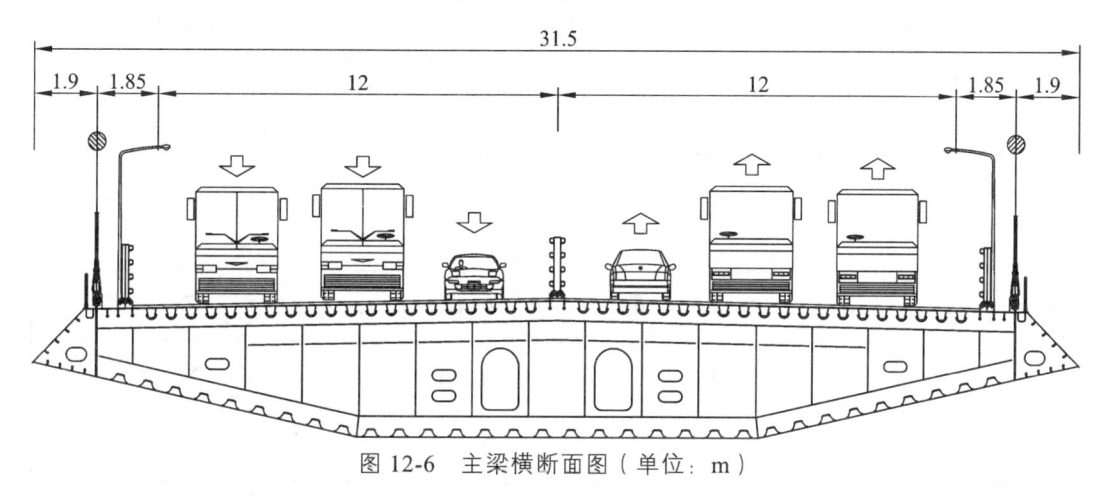

图 12-6　主梁横断面图（单位：m）

根据设计资料，本书采用国际通用的有限元分析软件 ANSYS 对该桥的动力特性进行了计算分析，桥梁有限元模型如图 12-7 所示。

图 12-7　桥梁有限元模型

12.4.2　工况设置

本节重点研究路面粗糙度、涡振振幅和涡振频率这 3 个关键参数对桥上驾驶员全身振动的影响，具体的工况设置如下：

（1）考虑 3 种工况：①单车过路面（单车仅在路上行驶）；②单车过无涡振桥梁（单车在未发生涡振的桥梁上行驶）；③单车过发生涡振的桥梁（单车在发生涡振的桥梁上行驶）。

（2）对于上述3种工况：①根据作者对小轿车、普通厢式货车、大客车和大型集装箱车的初步研究[19,26,27]发现，小轿车在桥梁涡振下的振动最明显，因此本节将小轿车作为研究对象，该车型的具体信息和参数详见参考文献［27］；②考虑5种车速，分别为40 km/h、50 km/h、60 km/h、70 km/h、80 km/h，探究不利车速，并以不利车速进行后续分析；③考虑3种粗糙度，分别为无粗糙度（R0）、等级最好粗糙度（R1）、等级较好粗糙度（R2）。

（3）对于单车过发生涡振的桥梁工况，考虑5种涡振振幅，分别为0.1 m、0.3 m、0.5 m、0.7 m、0.9 m；同时考虑了桥梁的前6阶反对称竖弯模态，即VAS1~VAS6，对应的频率范围为0.0773~0.5770 Hz，该频率区间可认为基本涵盖桥梁可能发生涡振的频率区间。表12-4列出了桥梁的前6阶反对称竖弯模态及对应的频率。

表12-4　某大跨度公路悬索桥前6阶反对称竖弯模态

ANSYS中的模态阶次	主梁模态描述	频率/Hz	振型图
2	VAS1（1阶反对称竖弯）	0.0773	
7	VAS2（2阶反对称竖弯）	0.1656	
24	VAS3（3阶反对称竖弯）	0.2542	
33	VAS4（4阶反对称竖弯）	0.3531	
46	VAS5（5阶反对称竖弯）	0.4538	
56	VAS6（6阶反对称竖弯）	0.5770	

12.4.3　车辆和桥梁竖向振动响应分析

由于车速对于车辆的竖向振动有重要影响，进而将影响驾乘人员的舒适性和晕动症，本节首先分析了不同工况下车速对车辆竖向振动的影响。图12-8和图12-9分别展示了单车驶过无涡振和有涡振桥梁时，车速与车辆竖向加速度均方根的关系。由图12-8可知，桥梁无涡振时，在不考虑路面粗糙度（R0）的情况下，各车速条件下的车体竖向加速度均方根均接近于0；考虑路面粗糙度（R1和R2粗糙度）后，车体竖向加速度均方根随着车速的增大而减小。由图12-9可知，桥梁发生涡振时，在不考虑路面粗糙度（R0）的情况下，车体竖向加速度均方根随着车速的增大而缓慢增加，总体变化幅度很小；考虑路面粗糙度（R1和R2粗糙度）后，车体竖向加速度均方根随着车速的增大而减小，这与桥梁无涡振时的情况相同。

此外，已有的研究表明，车速与车辆振动（驾乘人员舒适度）之间的关系复杂，且受车型、路面粗糙度等众多因素的影响[24]。因此，全面且深入地探究车速与车辆振动（驾

第 12 章 大跨度公路悬索桥涡振条件下驾驶员全身振动研究

乘人员舒适度）之间的复杂关系是作者后续研究的重点，但鉴于该问题的复杂程度和限于篇幅，本书后续将基于不利车速（40 km/h）进行探讨。

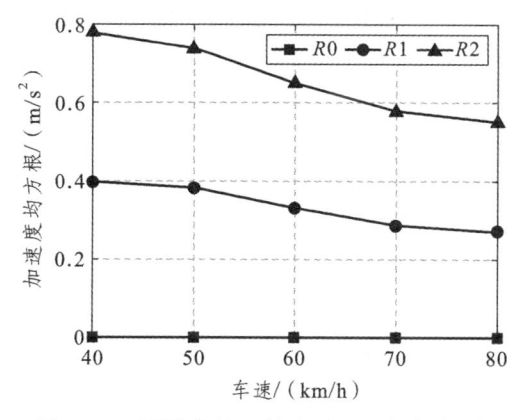

图 12-8 不同车速下单车过无涡振桥梁时车辆竖向加速度均方根值

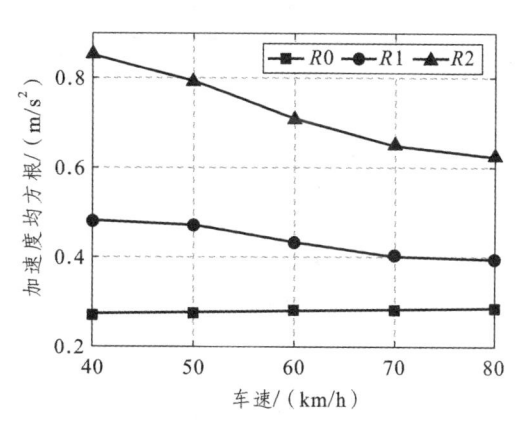

图 12-9 不同车速下单车过发生涡振的桥梁时车辆竖向加速度均方根值

图 12-10 和图 12-11 分别给出了不考虑路面粗糙度（$R0$ 粗糙度）和考虑等级最好的路面粗糙度（$R1$ 粗糙度）情况下，单车过路面、单车过无涡振桥梁、单车过发生涡振的桥梁（以振幅为 0.5 m、VAS2 模态为例）3 种工况下车辆在桥上行驶过程中车体竖向加速度时程曲线和车桥接触点处桥面竖向加速度时程曲线。车桥接触点是指车体在桥上行驶过程中，车体质心投影到桥面上的点。表 12-5 和表 12-6 则汇总了各个工况下车体竖向加速度、车桥接触点竖向加速度的极值和均方根值。

由图 12-10 和表 12-5、表 12-6 中的数据可知，在不考虑路面粗糙度情况下，单车过路面时车辆无振动（幅值为 0 m/s²），单车过无涡振桥梁时车体竖向振动也非常小（幅值仅为 0.0019 m/s²）。与上述两个工况不同，单车过发生涡振的桥梁时，车体竖向振动很大，加速度幅值为 0.5443 m/s²。进一步分析单车过发生涡振的桥梁工况，发现车体竖向加速度时程曲线与车桥接触点处桥面竖向加速度时程曲线非常接近。上述结果表明：当不考虑路面粗糙度时，桥面竖向涡振是车辆竖向振动的唯一激励源，而车桥接触点处桥面竖向加速度能用来近似表征车体竖向振动。

由图 12-11 可知，在 $R1$ 粗糙度下，单车过路面和单车过无涡振桥梁这两个工况下车体竖向振动的波形基本一致，而单车过发生涡振的桥梁工况下车体竖向振动的波形则更为剧烈。结合表 12-5、表 12-6 的数据可知，单车过发生涡振的桥梁工况下车体竖向振动加速度极值和均方根值比单车过无涡振桥梁时车体竖向振动的极值和均方根值要高 4.2% 和 20.1%，比单车过路面时车体竖向振动的极值和均方根值要高 11.3% 和 22.9%，这表明桥梁的涡振会提高车辆的振动水平。由于车辆的振动水平直接关系到驾驶员的全身振动，因此，车辆在发生涡振的桥面上行驶时驾驶员的全身振动要比车辆在路上或者车辆在未发生涡振的桥面上行驶时驾驶员的全身振动更加剧烈。$R2$ 粗糙度下分析得出的规律与 $R1$ 粗糙度下的规律相同，在此不再赘述。

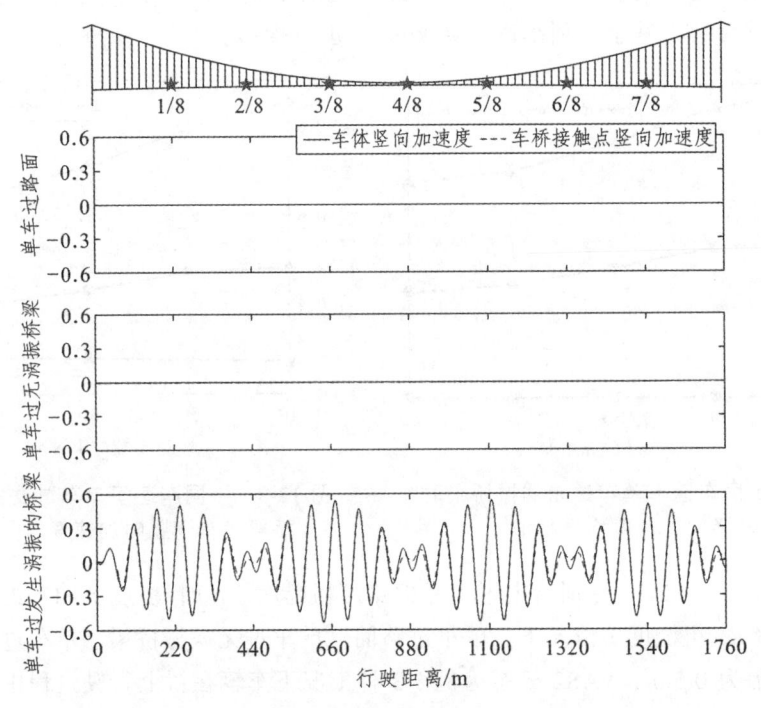

图 12-10 R0 粗糙度下的加速度对比图（单位：m/s²）

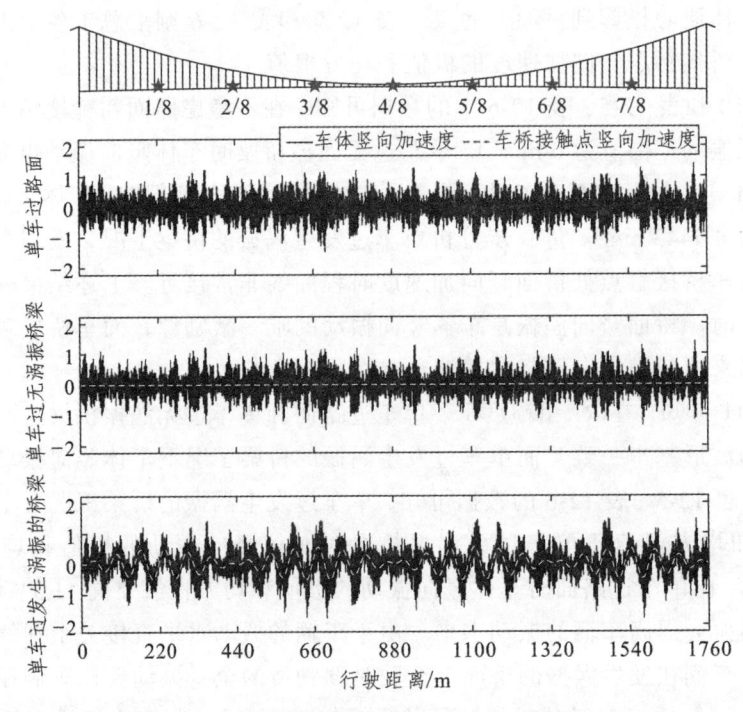

图 12-11 R1 粗糙度下的加速度对比图（单位：m/s²）

第 12 章 大跨度公路悬索桥涡振条件下驾驶员全身振动研究

表 12-5 不同工况下车桥竖向加速度极值

工况	车体加速度/(m/s²)			车桥接触点加速度/(m/s²)		
	R0	R1	R2	R0	R1	R2
单车过路面	0.0000	1.3093	3.2683	—	—	—
单车过无涡振桥梁	0.0019	1.3986	3.4800	0.0029	0.0039	0.0083
单车过发生涡振的桥梁	0.5443	1.4568	3.6812	0.5399	0.5404	0.5403

表 12-6 不同工况下车桥竖向加速度均方根值

工况	车体加速度/(m/s²)			车桥接触点加速度/(m/s²)		
	R0	R1	R2	R0	R1	R2
单车过路面	0.0000	0.3901	0.7710	—	—	—
单车过无涡振桥梁	0.0003	0.3990	0.7731	0.0001	0.0009	0.0017
单车过发生涡振的桥梁	0.2676	0.4793	0.8439	0.2623	0.2623	0.2624

12.4.4 车辆和桥梁竖向振动频谱分析

前文已述及，当人体受振时，振动的频率成分对人体的全身振动具有不同的影响：振动中加速度的高频成分（0.5～80 Hz）会显著影响人体的舒适度指标，而加速度中的低频成分（0～0.5 Hz）会显著影响人体的晕动症指标。因此，为了研究大跨度悬索桥涡振条件下驾驶员的全身振动，有必要对不同工况下车桥动力响应进行频谱分析。由于桥梁的涡激振动为竖向振动，因此本节将重点对车辆和桥梁的竖向振动进行频谱分析。

首先是单车过路面工况。由于该工况下路面粗糙度是车体竖向振动的唯一激励源，因此在 R0 粗糙度下车体不发生振动。图 12-12 给出了在 R1 粗糙度下车体竖向加速度的功率谱。

由图 12-12 可知，在路面粗糙度激励下，车体竖向振动的峰值频率为 3.27 Hz。R2 粗糙度下，车体加速度功率谱的特征与 R1 路面粗糙度对应的功率谱特征类似，在此不再赘述。

对于单车过无涡振桥梁工况，在 R0 粗糙度下车体加速度功率谱与车桥接触点加速度功率谱无明显特征。R1 粗糙度下车体竖向加速度功率谱与单车过路面工况中车体竖向加速度功率谱基本相同，如图 12-13 所示。同时，从图 12-13 可以看出，车桥接触点桥面加速度功率谱非常小，表明 R1 粗糙度下单车过无涡振桥梁时，路面粗糙度是车辆振动的主要激励源，同时车辆引起桥面的振动水平也较低。R2 粗糙度下单车过无涡振桥梁工况也具有相同的规律，在此不再赘述。

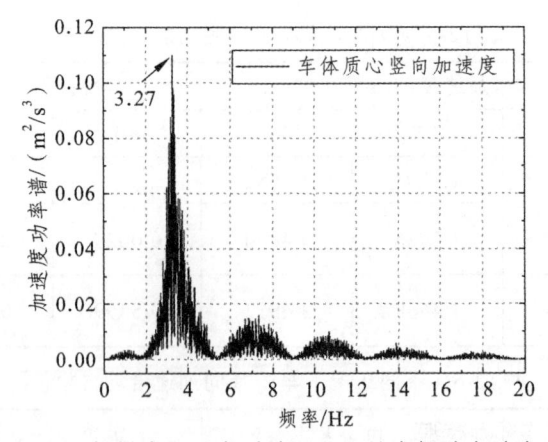

图 12-12　R1 粗糙度下单车过路面工况的车辆动力响应功率谱

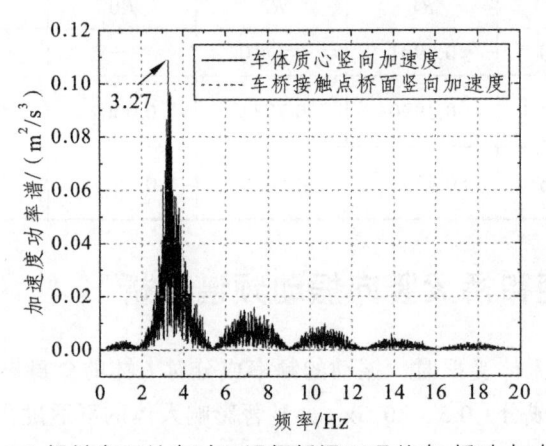

图 12-13　R1 粗糙度下单车过无涡振桥梁工况的车-桥动力响应功率谱

以主梁发生振幅为 0.5 m、VAS2 模态的涡振为例，分析单车过发生涡振的桥梁工况中的车-桥动力响应功率谱，如图 12-14 和图 12-15 所示。由图 12-14 可知，在 R0 粗糙度下，桥面竖向涡振是车辆竖向振动的唯一激励源，车体质心竖向加速度功率谱和车桥接触点桥面竖向加速度功率谱均有两个主频，分别为 0.153 Hz 和 0.179 Hz。这两个主频位于 VAS2 涡振频率 0.1656 Hz 两侧，这是由于车速（或接触点的运动）产生的，也称之为多普勒现象，具体可参见文献 [28]。

R1 粗糙度下车-桥动力响应功率谱如图 12-15 所示。通过对比图 12-13 ~ 图 12-15 可知，R1 路面粗糙度下单车过发生涡振的桥梁时，车体质心竖向加速度功率谱可以近似为光滑路面下单车过发生涡振的桥梁时车体质心竖向加速度功率谱与 R1 路面粗糙度下单车过路面车体质心竖向加速度功率谱的线性叠加。R2 粗糙度下的单车过发生涡振的桥梁工况也具有相同的规律。这表明：在考虑路面粗糙度的情况下，单车过发生涡振的桥梁时，桥梁涡振和路面粗糙度对车体质心竖向加速度均有贡献。进一步观察可知，桥梁涡振和路面粗糙度分别主要影响车体竖向振动的低频部分（小于 0.5 Hz）和高频部分（大于 0.5 Hz）。

第 12 章　大跨度公路悬索桥涡振条件下驾驶员全身振动研究

图 12-14　R0 粗糙度下单车过发生涡振的桥梁工况的车-桥动力响应功率谱

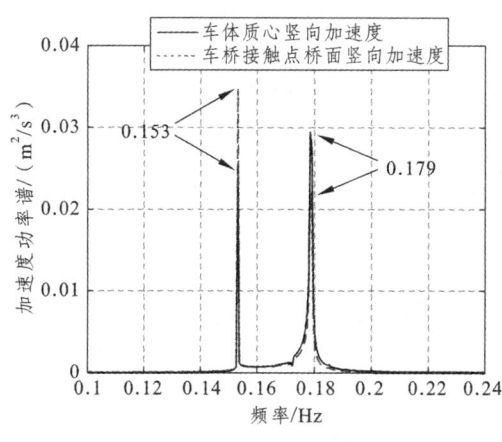

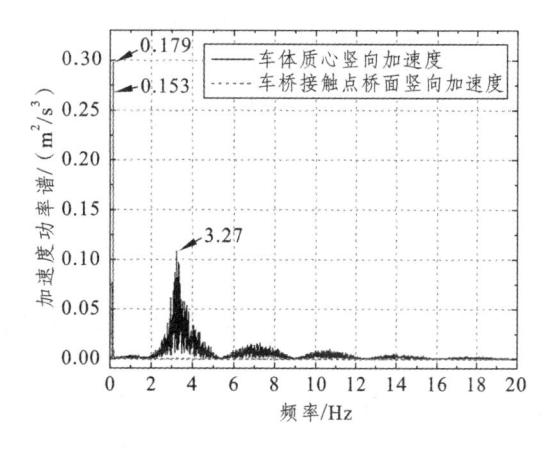

图 12-15　R1 粗糙度下单车过发生涡振的桥梁工况的车-桥动力响应功率谱

根据本书此前的阐述，振动中加速度频谱中的高频成分（0.5～80 Hz）会显著影响人体的舒适度，而加速度频谱中的低频成分（0～0.5 Hz）会显著影响人体的晕动症。因此，车-桥竖向振动频谱分析的结果初步表明：大跨度悬索桥发生涡振时，路面粗糙度主要影响驾驶员的舒适度，桥梁的涡振主要影响驾驶员的晕动症，具体分析见下一节。

12.4.5　驾驶员舒适度评价及影响因素分析

表 12-7 列出了不同工况下舒适度指标 OVTV 的值。单车过发生涡振的桥梁工况中桥梁涡振的模态为 2 阶反对称竖弯（VAS2）、涡振振幅为 0.5 m。

表 12-7　不同工况下的舒适度指标 OVTV　　　　　　　单位：m/s²

工况	路面粗糙度		
	R0	R1	R2
单车过路面	0	0.3863	0.7526
单车过无涡振桥梁	2.82×10⁻⁴	0.3842	0.7489
单车过发生涡振的桥梁	0.0313	0.3853	0.7766

由表 12-7 可得，随着路面粗糙度的增加，3 种工况下的舒适度指标 OVTV 值均明显增加，行车舒适度明显下降；而当路面粗糙度相同时，3 种工况下的 OVTV 值非常接近。这主要是由于 ISO 2631 标准中舒适度评价方法采用的频率加权函数，主要对加速度在 0.5～80 Hz 区间内的频谱成分起作用，在该频段之外的频谱调频系数非常小，接近于 0，如图 12-4 所示。根据上节针对车桥动力响应的频谱分析可知，在单车过发生涡振的桥梁工况中，桥梁涡振和路面粗糙度分别主要影响车体竖向振动的低频成分（峰值频率低于 0.5 Hz）和高频成分（峰值频率为 3.27 Hz）。因此，经过调频函数调频之后，桥梁涡振对

车体竖向振动的影响就被调频函数"过滤"了,而路面粗糙度由于其频率影响范围正好在 0.5~80 Hz 区间内,其影响就被保留。

上述分析表明:大跨度悬索桥发生涡振后,路面粗糙度对驾驶员的舒适度有显著影响,随着路面粗糙度等级的变差,驾驶员的舒适度会显著降低,提高路面粗糙度等级对于改善驾驶员的舒适度具有重要的意义。同时发现,桥梁涡振对驾驶员舒适度的影响很小,与路面粗糙度的影响相比可以忽略不计。

12.4.6　驾驶员晕动症评价及影响因素分析

表 12-8 列出了不同工况下的晕动症指标 MSI 值。单车过发生涡振的桥梁工况中桥梁涡振的模态为 2 阶反对称竖弯(VAS2)、涡振振幅为 0.5 m。

表 12-8　不同工况下的晕动症指标 MSI　　　　　　　　单位:%

工况	路面粗糙度		
	$R0$	$R1$	$R2$
单车过路面	0	0.02	0.02
单车过无涡振桥梁	0	0.04	0.06
单车过发生涡振的桥梁	1.93	1.93	1.93

由表 12-8 可得,单车过路面工况和单车过无涡振桥梁工况的 MSI 指标均接近于 0,主要原因是这两种工况下车体振动的主要激励源都是路面粗糙度,而路面粗糙度引起的竖向振动加速度的卓越频率为 3.27 Hz,远离引起人体晕动症的频率范围(0~0.5 Hz),在采用调频函数 W_f(见图 12-4)进行调频后路面粗糙度的影响就被调频函数 W_f"过滤"了。与上述两个工况不同的是,对于单车过发生涡振的桥梁工况,由于桥面涡振的频率区间正好位于引起人体晕动症的频率范围(0~0.5 Hz)。上述分析表明:大跨度悬索桥发生涡振时,桥面涡振会显著影响人体的晕动症,而路面粗糙度对人体的晕动症的影响很小,与桥面涡振的影响相比可以忽略不计。

为了进一步探究涡振振幅和涡振频率对桥上驾驶员晕动症的影响规律,本书针对单车过发生涡振的桥梁工况进行了深入的分析。由于路面粗糙度对晕动症没有影响,因此在分析时,所有工况中的路面粗糙度等级均设为 $R0$(即无粗糙度)。图 12-16 给出了 $R0$ 粗糙度下单车过发生涡振的桥梁工况中,不同涡振振幅和涡振频率对晕动症指标 MSI 的影响。对于所有的工况,车速均为 40 km/h,而桥梁主跨为 1760 m,可计算出车辆过桥时间为 158.4 s。表 12-9 给出了对应工况下的 MSI 的具体数值。

由图 12-16 和表 12-9 可以得出,在同一频率下,桥上驾驶员的 MSI 值随着振幅的增加呈线性增加的规律。这是由于对于同一涡振频率,桥面加速度的幅值仅与涡振振幅成正比。当不考虑路面粗糙度时,车体竖向加速度的幅值与桥面加速度的幅值非常接近。

第12章　大跨度公路悬索桥涡振条件下驾驶员全身振动研究

因此，小轿车过桥的车体竖向加速度随着涡振振幅呈线性增加的规律。另外，结合式（12-15）和式（12-16）可知，MSI值随着车体竖向加速度的增加呈线性增加的关系。因此，在同一频率下，桥上驾驶员的MSI值随着振幅的增加呈线性增加的规律。

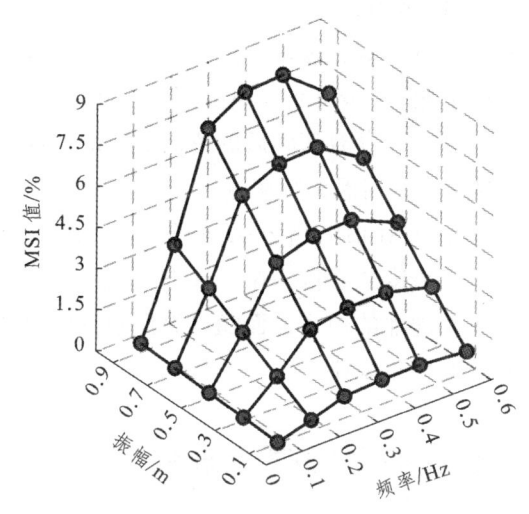

图12-16　R0粗糙度下不同涡振振幅和涡振频率对晕动症指标MSI的影响

表12-9　R0粗糙度下不同涡振振幅和涡振频率下的晕动症指标MSI　　单位：%

频率/Hz	振幅/m				
	0.1	0.3	0.5	0.7	0.9
VAS1（0.0773）	0.037	0.111	0.185	0.259	0.333
VAS2（0.1656）	0.385	1.156	1.926	2.697	3.467
VAS3（0.2542）	0.805	2.414	4.024	5.633	7.243
VAS4（0.3531）	0.895	2.684	4.473	6.262	8.051
VAS5（0.4538）	0.905	2.716	4.527	6.337	8.148
VAS6（0.5770）	0.759	2.277	3.794	5.313	6.832

与MSI值随着振幅的增加呈线性增加的规律不同，MSI值随频率的增加呈现非线性增加的规律。由图12-16可知，当涡振频率小于0.2542 Hz（VAS3）时，MSI值随频率的增加迅速增加；而当涡振频率超过0.2542 Hz（VAS3）后，随着涡振频率的增加，MSI值增加的速率迅速降低，在0.4538 Hz（VAS5）处速率基本趋于0，MSI达到峰值；当频率进一步增加后，MSI值开始降低。这主要是因为MSI是基于调频后的竖向加速度进行计

算的，而调频函数 W_f 在其调频范围（0~0.5 Hz）内是呈非线性变化的。具体来说，结合图 12-4，W_f 在 0~0.166 Hz 范围内，随着频率的提高而迅速增加，在 0.166 Hz 处达到最大值 1.006；当频率超过 0.166 Hz 时，随着频率的增加，W_f 迅速降低，在 0.315 Hz 和 0.4 Hz 处，W_f 分别降低至 0.619 和 0.384；当频率达到 0.5 Hz 和 0.63 Hz 后，W_f 进一步降低至 0.224 和 0.116。因此，在同一涡振振幅下，虽然调频前的桥面竖向加速度和车体竖向加速度与频率的二次方成正比（$A_a \propto A\omega^2$），但频率的提高（超过 0.353 Hz 后）也意味着调频函数 W_f 的数值会显著降低，导致调频后的桥面竖向加速度和车体竖向加速度增长并不显著。特别地，结合图 12-4，当涡振频率进一步提高至 1.0 Hz 后，W_f 的数值会降低至 0.024，可以预见该频率下的 MSI 值将趋于 0，该频率成分对 MSI 的贡献可忽略不计。

由此可得出结论：对于大跨度悬索桥涡振条件下驾驶员的晕动症，随着涡振振幅的增加，晕动症评价指标呈线性增加的规律；而随着涡振频率的增加，晕动症评价指标呈现出先增加、后减小的非线性变化规律。

12.4.7　基于晕动症的涡振限值研究

前文的研究已表明：桥梁的涡振对驾驶员的舒适度影响很小，而对驾驶员的晕动症有显著的影响。因此，本节将基于晕动症开展大跨度悬索桥涡振限值的研究。

根据前文的研究可知，涡振振幅和涡振频率对晕动症有较大的影响，而根据式（12-15）和式（12-16）可知，人体承受振动的时长也对晕动症有较大的影响。因此，在进行大跨度悬索桥涡振限值的研究时，应重点考虑涡振振幅、涡振频率和受振时长的影响。对于驾驶员，因为实际情况中车辆在桥上可能停留的时间通常要小于 30 min，因此可以保守地选择"30 min 晕动症限值"作为考虑驾驶员晕动症影响的桥梁涡振限值[29]。本书针对驾驶员进行涡振限值的研究时，受振时长取为 30 min。

根据前文的研究可知，涡振振幅和涡振频率对人体晕动症的影响规律不同，因此宜对涡振振幅和涡振频率分开考虑，即针对不同涡振频率（模态），研究该涡振频率（模态）下的涡振幅值取值，该涡振幅值可以认为是特定涡振频率（模态）下的涡振限值。本书采用 ISO 2631 标准中的晕动症评价方法，针对不同的涡振频率（模态），计算该频率（模态）下不同的涡振振幅对应的驾驶员的 MSI 值。计算工况中，车速取 40 km/h，受振时长取 30 min。对计算得到的 MSI 值和其对应的涡振振幅进行插值，分别计算出当 MSI 等于 10%、20% 和 30% 时对应的涡振振幅，并将该振幅作为该涡振频率（模态）下的涡振限值。具体结果见表 12-10。

MSI 的取值依据如下：根据 ISO 2631 标准的规定，当 MSI = 30% 时（即认为当人群中有 30% 的人感觉到头晕时），此时人体受到的振动即为人体晕动症限值。本研究将 MSI = 10% 和 MSI = 20% 对应的涡振限值也列于表 12-10，便于进行对比。

第 12 章　大跨度公路悬索桥涡振条件下驾驶员全身振动研究

表 12-10　基于不同 MSI 值的各涡振频率下的涡振限值　　　单位：m

频率/Hz	MSI/%		
	10	20	30
VAS1（0.0773）	8.019	16.032	24.034
VAS2（0.1656）	0.770	1.540	2.310
VAS3（0.2542）	0.369	0.737	1.106
VAS4（0.3531）	0.332	0.663	0.995
VAS5（0.4538）	0.328	0.655	0.983
VAS6（0.5770）	0.391	0.782	1.172

由表 12-10 可知：

（1）对于 1 阶反对称竖弯模态 VAS1（0.0773 Hz），3 种 MSI 对应的涡振振幅限值均非常大，如驾驶员的 MSI = 30%时对应的涡振振幅限值达到了 24.0336 m，远超过实际可能发生的涡振振幅，这表明该模态下的涡振能满足人体晕动症的要求。

（2）当涡振模态从 1 阶升高至 2 阶 VAS2（0.1656 Hz）后，涡振限值迅速降低。以 MSI = 30%时对应的涡振限值为例，VAS1 和 VAS2 对应的涡振限值分别为 24.0336 m 和 2.3101 m。当涡振模态阶次继续升高至 VAS3 后，涡振限值继续大幅下降，与 VAS2 相比下降比例为 50%左右。这是由于随着涡振模态阶次的提高，涡振频率快速增加，桥面的加速度幅值也迅速增加，导致 MSI 增加，从而对应的涡振振幅限值降低。当涡振模态阶次继续升高至 VAS4~VAS6 后，对应的涡振限值与 VAS3 的涡振限值基本相同。这是因为虽然 VAS4~VAS6 对应的频率高，桥面加速度幅值很大，但对应的调频函数值 W_f 较低（见图 12-4），因此综合考虑桥面加速度和调频函数值 W_f 后，VAS4~VAS6 对应的涡振振幅限值与 VAS3 的涡振限值基本相同。

12.5　本章小结

本章基于风-车-桥耦合振动和 ISO 2631 标准，提出了大跨度悬索桥涡振条件下驾驶员全身振动分析框架。以一座大跨度公路悬索桥为工程背景，选取典型车型（小轿车）和车速（40 km/h），采用舒适度指标和晕动症指标，研究了路面粗糙度、涡振振幅和涡振频率（模态）对大跨度悬索桥涡振条件下的车-桥系统的动力特性以及驾驶员全身振动的影响规律。在此基础上，提出了基于小轿车驾驶员晕动症指标的大跨度悬索桥涡振限值。通过本研究，得出如下结论：

（1）大跨度悬索桥发生竖弯涡振后，桥面涡振（无论是振幅还是频率）对驾驶员舒适度指标的影响很小，而路面粗糙度是其主要影响因素，路面粗糙度的增加会显著降低驾驶员的舒适度。

（2）大跨度悬索桥发生竖弯涡振后，路面粗糙度对驾驶员晕动症指标的影响很小，而桥面涡振是其主要影响因素。随着涡振振幅的增加，桥上驾驶员的晕动症评价指标呈线性增加的规律；而随着涡振频率的增加，桥上驾驶员的晕动症评价指标呈现出先增加、后减小的非线性变化规律。

（3）对于本章研究的大跨度悬索桥，以晕动症指标 MSI = 30%对应的涡振振幅作为涡振振幅限值，计算得到了主梁第 1～6 阶反对称涡振模态对应的涡振振幅限值分别为 24.033 m、2.310 m、1.106 m、0.995 m、0.983 m 和 1.172 m。

大量研究表明，当前国内外发生过涡振的大跨度桥梁，其涡振频率普遍小于 0.5 Hz[4, 7, 8, 30-33]，而路面粗糙度引起的车辆竖向振动频率普遍大于 0.5 Hz[34, 35]。因此，上述第（1）条和第（2）条结论对于大跨度悬索桥具有较好的普适性。同时，对于上述结论（3），涡振振幅限值与选取的算例密切相关，因此提出的涡振振幅限值仅适用于本章涉及的工况。但是，本章提出的计算方法具有较好的普适性，对于任意一座大跨度桥梁，均可采用本章所述方法研究桥上驾驶员的舒适度和晕动症，并基于晕动症计算桥梁各阶涡振模态对应的涡振振幅限值。

12.6 本章参考文献

[1] CAO S, ZHANG Y, TIAN H, et al. Drive comfort and safety evaluation for vortex-induced vibration of a suspension bridge based on monitoring data[J]. Journal of Wind Engineering and Industrial Aerodynamics, 2020, 204: 104266.

[2] BATTISTA R C, PFEIL M S. Reduction of vortex-induced oscillations of Rio-Niterói bridge by dynamic control devices[J]. Journal of Wind Engineering and Industrial Aerodynamics, 2000, 84: 273-288.

[3] The Highways Agency. Design rules for aerodynamic effects on bridges: BD 49/01[S]. London: The Highways Agency, 2001.

[4] DIANA G, RESTA F, BELLOLI M, et al. On the vortex shedding forcing on suspension bridge deck[J]. Journal of Wind Engineering and Industrial Aerodynamics, 2006, 94: 341-63.

[5] MACDONALD J H G, IRWIN P A, FLETCHER M S. Vortex-induced vibrations of the Second Severn Crossing cable-stayed bridge: full-scale and wind tunnel measurements[J]. Structures and Buildings, 2003, 156(3): 332-333.

[6] ZHAO L, CUI W, SHEN X, et al. A fast on-site measure-analyze-suppress response to control vortex-induced-vibration of a long-span bridge[J]. Structures, 2022, 35: 192-201.

[7] GE Y, ZHAO L, CAO J. Case study of vortex-induced vibration and mitigation mechanism for a long-span suspension bridge[J]. Journal of Wind Engineering and Industrial Aerodynamics, 2022, 220: 104866.

[8] HWANG Y C, KIM S, KIM H K. Cause investigation of high-mode vortex-induced vibration in a long-span suspension bridge[J]. Structure and Infrastructure Engineering, 2020, 16: 84-93.

[9] FRANDSEN J B. Simultaneous pressures and accelerations measured full-scale on the Great Belt East suspension bridge[J]. Journal of Wind Engineering and Industrial Aerodynamics, 2001, 89: 95-129.

[10] International Standardization Organization. Mechanical vibration and shock-evaluation of human exposure to whole body vibrations: ISO 2631[S]. Geneva: International Standardization Organization, 1997.

[11] 殷新锋, 丰锦铭, 杨小旺, 等. 风与车流联合作用下在役桥行车舒适性研究[J]. 湖南大学学报（自然科学版）, 2016, 43: 45-52.

[12] 韩万水. 风-汽车-桥梁系统空间耦合振动研究[D]. 上海: 同济大学, 2006.

[13] CAI C S, CHEN S R. Framework of vehicle-bridge-wind dynamic analysis[J]. Journal of Wind Engineering and Industrial Aerodynamics, 2004, 92: 579-607.

[14] ZHOU Y, CHEN S. Investigation of the live-load effects on long-span bridges under traffic flows[J]. Journal of Bridge Engineering, 2018, 23: 04018021.

[15] XU Y. Wind effects on cable-supported bridges[M]. New York: John Wiley & Sons, 2013.

[16] RUSCHEWEYH H P, SEDLACEK G H. Crosswind vibrations of steel stacks: critical comparison between some recently proposed codes[J]. Journal of Wind Engineering and Industrial Aerodynamics, 1988, 30: 173-183.

[17] YIN X F, LIU Y, DENG L, et al. Impact factors of bridges in service under stochastic traffic flow and road surface progressive deterioration[J]. Advances in Structural Engineering, 2016, 19: 38-52.

[18] 院素静. 公路车-桥耦合典型车辆运动方程的建立及软件设计[D]. 西安: 长安大学, 2012.

[19] ZHU J, ZHANG W, WU M X. Evaluation of ride comfort and driving safety for moving vehicles on slender coastal bridges[J]. Journal of Vibration and Acoustics, 2018, 140: 051012.

[20] LIU Y, YIN X F, DENG L, et al. Ride comfort of the bridge-traffic-wind coupled system considering bridge surface deterioration[J]. Wind and Structures, 2016, 23: 19-43.

[21] ZHOU Y, CHEN S. Vehicle ride comfort analysis with whole-body vibration on long-span bridges subjected to crosswind[J]. Journal of Wind Engineering and Industrial Aerodynamics, 2016, 155: 126-140.

[22] YU H, WANG B, ZHANG G, et al. Ride comfort assessment of road vehicle running on long-span bridge subjected to vortex-induced vibration[J]. Wind and Structures, 2020, 31: 393-402.

[23] 陈政清, 黄智文. 大跨度桥梁竖弯涡振限值的主要影响因素分析[J]. 中国公路学报, 2015, 28: 30-37.

[24] ZHU J, XIONG Z L, XIANG H Y, et al. Ride comfort evaluation of stochastic traffic flow crossing long-span suspension bridge experiencing vortex-induced vibration[J]. Journal of Wind Engineering and Industrial Aerodynamics, 2021, 219: 104794.

[25] GRIFFIN M J. Handbook of human vibration[M]. San Diego: Academic Press, 1990.

[26] ZHU J, ZHANG W. Numerical simulation of wind and wave fields for coastal slender bridges[J]. Journal of Bridge Engineering, 2017, 22: 04016125.

[27] ZHU J, ZHANG W, WU M X. Coupled dynamic analysis of the vehicle-bridge-wind-wave system[J]. Journal of Bridge Engineering, 2018, 23: 04018054.

[28] YANG Y B, WU Y S. Dynamic stability of trains moving over bridges shaken by earthquakes[J]. Journal of Sound and Vibration, 2002, 258: 65-94.

[29] British Standards Institution. Steel, concrete and composite bridges, Part 2: Specification for loads: BS 5400[S]. London: British Standards Institution, 1978.

[30] ZHU L D, MENG X L, GUO Z S. Nonlinear mathematical model of vortex-induced vertical force on a flat closed-box bridge deck[J]. Journal of Wind Engineering and Industrial Aerodynamics, 2013, 122: 69-82.

[31] LARSEN A. A generalized model for assessment of vortex-induced vibrations of flexible structures[J]. Journal of Wind Engineering and Industrial Aerodynamics, 1995, 57: 281-294.

[32] LIU D J, LI X Z, MEI F L, et al. Effect of vertical vortex-induced vibration of bridge on railway vehicle's running performance[J]. Vehicle System Dynamics, 2023, 61(5): 1432-1447.

[33] ARGENTINI T, ROCCHI D, ZASSO A. Aerodynamic interference and vortex-induced vibrations on parallel bridges: The Ewijk bridge during different stages of refurbishment[J]. Journal of Wind Engineering and Industrial Aerodynamics, 2015, 147: 276-282.

[34] MA X, QUAN W, DONG Z, et al. Dynamic response analysis of vehicle and asphalt pavement coupled system with the excitation of road surface unevenness[J]. Applied Mathematical Modelling, 2022, 104: 421-438.

[35] LOMBAERT G, CONTE J P. Random vibration analysis of dynamic vehicle-bridge interaction due to road unevenness[J]. Journal of Engineering Mechanics, 2012, 138: 816-825.

第13章 大跨度公路悬索桥涡振控制指标体系及限值标准

13.1 引言

涡振是一种由绕经结构表面周期性脱落漩涡引起的大幅振动现象，是大跨度悬索桥加劲梁的风致振动灾害之一，国内外已经有数十座桥梁观测到涡振现象[1-5]。在相同的振幅情况下，大跨度悬索桥加劲梁涡振的加速度与频率的平方成正比，高阶模态的频率高，加速度急剧增加。陈政清院士团队的最新研究表明[6]，在涡振可能发生的风速范围内，高阶模态的振幅不会低于低阶模态的振幅。这意味着多阶模态涡振的特性使得大跨度悬索桥涡振引起的风险（如桥上驾乘人员或工作人员人体振动舒适度、行车安全等）比其他桥型更为显著。涡振限值是桥梁涡振性能的直接评价指标，也是确定桥梁涡振控制目标的主要依据[7]。因此，建立大跨度悬索桥涡振限值标准并提出合理取值，对于提升大跨度悬索桥运维技术水平具有重要意义。

目前，国内外很多重要的桥梁设计规范或技术手册都给出了桥梁涡振性能的评价指标。例如：欧洲规范[8]、加拿大公路桥梁设计规范[9]和美国 AASHTO 规范[10]均要求依据疲劳极限状态对桥梁涡振响应进行评估，但并未给出正常使用极限状态下桥梁涡振性能的评估方法。中国公路桥梁抗风设计规范（2018 年版）[11]和日本公路桥梁抗风设计规范[12]规定了桥梁的涡振容许振幅，但仅适合跨度小于 200 m 的桥梁，对于超过 200 m 跨度的桥梁缺乏明确的依据。英国桥梁风致效应设计规范（BD 49/01）[13]推荐从行人舒适度、疲劳极限状态和承载能力极限状态 3 个方面对桥梁涡振性能进行评估，并给出了基于动力敏感参数的行人舒适度的评价指标和涡激共振等效荷载的计算方法。此外，RWDI 公司的技术手册[14]直接规定了不同临界风速下的加劲梁涡振加速度限值。需要指出的是，上述规范或技术手册大都基于单一因素规定了大跨度桥梁的涡振限值，侧重点各有不同，涡振限值标准差异显著，而我国对于跨度大于 200 m 的桥梁的涡振振幅缺乏控制限值标准，从而导致大跨度桥梁涡振性能难以科学评估。

尽管国内外学者们针对大跨悬索桥涡振限值开展了积极探索，得出了诸多有意义的结论，但现有的研究在涡振限值的取值和影响涡振限值的具体因素方面仍然缺乏深入和系统的研究，大跨度公路悬索桥涡振限值标准体系尚未被提出。本章在国内外已有的大跨度公路悬索桥涡振限值研究成果的基础上，提出了综合考虑人员舒适性、结构受力和行车线形 3 个方面共计 9 项指标的大跨度公路悬索桥涡振控制标准体系，如图 13-1 所示。这 9 项指标分别为驾乘人员舒适度、驾乘人员晕动症、行人舒适度（狄克曼指标）、加劲梁强度、加劲梁应力、加劲梁挠度、桥面纵坡、竖曲线半径和行车视距。以武汉鹦鹉洲长江大桥为工程背景，分别计算了提出的各项涡振限值指标对应的涡振限值，并在此基础上提出了大跨度公路悬索桥涡振限值标准。

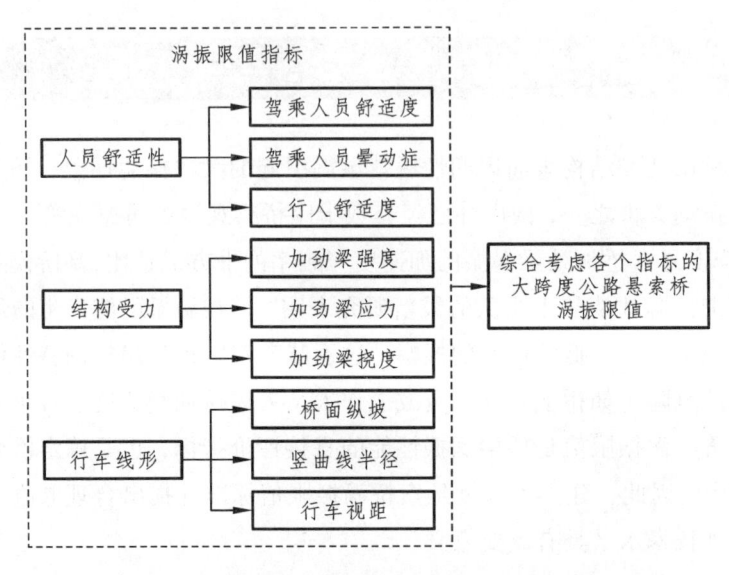

图 13-1　大跨度公路悬索桥涡振控制指标体系

13.2　工程背景

本章以武汉鹦鹉洲长江大桥为背景开展大跨度公路悬索桥涡振限值的研究。该桥为三塔四跨悬索桥，矢跨比 1∶9，跨度布置为 200 m + 2 × 850 m + 200 m。加劲梁为π型钢混叠合梁，全桥设 2 根主缆，桥面宽 38 m。桥梁总体布置与加劲梁断面分别如图 13-2 和图 13-3 所示。根据设计资料，本章采用国际通用的有限元分析软件 ANSYS 对该桥的动力特性进行了计算分析，桥梁有限元模型如图 13-4 所示，桥梁前 5 阶反对称竖弯模态如表 13-1 所示。

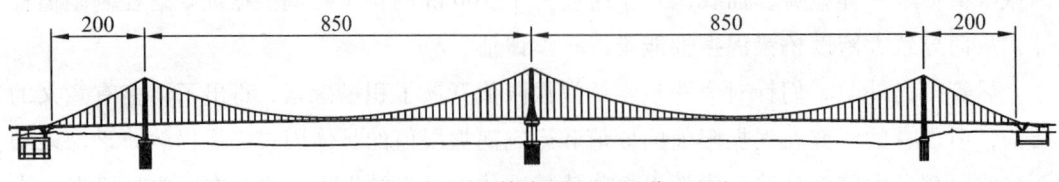

图 13-2　桥梁总体布置图（单位：m）

第 13 章 大跨度公路悬索桥涡振控制指标体系及限值标准

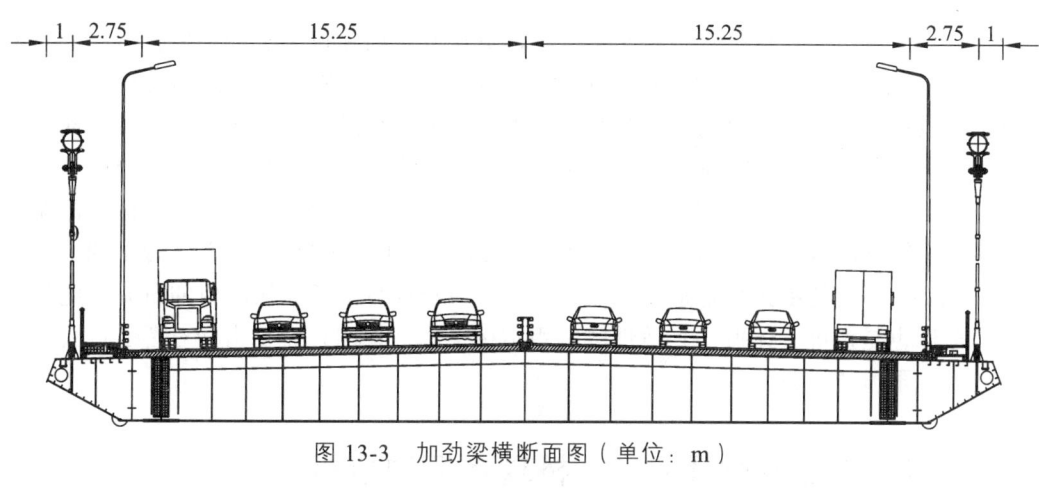

图 13-3 加劲梁横断面图（单位：m）

图 13-4 桥梁有限元模型

表 13-1 竖弯模态及频率

竖弯模态	频率/Hz	振型图及描述
VS1	0.1008	单跨 1 阶正对称，双跨反对称
VAS1	0.1280	单跨 1 阶反对称，双跨反对称
VAS2	0.2420	单跨 2 阶反对称，双跨反对称
VAS3	0.3775	单跨 3 阶反对称，双跨反对称
VAS4	0.5315	单跨 4 阶反对称，双跨反对称

13.3 基于人员舒适性的涡振控制指标及限值

桥上的人员舒适性主要分为针对驾乘人员的行车舒适性和针对步行人员的行人舒适度。行车舒适性是评判汽车在行驶时车内驾乘人员因为车身振动而产生不适感程度的一个指标，其研究首先在道路工程和车辆工程领域展开。而在桥梁工程领域，当车辆通过桥梁时，车-桥耦合振动效应可能进一步加剧车辆振动，因此桥上行车舒适性设计已成为桥梁工程设计中的一项重要内容。本书广泛调研了国内外相关的研究[6,7,15-21]，发现振动中加速度的高频成分（0.5~80 Hz）会显著影响人体的舒适度，而加速度中的低频成分（0~0.5 Hz）会显著影响人体的晕动症。因此，本书基于涡振条件下风-车-桥耦合振动分析获得的车辆响应数据，采用国际标准评价法 ISO 2631-1:1997（E）[22]（以下简称 ISO 2631 标准），针对驾乘人员舒适度和晕动症进行大跨度悬索桥涡振限值的研究。此外，狄克曼指标也是评价人体振动舒适性的常用指标。本书采用狄克曼指标对桥上行人舒适度进行涡振限值的研究。

13.3.1　涡振条件下风-车-桥耦合振动分析

13.3.1.1　风-车-桥耦合振动方程

本书第 12 章对涡振条件下风-车-桥耦合振动方程进行了详细介绍，具体如下：

$$M_b \ddot{u}_b + C_b \dot{u}_b + K_b u_b = F_{wb} + F_{vb} \tag{13-1}$$

$$M_v \ddot{u}_v + C_v \dot{u}_v + K_v u_v = F_{wv} + F_{bv} \tag{13-2}$$

式中：M、C、K 分别表示质量矩阵、阻尼矩阵和刚度矩阵；$\ddot{u}$、$\dot{u}$、u 分别表示加速度、速度和位移向量；下标 b 表示桥梁子系统，下标 v 表示车辆子系统，下标 w 表示风荷载；F_{vb}、F_{bv} 表示车-桥系统间的相互作用力；F_{wv} 表示作用在车辆上的风荷载，基于脉动风场通过准静态方法求解；F_{wb} 是关于加劲梁涡激力的参数，通过简谐涡激力模型生成。

13.3.1.2　桥上随机车流的模拟

为充分体现车流中的车辆在桥梁上运行的动态变化情况，从而较真实地模拟桥梁与车流之间的相互作用，本节采用基于元胞自动机的微观车流模型来模拟桥上行驶的车流，模拟方法详见本书的第 2 章和第 3 章。在该车流模型中，时间和空间被人为离散，且每个车道被等分成一系列大小相同的元胞，而车辆在道路上的移动则被模拟成在元胞间的移动，如图 13-5 所示。

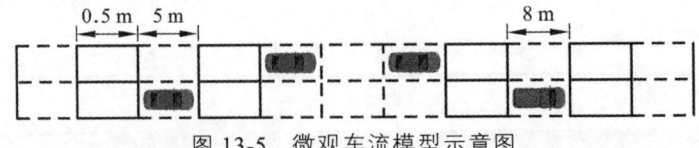

图 13-5　微观车流模型示意图

微观车流模型中各参数的具体取值则根据选取的工程实例处实际的交通流信息来确定：

（1）车型：鹦鹉洲大桥交通流量调查结果显示，桥上通行车辆中二轴车占比为 99.71%，因此本节采用二轴车作为车流模型中唯一的车型。

第 13 章　大跨度公路悬索桥涡振控制指标体系及限值标准

（2）车流密度：在两个高峰时段（早上 8—9 点、下午 17—18 点），桥上车流量为全天最大，接近 10000 辆/h。考虑到桥上有 8 个车道，假设车流的平均车速为 60 km/h（该车速为大桥的设计速度），则可以推算高峰时段每车道每公里的车辆数约为：

$$\frac{10000}{8} \times \frac{2.1}{60} = 43.75 \text{ 辆} \tag{13-3}$$

式中：2.1 代表桥梁全长；60 为车流的平均车速；8 代表 8 个车道。基于此，本章设置了密集车流工况（每千米每车道有 44 辆车）。同时，考虑到桥上的车流密度在一天之中可能会发生较大的变化，本章还设置了稀疏车流工况（每千米每车道有 12 辆车）。

13.3.2　驾乘人员舒适度

驾乘人员舒适度的计算方法详见本书第 12 章的 12.3.1 节，本节不再赘述。

13.3.3　驾乘人员晕动症

驾乘人员晕动症指标的计算方法详见本文第 12 章的 12.3.2 节，本节不再赘述。

需要指出的是，根据第 12 章的分析结果，路面粗糙度引起的车辆竖向振动频率普遍大于 0.5 Hz。所以，ISO 2631 标准规定的晕动症评价方法能够计入桥梁涡振的影响而不会计入路面粗糙度的影响。因此，本书后续在进行风-车-桥耦合振动分析时，统一将路面粗糙度设置为 0（光滑路面）。此外，经过计算发现，稀疏车流过桥的驾乘人员 MSI 值比密集车流过桥的驾乘人员 MSI 值要大 1.5% ~ 2.6%，其原因可能是桥上车流量加大意味着桥上荷载提高了，对桥梁振动有一定的抑制作用，同时考虑到桥梁振动通过车轮传递到车体，使得车辆的振动水平降低，进而导致 MSI 的降低。因此，本章采用稀疏车流过桥的计算结果进行基于驾乘人员晕动症的涡振限值研究。

ISO 2631 标准虽然规定了晕动症指标 MSI 的计算方法，但是并没有进一步给出 MSI 与晕动症程度之间定量的关系。此外，通过文献调研发现，与晕动症相关的文献和规范也都没有给出 MSI 与晕动症程度之间定量的关系。鉴于此，本研究结合桥上发生涡振当日驾乘人员的反应来给出基于晕动症指标的涡振限值，具体如下：

2020 年 4 月 26 日鹦鹉洲大桥发生涡振时，桥面最大振幅为 0.55 m，主振型与桥梁 VAS2 阶模态相同。将该涡振模态和振幅代入风-车-桥耦合振动分析，考虑稀疏车流过桥，计算得到驾乘人员的晕动症指标 MSI = 4.30%。大桥发生涡振时，根据现场桥上驾乘人员的有限反馈来看，有些驾乘人员感受到不舒适，但有些驾乘人员没有感觉到不舒适，且当时桥梁结构是安全的。大桥管理部门和设计单位认为大桥发生 VAS2 涡振模态且涡振振幅为 0.55 m 的情况下，桥上仍然可以通车，但需要采取一定的限制措施。此外，考虑到目前缺乏对于 MSI 与晕动症程度之间定量关系的规范，同意将 MSI = 4.30% 作为大桥发生涡振时"限速"的依据，并将其提高 50%（MSI = 6.45%）作为大桥发生涡振时"封

293

桥"的依据。表 13-2 给出了"限速"（MSI = 4.30%）和"封桥"（MSI = 6.45%）对应的桥面涡振振幅限值。以 VAS2 为例，对"限速"和"封桥"的具体含义进行解释：当桥梁以该模态发生涡激共振且振幅小于 0.55 m 时，不采取任何措施，车辆和行人可以正常使用桥梁；当桥梁涡振振幅位于 0.55 ~ 0.83 m 之间时，禁止行人上桥，同时对桥上车流进行限速（40 km/h 以下）；当桥梁涡振振幅超过 0.83 m 时，应立即封桥。

表 13-2 基于驾乘人员晕动症的涡振振幅限值　　　　　　单位：m

模态	MSI/% 4.30（限速）	MSI/% 6.45（封桥）
VS1	4.41	6.62
VAS1	2.03	3.05
VAS2	0.55	0.83
VAS3	0.43	0.65
VAS4	0.48	0.72

13.3.4　行人舒适度（狄克曼指标）

1957 年，德国学者 Dieckman 提出了狄克曼指标 K 用以判别人体对结构振动舒适性效果的界限。狄克曼指标与英国桥梁风致效应设计规范基本一致，本研究中采用狄克曼指标用于评价行人舒适度。

$$\begin{cases} K = D_0 f^2 & f < 5\,\text{Hz} \\ K = D_0 f & 5\,\text{Hz} \leqslant f \leqslant 40\,\text{Hz} \\ K = 200 D_0 & f > 40\,\text{Hz} \end{cases} \quad (13\text{-}4)$$

式中：D_0 为结构振动振幅；f 为结构振动频率。根据计算的狄克曼指标 K，人体对振动舒适性的评判如表 13-3 所示。

表 13-3 狄克曼指标评定标准

K 值	人体舒适等级
0.1	人体感受到振动的下限
1.0	可承受任意长时间的振动
10.0	可短期忍受振动
100.0	一般人对振动疲劳的上限

通过式（13-4）可以计算出大桥发生涡振时（VAS2 模态，振幅 0.55 m）的狄克曼指标 $K = D_0 f^2 = 550 \times 0.242 \times 0.242 = 32.2$，该值位于表 13-3 中"可短期忍受振动"和"一般人对振动疲劳的上限"之间。与基于 MSI 指标计算涡振限值的思路一致，将 $K = 32.2$ 作

为大桥发生涡振时"限速"的依据,并将其提高 50%($K=48.3$)作为大桥发生涡振时"封桥"的依据。表 13-4 给出了"限速"和"封桥"对应的桥面涡振振幅限值。

表 13-4　基于狄克曼指标的涡振振幅限值　　　　　　　单位:m

模态	狄克曼指标 K	
	32.2（限速）	48.3（封桥）
VS1	3.17	4.76
VAS1	1.96	2.95
VAS2	0.55	0.83
VAS3	0.23	0.34
VAS4	0.11	0.17

由表 13-2 和表 13-4 可以看出,无论是基于驾乘人员晕动症还是基于狄克曼指标,对于高阶竖弯模态(VAS2~VAS4)的涡振振幅限值均处于较为合理的范围内,但对于低阶竖弯模态(VS1 和 VAS1)的涡振限值则明显不合理。例如,表 13-2 中 VS1 模态对应的限速的涡振振幅达到了 4.41 m,明显脱离了实际。这是由于桥梁低阶涡振模态对应的频率较低,引起的车辆振动响应较小。在这种情况下,要让驾乘人员晕动症指标 MSI 或狄克曼指标 K 达到限速和封桥的指标,桥梁涡振的振幅则需要足够的大以便车辆振动响应能达到相应的数值。

上述分析表明,基于人员舒适性得出的涡振限值对于桥梁高阶竖弯涡振具有控制作用,而对于桥梁低阶竖弯涡振则不能作为控制因素。对于桥梁低阶竖弯涡振,需要采用其他指标进行控制。

13.4　基于结构受力的涡振控制指标及限值

上节计算结果表明,对于低阶竖弯涡振,基于人员舒适性得出的涡振限值明显偏大,与工程实际不符。这是因为当加劲梁变形过大时,可能会超出结构受力性能。本节分别从加劲梁强度、应力和挠度出发,研究大跨度悬索桥的涡振限值。

13.4.1　加劲梁强度

桥梁发生涡振时,加劲梁上会因弯曲而产生内力,如式(13-5)所示。

$$\frac{M}{EI}=K \tag{13-5}$$

式中:M 为加劲梁上任意一点处的弯矩;EI 为该点处加劲梁截面的刚度;K 为该点处的

曲率。若已知加劲梁上允许出现的最大弯矩，则可以通过式（13-5）计算加劲梁上允许出现的最大曲率。当桥梁发生涡振且加劲梁振型曲线上曲率的最大值等于加劲梁上允许出现的最大曲率时，此时的涡振振幅即为当前涡振模态下的涡振限值。

鹦鹉洲大桥的加劲梁是钢-混凝土组合梁：《钢-混凝土组合桥梁设计规范》（GB 50917—2013）[23] 5.1节中规定了钢-混凝土组合梁对于正弯矩的抗弯承载力的计算方法；《钢结构设计标准》（GB 50017—2017）[24] 14.2.1节中也规定了钢-混凝土组合梁分别对于正弯矩和负弯矩的抗弯承载力的计算方法。通过规范即可计算出加劲梁的抗弯承载力 M，并将其代入式（13-5），即可计算出加劲梁上允许出现的最大曲率，由此可得出涡振的振幅限值。

表13-5汇总了根据不同规范计算得到的大桥加劲梁的抗弯承载力。本书偏安全地选择143532 kN·m作为加劲梁上允许出现的最大弯矩，根据式（13-5）计算出加劲梁上允许出现的最大曲率 $K = 7.9046×10^{-4}$ m^{-1}，同时考虑安全系数 $k = 2$，由此计算桥梁的涡振限值。本书针对桥梁的各阶竖弯模态，计算得到了不同涡振振幅下加劲梁振型曲线上每个点的曲率。对于每一个涡振模态，其振型曲线上曲率最大值等于 $3.9523×10^{-4}$ m^{-1} 时对应的振幅，即为当前模态下的涡振振幅限值。涡振振幅限值的具体值如表13-6所示，并将其作为大桥发生涡振时"封桥"的指标。

表13-5 根据不同规范计算得到的加劲梁抗弯承载力

规范	弯矩类型（下侧受拉为正）	抗弯承载力/（kN·m）
《钢-混凝土组合桥梁设计规范》（GB 50917—2013）	正弯矩	143532
《钢结构设计标准》（GB 50017—2017）	正弯矩	165831
	负弯矩	157790

表13-6 基于加劲梁抗弯承载力的不同涡振模态下的涡振振幅限值　　单位：m

竖弯模态	VS1	VAS1	VAS2	VAS3	VAS4
振幅限值	4.77	2.17	1.00	0.73	0.42

此外，本书还根据加劲梁在活载作用下产生的最大弯矩计算了涡振限值。根据《武汉鹦鹉洲长江大桥正桥成桥荷载试验报告》[25]，在活载（公路Ⅰ级荷载，考虑8车道的横向折减系数0.5，纵向折减系数0.94）作用下加劲梁的最大正弯矩为54894 kN·m。根据式（13-5）计算出加劲梁上的最大曲率（$K = 3.0231×10^{-4}$ m^{-1}）及相应的涡振振幅限值，并将其作为大桥发生涡振时"限速"的指标，如表13-7所示。

表13-7 基于活载状态下加劲梁截面最大弯矩的不同涡振模态下的涡振振幅限值　　单位：m

竖弯模态	VS1	VAS1	VAS2	VAS3	VAS4
振幅限值	3.65	1.66	0.77	0.56	0.32

13.4.2 加劲梁应力

《钢-混凝土组合桥梁设计规范》(GB 50917—2013) 6.2.1 节中规定了钢-混凝土组合梁在正弯矩作用下的混凝土桥面板板顶应力和钢梁下翼缘应力的计算方法;《钢结构设计标准》(GB 50017—2017) 14.5.2 节中也规定了钢-混凝土组合梁在负弯矩作用下混凝土板内纵向钢筋应力的计算方法。由于混凝土、钢梁以及钢筋的强度设计值都是已知的,将其作为加劲梁内允许出现的最大应力,分别代入规范中的公式,即可反算出加劲梁的最大弯矩,并进一步计算得到加劲梁上允许出现的最大曲率及相应的涡振振幅限值。

基于上述两个规范,表 13-8 汇总了根据不同弯矩类型和最大应力位置反算得到的加劲梁截面弯矩。本书偏安全的选择 102832 kN·m 作为加劲梁上允许出现的最大弯矩,根据式(13-5)计算出加劲梁上的最大曲率 ($K = 5.6632 \times 10^{-4}$ m^{-1})。同时,考虑一定的安全储备,分别将安全系数 $k = 2$ 和 $k = 1$ 作为"限速"和"封桥"的计算依据,由此计算得到的桥梁涡振振幅限值如表 13-9 所示。

表 13-8 根据不同的弯矩类型和最大应力位置反算得到的加劲梁截面弯矩

弯矩类型 (下侧受拉为正)	最大应力位置	加劲梁截面弯矩/(kN·m)
正弯矩	混凝土板板顶	938110
正弯矩	钢梁下翼缘	102832
负弯矩	纵向钢筋	1087964

表 13-9 基于加劲梁最大应力的不同涡振模态下的涡振振幅限值　　单位: m

安全系数	竖弯模态				
	VS1	VAS1	VAS2	VAS3	VAS4
$k = 1$(封桥)	6.84	3.11	1.44	1.05	0.61
$k = 2$(限速)	3.42	1.55	0.72	0.52	0.30

13.4.3 加劲梁挠度

加劲梁的挠度从一定程度上反映了桥梁结构的整体承载能力。桥梁建成之初,通常会进行成桥荷载试验,该试验可以测量出加劲梁在活载作用下的挠度。根据《公路悬索桥设计规范》(JTG/T D65-05—2015)[26]的规定,悬索桥加劲梁由汽车荷载(不计冲击力)引起的最大竖向挠度值不宜大于跨径的 1/250 ~ 1/300。本书将成桥荷载试验测得的加劲梁挠度和通过规范计算得到的加劲梁挠度进行对比,取两者的较小值作为加劲梁实际允许出现的最大挠度。通过风-车-桥耦合振动分析可以获得加劲梁在随机车流作用下的挠度,将加劲梁允许出现的最大挠度减去加劲梁在随机车流作用下的挠度,同时考虑一定的安全储备,即可得到涡振的振幅限值。

根据《武汉鹦鹉洲长江大桥正桥成桥荷载试验报告》，加劲梁在汽车活载作用下的最大挠度为 2.11 m。根据《公路悬索桥设计规范》（JTG/T D65-05—2015）的规定，悬索桥加劲梁由汽车荷载（不计冲击力）引起的最大竖向挠度值不宜大于跨径的 1/250～1/300，即挠度值应偏安全地控制在 850/300 = 2.83 m 以内。本书偏安全地取加劲梁挠度 2.11 m 作为计算涡振振幅限值的依据：

（1）假设桥梁发生涡振时，桥上车流为密集状态（每千米每车道为 44 辆车），进行风-车-桥耦合振动分析，并提取加劲梁跨中竖向挠度。考虑到车流的随机性，计算了 200 个样本，这些样本的加劲梁跨中竖向挠度为 0.36 m。该竖向挠度可认为是桥上密集车流引起的桥梁跨中的静变形。

（2）基于加劲梁的最大挠度 2.11 m 以及（1）中的计算结果，同时考虑一定的安全储备，将安全系数 k = 2 和 k = 1.33 作为"限速"和"封桥"的计算依据，由此计算得出桥面涡振振幅限值为 h_a =（2.11 – 0.36）/2 = 0.88 m（限速）和 h_a =（2.11 – 0.36）/1.33 = 1.32 m（封桥）。

13.5 基于行车线形的涡振控制指标及限值

大跨度桥梁发生涡振时，桥面的高低起伏可能会影响行车安全。本节基于桥面纵坡、竖曲线半径和行车视距进行大跨度悬索桥涡振限值的研究。

13.5.1 桥面纵坡

根据《城市桥梁设计规范》（CJJ 11—2011）[27]中 6.0.6 条和《城市道路工程设计规范》（CJJ 37—2012）[28]中 6.3.1 条的规定，桥梁上机动车道最大纵坡应符合表 13-10 的规定。鹦鹉洲大桥的设计车速为 60 km/h，因此本书取桥面最大纵坡等于 5.0% 作为计算涡振限值的依据。

表 13-10 规范对于机动车道最大纵坡的规定

设计速度/（km/h）		100	80	60	50	40	30	20
最大纵坡/%	一般值	3	4	5	5.5	6	7	8
	极限值	4	5	6		7	8	

针对桥梁的各阶竖弯模态，本书计算了不同涡振振幅下桥面振型曲线上每个点的斜率，振型曲线上斜率的最大值即为当前工况下桥面的最大纵坡。图 13-6 展示了涡振模态 VAS3、振幅 2 m 工况下的桥面纵坡，可以看出边跨与主跨的交界处以及两个主跨的交界处附近的纵坡较大，这是由于桥面的竖向位移在这 3 个位置处受到桥塔支座的约束而导致桥面变形较大。图中出现了纵坡大于 5% 的情况，则表示当前的涡振振幅超出了当前模态下的涡振限值。图 13-7 展示了不同涡振模态和振幅下的桥面最大纵坡，可以看出最大

纵坡随着振幅的增大而线性增大。对于每一种模态，最大纵坡等于5%时对应的振幅，即为当前模态下的振幅限值，如图13-7所示（由于VS1和VAS1模态对应的振幅限值较大，所以未在图中标出）。涡振振幅限值的具体值如表13-11所示，同时本书将表中的振幅限值作为大桥发生涡振时"封桥"的指标。

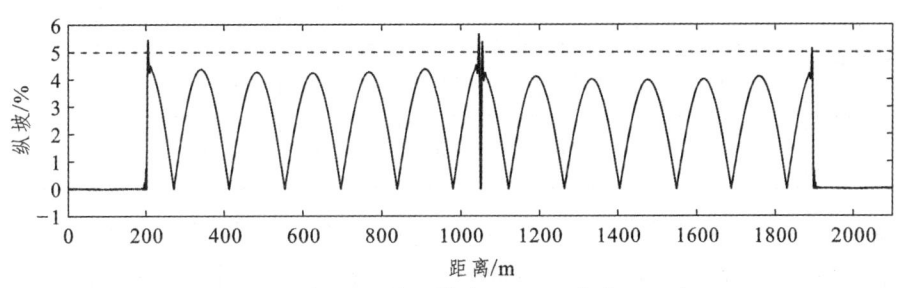

图13-6 桥面纵坡（模态VAS3，振幅2 m）

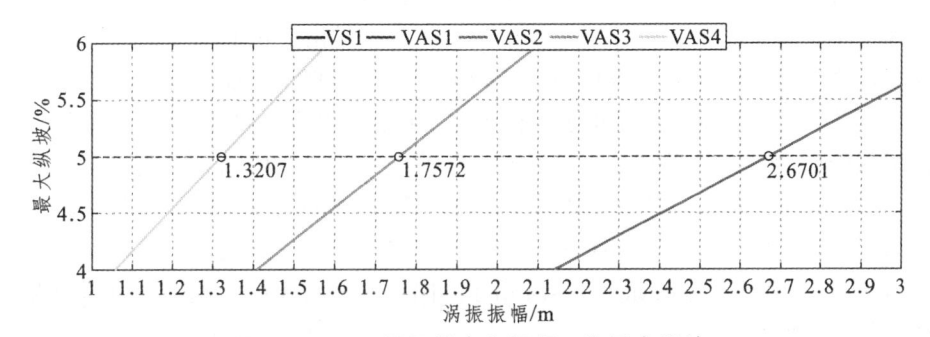

图13-7 不同涡振模态和振幅下的最大纵坡

表13-11 基于桥面纵坡要求的涡振振幅限值（车速60 km/h，最大纵坡5%）

竖弯模态	VS1	VAS1	VAS2	VAS3	VAS4
振幅限值/m	12.84	6.16	2.67	1.76	1.32

此外，考虑到在实际情况中部分车辆的车速可能大于设计车速60 km/h，本书还计算了车速80 km/h的最大纵坡对应的涡振限值，如表13-12所示。《城市道路工程设计规范》（CJJ 37—2012）规定，车速80 km/h对应的最大纵坡为4%。本书将表13-12中的振幅限值作为大桥发生涡振时"限速"的指标。

表13-12 基于桥面纵坡要求的涡振振幅限值（车速80 km/h，最大纵坡4%）

竖弯模态	VS1	VAS1	VAS2	VAS3	VAS4
振幅限值/m	10.27	4.93	2.14	1.41	1.06

13.5.2 竖曲线半径

《公路工程技术标准》（JTG B01—2014）[29]中4.0.22条对公路的竖曲线半径做了规

定，如表 13-13 所示。大桥的设计速度为 60 km/h，本书取竖曲线最小半径等于 1400 m 作为计算涡振限值的依据。

表 13-13　《公路工程技术标准》（JTG B01—2014）中对公路竖曲线的规定

设计速度/（km/h）	120	100	80	60	40	30	20
凸形竖曲线最小半径/m	11000	6500	3000	1400	450	250	100
凹形竖曲线最小半径/m	4000	3000	2000	1000	450	250	100

针对桥梁的各阶竖弯模态，本书计算了不同涡振振幅下桥面振型曲线上每个点的曲率半径，振型曲线上曲率半径的最小值即为当前工况下竖曲线半径的最小值。图 13-8 展示了涡振模态 VAS3、振幅 2 m 工况下的桥面竖曲线半径，可以看出边跨与主跨的交界处以及两个主跨的交界处附近的竖曲线半径较小，这是由于桥面的竖向位移在这 3 个位置处受到桥塔支座的约束而导致桥面变形较大。图中出现了竖曲线半径小于 1400 m 的情况，则表示当前的涡振振幅超出了当前模态下的涡振限值。图 13-9 展示了不同涡振模态和振幅下的竖曲线半径最小值，可以看出竖曲线半径最小值随着振幅的增大而减小。对于每一种模态，竖曲线半径最小值等于 1400 m 时对应的振幅，即为当前模态下的振幅限值，如图 13-9 所示（由于 VS1 和 VAS1 模态对应的振幅限值较大，所以未在图中标出）。涡振振幅限值的具体值如表 13-14 所示，同时本书将表中的振幅限值作为大桥发生涡振时"封桥"的指标。

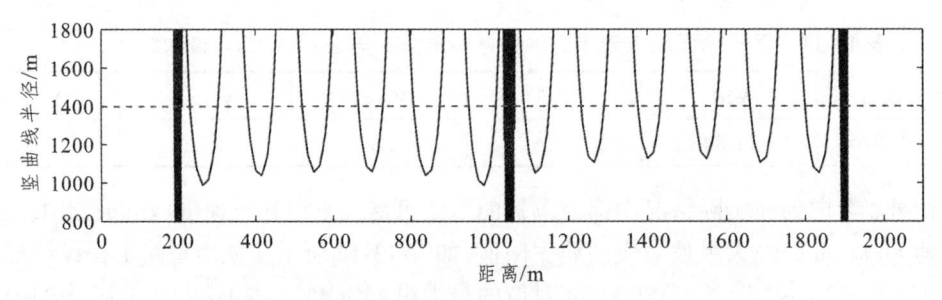

图 13-8　桥面竖曲线半径（模态 VAS3，振幅 2 m）

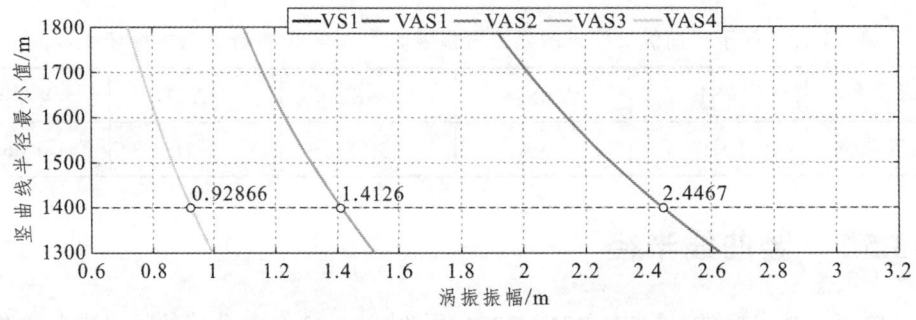

图 13-9　不同涡振模态和振幅下的竖曲线半径最小值

第 13 章 大跨度公路悬索桥涡振控制指标体系及限值标准

表 13-14 基于竖曲线半径要求的涡振振幅限值（车速 60 km/h，竖曲线半径最小值 1400 m）

竖弯模态	VS1	VAS1	VAS2	VAS3	VAS4
振幅限值/m	29.14	4.83	2.45	1.41	0.93

此外，考虑到在实际情况中部分车辆的车速可能大于设计车速 60 km/h，本书还计算了车速 80 km/h 的竖曲线半径最小值对应的涡振限值，如表 13-15 所示。《公路工程技术标准》（JTG B01—2014）规定，车速 80 km/h 对应的竖曲线半径最小值为 3000 m。本书将表 13-15 中的振幅限值作为大桥发生涡振时"限速"的指标。

表 13-15 基于竖曲线半径要求的涡振振幅限值（车速 80 km/h，竖曲线半径最小值 3000 m）

竖弯模态	VS1	VAS1	VAS2	VAS3	VAS4
振幅限值/m	13.60	2.25	1.14	0.66	0.43

13.5.3 行车视距

《公路工程技术标准》（JTG B01—2014）中 4.0.15 条规定，对于高速公路和一级公路，停车视距应满足表 13-16 所示的要求。图 13-10 给出了停车视距的示意图，当车辆行驶至桥面上的 A_2 点时，驾乘人员的眼睛位于 A_1 点，驾乘人员的目高为 h_1，在桥面上 B_2 点处有一障碍物，障碍物的物高为 h_2，A_2 和 B_2 之间的水平距离 L 即为停车视距。图中 h_3 为驾乘人员视线 A_1B_1 上的任意一点到桥面的竖向距离，当车辆在发生涡振的桥梁上行驶时，需要保证在车辆过桥的全过程中，驾乘人员的视线 A_1B_1 之间没有被波峰遮挡，即在车辆过桥的全过程中，h_3 的最小值要大于 0。当 h_3 的最小值等于 0 时，此时的涡振振幅即为当前涡振下的振幅限值。根据《公路工程技术标准》（JTG B01—2014）规定，h_1 取 1.2 m，h_2 取 0.1 m，L 则依据表 13-16 的要求，结合桥址处的设计车速进行取值。大桥的设计速度为 60 km/h，本书取停车视距等于 75 m 作为计算涡振限值的标准。

表 13-16 《公路工程技术标准》（JTG B01—2014）中对停车视距的规定

设计速度/（km/h）	120	100	80	60
停车视距/m	210	160	110	75

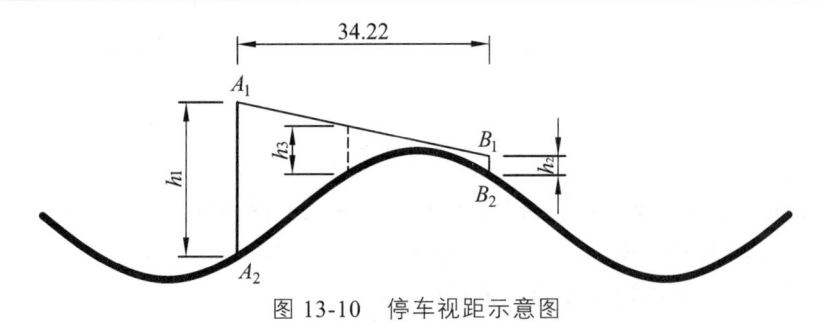

图 13-10 停车视距示意图

大跨度公路桥梁风-车-桥系统耦合振动分析理论及应用

针对桥梁的各阶竖弯模态，本书采用逐点搜索法计算了不同涡振振幅下车辆过桥全过程中的 h_3 的最小值。图 13-11 展示了桥梁涡振模态为 VAS4、振幅为 1 m 工况下车辆过桥时 h_3 最小值的变化曲线。由图中可以看出，在车辆过桥的过程中，h_3 最小值大部分时刻等于 0.1 m，这是因为障碍物的物高为 0.1 m，驾乘人员视线 A_1B_1 到桥面的竖向距离的最大值就等于 0.1 m；对于 h_3 最小值小于 0.1 m 的情况，是由于桥梁涡振导致桥面向上凸起形成波峰，缩短了驾乘人员视线 A_1B_1 到桥面的竖向距离；对于 h_3 最小值小于 0 的情况，则表示此时桥面波峰已经对驾乘人员视线形成了阻挡，不满足停车视距的要求。图 13-12 展示了不同涡振模态和振幅下的 h_3 最小值，可以看出 h_3 的最小值随着振幅的增加而减小。对于每一种模态，h_3 最小值等于 0 时对应的振幅，即为当前模态下的振幅限值，如图 13-12 所示（由于 VS1 和 VAS1 模态对应的振幅限值较大，所以未在图中标出）。涡振振幅限值的具体值如表 13-17 所示，同时本书将表中的振幅限值作为大桥发生涡振时"封桥"的指标。

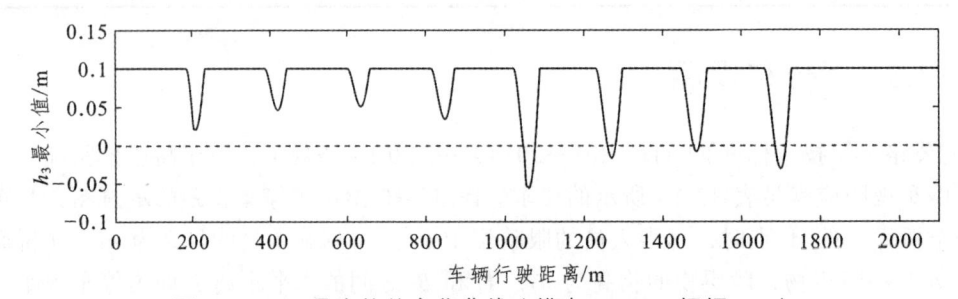

图 13-11　h_3 最小值的变化曲线（模态 VAS4，振幅 1 m）

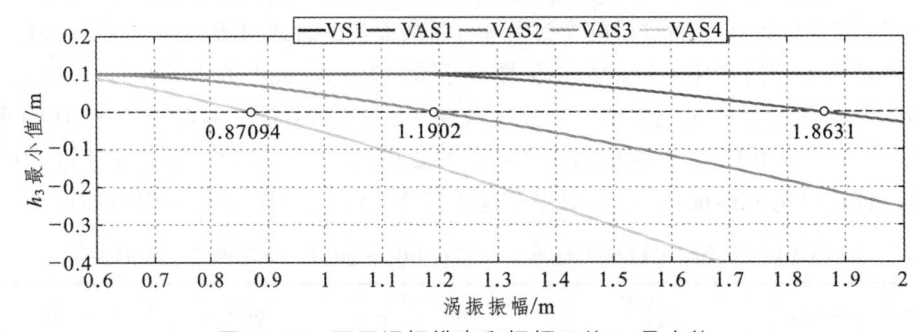

图 13-12　不同涡振模态和振幅下的 h_3 最小值

表 13-17　基于停车视距要求的涡振振幅限值（车速 60 km/h，停车视距 75 m）

竖弯模态	VS1	VAS1	VAS2	VAS3	VAS4
振幅限值/m	15.72	5.00	1.86	1.19	0.87

此外，考虑到在实际情况中部分车辆的车速可能大于设计车速 60 km/h，本书还计算了车速 80 km/h 的停车视距对应的涡振限值，如表 13-18 所示。《公路工程技术标准》（JTG B01—2014）规定，车速 80 km/h 对应的停车视距为 110 m。本书将表 13-18 中的涡振限值作为大桥发生涡振时"限速"的指标。

表 13-18　基于停车视距要求的涡振振幅限值（车速 80 km/h，停车视距 110 m）

竖弯模态	VS1	VAS1	VAS2	VAS3	VAS4
振幅限值/m	13.01	3.52	1.44	0.75	0.49

13.6　本章小结

本章提出了综合考虑人员舒适性、结构受力和行车线形的大跨度公路悬索桥涡振限值标准体系。该体系包含了驾乘人员舒适度、驾乘人员晕动症、行人舒适度（狄克曼指标）、加劲梁强度、加劲梁应力、加劲梁挠度、桥面纵坡、竖曲线半径和行车视距共 9 项指标。基于此，以武汉鹦鹉洲长江大桥为工程背景，分别计算了"限速"和"封桥"2 种交通管制措施下 9 项指标对应的涡振振幅限值。最后，将 9 项指标对应的涡振振幅限值的最小值作为涡振限值建议取值，其对应的指标作为该阶涡振模态下的控制指标，为大桥管理部门和设计单位提供技术和理论支撑，如表 13-19 所示。由表 13-19 可知，对于本章算例，当大桥发生低阶竖弯涡振时（VS1、VAS1），其涡振的控制因素为加劲梁挠度指标；当大桥发生 VAS2 模态的涡振时，其涡振由晕动症指标和狄克曼指标共同控制；当大桥发生高阶竖弯涡振时（VS3、VAS4），其涡振由行人舒适度控制。

需要指出的是，本章的研究结论仅适用于本章的研究算例。不同桥梁由于桥型、结构参数等存在差异，其发生涡振时的控制指标也可能显著不同。但本章提出涡振控制指标体系及限值标准的计算框架可适用于不同桥型涡振限值的计算。

表 13-19　大跨度公路悬索桥涡振限值取值建议　　　　　　　　单位：m

模态	交通管制措施		控制指标
	限速	封桥	
VS1	$0.88 \leqslant h_a \leqslant 1.32$	$h_a > 1.32$	加劲梁挠度
VAS1	$0.88 \leqslant h_a \leqslant 1.32$	$h_a > 1.32$	加劲梁挠度
VAS2	$0.55 \leqslant h_a \leqslant 0.83$	$h_a > 0.83$	晕动症指标和狄克曼指标
VAS3	$0.23 \leqslant h_a \leqslant 0.34$	$h_a > 0.34$	行人舒适度
VAS4	$0.11 \leqslant h_a \leqslant 0.17$	$h_a > 0.17$	行人舒适度

13.7　本章参考文献

[1] CAO S, ZHANG Y, TIAN H, et al. Drive comfort and safety evaluation for vortex-induced vibration of a suspension bridge based on monitoring data[J]. Journal of Wind Engineering and Industrial Aerodynamics, 2020, 204: 104266.

[2] BATTISTA R C, PFEIL M S. Reduction of vortex-induced oscillations of Rio-Niterói bridge by dynamic control devices[J]. Journal of Wind Engineering and Industrial Aerodynamics, 2000, 84: 273-288.

[3] The Highways Agency. Design rules for aerodynamic effects on bridges: BD 49/01[S]. London: The Highways Agency, 2001.

[4] DIANA G, RESTA F, BELLOLI M, et al. On the vortex shedding forcing on suspension bridge deck[J]. Journal of Wind Engineering and Industrial Aerodynamics, 2006, 94: 341-363.

[5] MACDONALD J H G, IRWIN P A, FLETCHER M S. Vortex-induced vibrations of the Second Severn Crossing cable-stayed bridge-full-scale and wind tunnel measurements[J]. Structures and Buildings, 2003, 156(3):332-333.

[6] 华旭刚, 黄智文, 陈政清. 大跨度悬索桥的多阶模态竖向涡振与控制[J]. 中国公路学报, 2019, 32: 115-124.

[7] 陈政清, 黄智文. 大跨度桥梁竖弯涡振限值的主要影响因素分析[J]. 中国公路学报, 2015, 28: 30-37.

[8] Comité Européen de Normalisation. Eurocode 1: Actions on structures, Part 2: Traffic loads on bridges: EN 1991-2[S]. Brussels: Comité Européen de Normalisation, 2003.

[9] Canadian Standards Association. Canadian highway bridge design code: CSA S6:19[S]. Toronto: Canadian Standards Association, 2019.

[10] American Association of State Highway and Transportation Officials. AASHTO LRFD Bridge Design Specifications[S]. Washington, DC: American Association of State Highway and Transportation Officials, 2020.

[11] 同济大学. 公路桥梁抗风设计规范: JTG/T 3360-01—2018[S]. 北京: 人民交通出版社, 2018.

[12] SATO H. Wind-resistant design manual for highway bridges in Japan[J]. Journal of Wind Engineering and Industrial Aerodynamics, 2003, 91(12): 1499-1509.

[13] The Highways Agency. Design rules for aerodynamic effects on bridges: BD 49/01[S]. London: The Highways Agency, 2001.

[14] IRWIN P A. Motion criteria[M]. Ontario: Rowan Williams Davies & Irwin, 1999.

[15] ZHU J, ZHANG W, WU M X. Evaluation of ride comfort and driving safety for moving vehicles on slender coastal bridges[J]. Journal of Vibration and Acoustics, 2018, 140: 051012.

[16] XU Y L, GUO W H. Effects of bridge motion and crosswind on ride comfort of road vehicles[J]. Journal of Wind Engineering and Industrial Aerodynamics, 2004, 92: 641-662.

[17] LIU Y, YIN X F, DENG L, et al. Ride comfort of the bridge-traffic-wind coupled system considering bridge surface deterioration[J]. Wind and Structures, 2016, 23: 19-43.

[18] ZHU J, XIONG Z, XIANG H, et al. Ride comfort evaluation of stochastic traffic flow crossing long-span suspension bridge experiencing vortex-induced vibration[J]. Journal of Wind Engineering and Industrial Aerodynamics, 2021, 219: 104794.

[19] ZHOU Y, CHEN S. Vehicle ride comfort analysis with whole-body vibration on long-span bridges subjected to crosswind[J]. Journal of Wind Engineering and Industrial Aerodynamics, 2016, 155: 126-140.

[20] YU H, WANG B, ZHANG G, et al. Ride comfort assessment of road vehicle running on long-span bridge subjected to vortex-induced vibration[J]. Wind and Structures, 2020, 31: 393-402.

[21] LOMBAERT G, CONTE J P. Random vibration analysis of dynamic vehicle-bridge interaction due to road unevenness[J]. Journal of Engineering Mechanics, 2012, 138: 816-825.

[22] International Standardization Organization. Mechanical vibration and shock-evaluation of human exposure to whole body vibrations: ISO 2631[S]. Geneva: International Standardization Organization, 1997.

[23] 上海城市建设设计研究总院, 同济大学. 钢-混凝土组合桥梁设计规范: GB 50917—2013[S]. 北京: 中国计划出版社, 2013.

[24] 中冶京诚工程技术有限公司. 钢结构设计标准: GB 50017—2017[S]. 北京: 中国建筑工业出版社, 2017.

[25] 曾德礼, 蔡正东, 邹力. 武汉鹦鹉洲长江大桥正桥成桥荷载试验报告[R]. 武汉: 中铁大桥局集团武汉桥梁科学研究院有限公司, 2014.

[26] 中交公路规划设计院有限公司. 公路悬索桥设计规范: JTG/T D65-05—2015[S]. 北京: 人民交通出版社, 2015.

[27] 上海市政工程设计研究总院. 城市桥梁设计规范: CJJ 11—2011[S]. 北京: 中国建筑工业出版社, 2011.

[28] 北京市市政工程设计研究总院. 城市道路工程设计规范: CJJ 37—2012[S]. 北京: 中国建筑工业出版社, 2012.

[29] 交通运输部公路局, 中交第一公路勘察设计研究院有限公司. 公路工程技术标准: JTG B01—2014[S]. 北京: 人民交通出版社, 2014.